Yves-Junior Manzanza Lumingu

Regelung des Streikrechts in Bereichen der Daseinsvorsorge in der Bundesrepublik Deutschland

WÜRZBURGER
RECHTSWISSENSCHAFTLICHE SCHRIFTEN

Herausgegeben
von
der Juristischen Fakultät der Universität Würzburg

Band 100

ERGON VERLAG

Yves-Junior Manzanza Lumingu

Regelung des Streikrechts in Bereichen der Daseinsvorsorge in der Bundesrepublik Deutschland

Mit vergleichendem Überblick über ausgewählte ausländische Rechtsordnungen

ERGON VERLAG

Zugl.: Würzburg, Univ., Diss., 2017

Bibliografische Information der Deutschen Nationalbibliothek
Die Deutsche Nationalbibliothek verzeichnet diese Publikation in der Deutschen Nationalbibliografie; detaillierte bibliografische Daten sind im Internet über http://dnb.d-nb.de abrufbar.

Gedruckt auf alterungsbeständigem Papier.
Satz: Ergon-Verlag GmbH
Umschlaggestaltung: Jan von Hugo

www.ergon-verlag.de

ISSN 1432-0339
ISBN 978-3-95650-281-1

Vorwort

Die vorliegende Arbeit wurde im Wintersemester 2016/2017 von der Juristischen Fakultät der Julius-Maximilians-Universität Würzburg als Dissertation angenommen. Die mündliche Doktorprüfung fand am 14. März 2017 statt. Literatur und Rechtsprechung befinden sich auf dem Stand von April 2017.

Mein herzlicher Dank gilt vor allem meinem Betreuer, Herrn Prof. Dr. Christoph Weber, der nicht nur das Entstehen dieser Arbeit ermöglicht hat, sondern mich auch ansonsten in fachlicher wie auch in persönlicher Hinsicht stets unterstützt hat. Durch seine wertvollen Anregungen und seine Geduld hat er mein Interesse für fremde Rechtssysteme in besonderer Weise gefördert. Darüber hinaus hat er mir durch meine Mitarbeit an seinem Lehrstuhl die Möglichkeit gegeben, meiner beruflichen Zielsetzung nahe zu bleiben.

Bedanken möchte ich mich auch bei Herrn Prof. Dr. Christof Kerwer, nicht nur für die zügige Erstellung des Zweitgutachtens, sondern auch für die fachlichen Impulse, die ich von ihm während meines Magisterstudiums erhalten habe.

Zu danken habe ich weiterhin der Friedrich-Ebert-Stiftung für ihre umfassende finanzielle Förderung sowie den Herrn Prof. Dr. Florian Bien, Prof. Dr. Hartmut Hamann, Prof. Dr. Jean-Michel Kumbu ki Ngimbi und Frau Dr. Karin Linhart für ihre aufbauenden Worte vor und während meiner Promotion.

Ganz herzlich möchte ich darüber hinaus meinen Lehrstuhlkollegen, insbesondere Stephan Gräf, Dr. Per Rummel und Patrik Zimmer für das Korrekturlesen und weitere inhaltliche Anregungen sowie Pfr. Dr. Willy Manzanza, Pfr. Dr. Ignace Matensi, Dr. Wolfgang Benker, Margareta Fazio, Papy Manzanza, Nadège Kusanika und den Familien Paesler und Tremmel für die freundliche Unterstützung danken.

Besonderer Dank gilt schließlich meiner Familie, meiner Ehefrau Mimie-Aimée Manzanza Malu sowie meinen Kindern Marie-Divine, Kilian und Marie-Verdiane, die alle mit einem Promotionsvorhaben verbundenen Anstrengungen miterleben und hinnehmen mussten. Sie haben mir stets Kraft und Motivation gegeben. Ihnen ist diese Arbeit gewidmet.

Würzburg, im Juni 2017 *Yves-Junior Manzanza Lumingu*

Inhaltsverzeichnis

Abkürzungsverzeichnis 15

A. Einleitung 21

I. Problemstellung 21

II. Aufbau und Gang der Untersuchung 23

B. Koalitionsfreiheit und Streikrecht 25

I. Vorgaben des deutschen Verfassungsrechts 25

1. Verfassungsrechtliche Ausgangslage 26

a) Koalitionen im Sinne des Art. 9 Abs. 3 GG 26

aa) Allgemeine Begriffsbestimmung 27

bb) Arbeits- und Wirtschaftsbedingungen als Grenzziehungsmerkmal 28

b) Sachlicher Schutzbereich des Art. 9 Abs. 3 GG 29

aa) Individuelle Koalitionsfreiheit 29

bb) Kollektive Koalitionsfreiheit 30

c) Verfassungsrechtliche Herleitung des Arbeitskampfrechts 31

aa) Ausgangslage 31

bb) Definition und Mittel des Arbeitskampfes 33

d) Verfassungsimmanente Schranken 34

aa) Rücksichtnahme auf das Gemeinwohl 34

bb) Grundrechtskollisionen als Rechtsausübungsschranken 35

(1) Das kollidierende Verfassungsrecht 36

(2) Herstellung praktischer Konkordanz 36

2. Rechtmäßigkeitsvoraussetzungen von Arbeitskämpfen 37

a) Tarifbezogenheit des Arbeitskampfes 37

aa) Führung durch tariffähige Parteien 38

bb) Tarifliche Regelbarkeit der Kampfforderung 39

cc) Wahrung der Friedenspflicht 40

b) Beachtung des Verhältnismäßigkeitsgrundsatzes 41

aa) Geeignetheit 42

bb) Erforderlichkeit 43

(1) Zulässigkeit von Warnstreiks 43

(2) Einbeziehung der Schlichtung 45

(3) Subsumtion der Urabstimmung unter das „ultima-ratio"-Prinzip 47

cc) Verhältnismäßigkeit im engeren Sinne 48

c) Gemeinwohlverträglichkeit von Arbeitskämpfen? 49
3. Zwischenergebnis 49

II. Völker- und unionsrechtliche Vorgaben 50
1. Verhältnis des Völker- und Unionsrechts zum nationalen Recht 50
a) Verhältnis des Völkerrechts zum nationalen Recht 51
aa) Grundsätzliches 51
bb) Sonderproblem der innerstaatlichen Rechtswirkung der ESC 52
(1) Diskussion in der Literatur 53
(2) Stellungnahme 54
b) Verhältnis des Unionsrechts zum nationalen Recht 55
2. Materielle Vorgaben des Völkerrechts 56
a) UN-Völkerrecht 57
aa) ILO-Übereinkommen 57
bb) UN-Pakte 58
b) Europäisches Völkerrecht 58
aa) Europäische Menschenrechtskonvention 59
(1) Schutzbereich des Art. 11 EMRK 59
(2) Schranken 61
bb) Europäische Sozialcharta 62
(1) Schutzbereich der Koalitionsfreiheit nach der ESC 62
(2) Schranken 64
3. Materielle Vorgaben des Unionsrechts 65
a) Grundrechtsgewährleistungen 65
b) Grundrechtsschranken 67
4. Zwischenergebnis 67

III. Das Streikrecht in ausgewählten ausländischen Rechtsordnungen 68
1. Frankreich 69
a) Grundrechtliche Ausgangslage 69
b) Rechtmäßige Ausübung des Streikrechts 70
c) Grundrechtsschranken 72
2. Kanada/Quebec 72
a) Grundrechtliche Ausgangslage 73
b) Rechtmäßigkeitsvoraussetzungen 74
c) Allgemeine Einschränkungen 75
d) Rechtsfolgen 75
3. Demokratische Republik Kongo 76
a) Grundrechtliche Ausgangslage 76

b) Rechtmäßigkeitsvoraussetzungen 77
aa) Beachtung des „ultima ratio"-Gedankens 77
(1) Das tarifvertraglich vereinbarte Verfahren 78
(2) Das gesetzliche Verfahren 79
bb) Einhaltung weiterer grundlegender Pflichten 81
c) Rechtsschutz vor Arbeitsgerichten 81
IV. Zwischenergebnis 82

C. Das Phänomen der Streiks in der Daseinsvorsorge 83

I. Streiks in der Daseinsvorsorge aus deutscher Perspektive 83
1. Der Begriff der Daseinsvorsorge 83
a) Fehlen einer Legaldefinition 83
b) Entwicklung des Konzepts „Daseinsvorsorge" 84
aa) Das Konzept der Daseinsvorsorge bei Forsthoff.... 84
bb) Der Begriff der Daseinsvorsorge in der aktuellen Diskussion in Rechtsprechung und Literatur 85
c) Definitionsansätze 88
aa) Abgrenzungs- und Zuordnungskriterien 89
(1) Die rechtlichen Rahmenbedingungen 89
(a) Gesetzliche Anhaltspunkte 89
(b) Zugehörigkeit zum öffentlichen Dienst 90
(2) Die Auswirkungen eines streikbedingten Leistungsausfalls 91
(3) Die Lebensnotwendigkeit der erbrachten Sach- und Dienstleistungen 92
(a) Ambivalenz des Begriffs der Lebensnotwendigkeit 92
(b) Konkretisierung 93
bb) Anwendbare Definition 94
2. Erscheinungsformen der Daseinsvorsorge 94
a) Gegenüberstellung verschiedener Ansichten 95
aa) Vereinzelte Hinweise in der Rechtsprechung 95
bb) Ansichten in der Literatur 95
cc) Exkurs: inhaltlicher Umfang nach internationalen Vorgaben 96
dd) Zusammenfassung 96
b) Ausgewählte Arbeitsbereiche 97
aa) Wasser- und Energieversorgung 98
bb) Gesundheitssektor 99
cc) Feuerwehr und Rettungsdienste 100
dd) Abfall- und Abwasserentsorgung 101

ee) Post- und Kommunikationsdienste ... 102
ff) Verkehrswesen ... 102
gg) Kinderbetreuung und Ausbildungswesen ... 104
hh) Versorgung mit Bargeld und Zahlungsverkehr ... 105
3. Überblick über die Streiks in der Daseinsvorsorge in den vergangenen Jahren ... 105
a) Streiks in der Verkehrsbranche ... 106
aa) Bahnstreiks ... 106
bb) Streiks im Flugverkehr ... 107
b) Streiks in weiteren Branchen ... 109
c) Abschließende Bemerkung ... 110
II. Vergleich zu ähnlichen Begriffen in ausländischen Rechtsordnungen ... 111
1. Daseinsvorsorge vs. französisches Konzept des service public ... 111
2. Daseinsvorsorge vs. services essentiels in Quebec ... 112
3. Daseinsvorsorge vs. services publics vitaux nach kongolesischem Recht ... 113
III. Zwischenergebnis ... 114
D. Bestandsaufnahme: vorhandene Ansätze zur Einschränkung des Streikrechts in der Daseinsvorsorge ... 115
I. Bestandsaufnahme und Lösungsvorschläge in Deutschland ... 115
1. Bestandsaufnahme ... 115
a) Rechtsprechung ... 116
b) Literatur ... 117
aa) Verfechter eines uneingeschränkten Streikrechts ... 117
bb) Befürworter von Streikrechtseinschränkungen ... 118
(1) Umfang der Einschränkungen ... 119
(2) Unzulässigkeitskriterien ... 121
(a) Die gezielte Drittschädigung ... 121
(b) Die wahrscheinliche Gefährdung höherrangiger Rechtsgüter ... 123
2. Vorschläge ... 124
a) Möglichkeiten einer Rechtsprechungsänderung ... 124
aa) Verschärfung der Verhältnismäßigkeitsprüfung ... 124
bb) Beamtenstreikverbot und Daseinsvorsorge ... 125
(1) Überblick über das Beamtenstreikverbot ... 125
(2) Relevanz für die Frage des Streikrechts in der Daseinsvorsorge ... 127
cc) Weitere Eckpunkte ... 128

b) Bedürfnis nach gesetzlicher Regelung 129
aa) Begründung 129
bb) Gesetzliche Vorschläge 130
(1) Professorenentwurf 1988 130
(2) Vorschläge zur Ergänzung des Tarifvertragsgesetzes 131
(3) Professorenentwurf 2012 132
(4) Streikfolgenentlastungsgesetz 133
3. Zwischenergebnis 134
II. Existierende Regelungen in ausgewählten ausländischen Rechtsordnungen 135
1. Streikrecht und „continuité des services publics" nach französischem Recht 135
a) Inhaltliche Bedeutung und Umfang des Prinzips der Kontinuität 136
b) Folgerungen 136
aa) Streikverbot 138
bb) Vorankündigungs- und Verhandlungspflicht 138
cc) Pflicht zur Gewährleistung der Mindestversorgung 140
dd) Dienstaufforderungen oder –verpflichtungen 141
ee) Sanktionen 142
2. Streikrecht und *„services essentiels"* in Quebec 142
a) Inhaltliche Ausgestaltung 142
aa) Streiks in Betrieben mit öffentlichem Dienstleistungsauftrag nach Art. 111.0.16 Code du travail QC 143
bb) Streiks in öffentlichen Gesundheitswesen und Sozialdiensten 145
cc) Beamtenstreiks 147
b) Rechtsdurchsetzungsmaßnahmen 148
aa) Streikaussetzung per Hoheitsakt 148
bb) Dienstaufforderung 149
cc) Wiedergutmachungsmaßnahmen 150
c) Exkurs – Bundesrechtliche Vorgaben 150
d) Ausblick 152
3. Streikrecht und Aufrechterhaltung der services publics vitaux im Kongo 154
III. Zwischenergebnis 155

E. Plädoyer für eine Fortentwicklung des deutschen Streikrechts 157
I. Einschränkbarkeit des Streikrechts in der Daseinsvorsorge 157
1. Grundsätzliche Überlegungen 157
a) Umfassendes Streikverbot 158
b) Verhältnismäßige Einschränkungen 159
c) Unzulässigkeitsmaßstäbe 160
2. Einzelheiten 161
a) Der „bunte Flickenteppich" arbeitsgerichtlicher Judikatur 161
b) Die „problematische Unschärfe des Verhältnismäßigkeitsgrundsatzes" 162
c) Bedeutung des vorhandenen Rechtsschutzes für Drittbetroffene 165
3. Zwischenergebnis 168
II. Bewertung bestehender Vorschläge zur Fortentwicklung des deutschen Streikrechts 168
1. Grenzen einer Rechtsprechungsänderung 169
a) Grundsätzliches 169
b) Zur Verschärfung des Verhältnismäßigkeitsgrundsatzes 170
c) Zur Entbehrlichkeit gesetzlicher Regelung wegen des Beamtenstreikverbots 170
d) Zur Bedeutung des geringen Arbeitskampfgeschehens .. 173
2. Erforderlichkeit einer gesetzlichen Regelung 174
a) Allgemeines 174
b) Vorzugswürdigkeit einer Regelung auf einfachgesetzlicher Ebene 176
c) Grundsätzliche Orientierung am Professorenentwurf 2012 178
d) Ausblick 180
3. Parallelwertung mit ausländischen Rechtsordnungen 181
a) Französisches Streikrecht 181
b) Quebecer Streikrecht 183
c) Kongolesisches Streikrecht 186
d) Gegenüberstellung mit der Diskussion in Deutschland 187
4. Zwischenergebnis 190

III. Ausgestaltung einer gesetzlichen Einschränkung des Streikrechts in der Daseinsvorsorge 190
1. Streikvermeidung 191
a) Obligatorische Schlichtung 191
aa) Grundzüge der Schlichtung 191
bb) Verfahrensregeln 193
(1) Besetzung der Schlichtungsstelle 194
(2) Ingangsetzen des Schlichtungsverfahrens 194
(3) Verfahrensausgang 196
cc) Ausnahme bei Warnstreiks? 196
dd) Zwischenergebnis 198
b) Anordnung einer Urabstimmungspflicht 198
2. Milderung der Auswirkungen auf Drittbetroffene 201
a) Ankündigungspflicht 201
aa) Pflicht gegenüber der Öffentlichkeit und/oder dem Kampfgegner? 202
bb) Doppelte Ankündigungspflicht für Arbeitnehmer? 202
cc) Problematik der „Last-Minute-Einigung“ und des „kalten Streiks“ 203
dd) Wirksamkeit und Milderungseffekt 204
b) Gewährleistung einer Mindestversorgung durch Notstandsarbeiten 205
aa) Anordnungsbefugnis 205
bb) Überblick über mögliche branchenspezifische Inhalte von Notstandsarbeiten 208
cc) Wirksamkeit und Milderungseffekt 209
3. Besonderheiten bei bestimmten Unternehmen 210
a) Marktbeherrschende und Monopolunternehmen 210
b) Sonderregeln für Berufsgruppengewerkschaften? 211
c) Einschränkungen des Streikrechts für Betriebe mit Tarifpluralität? 213
4. Ansätze materiell-rechtlicher Art 216
a) Unzulässigkeit atypischer Kampfmaßnahmen 217
b) Sonstige staatliche Eingriffsbefugnisse 217
c) Suche nach Alternativen zu Arbeitsniederlegungen 219
aa) Schaffung von „monetären Arbeitskämpfen“ 220
bb) Einführung „positiver Streiks“ 222
IV. Zwischenergebnis 222

F. Zusammenfassung 225

Anhänge 229

Anhang 1: Gesetzesvorschläge (Auswahl) 229

Anhang 2: Einschlägige ausländische Rechtsvorschriften 234

Literaturverzeichnis 263

Abkürzungsverzeichnis

a.A.	anderer Ansicht
ABl.	Amtsblatt der Europäischen Union
Abs.	Absatz, Absätze
AEUV	Vertrag über die Arbeitsweise der Europäischen Union
AG	Die Aktiengesellschaft (Zeitschrift)
Anm.	Anmerkung
AöR	Archiv des öffentlichen Rechts
AP	Arbeitsrechtliche Praxis (Entscheidungssammlung)
ArbG	Arbeitsgericht
ArbRB	Der Arbeits-Rechts-Berater (Zeitschrift)
Art.	Artikel
AuA	Arbeit und Arbeitsrecht (Zeitschrift)
Aufl.	Auflage
AuR	Arbeit und Recht (Zeitschrift)
BAG	Bundesarbeitsgericht
BayFwG	Bayerisches Feuerwehrgesetz
BayVBl.	Bayerische Verwaltungsblätter
BB	Betriebs-Berater (Zeitschrift)
BBesG	Bundesbesoldungsgesetz
BBG	Bundesbeamtengesetz
BEA	Bureau d'Enquêtes et d'Analyses pour la sécurité de l'aviation civile
BeckRS	Beck-Rechtsprechung
BGB	Bürgerliches Gesetzbuch
BGH	Bundesgerichtshof
BIT	Bureau International du Travail
BR-Drs.	Bundesratsdrucksache
BSMI	Bayerisches Staatsministerium des Innern, für Bau und Verkehr
BT-Drs.	Bundestagsdrucksache
BVerfG	Bundesverfassungsgericht
BVerwG	Bundesverwaltungsgericht
BWGZ	Baden-Württembergische Gemeindezeitung
bzw.	Beziehungsweise
C.A.	Cour d'appel

CA	Canada
Cass. soc.	Sozialkammer der französischen Cour de cassation
CC	Conseil constitutionnel (französischer Verfassungsrat)
CCRI	Conseil canadien des relations industrielles
CE	Conseil d'Etat (französischer Staatsrat)
CFvWS	Carl Friedrich von Weizsäcker-Stiftung
CQ	Cour du Québec
CRT	Commission des relations du travail
CSC	Cour suprême du Canada
CSE	Conseil des services essentiels
CSU	Christlich-Soziale Union
d.h.	das heißt
DB	Der Betrieb (Zeitschrift)
ders., dies.	derselbe, dieselbe
DFS	Deutsche Flugsicherung GmbH
DÖD	Der öffentliche Dienst
DÖV	Die Öffentliche Verwaltung (Zeitschrift)
DRdA	Das Recht der Arbeit (Zeitschrift)
DRiZ	Deutsche Richterzeitung
DSE	Division des services essentiels
DVBl.	Deutsches Verwaltungsblatt (Zeitschrift)
EASR	Europäischer Ausschuss für soziale Rechte
EGMR	Europäischer Gerichtshof für Menschenrechte
EMRK	Europäische Menschenrechtskonvention
EnWG	Energiewirtschaftsgesetz
ErfK	Erfurter Kommentar zum Arbeitsrecht
ESC	Europäische Sozialcharta
EU	Europäische Union
EuGH	Europäischer Gerichtshof
EuGRZ	Europäische Grundrechte-Zeitschrift
EuR	Europarecht (Zeitschrift)
EUV	Vertrag über die Europäische Union
EuZA	Europäische Zeitschrift für Arbeitsrecht
f., ff.	folgende, fortfolgende
FA	Fachanwalt Arbeitsrecht (Zeitschrift)
FAZ	Frankfurter Allgemeine Zeitung
FS	Festschrift

GdF	Gewerkschaft der Flugsicherung
GDL	Gewerkschaft Deutscher Lokomotivführer
GEW	Gewerkschaft Erziehung und Wissenschaft
GewArch	Gewerbearchiv (Zeitschrift)
GG	Grundgesetz
GmbHR	Die GmbH-Rundschau (Zeitschrift)
GOQ	Gazette officielle du Québec (Gesetzblatt)
GRCh	Europäische Grundrechtecharta
GS	Gedächtnisschrift
GU	Gazetta Ufficiale (Italienisches Gesetzblatt)
GWB	Gesetz gegen Wettbewerbsbeschränkungen
Hrsg.	Herausgeber
i.E.	im Ergebnis
i.S.v.	im Sinne von
i.V.m.	in Verbindung mit
IJCL	International Journal of Comparative Law and Industrial Relations (Zeitschrift)
ILO	International Labour Organization
ILR	International Labour Review (Zeitschrift)
JbArbR	Jahresbuch des Arbeitsrechts (Zeitschrift)
jurisPR-ArbR	juris Praxis-Report Arbeitsrecht
JZ	Juristenzeitung (Zeitschrift)
KG	Kammergericht
KJ	Kritische Justiz
KRG	Kontrollratsgesetz
krit.	kritisch
KritV	Kritische Vierteljahresschrift für Gesetzgebung und Rechtswissenschaft
LAEJ	Librairie Africaine d'Etudes Juridiques (Zeitschrift)
LAG	Landesarbeitsgericht
m.w.N.	mit weiteren Nachweisen
MitbestG	Mitbestimmungsgestz
MMR	MultiMedia und Recht (Zeitschrift)
NDV	Nachrichtendienst des Deutschen Vereins für öffentliche und private Fürsorge
NJW	Neue Juristische Wochenschrift (Zeitschrift)
Nr.	Nummer
NVwZ	Neue Zeitschrift für Verwaltungsrecht

NZA	Neue Zeitschrift für Arbeitsrecht
NZA-RR	Neue Zeitschrift für Arbeitsrecht – Rechtsprechungs-Report
NZG	Neue Zeitschrift für Gesellschaftsrecht
NZV	Neue Zeitschrift für Verkehrsrecht
OAS	Organisation Amerikanischer Staaten
ÖJZ	Österreichische Juristen-Zeitung
ÖPNV	Öffentlicher Personennahverkehr
OVG	Oberverwaltungsgericht
PersR	Der Personalrat (Zeitschrift)
PersV	Die Personalvertretung (Zeitschrift)
R.C.S.	Recueil des arrêts de la Cour suprême du Canada (Urteilssammlung)
RCDTSS	Revue critique de Droit du travail et de la sécurité sociale
RdA	Recht der Arbeit (Zeitschrift)
RDT	Revue de Droit du Travail
REA	Regards sur l'économie allemande (Zeitschrift)
RegG	Regionalisierungsgesetz
RJEP	Revue juridique de l'économie publique (Zeitschrift)
Rn.	Randnummer
RQDI	Revue québécoise de droit international (Zeitschrift)
Rs.	Rechtssache
RuP	Recht und Politik (Zeitschrift)
S.	Satz, Seite
sog.	sogenannt
s.o., s.u.	siehe oben, siehe unten
SAE	Sammlung Arbeitsrechtlicher Entscheidungen (Zeitschrift)
SR	Soziales Recht (Zeitschrift)
StGB	Strafgesetzbuch
TAT	Tribunal administratif du travail
TdL	Tarifgemeinschaft deutscher Länder
TVG	Tarifvertragsgesetz
u.a.	unter anderem, und andere
UFO	Unabhängige Flugbegleiter Organisation
usw.	und so weiter
v.	von
ver.di	Vereinte Dienstleistungsgewerkschaft
VersR	Versicherungsrecht (Zeitschrift)

VG	Verwaltungsgericht
vgl.	vergleiche
VKA	Vereinigung der kommunalen Arbeitgeberverbände
VO	Verordnung
WHG	Wasserhaushaltsgesetz
WRP	Wettbewerb in Recht und Praxis (Zeitschrift)
WSI	Wirtschafts- und Sozialwissenschaftliches Institut der Hans-Böckler-Stiftung
WuW	Wirtschaft und Wettbewerb
z.B.	zum Beispiel
ZAF	Zeitschrift für Arbeitsmarktforschung
ZBR	Zeitschrift für Beamtenrecht
ZESAR	Zeitschrift für Europäisches Sozial- und Arbeitsrecht
ZEuS	Zeitschrift für europäische Studien
ZfA	Zeitschrift für Arbeitsrecht
ZG	Zeitschrift für die Gesetzgebung
ZIP	Zeitschrift für Wirtschaftsrecht
zit.	zitiert
ZLW	Zeitschrift für Luft- und Weltraumrecht
ZRP	Zeitschrift für Rechtspolitik
ZTR	Zeitschrift für Tarifrecht
ZVglRWiss	Zeitschrift für vergleichende Rechtswissenschaft

A. Einleitung

I. Problemstellung

Die deutsche Arbeitskampfordnung entbehrt einer gesetzlichen Regelung[1] und wird als Richterrecht[2] bezeichnet. Die hierzu geltenden Grundsätze sind überwiegend von der Rechtsprechung, insbesondere vom Bundesverfassungsgericht (BVerfG) und vom Bundesarbeitsgericht (BAG) über Jahrzehnte hinweg entwickelt worden.[3] Sämtliche bisher unterbreiteten Vorschläge zu einer gesetzlichen Regelung kollektiver Arbeitsstreitigkeiten sind an „den politischen Gegebenheiten und Sachzwängen"[4], aber auch an Bedenken hinsichtlich eines Eingriffs in die verfassungsrechtlich geschützte Tarifautonomie gescheitert.

Mit der Tarifautonomie wird den Sozialpartnern das Recht gewährt, alle Fragen zur „Wahrung und Förderung der Arbeits- und Wirtschaftsbedingungen" durch Tarifverträge selbständig zu gestalten.[5] Zur Erreichung dieses Ziels – und nur dafür – dürfen sie ggf. auf kollektive Maßnahmen zurückgreifen. Erforderlich ist dabei, dass der Einsatz dieser Maßnahmen einen Bezug zum Tarifvertragsrecht aufweist. Hieraus ergibt sich unter anderem, dass die Arbeitskampfmaßnahmen prinzipiell gegen den Verhandlungspartner gerichtet werden sollen, auch wenn gewisse Begleitschäden nicht auszuschließen sind.

Dieser herkömmliche Rahmen von Arbeitskämpfen wird aber dort überschritten, wo nicht der eigentliche Verhandlungspartner, sondern gerade Dritte besonders von der Kampfmaßnahme beeinträchtigt werden, wie dies in Bereichen der sog. Daseinsvorsorge meistens der Fall ist. Konkret kollidiert in diesen Bereichen die Ausübung der Koalitionsfreiheit aus Art. 9 Abs. 3 GG mit weiteren, ebenso verfassungsrechtlich geschützten Grundrechten Dritter. Für die rechtliche Würdigung einer derartigen Konfliktlage bedarf es unter Umständen anderer Grundsätze[6] und möglichst klarer Spielregeln[7], die den Belangen der Drittbetroffenen Rechnung zu tragen haben.

---

1 Sachs/*Höfling*, Art. 9 GG Rn. 103; *Rieble*, FA 2012, 130 (130).

2 Statt aller *Rüthers*, NZA 2010, 6 (9); *Zachert*, in: Oetker/Preis/Rieble (Hrsg.), 50 Jahre Bundesarbeitsgericht, S. 577, 579 f.

3 Maunz/Dürig/*Scholz*, Art. 9 GG Rn. 168.

4 Dreier/*Bauer*, Art. 9 GG Rn. 95; ähnlich *Höfling/Engels*, NJW 2007, 3102 (3103); *Rüthers*, NZA 2010, 6 (6).

5 BVerfG 20.10.1981, AP Nr. 31 zu § 2 TVG (B I 1); BAG 26. 4. 1988, AP Nr. 101 zu Art. 9 GG Arbeitskampf (B II 1).

6 *Franzen/Thüsing/Waldhoff*, Arbeitskampf in der Daseinsvorsorge, S. 52 f.

7 *Buchner*, BB 2003, 2121 (2129); *Rieble*, DRiZ 2007, 340.

So verwundert es nicht, dass die Problematik des Streiks in der Daseinsvorsorge zu den Dauerthemen des Arbeitsrechts gehört.[8] Sie ist aber keineswegs ausdiskutiert. Vielmehr bedarf es aufgrund der sich ständig verändernden Rahmenbedingungen – sowohl in tatsächlichter als auch in rechtlicher Hinsicht – immer wieder neuer Antworten.[9] So bestand die traditionelle deutsche Lösung zur Verhinderung von Streiks in der Daseinsvorsorge darin, auf den Einsatz von Beamten zu Streikarbeit zurückzugreifen[10], d.h. die entsprechenden Aufgaben von diesen erledigen zu lassen.[11] Dies wurde durch das BVerfG mit der Begründung korrigiert, dass es für eine solche Maßnahme an einer entsprechenden gesetzlichen Grundlage fehle.[12] Aber selbst wenn das BVerfG die Heranziehung von Beamten zur Streikarbeit als zulässig bewertet hätte, würde dies nicht mehr viel dazu beitragen, die Brisanz von Streiks in der Daseinsvorsorge zu entschärfen. Denn infolge der Privatisierung vieler Staatsunternehmen und Stadtwerke, die den verfassungsrechtlichen Auftrag für die Erfüllung der Daseinsvorsorge hatten, ist der Einsatz von Beanten oft ohnehin keine Option mehr.[13] Zur Verschärfung der Problematik des Streiks in der Daseinsvorsorge trug weiterhin die Aufgabe der Tarifeinheit durch das BAG[14] bei. Diese führte nämlich – gerade in Bereichen der Daseinsvorsorge – zur vermehrten Entstehung von Berufsgruppengewerkschaften mit großem Streikpotenzial und zur Stärkung ihrer Stellung in der Tariflandschaft.[15]

Die praktische Brisanz dieser Problematik kann nicht zuletzt an der Streikstatistik der vergangenen Jahre abgelesen werden.[16] Diese zeigt, dass Betriebe der Daseinsvorsorge zunehmend bestreikt werden. Als Reaktion hierauf ist in der Bevölkerung immer deutlicher der Wunsch erkennbar, die-

---

[8] *Schliemann*, RdA 2012, 14 (14).

[9] Vgl. *Franzen/Thüsing/Waldhoff*, Arbeitskampf in der Daseinsvorsorge, S. 8.

[10] BVerwG 10.05.1984, AP Nr. 87 zu Art. 9 GG Arbeitskampf; BAG 10.09.1985, AP Nr. 86 zu Art. 9 GG Arbeitskampf (*m. Anm. Mayer-Maly*); ausführlich hierzu *Blattner*, BB 2015, 2037 (2037 f.).

[11] *Franzen/Thüsing/Waldhoff*, Arbeitskampf in der Daseinsvorsorge, S. 9.

[12] BVerfG 02.03.1993, AP Nr. 126 zu Art. 9 GG Arbeitskampf (C.II.2.b).

[13] So *Blattner*, BB 2015, 2037 (2037); ErfK/*Linsenmaier*, Art. 9 GG Rn. 134; *Stegmüller*, NZA 2015, 723 (724).

[14] Vgl. BAG 07.07.2010, AP Nr. 140 zu Art. 9 GG (*m. Anm. Schmidt*); 07.07.2010, AP Nr. 143 zu Art. 9 GG.

[15] Vgl. *Bayreuther*, NZA 2013, 704 (704); *Hufen*, NZA 2014, 1237 (1237); *Greiner*, DÖV 2013, 623 (629); *Pflüger*, RdA 2008, 185 (185); *von Steinau-Steinrück/Sura*, NZA 2014, 580 (583) m. w. N.

[16] Vgl. *Bundesagentur für Arbeit*, Streikstatistik Deutschland – 2005 bis 2014, abrufbar unter https://statistik.arbeitsagentur.de/Navigation/Statistik/Statistik-nach-Themen/Beschaeftigung/Streik/Streik-Nav.html (zuletzt abgerufen am 09.03.2016); siehe auch *Wirtschafts- und Sozialwissenschaftliches Institut der Hans Böckler Stiftung*, Pressemitteilung v. 03.03.2016.

sem Trend durch eine Fortentwicklung des Streikrechts entgegenzuwirken und die Bürger besser vor Streikschäden zu schützen.[17]

Mit Blick darauf beschäftigen sich die folgenden Ausführungen mit der Frage, inwieweit das Recht zur Förderung von Arbeits- und Wirtschaftsbedingungen einschließlich des Streikrechts seine Wirksamkeit behalten könnte, ohne erhebliche Eingriffe in die Rechte der am Arbeitskampf unbeteiligten Bürger zu verursachen. Umgekehrt ausgedrückt stellt sich die Frage, inwieweit die notwendige Grundversorgung der Bevölkerung während eines Arbeitskampfes in der Daseinsvorsorge gewährleistet werden kann, ohne die Effektivität und den Wesensgehalt der Kampfmaßnahme zu gefährden.

Praktisch wirft dieser Diskurs zwei konkreten Fragen auf: Erstens gilt es zu überprüfen, *ob* Beschränkungen bzw. das Verbot von Streiks in der Daseinsvorsorge zum Schutz der Allgemeinheit gerechtfertigt wären. Wenn diese erste Frage – zumindest grundsätzlich – bejaht wird, stellt sich zweitens die Frage, *wie* derartige Beschränkungen erfolgen sollten. Beide Fragen werden nicht nur in Deutschland diskutiert, sondern auch in anderen Rechtsordnungen. Es soll daher untersucht werden, inwieweit sich die dort gefundenen Lösungen auf das deutsche Recht übertragen lassen. Dabei darf freilich nicht das nationale Recht isoliert betrachtet werden; vielmehr müssen auch die supranationalen und völkerrechtlichen Grundrechtsregime im europäischen Mehrebenensystem in den Blick genommen werden.

II. Aufbau und Gang der Untersuchung

Die vorliegende Untersuchung soll anhand der einschlägigen Entscheidungen und Urteile sowie vor allem der Vorschläge zur gesetzlichen Regelung von Arbeitskämpfen in der Daseinsvorsorge den oben beschriebenen Fragestellungen in Details nachgehen.

Zunächst sollen in einem allgemeinen Teil die Grundlagen des Streikrechts dargelegt werden. Es gilt hier, die Ausgestaltung des Grundrechts der Koalitionsfreiheit nach deutschem Recht unter Berücksichtigung der unions- und völkerrechtlichen Vorgaben zu analysieren. Dabei wird insbesondere auf die Rechtmäßigkeitsvoraussetzungen von Arbeitskämpfen und auf ihre verfassungsimmanenten Schranken einzugehen sein. Dargestellt werden auch die allgemeinen Vorgaben für das Streikrecht in den für die vorliegende Untersuchung ausgewählten ausländischen Rechtsordnungen – nament-

[17] Dies belegen unter anderem die von Institut für Demoskopie Allensbach veröffentlichten Umfragewerte. Näher dazu bei *Institut für Demoskopie Allensbach*, Gewerkschaften und Streiks im Spiel der öffentlichen Meinung, Allensbacher Archiv, IfD-Umfrage 10071, Mai 2011. Siehe auch aus der neueren Literatur etwa *Meier*, GmbHR 2015, R337 (R337).

lich in Frankreich, Kanada/Quebec und der Demokratischen Republik Kongo (dazu B.).

Im Anschluss daran wird das Phänomen von Streiks in den Bereichen der Daseinsvorsorge vertieft betrachtet. Grundsätzlich soll es darum gehen, einen Überblick über ausgewählte Streiks der vergangenen Jahre in diesen Bereichen zu geben. Dafür bietet sich an, die inhaltliche Bedeutung des Begriffs der Daseinsvorsorge einschließlich der Zuordnungskriterien und Erscheinungsformen aus deutscher Perspektive zu erfassen. Ergänzt werden soll dies durch einen Blickvergleich mit entsprechenden Begriffen aus ausländischen Rechtsordnungen (dazu C.).

Hiervon ausgehend soll auf die rechtliche Problematik der Einschränkungen des Streikrechts in der Daseinsvorsorge näher eingegangen werden. Dies soll zunächst im Hinblick auf den *status quo* und den Meinungsstand in der Rechtsprechung und Literatur geschehen. Anschließend werden die von den Befürwortern von Streikrechtseinschränkungen eingebrachten Vorschläge zu einer möglichen Verschärfung der Rechtmäßigkeitsvoraussetzungen von Streiks in der Daseinsvorsorge dargestellt. Die Diskussion wird darüber hinaus durch einen Überblick über die in ausgewählten ausländischen Rechtsordnungen existierenden Regelungen ergänzt (dazu D.).

Auf dieser Basis sollen schließlich Überlegungen zu einer möglichen Fortentwicklung des deutschen Streikrechts angestellt werden. Ausgehend von der Diskussion um die Einschränkbarkeit des Streikrechts in der Daseinsvorsorge und von der daran anschließenden Problematik dessen eventuellen Verschärfung soll hier eine eigene Argumentationslinie entwickelt werden. Ein besonderes Augenmerk gilt dabei der Frage, inwieweit die noch zu diskutierende Fortentwicklung herbeigeführt werden könnte (dazu E.).

Schließlich werden in der Schlussbetrachtung die wichtigsten Ergebnisse der Arbeit zusammengefasst.

B. Koalitionsfreiheit und Streikrecht

Die Koalitionsfreiheit einschließlich des Streikrechts ist im Kontext der Arbeiter- und Gewerkschaftsbewegung als Antwort auf die „Schutzbedürftigkeit der Arbeitnehmer"[1] in den Arbeitsbeziehungen – insbesondere während des Industrialisierungsprozesses – entstanden.[2] Ihre Gewährleistung gilt als wichtigster Meilenstein für die Förderung der Arbeits-und Wirtschaftsbedingungen von Arbeitnehmern. Ihre Bedeutung im System des Kollektivarbeitsrechts lässt sich schon durch die Stellung belegen, die sie innerhalb des Grundrechtskatalogs sowohl auf internationaler Ebene als auch in den meisten nationalen Rechtsordnungen einnimmt.

Die nachfolgenden Ausführungen befassen sich mit den Grundlagen der Koalitionsfreiheit einschließlich des Streikrechts. Im Mittelpunkt soll die Darstellung der Vorgaben des deutschen Verfassungsrechts für die Koalitionsfreiheit in ihrer Auslegung durch das BVerfG und das BAG stehen (dazu I.). Beleuchtet werden auch die einschlägigen völker- und unionsrechtlichen Normen (dazu II.), die aufgrund der internationalen Verpflichtungen Deutschlands „innerstaatliche Geltungskraft"[3] im deutschen Rechtsraum erlangen. Ergänzt werden diese Ausführungen durch einen Überblick über entsprechende Vorgaben aus den ausländischen Rechtsordnungen (dazu III.).

I. Vorgaben des deutschen Verfassungsrechts

Die Grundlage des deutschen Arbeitskampfrechts bildet Art. 9 Abs. 3 GG. Dieser gewährleistet das Recht, Vereinigungen zur Wahrung und Förderung der Arbeits- und Wirtschaftsbedingungen zu bilden. Daraus ergibt sich die verfassungsrechtliche Gewährleistung der Koalitionsfreiheit einschließlich des Einsatzes von Arbeitskampfmaßnahmen.

Aufgrund der „Untätigkeit des Gesetzgebers"[4] erfolgt die inhaltliche Ausgestaltung dieses Grundrechts ausschließlich durch die Rechtsprechung. Diese Rechtslage führt dazu, dass die Rechtsprechung der Arbeitsgerichte eine große Rolle spielt. Die vom BAG auf Grundlage des Art. 9 Abs. 3 GG entwickelten Rechtmäßigkeitsvoraussetzungen wirken grundsätzlich darauf hin, ein funktionierendes Tarifvertragssystem sicherzustellen und sind da-

---

1 ErfK/*Linsenmaier*, Art. 9 GG Rn. 18.
2 Ausführlich dazu *Kissel*, Arbeitskampfrecht, § 2 Rn. 2ff.
3 *Schmahl*, JuS 2013, 961 (965).
4 *Rüthers*, NZA 2010, 6 (9).

mit so begrenzt ausgestaltet, dass die Bundesrepublik Deutschland im internationalen Vergleich über ein restriktives Streikrecht verfügt.[5]

Sämtliche Arbeitskämpfe, die diese Anforderungen nicht erfüllen, stehen nicht unter dem Schutz des Grundgesetzes. Allerdings lässt sich in der Entwicklung der arbeitskampfrechtlichen Judikatur der vergangenen Jahre feststellen, dass die Rechtmäßigkeitsvoraussetzungen von Streiks immer mehr gelockert werden.[6] Dies und weitere sozial-ökonomische Aspekte sowie auch der Einfluss europarechtlicher Vorgaben auf das deutsche Arbeitsrecht[7] haben dazu beigetragen, dass die Zahl von Streiks ansteigt. In der Tagespresse wird deshalb berichtet, die Bundesrepublik befinde sich auf dem Weg in eine „Streikrepublik Deutschland"[8].

Nachfolgend soll zunächst die verfassungsrechtliche Ausgangslage des deutschen Arbeitskampfrechts dargestellt werden (dazu 1.). Nur dadurch lässt sich der enge Bezug des Arbeitskampfrechts zur Tarifautonomie erklären, bevor auf die Rechtmäßigkeitsvoraussetzungen von Arbeitskampfmaßnahmen eingegangen wird (dazu 2.).

1. *Verfassungsrechtliche Ausgangslage*

Wie eingangs erwähnt ist die Anerkennung des Grundrechts der Koalitionsfreiheit des Art. 9 Abs. 3 GG als Anknüpfungspunkt des deutschen Arbeitskampfrechts unumstritten. Im Folgenden soll zunächst der Begriff der „Koalitionen" kurz erläutert und der Schutzbereich des Art. 9 Abs. 3 GG bestimmt werden. Im Anschluss daran wird das Verhältnis des Arbeitskampfrechts zur Tarifautonomie dargestellt. Erläutert werden auch die verfassungsimmanenten Schranken der Tarifautonomie.

a) *Koalitionen im Sinne des Art. 9 Abs. 3 GG*

Der Grundrechtsschutz aus Art. 9 Abs. 3 GG ist ausdrücklich auf die „Wahrung und Förderung der Arbeits- und Wirtschaftsbedingungen" durch „Vereinigungen" angelegt. Eine genaue Erläuterung dieser beiden Schlüsselwörter stellt den ersten Schritt zu einem besseren Verständnis des Grundrechts der Koalitionsfreiheit dar.

---

5 *Kerwer*, EuZA 2008, 335 (349) m. w. N.; ebenso *Krejci*, Recht auf Streik, S. 14.

6 Ähnlich *Baeck/Winzer/Kramer*, NZG 2015, 1063 (1063).

7 Auf die „Europäisierung des deutschen Arbeitsrechts" verweist u. a. *Nußberger*, RdA 2012, 270 (270).

8 Vgl. nur Die Welt v. 23.04.2015; SPIEGEL ONLINE v. 13.05.2015.

aa) Allgemeine Begriffsbestimmung

Der Begriff der „Koalition" wird im Verfassungstext nicht verwendet. Art. 9 Abs. 3 GG lässt sich nur der Begriff der „Vereinigungen" ausdrücklich entnehmen. Rechtsprechung und Literatur verwenden allerdings weitgehend den Begriff der Koalition. Koalitionen werden als „Zusammenschlüsse von Arbeitgebern oder Arbeitnehmern zur Wahrung und Förderung der Arbeits- und Wirtschaftsbedingungen" umschrieben.[9]

Diese sind auf freiwilliger und privatrechtlicher Grundlage[10] zu bilden und müssen eine gewisse Kontinuität oder Dauerhaftigkeit[11] aufweisen. Zwingend soll der Zweck einer Koalition auf die Wahrnehmung der Interessen von Arbeitnehmern oder Arbeitgebern und die Förderung der Arbeits- und Wirtschaftsbedingungen gerichtet sein. Als weitere Kriterien werden die Gegnerfreiheit und Gegnerunabhängigkeit, die Überbetrieblichkeit, eine hinreichende Durchsetzungsfähigkeit sowie die Tarifwilligkeit und Arbeitskampfbereitschaft diskutiert.[12] Die Frage nach dem Sinn und Umfang dieser einzelnen Voraussetzungen soll im Folgenden nur knapp behandelt werden, wobei vorher darauf hinzuweisen ist, dass ihre Bewertung in der Literatur umstritten ist.

Die Gegnerfreiheit zielt darauf ab, Koalitionen von sog. Harmonieverbänden, d.h. Vereinigungen, die durch eine gemischte Zusammensetzung von Sozialpartnern geschaffen worden sind[13], abzugrenzen. Gefordert wird auch eine deutliche Unabhängigkeit[14], damit die Koalition die Interessen ihrer Mitglieder ohne Einflussnahme der Gegenseite, insbesondere in finanzieller, personeller oder organisatorischer Hinsicht, wirksam und nachhaltig vertreten kann.[15] Daraus wird von der wohl überwiegenden Meinung abgeleitet, dass die Unabhängigkeit einer Koalition am besten durch das Erfordernis der Überbetrieblichkeit gesichert werden könne, es sei denn sie werde wegen der Beschränkung der Koalitionsbetätigung auf ein einziges Unter-

---

9 Maunz/Dürig/*Scholz*, Art. 9 GG Rn. 194; siehe auch *Brox/Rüthers/Henssler*, Arbeitsrecht, Rn. 628; Moll/*Hamacher*, MAH ArbR, § 71 Rn. 3; *Junker*, Grundkurs Arbeitsrecht, Rn. 450.

10 Vgl. HWK/*Hergenröder*, Art. 9 GG Rn. 33; *Wollenschläger*, Arbeitsrecht, Rn. 530.

11 *Gamillscheg*, Kollektives Arbeitsrecht, S. 396; Maunz/Dürig/*Scholz*, Art. 9 GG Rn. 213; *Seiter*, Streikrecht und Aussperrungsrecht, S. 79; Schaub/*Treber*, ArbR-HdB, § 188 Rn. 13.

12 BVerfG 01.03.1979, AP Nr. 1 zu § 1 MitbestG (C IV 1); vgl. auch *Müller*, Arbeitskampf und Recht, S. 147 f.

13 *Junker*, Grundkurs Arbeitsrecht, Rn. 454.

14 *Brox/Rüthers/Henssler*, Arbeitsrecht, Rn. 632; Sachs/*Höfling*, Art. 9 GG Rn. 59.

15 Vgl. BVerfG 01.03.1979, AP Nr. 1 zu § 1 MitbestG (C IV 1) m. Anm. *Wiedemann*; 20.10.1981, AP Nr. 31 zu § 2 TVG (B I 1); BAG 14.12.2004, AP Nr. 1 zu § 2 TVG Tariffähigkeit (B III 1 d) m. Anm. *Buchner*.

nehmen nicht gefährdet.[16] Andere Merkmale des Koalitionsbegriffs sind ebenfalls umstritten: Das gilt etwa für die Durchsetzungsfähigkeit oder Verbandsmacht sowie die Tarifwilligkeit und die Bereitschaft zum Arbeitskampf. Nach überwiegender Auffassung sind dies keine zwingenden Voraussetzungen einer Koalition[17], sondern Voraussetzungen der Tariffähigkeit nach § 2 Abs. 1 TVG[18] und spielen eine nachgelagerte Rolle, nämlich bei der Frage der Arbeitskampffähigkeit.

Im Ergebnis lassen sich unter den Begriff der „Koalition" nach Art. 9 Abs. 3 GG nur Arbeitgeber- und Arbeitnehmerverbände sowie die jeweiligen Spitzenorganisationen subsumieren.[19] Auf Seite der Arbeitnehmer sind es nicht nur die nach § 2 Abs. 1 TVG tariffähigen Koalitionen - Gewerkschaften -, sondern sämtliche Verbände, denen die oben geschilderte Koalitionseigenschaft zuerkannt wird.

bb) Arbeits- und Wirtschaftsbedingungen als Grenzziehungsmerkmal

Der Begriff der „Arbeits- und Wirtschaftsbedingungen" wurde bereits bei der Definition der Koalitionen als deren wichtiges Abgrenzungskriterium[20] gegenüber Vereinigungen i.S. des Art. 9 Abs. 1 GG hervorgehoben. Er bildet damit den Rahmen, innerhalb dessen die noch zu analysierende Koalitionsbetätigung ausgeübt werden darf und gilt daher als klares Grenzziehungsmerkmal.

Unter „Arbeits- und Wirtschaftsbedingungen" wird in der Literatur „die Gesamtheit der Bedingungen [verstanden], unter denen abhängige Arbeit geleistet und eine sinnvolle Ordnung des Arbeitslebens ermöglicht wird".[21] Konkreter ausgedrückt handelt es sich bei „Arbeitsbedingungen" um wesentliche Fragen, die im unmittelbaren Zusammenhang mit einem Arbeitsverhältnis stehen, wie Löhne, Arbeitszeit und -schutz sowie Urlaubsregelun-

---

16 HWK/*Hergenröder*, Art. 9 GG Rn. 47; ebenso *Jarass*/Pieroth, Art. 9 GG Rn. 35; Hömig/*Bergmann*, Art. 9 GG, Rn. 12; Sachs/*Höfling*, Art. 9 GG Rn. 60; *Richardi/Bayreuther*, Kollektives Arbeitsrecht, § 2 Rn. 35; Maunz/Dürig/*Scholz*, Art. 9 GG Rn. 212; a.A *Löwisch/Rieble*, TVG, § 1 Rn. 133; *Picker*, ZfA 2011, 557 (588); *Sodan*, Art. 9 GG Rn. 20.

17 Dreier/*Bauer*, Art. 9 GG Rn. 79 f. (m.w.N.); *Gamillscheg*, Kollektives Arbeitsrecht, S. 427 f.; Sachs/*Höfling*, Art. 9 GG Rn. 61; Stern/Becker/*Rixen*, Art. 9 GG Rn. 36; teilweise zustimmend Maunz/Dürig/*Scholz*, Art. 9 GG Rn. 217 f.

18 Statt vieler BAG 14.12.2004, AP Nr. 1 zu § 2 TVG Tariffähigkeit (B III 1) m. Anm. *Buchner*; 06.06.2008, AP Nr. 55 zu § 2 TVG (B II 1) m. Anm. *Oetker*; ebenso *Junker*, Grundkurs Arbeitsrecht, Rn. 463 ff.

19 *Franzen/Thüsing/Waldhoff*, Arbeitskampf in der Daseinsvorsorge, S. 56.

20 BVerfG 26.06.1991, AP Nr. 117 zu Art. 9 GG Arbeitskampf (C I 1 a); siehe auch *Gamillscheg*, Kollektives Arbeitsrecht, S. 219; *Sodan*, Art. 9 GG Rn. 19.

21 HWK/*Hergenröder*, Art. 9 GG Rn. 40; ähnlich *Müller*, Arbeitskampf und Recht, S. 26.

gen.[22] Dahingegen sind mit „Wirtschaftsbedingungen" Fragen wirtschafts- und sozialpolitischen Charakters gemeint, z.B. die Bedingungen am Arbeitsmarkt oder die Einführung neuer Technologien.[23]

b) Sachlicher Schutzbereich des Art. 9 Abs. 3 GG

Einleitend ist daran zu erinnern, dass Art. 9 Abs. 3 S. 1 GG ein sog. „Doppelgrundrecht"[24] enthält. Zunächst garantiert er dem Einzelnen die Gründungs- und Beitrittsfreiheit, das Verbleiberecht sowie die Freiheit des Austritts und des Fernbleibens.[25] Darüber hinaus schützt er die Koalition als solche sowie ihre Betätigungen.

aa) Individuelle Koalitionsfreiheit

Wie bereits erwähnt berechtigt die Koalitionsfreiheit in erster Linie den Einzelnen als Individuum (*jedermann*) und gilt daher als Individualgrundrecht, wobei ihr sachlicher Schutzbereich hier einen positiven und einen negativen Aspekt beinhaltet.

Die positive Koalitionsfreiheit gewährt dem Einzelnen das Recht, sich an der Gründung einer Koalition zu beteiligen, einer bestehenden Koalition beizutreten und in ihr zu verbleiben.[26] Geschützt wird auch das individuelle Recht einzelner Mitglieder einer Koalition, an der spezifischen koalitionsgemäßen Betätigung teilzunehmen, solange diese in den Schutzbereich des Art. 9 Abs. 3 GG fällt.[27] So sind einzelne Arbeitnehmer berechtigt, an einem von einer Gewerkschaft ordnungsgemäß ausgerufenen Arbeitskampf mitzuwirken.

---

22 Dreier/*Bauer*, Art. 9 GG Rn. 75; *Jarass*/Pieroth, Art. 9 GG Rn. 34 m.w.N.; v. Mangoldt/Klein/Starck/*Kemper*, Art. 9 GG Rn. 89; Stern/Becker/*Rixen*, Art. 9 GG Rn. 31.

23 Dörr/Grote/Marauhn/*Bröhmer*, EMRK/GG, Kap. 19 Rn. 108; Sachs/*Höfling*, Art. 9 GG Rn. 57.

24 Vgl. BVerfG 26.06.1991, AP Nr. 117 zu Art. 9 GG Arbeitskampf (C.I.1.a); 27.04.1999, AP Nr. 88 zu Art. 9 GG (B.II.1.a); BAG 19.06.2007, AP Nr. 173 zu Art. 9 GG Arbeitskampf (Rn. 11); 22.09.2009, AP Nr. 174 zu Art. 9 GG Arbeitskampf (Rn. 33); ebenso ErfK/*Linsenmaier*, Art. 9 GG Rn. 39; Schaub/*Treber*, ArbR-HdB, § 189 Rn. 1.

25 BVerfG 01.03.1979, AP Nr. 1 zu § 1 MitbestG (C IV 1); *Junker*, Grundkurs Arbeitsrecht, Rn. 468.

26 Dazu ausführlich Hömig/*Bergmann*, Art. 9 GG Rn. 13; *Löwisch/Rieble*, TVG, Grundlagen Rn. 85; *Richardi/Bayreuther*, Kollektives Arbeitsrecht, § 2 Rn. 46; Maunz/Dürig/*Scholz*, Art. 9 GG Rn. 222.

27 Vgl. BVerfG 30.11.1965, AP Nr. 7 zu Art. 9 GG (Rn. 1); ebenso *Brox/Rüthers/Henssler*, Arbeitsrecht, Rn. 637; *Kissel*, Arbeitskampfrecht, § 4 Rn. 5.

Demgegenüber schützt die negative Koalitionsfreiheit die freie Entscheidung eines Einzelnen, sich keiner Koalition anzuschließen bzw. aus ihr auszutreten.[28] Gewährleistet wird also das Recht auf Austritt oder Fernbleiben.

Zuletzt ist zu bemerken, dass die einschlägige verfassungsrechtliche Vorschrift keinen Beruf von der Koalitionsfreiheit ausschließt. Ebenso wenig wird der Arbeitnehmerbegriff verfassungsrechtlich definiert.[29] Es ist deswegen ohne Belang, welchen Beruf oder welches Gewerbe der Grundrechtsträger ausübt.

bb) Kollektive Koalitionsfreiheit

Die verfassungsrechtliche Gewährleistung der kollektiven Koalitionsfreiheit besteht unter anderem in der Bestands- und Betätigungsgarantie einer Koalition.

Die Bestandsgarantie bezieht sich bereits auf den Schutz der Existenz einer Koalition als solche.[30] Sie umschließt die Befugnis einer Koalition auf freie Bildung und das Recht, ihren Fortbestand sowohl gegen staatliche Eingriffe als auch gegenüber konkurrierenden Verbänden zu sichern.[31] Zur Bestandsgarantie gehört auch das Recht der Mitgliederwerbung durch die Koalition.[32] Gewährleistet wird außerdem die autonome Ausgestaltung der verbandsinternen Angelegenheiten.[33]

Diese Teilgarantien sind so zu verstehen, dass eine staatliche Einflussnahme in die freie Koalitionsbildung einen unzulässigen Eingriff in das Grundrecht aus Art. 9 Abs. 3 GG darstellen könnte und ein generelles Verbot von Koalitionen als verfassungswidrig anzusehen wäre. Ebenso verstößt gegen die Koalitionsfreiheit jeder Versuch eines Arbeitgebers, die Einstellung eines Arbeitnehmers von seinem Austritt aus der Gewerkschaft abhängig zu machen.[34] Schließlich darf die Koalition nicht daran gehindert sein, neue Mitglieder durch zulässige Methoden und Werbung zu gewinnen.

---

[28] ErfK/*Linsenmaier*, Art. 9 GG Rn. 32; Maunz/Dürig/*Scholz*, Art. 9 GG Rn. 226; noch ausführlich Schaub/*Treber*, ArbR-HdB, § 189 Rn. 9.

[29] Vgl. auch *Löwisch/Rieble*, TVG, Grundlagen Rn. 90.

[30] BVerfG 20.10.1981, AP Nr. 31 zu § 2 TVG (B I 1); BAG 07.06.1988, AP Nr. 106 zu Art. 9 GG Arbeitskampf (A I 1).

[31] Moll/*Hamacher*, MAH ArbR, § 71 Rn. 26; *Junker*, Grundkurs Arbeitsrecht, Rn. 477; Maunz/Dürig/*Scholz*, Art. 9 GG Rn. 245.

[32] BVerfG 26.05.1970, AP Nr. 16 zu Art. 9 GG (Ls. 1); 14.11.1995, AP Nr. 80 zu Art. 9 GG (B I 2); BAG 31.05.2005, AP Nr. 124 zu Art. 9 GG (I 2 b); 28.02.2006, AP Nr. 127 zu Art. 9 GG (Ls. 1) m.Anm. *Richardi*.

[33] Vgl. Maunz/Dürig/*Scholz*, Art. 9 GG Rn. 204.

[34] BAG 02.06.1987, AP Nr. 49 zu Art. 9 GG (III 2) m.Anm. *Rüthers*; Moll/*Hamacher*, MAH ArbR, § 71 Rn. 34; *Junker*, Grundkurs Arbeitsrecht, Rn. 477.

Besonders relevant ist die Betätigungsgarantie, die das Recht umfasst, „durch spezifisch koalitionsmäßige Betätigung die in Art. 9 Abs. 3 GG genannten Zwecke zu verfolgen“.[35] Sie erstreckt sich seit der Aufgabe der „Kernbereichslehre“ durch das BVerfG auf sämtliche koalitionsspezifischen Verhaltensweisen.[36] Darunter könnten Fragen fallen, die einen Bezug zum gesamten Bereich der Arbeits- und Wirtschaftsbedingungen aufweisen.[37]

Im Zentrum der Betätigungsgarantie steht das Recht, Arbeitsbedingungen durch Tarifverträge selbständig zu gestalten. Dieser Bereich der Koalitionsfreiheit ist durch das Tarifvertragsgesetz näher ausgestaltet. Dies wird im Folgenden im Zusammenhang mit der verfassungsrechtlichen Herleitung des Arbeitskampfrechts näher beleuchtet.

c) Verfassungsrechtliche Herleitung des Arbeitskampfrechts

Das Fehlen einer gesetzlichen Regelung des deutschen Arbeitskampfrechts ist allgemein anerkannt. Seine grundgesetzliche Gewährleistung ist dennoch unstreitig. Dabei stützt man sich auf folgende Überlegungen:

aa) Ausgangslage

Art. 9 Abs. 3 GG stellt die Koalitionsbetätigungsfreiheit und damit auch die Tarifautonomie in den Mittelpunkt. Konkretisiert wird dies insbesondere durch den Abschluss von Tarifverträgen. Denn die verfassungsrechtliche Gewährleistung der Koalitionsfreiheit kann sich nur verwirklichen, wenn den Koalitionen bestimmte Mittel zur Verfügung stehen, um ihre Betätigungsgarantie ausüben zu können.[38] Auf dieses Dreiecksverhältnis – Koalitionsfreiheit, Tarifautonomie und Arbeitskampfrecht – sollen sich die folgenden Ausführungen konzentrieren.

Mit der Koalitionsfreiheit wird den Koalitionen die Normsetzungsbefugnis für die Regelung sämtlicher Fragen des Arbeitslebens mittels des Tarifvertragssystems zugestanden. Dies ermöglicht ihnen, „in eigener Verantwortung und im Wesentlichen ohne staatliche Einflussnahme Lohn- und sonstige materielle Arbeitsbedingungen in einem Bereich zu regeln, in dem der

---

35 BVerfG 01.03.1979, AP Nr. 1 zu § 1 MitbestG (C IV 1); 20.10.1981, AP Nr. 31 zu § 2 TVG (B.I.1); BAG 07.06.1988, AP Nr. 106 zu Art. 9 GG Arbeitskampf (A I 1); 27.06.1989, AP Nr. 113 zu Art. 9 GG Arbeitskampf (II 3 b), m. Anm. *Wiedemann, Wonneberger.*

36 Vgl. BVerfG 14.11.1995, AP Nr. 80 zu Art. 9 GG (B.I.3); 27.04.1999, AP Nr. 88 zu Art. 9 GG (B.II.1.a); BAG 19.06.2007, AP Nr. 173 zu Art. 9 GG Arbeitskampf (Rn. 11); 22.09.2009, AP Nr. 174 zu Art. 9 GG Arbeitskampf (Rn. 33).

37 Stern/Becker/*Rixen*, Art. 9 GG Rn. 42.

38 *Otto*, RdA 2010, 135 (137).

Staat seine Regelungszuständigkeit weit zurückgenommen hat".[39] Es handelt sich dabei um die Tarifautonomie, die aber von vornherein einer gesetzlichen Ausgestaltung bedarf.[40] Sie wird durch das Tarifvertragsgesetz (TVG) konkretisiert, welches unter anderem den Inhalt eines Tarifvertrages und den Kreis der Tarifvertragsparteien bestimmt.

Das hier gemeinte Betätigungsrecht wird von den Koalitionen im Wesentlichen durch den Abschluss von Tarifverträgen ausgeübt.[41] Trotz aller möglichen Sachzwänge sind die Tarifverhandlungen in vielen Fällen erfolgreich[42], so dass sich die teilnehmenden Koalitionen über eine gemeinsame Lösung ohne Arbeitskampf verständigen.[43] Solche Ergebnisse sind der deutschen Kompromissbereitschaft zu verdanken. Denn wie bereits von *Kerwer* festgestellt wird in Deutschland bislang die Kooperation der Konfrontation vorgezogen.[44]

Gelingt es den Tarifpartnern nicht, eine Einigung über den gewünschten Tarifvertrag im Verhandlungsweg zu erzielen, haben sie zumindest noch die Möglichkeit, auf bestehende Koalitionsmittel zurückzugreifen, um weiterhin ihre Ziele zu verfolgen. Zur Erreichung dieser Ziele verfügen sie über das Recht auf freie Wahl der Mittel, zu denen Arbeitskampfmaßnahmen zählen.[45] Ohne dieses Druckmittel bestünde die Gefahr, dass insbesondere die Arbeitgeberseite ihren eigenen Willen stets durchsetzt oder gar die Vereinbarung ablehnt. Unter diesen Umständen brauchen die Gewerkschaften ein Druckmittel, um sich bei der Gegenseite Gehör zu verschaffen. Andernfalls wären die Tarifverhandlungen einem System des „kollektiven Bettelns" gleich[46], dessen Erfolg im Belieben einer einzigen Tarifpartei liegen würde. Gleichzeitig heißt dies, dass den Koalitionen nur zum Zweck des Abschlusses bzw. der Durchsetzung eines Tarifvertrages gemäß Art. 9 Abs. 3 S. 3 GG das Arbeitskampfrecht zusteht.[47]

---

39 BVerfG 24.05.1977, AP Nr. 15 zu § 5 TVG (B II 1 b aa); 20.10.1981, AP Nr. 31 zu § 2 TVG (B I 1); BAG 26. 4. 1988, AP Nr. 101 zu Art. 9 GG Arbeitskampf (B II 1).

40 Vgl. auch ErfK/*Linsenmaier*, Art. 9 GG Rn. 42; *Sodan*, Art. 9 GG Rn. 27.

41 BVerfG 26.06.1991, AP Nr. 117 zu Art. 9 GG Arbeitskampf (C.I.1.a); BAG 19.06.2007, AP Nr. 173 zu Art. 9 GG Arbeitskampf (Rn. 11).

42 *Junker*, Grundkurs Arbeitsrecht, Rn. 590.

43 *Gamillscheg*, Kollektives Arbeitsrecht, S. 1298.

44 *Kerwer*, EuZA 2008, 335, (352); i.E. *Beffa*, La France doit choisir, S. 210, der die Kompromissbereitschaft (*esprit de compromis*) deutscher Sozialpartner lobt, welche die Kraftprobe und mögliche Auseinandersetzungen vermeide.

45 BVerfG 26.06.1991, AP Nr. 117 zu Art. 9 GG Arbeitskampf (C.I.1.a).

46 BAG 12.09.1984, AP Nr. 81 zu Art. 9 GG Arbeitskampf (B II 2 a) m. Anm. *Herschel*; 12.03.1985, AP Nr. 84 zu Art. 9 GG Arbeitskampf (II 1 a) m. Anm. *Mayer-Maly*; ebenso *Sunnus*, AuR 2008, 1 (12).

47 *Badura*, Staatsrecht, Kapitel C Rn. 101; Hömig/*Bergmann*, Art. 9 GG Rn. 15; *Jarass*/Pieroth, Art. 9 GG Rn. 40.

Der Ansatzpunkt für den verfassungsrechtlichen Schutz des Arbeitskampfrechts in diesem Sinne ergibt sich damit aus dem Zusammenhang zwischen Verfolgung des Koalitionszwecks und Einsatz bestimmter Mittel.[48] Im Ergebnis fungiert die Tarifautonomie als Ankerpunkt der Koalitionsfreiheit und bedient sich des Druckmittels des Arbeitskampfrechts.

bb) Definition und Mittel des Arbeitskampfes

Eine gesetzliche Definition des Arbeitskampfes existiert nicht.[49] Dies ist auf die fehlende gesetzliche Regelung des Arbeitskampfrechts insgesamt zurückzuführen.[50] In der Literatur wird vom Arbeitskampf gesprochen, wenn die Arbeitnehmer- oder Arbeitgeberseite durch kollektiv ausgeübte Maßnahmen zur Störung der Arbeitsbeziehungen die Gegenseite unter wirtschaftlichen Druck setzt, um ein bestimmtes Ziel zu erreichen.[51]

Aufgrund der oben erwähnten Kampfmittelfreiheit dürfen die Koalitionen sämtliche denkbaren kollektiven Maßnahmen in Anspruch nehmen, da kein „*numerus clausus*“ zulässiger Arbeitskampfmittel vorgesehen ist.[52] Allgemein anerkannte Arbeitskampfmittel sind jedoch der Streik und – nach der Rechtsprechung des BVerfG und des BAG mit gewissen Einschränkungen[53] – die Aussperrung.

Als Streik wird „die kollektive und planmäßige Arbeitsniederlegung einer Mehrzahl von Arbeitnehmern zum Zwecke der Durchsetzung bestimmter Ziele“[54] bezeichnet. Dadurch wird den Gewerkschaften das Recht gewährt, Druck auf den bestreikten Arbeitgeber bzw. auf den Arbeitgeberverband auszuüben und ihren Forderungen Nachdruck zu verleihen.[55] Dahingegen handelt es sich bei der Aussperrung um die von einem oder mehreren Arbeitgebern planmäßig vorgenommene Verweigerung von Beschäftigung und Lohnzahlung gegenüber einer Arbeitnehmergruppe.[56] Grundsätzlich gilt sie

---

48 Vgl. auch ErfK/*Linsenmaier*, Art. 9 GG Rn. 102.

49 *Junker*, Grundkurs Arbeitsrecht, Rn. 592; *Kreuz*, Der Grundsatz der Verhältnismäßigkeit im Arbeitskampfrecht, S. 21.

50 So auch KassHb/*Kalb*, 8.2 Rn. 6.

51 Vgl. *Brox/Rüthers/Henssler*, Arbeitsrecht, Rn. 741; ErfK/*Linsenmaier*, Art. 9 GG Rn. 94; *Zöller/Loritz/Hergenröder*, Arbeitsrecht, S. 414.

52 BVerfG 26.06.1991, AP Nr. 117 zu Art. 9 GG Arbeitskampf (C I 1 a).

53 Vgl. dazu BVerfG 26.06.1991, AP Nr. 117 zu Art. 9 GG Arbeitskampf; BAG 21.04.1971, AP Nr. 43 zu Art. 9 GG Arbeitskampf (III B-D); 10.06.1982, AP Nr. 66 zu Art. 9 GG Arbeitskampf (m. Anm. *Mayer*-Maly);

54 BAG 22.03.1994, AP Nr. 130 zu Art. 9 GG Arbeitskampf (II 3 a) m.Anm. *Oetker*; *BKPSS*, ArbKR, Rn. 14; *Kissel*, Arbeitskampfrecht, § 14 Rn. 1; *Otto*, Arbeitskampf- und Schlichtungsrecht, S. 4; Maunz/Dürig/*Scholz*, Art. 9 GG Rn. 322.

55 *Witter*, Europarechtliche Aspekte des Streikrechts, S. 6.

56 *Brox*/Rüthers, Arbeitskampfrecht, Rn. 45; *Gamillscheg*, Kollektives Arbeitsrecht, S. 912; KassHb/*Kalb*, 8.2 Rn. 22; *Otto*, Arbeitskampf- und Schlichtungsrecht, S. 7.

als „Verteidigungshandlung“[57] und stellt somit die dem Streik vergleichbare Waffe der Arbeitgeberseite[58] im Arbeitskampf dar.

Die soeben vorgenommene Ableitung des Arbeitskampfrechts aus dem Tarifvertragsrecht führt dazu, dass auch das Arbeitskampfrecht den verfassungsimmanenten Schranken der Tarifautonomie unterliegt.

d) Verfassungsimmanente Schranken

Unter verfassungsimmanente Schranken eines Grundrechts versteht man die Grenzen, die sich aus der Grundrechtsstruktur des Grundgesetzes oder besser aus dem „Aspekt der Einheit der Verfassung“[59] ergeben. Bezogen auf die Tarifautonomie bedeutet dies unter anderem, dass die Tarifvertragsparteien Rücksicht auf das Gemeinwohl nehmen müssen. Darüber hinaus sollen Grundrechtskollisionen im Wege der praktischen Konkordanz gelöst werden.

aa) Rücksichtnahme auf das Gemeinwohl

Das Gemeinwohl als Schranke des Arbeitskampfrechts findet Erwähnung in zahlreichen Entscheidungen der obersten Bundesgerichte. In den Worten des BAG heißt es: „(...) In unserer verflochtenen und wechselseitig abhängigen Gesellschaft berühren aber Streik wie Aussperrung nicht nur die am Arbeitskampf unmittelbar Beteiligten, sondern auch Nichtstreikende und sonstige Dritte sowie die Allgemeinheit vielfach nachhaltig. Arbeitskämpfe müssen deshalb unter dem obersten Gebot der Verhältnismäßigkeit stehen. Dabei sind die wirtschaftlichen Gegebenheiten zu berücksichtigen, und *das Gemeinwohl darf nicht offensichtlich verletzt werden.*“[60] Auch das BVerfG legt den Gewerkschaften die Pflicht zur Berücksichtigung des Gemeinwohls bei allen ihren Aktivitäten auf[61] und erkennt „verfassungsrechtlich legitimierte und überwiegende Gründe des Gemeinwohls“ als mögliche Rechtfertigungsgründe von Eingriffen in die Tarifautonomie an.[62]

---

57 *Wollenschläger*, Arbeitsrecht, Rn. 628.

58 BVerfG 26.06.1991, AP Nr. 117 zu Art. 9 GG Arbeitskampf (C I 1 a); BAG 21.04.1971, AP Nr. 43 zu Art. 9 GG Arbeitskampf (III B 1); HWK/*Hergenröder*, Art. 9 GG Rn. 26 und 166; Maunz/Dürig/*Scholz*, Art. 9 GG Rn. 325; *Sodan*, Art. 9 GG Rn. 23.

59 HWK/*Hergenröder*, Art. 9 GG Rn. 81.

60 BAG 21.04.1971, AP Nr. 43 zu Art. 9 GG Arbeitskampf (III A 1). Hervorhebung durch Verfasser.

61 BVerfG 18.12.1974, AP Nr. 23 zu Art. 9 GG (C II 3 c) m.Anm. *Kittner*.

62 BVerfG 26.06.1991, AP Nr. 117 zu Art. 9 GG Arbeitskampf (C I 3 a); 27.04.1999, AP Nr. 88 zu Art. 9 GG (B II 1 c); 03.04.2001, AP Nr. 2 zu § 10 Kur BUrlG (B 3); 29.12.2004, NZA 2005, 153 (C II 3 b).

In der Literatur werden diese Aspekte unterschiedlich bewertet. Während einige Autoren das Gemeinwohl als „ungeschriebene Grenze“ des Arbeitskampfrechts anerkennen[63], stehen andere dem ablehnend[64] bzw. kritisch[65] gegenüber. Für eine dritte Gruppe ist diese Frage vielmehr ein Ausdruck des Konfliktes zwischen der Koalitionsbetätigungsfreiheit und den grundrechtlich geschützten Rechtsgütern und Rechtspositionen Dritter, der mittels der praktischen Konkordanz aufzulösen sei.[66] Letzterer Ansicht schließt sich auch die vorliegende Arbeit an. Im Einzelnen wird hierzu im Zusammenhang mit der Stellungnahme zur Einschränkbarkeit des Streikrechts auf Basis der bisherigen Rechtsprechung des BVerfG und des BAG Stellung bezogen.[67]

bb) Grundrechtskollisionen als Rechtsausübungsschranken

Die Wortwahl des BAG in seinem vielzitierten Urteil vom 21.04.1971[68] deutet darauf hin, dass das Betätigungsrecht der Koalitionen mit anderen Grundrechten kollidieren könnte.[69] Um welche Grundrechte es sich konkret handelt und welche kollisionsrechtliche Lösung in Betracht zu ziehen ist[70], wird ausgehend von der Rechtsprechung nachfolgend zu beleuchten sein. Allerdings ist darauf hinzuweisen, dass konkrete Fragen erst im Zusammenhang mit der später zu behandelnden Daseinsvorsorge vertieft werden.[71] An dieser Stelle geht es zunächst darum, allgemeine Grundsätze zum Kollisionsrecht im Falle entgegenstehender Grundrechte hervorzuheben.

---

63 Vgl. stellvertretend *Henssler*, ZfA 2010, 397 (425); *Rüfner*, RdA 1985, 193ff.; Maunz/Dürig/*Scholz*, Art. 9 GG Rn. 274; *ders.*, FS Buchner (2009), S. 827, 833; *ders.*, in: Isensee/Kirchhof (Hrsg.), HStR VIII, § 175 Rn. 39; Thüsing/Braun/*von Steinau-Steinrück*, Tarifrecht, 3. Kap. Rn. 126; *Thüsing*, in: Oetker/Preis/Rieble (Hrsg.), 50 Jahre Bundesarbeitsgericht, S. 889, 899 f.

64 *Mösch*, Gilt der Grundsatz der Verhältnismäßigkeit im Arbeitskampfrecht?, S. 14ff. mit der Begründung der inhaltlichen Unbestimmtheit des Begriffs und der Gefahr einer politisch motivierten Einflussnahme der Gerichte auf das Arbeitskampfrecht; ebenso *Hänsle*, Streik und Daseinsvorsorge, S. 619ff., 660; Däubler/*Hensche*, Arbeitskampfrecht, § 18 Rn. 5; Sachs/*Höfling*, Art. 9 GG Rn. 136, 150; Münch-HbArbR/*Ricken*, § 200 Rn. 63; *Schubert*, AuR 2014, 176; *Sunnus*, AuR 2008, 1 (8 f.).

65 *Otto*, Arbeitskampf- und Schlichtungsrecht, S. 43, 168, der die Pflicht zur Berücksichtigung allgemeiner Interessen allein gegenüber dem Gesetzgeber bei der Ausgestaltung des Arbeitskampfrechts für rechtmäßig hält; i.E. auch ErfK/*Linsenmaier*, Art. 9 GG Rn. 81, 126.

66 Schaub/*Treber*, ArbR-HdB, § 192 Rn. 42; *Uhlenbruck*, RdA 1972, 327 (330).

67 Vgl. hierzu die Ausführungen im Abschnitt E.I.1.

68 BAG 21.04.1971, AP Nr. 43 zu Art. 9 GG Arbeitskampf (III A 1).

69 So auch *Heinze*, in: Oetker/Preis/Rieble (Hrsg.), 50 Jahre Bundesarbeitsgericht, S. 493, 502 f.

70 Zu Methodischem Ansatz siehe bereits *Schubert*, AuR 2014, 176 (180).

71 Siehe unten unter Abschnitt D.I.1.b).

(1) Das kollidierende Verfassungsrecht

Zu grundrechtlich geschützten Rechtsgütern und Rechtspositionen, die genauso wie die Koalitionsfreiheit Verfassungsrang und -schutz genießen, zählen in erster Linie das Recht auf Leben und körperliche Unversehrtheit nach Art. 2 Abs. 2 GG, die vom BGH als höchstpersönliche Rechtsgüter bezeichnet werden.[72] Weitere unmittelbar betroffene Grundrechte Dritter sind die allgemeine Entfaltungsfreiheit (Art. 2 Abs. 1 GG), die Berufsfreiheit (Art. 12 GG) sowie die Eigentumsfreiheit (Art. 14 GG).[73] Auch innerhalb des Schutzbereichs des Art. 9 Abs. 3 GG selbst könnte eine Kollision zwischen der individuellen und kollektiven Koalitionsfreiheit oder auch zwischen der jeweiligen kollektiven Koalitionsfreiheit konkurrierender Verbände bestehen[74]; nicht ganz eindeutig ist die Stellung der hergebrachten Grundsätze des Berufsbeamtentums nach Art. 33 Abs. 5 GG.[75]

Nach ständiger Rechtsprechung des BAG[76] und des BVerfG[77] zum Arbeitskampfrecht könnte dieses kollidierende Verfassungsrecht unter Umständen zu Einschränkungen der Koalitionsbetätigungsfreiheit führen. In die gleiche Richtung geht der BGH.[78] Wann aber ein solcher Vorrang besteht, ist anhand des Grundsatzes der praktischen Konkordanz festzustellen.[79]

(2) Herstellung praktischer Konkordanz

Nicht jeder Eingriff in verfassungsrechtlich geschützte Rechtsgüter durch die Arbeitskampfparteien kann zur Verfassungswidrigkeit eines Arbeitskampfes führen[80]; es bedarf einer rechtlichen Abwägung in jedem konkreten Einzelfall. Dabei ist grundsätzlich darauf zu achten, dass keines der abzuwägenden Grundrechte gänzlich oder von vornherein außer Betracht gelassen

---

72 BGH 16.06.1977, AP Nr. 53 zu Art. 9 GG Arbeitskampf (II 4 d).

73 Vgl. Maunz/Dürig/*Scholz*, Art. 9 GG Rn. 352 f.; Thüsing/Braun/*von Steinau-Steinrück*, Tarifrecht, 3. Kap. Rn. 109.

74 Maunz/Dürig/*Scholz*, Art. 9 GG Rn. 354 f.

75 *Schubert*, AuR 2014, 176 (184) weist darauf hin, dass diese verfassungsrechtliche Bestimmung kein Grundrecht enthalte, so dass nicht von einem Kollisionsfall auszugehen sei.

76 BAG 19.06.2007, AP Nr. 173 zu Art. 9 GG Arbeitskampf (Rn. 25) m.Anm. *Wank*; 07.07.2010, AP Nr. 140 zu Art. 9 GG (Rn. 59 f.).

77 BVerfG 26.01.1991, AP Nr. 117 zu Art. 9 GG Arbeitskampf (C I 3 a); 10.01.1995, AP Nr. 76 zu Art. 9 GG (B II b bb); 24.04.1996, NZA 1996, 1157 (C II 1); 24.02.1999, AP Nr. 18 zu § 20 BetrVG 1972 (II 2 b); 06.02.2007, NZA 2007, 394 (II 2 a).

78 BGH 31.01.1978, AP Nr. 61 zu Art. 9 GG Arbeitskampf (I 1) m.Anm. *Linz*.

79 Vgl. nur *Franzen/Thüsing/Waldhoff*, Arbeitskampf in der Daseinsvorsorge, S. 63.

80 So aber Maunz/Dürig/*Scholz*, Art. 9 GG Rn. 316, 375.

wird.[81] Das heißt, Kollisionen sind in einer Weise aufzulösen, dass beide Positionen größtmögliche Wirkung entfalten[82] bzw. einen „möglichst schonenden Ausgleich“[83] erfahren.

Daraus ergibt sich, dass in einem Kollisionsfall zwischen dem Koalitionsbetätigungsrecht und höherwertigen Rechtsgütern wie Leben, Gesundheit, Menschenwürde das erstgenannte Grundrecht verdrängt werden könnte[84], ohne dass jedoch sein Wesensgehalt angetastet oder in Frage gestellt würde.[85]

Schließlich verdeutlichen die vorangehenden Ausführungen, wie die Funktionsfähigkeit der Tarifautonomie auf das Arbeitskampfrecht als ein wirksames Druckmittel und Durchsetzungsmechanismus angewiesen ist. Dieses der Tarifautonomie dienende Rechtsinstitut bedarf allerdings einer Konkretisierung, die bislang nur durch Richterrecht vorgenommen wird. So wurden unter anderem Rechtmäßigkeitsvoraussetzungen von Arbeitskämpfen durch die Rechtsprechung entwickelt.[86]

2. *Rechtmäßigkeitsvoraussetzungen von Arbeitskämpfen*

Nach der bisherigen Rechtsprechung des BAG können nur Arbeitskämpfe, die einen Bezug zum Tarifvertragssystem aufweisen, zu den geschützten Mitteln der Koalitionsfreiheit nach Art. 9 Abs. 3 GG zählen.[87] Darüber hinaus sind bestimmte allgemeine Rechtsgrundsätze des Arbeitskampfrechts zu beachten.

a) Tarifbezogenheit des Arbeitskampfes

Nach den von BVerfG und BAG entwickelten Voraussetzungen von Arbeitskämpfe sind nur solche Arbeitskämpfe als rechtmäßig anzusehen, die von

---

81 Vgl. BVerfG 08.04.1981, NJW 1981, 1995 (Ls. 2).
82 BAG 25.01.2005, AP Nr. 123 zu Art. 9 GG (II 1 a) m. Anm. *Höfling/Burkiczak.*
83 *Franzen/Thüsing/Waldhoff*, Arbeitskampf in der Daseinsvorsorge, S. 51.
84 *Scherer*, Grenzen des Streikrechts in den Arbeitsbereichen der Daseinsvorsorge, S. 65; *Seiter*, Streikrecht und Aussperrungsrecht, S. 549.
85 Ausführlich dazu zunächst allgemein in Abschnitt B.I.2.b) cc) und speziell zur Daseinsvorsorge in Abschnitt E.I.1.
86 Dazu gleich unten unter Abschnitt B.I.2.
87 BAG 21.04.1971, AP Nr. 43 zu Art. 9 GG Arbeitskampf (III A 1); 21.03.1978, AP Nr. 62 zu Art. 9 GG Arbeitskampf (Ls. 2), mit Anm. *Seiter*; 10.06.1980, AP Nr. 64 zu Art. 9 GG Arbeitskampf (A I 2 b); 05.03.1985, AP Nr. 85 zu Art. 9 GG Arbeitskampf (II 3 b); 26.04.1988, AP Nr. 101 zu Art. 9 GG Arbeitskampf (B II 2); 07.06.1988, AP Nr. 106 zu Art. 9 GG Arbeitskampf (A I 1); 27.06.1989, AP Nr. 113 zu Art. 9 GG Arbeitskampf (II 3), m. Anm. *Wiedemann/Wonneberger*; 10.12.2002, AP Nr. 162 zu Art. 9 GG Arbeitskampf (B I 3 a).

tariffähigen Parteien oder gegen tariffähige Parteien mit dem Ziel des Abschlusses eines Tarifvertrages oder der Durchsetzung tariflicher Regelungen unter Beachtung der Friedenspflicht eingesetzt werden. Dieses Grenzziehungskriterium ergibt sich daraus, dass das Arbeitskampfrecht in der soeben beschriebenen Weise unmittelbar aus der Koalitionsbetätigungsfreiheit nach Art. 9 Abs. 3 GG abgeleitet wird.

aa) Führung durch tariffähige Parteien

Der herausgestellte enge Bezug des Arbeitskampfrechts zur Tarifautonomie spricht dafür, dass die Rechtmäßigkeit jeder Arbeitskampfmaßnahme von der Durchführung durch Parteien abhängt, denen die Tariffähigkeit nach geltendem Recht überhaupt zuerkannt werden könnte. Damit sind „verbandsfreie“ Kampfmaßnahmen nicht von Art. 9 Abs. 3 GG geschützt.

Hinsichtlich der Arbeitskampfmaßnahmen der Arbeitnehmerseite betont das BAG, dass „jeder nicht durch die Gewerkschaft organisierte, d. h. durch sie begonnene oder doch nachträglich übernommene Streik rechtswidrig ist“.[88] Dieser wird als „wilder Streik“[89] bezeichnet.

Auf Grundlage dieser Rechtsprechung, die von der Literatur[90] überwiegend gebilligt worden ist, lässt sich der Arbeitskampf als „Annex“[91] der Tarifautonomie bezeichnen. Ihm kommt lediglich eine „Hilfsfunktion“[92] zu, so dass er nur von einem tarifzuständigen Sozialpartner initiiert und gegen einen tarifzuständigen Sozialpartner gerichtet werden darf.[93] Arbeitskampfzuständig ist daher nur, wer tariffähig ist. Tariffähig nach § 2 Abs. 1 und 2 TVG sind Gewerkschaften, einzelne Arbeitgeber und Arbeitgebervereini-

---

88 BAG 20.12.1963, AP Nr. 32 zu Art. 9 GG Arbeitskampf (Rn. 3 a) m. Anm. *Mayer-Maly*; 21.10.1969, AP Nr. 41 zu Art. 9 GG Arbeitskampf (Rn. 1) m. Anm. *Rüthers*; 14.2.1978, AP Nr. 58 zu Art. 9 GG Arbeitskampf (Rn. 6 a); 07.06.1988, AP Nr. 106 zu Art. 9 GG Arbeitskampf (A I 1); 27.06.1989, AP Nr. 113 zu Art. 9 GG Arbeitskampf (II 3), m. Anm. *Wiedemann/Wonneberger.*

89 Zum Begriff des „wilden Streiks“, siehe u. a. *Gamillscheg*, Kollektives Arbeitsrecht, S. 1085 f.; *Meyer*, Arbeitsrecht für die Praxis, Kapitel D Rn. 243; *Preis*, Arbeitsrecht, S. 357.

90 Vgl. *Franzen*, JbArbR 47, 119 (120); *Gamillscheg*, Kollektives Arbeitsrecht, S. 1072; *Kalb*, Arbeitskampfrecht, Rn. 93; *Picker*, ZfA 2011, 557 (576); *Rieble*, RdA 2005, 200 (206); a. A. *BKPSS*, TVG und ArbKR, Teil 3 Rn. 203; *Czycholl/Frieling*, ZESAR 2011, 322 (324 f.); *Däubler*, Arbeitskampfrecht, § 12 Rn. 19ff.; Änderungsbedarf sehen auch *Birk/Konzen/Löwisch/Raiser/Seiter*, ArbKG-E, S. 11.

91 HWK/*Hergenröder*, Art. 9 GG Rn. 258; *Müller*, Arbeitskampf und Recht, S. 77ff.; kritisch *Schubert*, AuR 2014, 176 (180).

92 BAG 07.06.1988, AP Nr. 106 zu Art. 9 GG Arbeitskampf (A I 1); siehe auch KassHb/*Kalb*, 8.2 Rn. 5; *Rieble*, RdA 2005, 200 (204).

93 ErfK/*Linsenmaier*, Art. 9 GG Rn. 123.

gungen sowie deren Spitzenorganisationen.[94] Festzustellen ist, dass die Arbeitskampffähigkeit auf Arbeitgeberseite nicht nur Arbeitgeberverbänden, sondern auch einzelnen Arbeitgebern zugesprochen wird[95], während diese auf Arbeitnehmerseite nur den Gewerkschaften[96] und nicht dem einzelnen Arbeitnehmer zukommt.[97] Insofern werden die nichtgewerkschaftlichen oder „wilden" Streiks vom Schutzbereich des Art. 9 Abs. 3 GG ausgeschlossen.

bb) Tarifliche Regelbarkeit der Kampfforderung

Aus der Qualifizierung des Arbeitskampfrechts als Hilfsinstrument zur Sicherung der Tarifautonomie[98] ergibt sich weiterhin, dass die Zulässigkeit des Arbeitskampfzieles ausschließlich auf dessen tariflicher Regelbarkeit beruht.[99] Maßgeblich sind nicht nur der Abschluss eines Tarifvertrages sowie die Durchsetzung einer tariflichen Regelung, sondern auch die Verfolgung eines zulässigen Inhalts.[100] Mit letzterem ist jede Materie gemeint, die durch den angestrebten Tarifvertrag geregelt werden könnte. Dies können nach § 1 Abs. 1 TVG die Rechtsnormen sein, die den Inhalt, den Abschluss und die Beendigung von Arbeitsverhältnissen sowie betriebliche und betriebsverfassungsrechtliche Fragen ordnen können.

Im Einzelnen gliedern sich diese Regelungen in Arbeitsverhältnisnormen einerseits und in Betriebsnormen und betriebsverfassungsrechtliche Normen andererseits. Die erstgenannte Gruppe umschließt die Inhalts-, Abschluss- und Beendigungsnormen, die jeweils die beiderseitigen Rechte und Leistungspflichten der Arbeitsvertragsparteien (u. a. Normen über Arbeitszeit, Urlaub, Krankheit und Arbeitsentgelt), das Zustandekommen neuer bzw. die Wiederaufnahme alter oder auch die Fortsetzung unterbrochener Arbeitsverhältnisse und die Fragen deren Beendigung regeln.[101]

---

94 Zu Einzelheiten siehe insb. *BKPSS*, TVG und ArbKR, § 2 TVG Rn. 6ff.; ebenso *Gamillscheg*, Kollektives Arbeitsrecht, S. 522ff.; Däubler/*Peter*, TVG, § 2 Rn. 2ff.

95 Siehe auch *Bepler*, AuA 1998, 228 (228).

96 *Meyer*, Arbeitsrecht für die Praxis, Kapitel D Rn. 224.

97 Vgl. BAG 21.04.1971, AP Nr. 43 zu Art. 9 GG Arbeitskampf (III B 2).

98 Siehe oben bei Fn. 104 u. 109.

99 Hierzu kritisch ArbG Gelsenkirchen 13.03.1998, NZA-RR 1998, 352-355; ausdrücklich ablehnend *BKPSS*, TVG und ArbKR, Teil 3 Rn. 22ff., die den Abschluss eines Tarifvertrags für ein zwar entscheidendes Arbeitskampfziel halten, aber nicht als einziges Instrument zur Erreichung des in Art. 9 Abs. 3 GG verbürgten Zwecks; i.E. auch *Däubler*, Arbeitskampfrecht, § 9 Rn. 8, 16; Maunz/Dürig/*Scholz*, Art. 9 GG Rn. 316.

100 *Junker*, Grundkurs Arbeitsrecht, Rn. 605ff.

101 Dazu ausführlich bei *Gamillscheg*, Kollektives Arbeitsrecht, S. 577ff.; *Löwisch/Rieble*, TVG, § 1 Rn. 137ff.; Däubler/*Reim/Nebe*, TVG, § 1 Rn. 322ff.; Kempen/*Zachert/Schubert*, TVG, § 1 Rn. 72ff.

Daraus wird abgeleitet, dass nur der Abschluss bzw. die Durchsetzung eines Tarifvertrages, der unter den oben erwähnten Normenbereich fällt, als zulässiges Arbeitskampfziel angesehen werden kann. Dagegen wird sämtlichen Arbeitskämpfen, die ein nicht tarifvertragliches Ziel verfolgen, der verfassungsrechtliche Schutz verweigert. Hierzu gehören u. a. politische Streiks, welche gegen die Staatsgewalt als solche gerichtet sind und darauf abzielen, diese zur Verabschiedung bestimmter Regelungen zu bewegen[102] und Demonstrationsstreiks.[103]

cc) Wahrung der Friedenspflicht

Wie schon mehrfach erwähnt, obliegt die autonome Ausgestaltung der Arbeits- und Wirtschaftsbedingungen den Koalitionen. Dieses Betätigungsrecht üben sie im Wesentlichen durch den Abschluss von Tarifverträgen aus. Gelingt ihnen dies nicht, steht ihnen das Mittel des Arbeitskampfs zur Verfügung. Kommt der erwünschte Tarifvertrag zustande, so erfüllt er eine Befriedungsfunktion.[104]

Um diesen „Frieden" aufrechtzuerhalten, muss vermieden werden, dass die tariflich vereinbarten Regelungen durch einen Arbeitskampf jederzeit in Frage gestellt werden.[105] Dazu dient die Friedenspflicht, welche während der Laufzeit eines Tarifvertrages die Durchführung oder Unterstützung von Arbeitskämpfen über bereits tariflich geregelte Gegenstände untersagt.[106] Von der Rechtsprechung[107] und im Schrifttum[108] wird die Friedenspflicht deshalb als Kampfverbot bezeichnet.

Soweit es um eine relative Friedenspflicht geht, ist sie nicht gesondert zu vereinbaren, sondern gehört zum schuldrechtlichen Teil eines jeden Tarif-

---

102 Siehe auch *Badura*, Staatsrecht, Kapitel C Rn. 101; *Bitsch*, ZTR 2012, 78 (85); ErfK/*Linsenmaier*, Art. 9 GG Rn. 119; *Leisner*, NJW 2006, 1488 (1489).

103 *Gamillscheg*, Kollektives Arbeitsrecht, S. 1100ff.; Schaub/*Treber*, ArbR-HdB, § 192 Rn. 13.

104 Vgl. *Junker*, Grundkurs Arbeitsrecht, Rn. 581.

105 BAG 19.06.2007, AP Nr. 173 zu Art. 9 GG (Rn. 18); s. auch ErfK/*Linsenmaier*, Art. 9 GG Rn. 124; *Gamillscheg*, Kollektives Arbeitsrecht, S. 1074; *Kissel*, Arbeitskampfrecht, § 26 Rn. 1; *Richardi/Bayreuther*, Kollektives Arbeitsrecht, § 10 Rn. 28; Schaub/*Treber*, ArbR-HdB, § 192 Rn. 17.

106 Vgl. BAG 27.06.1989, AP Nr. 113 zu Art. 9 GG Arbeitskampf (II 2 a), m. Anm. *Wiedemann/Wonneberger*; *Deinert*, RdA 2011, 12 (18); *Henkel*, AuA 2014, 16 (16); *Kalb*, Arbeitskampfrecht, Rn. 114.

107 BAG 21.12.1982, AP Nr. 76 zu Art. 9 GG Arbeitskampf (A II 1 a); 19.06.2007, AP Nr. 173 zu Art. 9 GG Arbeitskampf (Rn. 18).

108 ErfK/*Linsenmaier*, Art. 9 GG Rn. 124; Brox/*Rüthers*, Arbeitskampfrecht, Rn. 218; *Preis*, Arbeitsrecht, S. 389.

vertrages und ist daher dem Tarifvertrag immanent.[109] Die andere Variante – die absolute Friedenspflicht –, welche sämtliche Arbeitskämpfe während eines bestehenden Tarifvertrages ausschließt[110], auch wenn die angestrebten Forderungen nicht Gegenstand des laufenden Tarifvertrages sind, bedarf einer ausdrücklichen Vereinbarung zwischen den Tarifparteien.

Arbeitskampfmaßnahmen, die außerhalb des Rahmens der vorangehenden Rechtmäßigkeitsvoraussetzungen eingeleitet werden, sind generell nicht zu rechtfertigen. Darüber hinaus unterliegen Arbeitskämpfe bestimmten allgemeinen Rechtsgrundsätzen[111], denen aufgrund der fehlenden gesetzlichen Grundlage in diesem Rechtsbereich eine große Bedeutung zukommt. Am Bedeutendsten ist der Verhältnismäßigkeitsgrundsatz, der nicht zuletzt wegen seiner besonderen Relevanz für die zu behandelnde Frage des Streiks in der Daseinsvorsorge nachfolgend vertieft werden soll.

b) Beachtung des Verhältnismäßigkeitsgrundsatzes

Die Beachtung des Verhältnismäßigkeitsgrundsatzes bei der Durchführung von Arbeitskampfmaßnahmen ist seit Jahrzehnten eines der wichtigsten Schlagwörter in der Rechtsprechung des Bundesarbeitsgerichts zum Arbeitskampfrecht.[112] Im Gegensatz zu den tarifbezogenen Rechtmäßigkeitsvoraussetzungen handelt es sich hierbei um eine Einzelfallprüfung.[113]

Das BAG geht davon aus, dass der Rechtsstaat es dem Bürger verbietet, sich selbst Recht zu verschaffen. Allerdings erlaubt die Rechtsordnung durch das Arbeitskampfrecht die „Gewalt zur Durchsetzung eigener Interessen".[114] An sich wären Streikmaßnahmen vertragswidriges und deliktisches Handeln und stellen gleichzeitig einen Eingriff in die Berufsfreiheit des Vertragspartners nach Art. 12 Abs. 1 GG dar.[115] Außerdem berühren Arbeitskämpfe nicht nur die unmittelbar Kampfbeteiligten, sondern auch Dritte, deren Rechtspositionen ebenfalls beachtet werden sollten. Demzufolge obliegt es dem Staat, Grenzen bzw. besondere Rechtfertigungsgründe[116] für Arbeitskampfmaßnahmen zu formulieren. So sieht das BAG die Durchfüh-

---

109 BAG 21.12.1982, AP Nr. 76 zu Art. 9 GG Arbeitskampf (A II 1 a); 27.06.1989, AP Nr. 113 zu Art. 9 GG Arbeitskampf (II 2 a), m. Anm. *Wiedemann/Wonneberger*; 19.06.2007, AP Nr. 173 zu Art. 9 GG Arbeitskampf (Rn. 18); ebenso *BKPSS*, Arb-KR, Rn. 59; *Otto*, Arbeitskampf- und Schlichtungsrecht, S. 127.

110 Brox/*Rüthers*, Arbeitskampfrecht, Rn. 282.

111 S. nur Thüsing/Braun/*von Steinau-Steinrück*, Tarifrecht, 3. Kap. Rn. 103ff.

112 *Franzen/Thüsing/Waldhoff*, Arbeitskampf in der Daseinsvorsorge, S. 52, 75 f.; *Scherer*, Grenzen des Streikrechts in den Arbeitsbereichen der Daseinsvorsorge, S. 59.

113 *Henkel*, AuA 2014, 16 (17).

114 *Junker*, Grundkurs Arbeitsrecht, Rn. 591.

115 Vgl. *Boemke*, ZfA 2009, 131 (136); ähnlich *Lambrich/Sander*, NZA 2014, 337 (337).

116 BAG 28.01.1955, AP Nr. 1 zu Art. 9 GG Arbeitskampf (Ls. 2).

rung eines Arbeitskampfes nur dann als gerechtfertigt an, wenn dieser „zur Erreichung rechtmäßiger Kampfziele und des nachfolgenden Arbeitsfriedens geeignet und sachlich erforderlich" ist und alle vorhandene Verständigungsmöglichkeiten erfolglos ausgeschöpft worden sind.[117] Diese Rechtsprechung des BAG wurde vom BVerfG grundsätzlich bestätigt.[118]

Drei Teilaspekte sind dabei zu unterscheiden. Diese sind die Prüfung der Geeignetheit, Erforderlichkeit sowie der Verhältnismäßigkeit i.e.S. Sie sind eng miteinander verbunden.

aa) Geeignetheit

Das BAG hält einen Arbeitskampf für geeignet, wenn durch seinen Einsatz die Durchsetzung des verfolgten Kampfziels gefördert werden könnte.[119] Wie diese Geeignetheit zu prüfen sein soll, wird grundsätzlich der kampfführenden Koalition überlassen.[120] Diese Einschätzungsprärogative gesteht ihr das Recht zu, die Effektivität ihrer Kampfstrategie, Druck auf den sozialen Gegenspieler auszuüben, vernünftig und verantwortungsvoll selbst zu beurteilen.[121] Zugleich trägt sie allerdings das Risiko, dass die Arbeitskampfmaßnahme für rechtswidrig erklärt werden könnte. Dies ist nach den Ausführungen des BAG[122] nichts anderes als ein Ausdruck der den Koalitionen eingeräumten Kampfmittelfreiheit.

Im Grunde lässt sich feststellen, dass das BAG von einem vernünftigen Verhalten der Koalitionen ausgeht.[123] Ob diese bloße Vermutung reicht, um auf eine sachgerechte Abwägung durch das Gericht zu verzichten, scheint jedoch nicht sicher. Dieser Aspekt bedarf einer weiteren Analyse, die weiter unten vorzunehmen ist.[124]

---

117 BAG 21.04.1971, AP Nr. 43 zu Art. 9 GG Arbeitskampf (III A 1.1 b); 10.06.1980, AP Nr. 64 zu Art. 9 GG Arbeitskampf (B I 1); 19.06.2007, AP Nr. 173 zu Art. 9 GG Arbeitskampf (Rn. 22ff.) m.Anm. *Wank*; 22.09.2009, AP Nr. 174 zu Art. 9 GG Arbeitskampf (Rn. 8, 36 u. 41) m.Anm. *Mehrens*.

118 BVerfG 04.07.1995, AP Nr. 4 zu § 116 AFG (C I 1 c); 26.06.1991, AP Nr. 117 zu Art. 9 GG Arbeitskampf (C I 3); 10.09.2004, AP Nr. 167 zu Art. 9 GG Arbeitskampf (B 1).

119 BAG 19.06.2007, AP Nr. 173 zu Art. 9 GG Arbeitskampf (Rn. 26); 22.09.2009, AP Nr. 174 zu Art. 9 GG Arbeitskampf (Rn. 43) m.Anm. *Willemsen/Mehrens*.

120 BVerfG 10.09.2004, AP Nr. 167 zu Art. 9 GG Arbeitskampf (B.1); BAG 18.02.2003, AP Nr. 163 zu Art. 9 GG Arbeitskampf (B I) m.Anm. *Thüsing*; 19.06.2007, AP Nr. 173 zu Art. 9 GG Arbeitskampf (Rn. 26); 22.09.2009, AP Nr. 174 zu Art. 9 GG Arbeitskampf (Rn. 42) m.Anm. *Willemsen/Mehrens*; siehe auch *Feudner*, RdA 2008, 104 (105); *Glanz*, NJW-Spezial 2007, 578.

121 *BKPSS*, TVG und ArbKR, Teil 3 Rn. 139.

122 BAG 19.06.2007, AP Nr. 173 zu Art. 9 GG Arbeitskampf (Rn. 26); 22.09.2009, AP Nr. 174 zu Art. 9 GG Arbeitskampf (Rn. 42) m.Anm. *Willemsen/Mehrens*.

123 *Franzen*, JbArbR 2010, 119 (122).

124 Siehe unten bei Abschnitt E.I.2.b).

bb) Erforderlichkeit

Bei der Prüfung der Erforderlichkeit wird gefragt, ob der Einsatz eines Arbeitskampfes überhaupt geboten ist[125] und die Erreichung der verfolgten Forderungen nicht anderweitig erfolgen könnte, weil kein milderes Mittel zur Verfügung steht.[126] Arbeitskampfmaßnahmen dürfen nur nach Ausschöpfung aller zumutbaren Verständigungsmöglichkeiten und dem Scheitern der Verhandlungen ergriffen werden, d.h. das letzte mögliche Mittel sein (*„ultima-ratio"-Prinzip*). [127]

Dieser Teilgrundsatz der Verhältnismäßigkeit zielt auch darauf ab, arbeitskampfbezogene Schäden zu vermeiden und sie ggf. zu begrenzen, so dass von mehreren gleich geeigneten Kampfmitteln das den Gegner schonendste auszuwählen ist.[128] Ein Arbeitskampf darf als schärfstes Mittel nur angewendet werden, sofern keine weitere Alternative mit geringerer Belastungsintensität existiert.[129] Auch hier steht den kampfführenden Koalitionen allerdings eine Einschätzungsprärogative zu.

Im Einzelnen ergeben sich zahlreiche Fragen, vor allem diejenige nach der Zulässigkeit von Warnstreiks, nach einer notwendigen Einbeziehung der Schlichtung sowie die Problematik der Subsumtion der Urabstimmung unter das „ultima-ratio"-Prinzip.

(1) Zulässigkeit von Warnstreiks

Es stellt sich die Frage, inwieweit die Durchführung von Warnstreiks, welche der Unterstützung laufender Verhandlungen dienen[130], mit dem *„ultima-ratio"*-Prinzip vereinbar sind. In seiner früheren Rechtsprechung hat es das BAG abgelehnt, verhandlungsbegleitende Kampfmaßnahmen an dem vorangehenden Grundsatz zu messen, und damit die Zulässigkeit von Warnstreiks grundsätzlich anerkannt.[131] Diese Rechtsprechung, die in der Litera-

---

125 *Jacobs*, ZfA 2011, 71 (88).

126 BAG 19.06.2007, AP Nr. 173 zu Art. 9 GG Arbeitskampf (Rn. 27).

127 BAG 21.04.1971, AP Nr. 43 zu Art. 9 GG Arbeitskampf (III A 1 a); 18.02.2003, AP Nr. 163 zu Art. 9 GG Arbeitskampf (B I) m.Anm. *Thüsing*; dazu auch *Franzen*, JbArbR 47, 119 (127); HWK/*Hergenröder*, Art. 9 GG Rn. 263; Brox/*Rüthers*, Arbeitskampfrecht, Rn. 201; kritisch *Hettlage*, ZRP 2003, 366 (367).

128 *Kreuz*, Der Grundsatz der Verhältnismäßigkeit im Arbeitskampfrecht, S. 37 f.; *Seiter*, Streikrecht und Aussperrungsrecht, 146 f.; *von Steinau-Steinrück/Brugger*, NZA-Beil. 2010, 127 (133).

129 *Kreuz*, Der Grundsatz der Verhältnismäßigkeit im Arbeitskampfrecht, S. 38.

130 ErfK/*Linsenmaier*, Art. 9 GG Rn. 163; *Rüthers*, NZA 2010, 6 (10) spricht von einer „Begleitmusik laufender Tarifverhandlungen".

131 BAG 17.12.1976, AP Nr. 51 zu Art. 9 GG Arbeitskampf (m.Anm. *Rüthers*); 12.09.1984, AP Nr. 81 zu Art. 9 GG Arbeitskampf (B II 2 d) m.Anm. *Herschel*.

tur[132] heftig kritisiert wurde und heute noch als „unglückliche Judikatur"[133] oder auch als „Sündenfall"[134] qualifiziert wird, hat das BAG zwar geändert[135], aber es hat den Tarifpartnern gleichzeitig zugebilligt, selbst einzuschätzen, wann sie druckfreie Verhandlungen für gescheitert halten. Das Scheitern müsse auch nicht ausdrücklich festgestellt werden, sondern werde konkludent mit der Durchführung des Warnstreiks erklärt.[136]

Die Zulassung von Warnstreiks ließe sich vielleicht in Situationen rechtfertigen, in denen der Warnstreik als verhandlungsbegleitende Kampfmaßnahme tatsächlich dazu geeignet ist, Druck auf den Tarifpartner in einer Weise auszuüben, dass er am Verhandlungstisch weiter teilnimmt bzw. zurückkommt[137], vor allem im Fall einer klaren Ablehnung weiterer Verhandlungen durch den Arbeitgeber.[138] Kritisch zu betrachten bleibt es dennoch, wenn auf Warnstreiks zurückgegriffen wird, obwohl die Tarifverhandlungen unter Umständen auch ohne dieses Druckmittel vorangetrieben werden könnten und damit die Chancen zur Erreichung der Einigung noch bestehen.[139] Ebenso problematisch wäre ihr Einsatz vor oder in der ersten Verhandlungsphase.[140] In diesem Sinne ist die Auffassung abzulehnen, welche die Erforderlichkeit von Warnstreiks im begrenzten Umfang als gegeben ansieht, weil diese dazu dienen könnten, bessere oder günstigste Ergebnisse „herauszuholen".[141] Andernfalls würde damit der Arbeitskampf, wie von *Rüthers*[142] plakativ angemerkt, vom „letzten Mittel" zum „ersten Mittel" der Gewerkschaften in tariflichen Streitigkeiten umgewandelt.

---

132 Statt aller *Löwisch*, BB 1982, 1373; *ders.*, ZfA 1985, 53 (59); *Heinze*, NJW 1983, 2409; *Lieb*, NZA 1985, 265; *Rüthers*, DB 1990, 113 (117); *Scholz*, SAE 1985, 33; a.A. *Gamillscheg*, Kollektives Arbeitsrecht, S. 1157.

133 *Konzen*, FS Reuter (2010), S. 603; i.E. vgl. auch *Lieb*, FS Hanau (1999), S. 561, 564, der von einer „Irrung" spricht.

134 *Lehmann*, FS Buchner (2009), S. 529, 534.

135 BAG 21.06.1988, AP Nr. 108 zu Art. 9 GG Arbeitskampf (A I 2) m.Anm. *Mayer-Maly*; 18.02.2003, AP Nr. 163 zu Art. 9 GG Arbeitskampf (B I) m.Anm. *Thüsing*.

136 BAG 21.06.1988, AP Nr. 108 zu Art. 9 GG Arbeitskampf (A I 3 c) m.Anm. *Mayer-Maly*; zustimmend v. Mangoldt/Klein/Starck/*Kemper*, Art. 9 GG Rn. 170; ablehnend *Kissel*, Arbeitskampfrecht, § 30 Rn. 23ff. mit der Begründung der Rechtssicherheit und -klarheit für die Gegenseite; i.E. auch *Lieb*, FS Hanau (1999), S. 561, 564; *Rüthers*, DB 1990, 113 (119); *Rüthers/Bakker*, ZfA 1992, 199 (214ff.); kritisch *Rieble*, BB 2008, 1506 (1510).

137 Ähnlich Maunz/Dürig/*Scholz*, Art. 9 GG Rn. 318.

138 BAG 09.04.1991, AP Nr. 116 zu Art. 9 GG Arbeitskampf (II 3); *Kalb*, Arbeitskampfrecht, Rn. 122; *Lembke*, RdA 2000, 223 (234); i.E. auch Thüsing/Braun/*von Steinau-Steinrück*, Tarifrecht, 3. Kap. Rn. 115.

139 Ebenso *Müller*, Arbeitskampf und Recht, S. 100; Brox/*Rüthers*, Arbeitskampfrecht, Rn. 154.

140 HWK/*Hergenröder*, Art. 9 GG Rn. 264; *Kalb*, Arbeitskampfrecht, Rn. 145.

141 So *Otto*, Arbeitskampf- und Schlichtungsrecht, S. 133.

142 *Rüthers*, NZA 2010, 6 (11).

Im Hinblick darauf ist die Zulässigkeit von Warnstreiks einzelfallabhängig zu bewerten. Nur in bestimmten Fallkonstellationen lässt sich ihre Erforderlichkeit begründen. Dies orientiert sich grundsätzlich am konkreten Verhalten der Arbeitgeberseite vor und während der Tarifverhandlungen. Das mag eine Rechtsunsicherheit für Gewerkschaften auslösen. Diese ist jedoch auf Grund der Sonderstellung von Warnstreiks in der Arbeitskampfordnung hinzunehmen. Große Schwierigkeiten bereitet dabei die vom Arbeitskampfsenat des BAG zugelassene konkludente Erklärung des Scheiterns von Verhandlungen. Diese Rechtsauffassung lässt sich in das System der Erforderlichkeitsprüfung nur schwer integrieren. Entsprechend sollte die Lösung auch gerade an dieser Stelle ansetzen. Konkret bietet sich an, klare und plausible Maßstäbe in Bezug auf das Scheitern der Tarifverhandlungen zu setzen.[143] Damit könnte ein wichtiger Eckpunkt bei der Problematik der Vereinbarkeit von Warnstreiks mit dem vom Großen Senat des Bundesarbeitsgerichts festgelegten „ultima-ratio"-Prinzip erarbeitet werden.

Im Ergebnis mag es durchaus hinnehmbar sein, dass Gewerkschaften weiterhin beliebig einzuschätzen haben, wann sie druckfreie Verhandlungen für aussichtlos halten. Sie müssten dies jedenfalls der Gegenseite in angemessener Form mitteilen. Einer derartigen ausdrücklichen Erklärung des Scheiterns von druckfreien Verhandlungen kommt bereits eine ausreichende Warnfunktion zu. Sie kann genauso wie Warnstreiks die Kampfbereitschaft der Gewerkschaft zeigen und somit die Arbeitgeberseite zu ernsthaften Verhandlungen zwingen, ohne dass die „scharfe Waffe"[144] der Arbeitsniederlegung schon zum Einsatz kommen müsste.

(2) Einbeziehung der Schlichtung

Weiterhin wird vielfach diskutiert, ob das „ultima-ratio"-Prinzip ein dem Arbeitskampf vorangehendes Schlichtungsverfahren verlangt. Diesbezüglich spricht der Große Senat des BAG zwar von der Erforderlichkeit eines Schlichtungsverfahrens[145], verweist dann aber doch auf eine dazu notwendige Vereinbarung der Tarifparteien.[146] Ob das BAG damit den Schlichtungsversuch zu einer zwingenden Rechtmäßigkeitsvoraussetzung sämtlicher Arbeitskämpfe erheben wollte[147], lässt sich seinen Ausführungen nicht deutlich entnehmen.[148]

---

143 Ähnlich bereits *Rieble*, DRiZ 2007, 340.
144 Zu diesem Ausdruck siehe BAG 20.12.1963, NJW 1964, 883 (II 3 e).
145 BAG 21.04.1971, AP Nr. 43 zu Art. 9 GG Arbeitskampf (III A 2 a).
146 BAG 21.04.1971, AP Nr. 43 zu Art. 9 GG Arbeitskampf (III A 3).
147 So *Brox/Rüthers/Henssler*, Arbeitsrecht, Rn. 775; *Rüthers*, DB 1990, 113 (117).
148 Ähnlich *Löwisch*, ZfA 1985, 53 (55).

Teile der Literatur[149], die diese Frage verneinen, weisen darauf hin, dass *de lege lata* eine reine Obliegenheit bestehe. Danach seien die Tarifvertragsparteien zwar aufgerufen, bestehende Schlichtungsmöglichkeiten auszunutzen. Sie müssten dies dennoch nicht zwangsläufig tun. Selbst wenn eine Pflicht vorgesehen sei, gälte sie nur für tariflich vereinbarte Schlichtungsverfahren[150], die allerdings von den Tarifvertragsparteien frei ausgehandelt werden sollten und nicht vom „ultima-ratio"-Prinzip abzuleiten seien.[151] Maßgeblich bleibe die subjektive Einschätzung der Tarifpartner. Daraus folge, dass eine fehlende Schlichtung nicht zur Unzulässigkeit eines Arbeitskampfes führen könne. Andernfalls bestehe die Gefahr, dass die verfassungsrechtlich garantierte Tarifautonomie ausgehöhlt werde.

Demgegenüber wird auch die Ansicht vertreten, dass Arbeitskämpfe, die ohne Anrufung vorhandener Schlichtungseinrichtungen oder vor der Beendigung eines laufenden Schlichtungsverfahrens durchgeführt würden, als rechtswidrig anzusehen seien.[152] Dies lasse sich dadurch begründen, dass unter diesen Umständen nicht alle zumutbare Verständigungsmöglichkeiten ausgelotet werden konnten. Zur Wahrung des „ultima-ratio"-Prinzips sei nicht zuletzt ein Schlichtungsversuch erforderlich.[153] Dabei gehe es grundsätzlich um einen Anrufungszwang der angreifenden Partei. Der Gegner sei aber nicht dazu verpflichtet, sich auf das Schlichtungsverfahren einzulassen.[154]

Letztere Ansicht erscheint vorzugswürdig. Bereits die Wirksamkeit der Schlichtung sowie ihre allgemein anerkannte Bedeutung in der Konfliktbei-

---

149 *BKPSS*, TVG und ArbKR, Teil 3 Rn. 164; Däubler/*Bieback/Wroblewski*, Arbeitskampfrecht, § 17 Rn. 43; *Kissel*, Arbeitskampfrecht, § 30 Rn. 42; *Lesch*, Ökonomik des Arbeitskampfrechts, S. 51; insb. *Löwisch*, in: Rieble (Hrsg.), Zukunft des Arbeitskampfes, S. 35, 49, der aber einen Änderungsbedarf hierbei ansieht.

150 *BKPSS*, TVG und ArbKR, Teil 3 Rn. 418; KassHb/*Kalb*, 8.2 Rn. 124; MünchHbArbR/*Ricken*, § 200 Rn. 50.

151 *Gamillscheg*, Kollektives Arbeitsrecht, S. 1150 f.; *Löwisch*, ZfA 1985, 53 (55); Schaub/*Treber*, ArbR-Hdb, § 195 Rn. 11; a.A. *Lembke*, RdA 2000, 223 (234); *Lieb*, in: FS Hanau, S. 561, 565, der zwar das „Schlichtungserfordernis" als Anforderung des ultima-ratio-Grundsatzes ansieht, weist aber zugleich darauf hin, dass der Entscheidung des BAG keine Sanktion für Arbeitskämpfe zu entnehmen sei, die ohne vorherige Schlichtung eingeleitet worden seien.

152 *Buchner*, BB 2007, 2520 (2522); *Hettlage*, ZRP 2003, 366 (367); *Lembke*, RdA 2000, 223 (234); *Reuter*, FS Wiese (1998), S. 427, 436; *Rieble*, ZAF 2005, 218 (223); Brox/*Rüthers*, Arbeitskampfrecht, Rn. 202; *Seiter*, Streikrecht und Aussperrungsrecht, S. 511 f.; Thüsing/Braun/*von Steinau-Steinrück*, Tarifrecht, 3. Kap. Rn. 115.

153 So *Junker*, ZfA 2016, 81 (97); *Lieb/Jacobs*, Arbeitsrecht, Rn. 603; Brox/*Rüthers*, Arbeitskampfrecht, Rn. 154, 158; insb. bei Gewerkschaftspluralität, vgl. *Henssler*, RdA 2011, 65 (72); *Kork*, Verbandspluralität im Arbeitskampf, S. 210; *Lieb*, FS Hanau (1999), S. 561, 565; *Reuter*, FS Wiese (1998), S. 427, 436.

154 S. nur *Kalb*, Arbeitskampfrecht, Rn. 123; *Rieble*, ZAF 2005, 218 (223); a.A. Brox/*Rüthers*, Arbeitskampfrecht, Rn. 92; *ders.*, NZA 2010, 6 (7).

legung zeigen, dass der Schlichtungsversuch zu den wichtigsten Verständigungsmöglichkeiten zu zählen ist. Dem liegt im Wesentlichen der Gedanken des „ultima-ratio"-Prinzips zugrunde. Ultima ratio und damit tatsächlich letztes mögliches Mittel ist ein Arbeitskampf erst dann, wenn sämtliche ordentliche Verständigungsmöglichkeiten erfolglos einbezogen sind. Insoweit muss man sich fragen, ob die Durchführung einer Arbeitskampfmaßnahme dem oben erwähnten Grundsatz überhaupt Rechnung tragen könnte, solange die Schlichtung ausgeklammert wurde. Der Zusammenhang zwischen Schlichtungsversuch und „ultima-ratio"-Prinzip liegt auf der Hand. Dies wird noch in Bezug auf die Regelung von Streiks in der Daseinsvorsorge zu vertiefen sein.[155]

(3) Subsumtion der Urabstimmung unter das „ultima-ratio"-Prinzip

Einige Autoren[156] sehen die vorherige Abhaltung einer Urabstimmung als Ausdruck des „ultima-ratio"-Grundsatzes. Diesem Gedanken folgend, werden Streiks ohne vorherige Urabstimmung der stimmberechtigten Arbeitnehmer im betroffenen Betrieb mit „wilden" Streiks gleichgesetzt[157], so dass deren Rechtmäßigkeit in Frage gestellt wird.

Gegenüber dieser Auffassung werden verfassungsrechtliche Bedenken erhoben, da es sich um eine verbandsinterne Angelegenheit handele[158] und daher unter die Satzungsautonomie falle, welche als eine Teilgarantie der verfassungsrechtlich geschützten Koalitionsfreiheit gelte.[159] Zu Recht wird ausgeführt, es stehe der Gewerkschaft frei, die Einleitung eines Arbeitskampfes von dem Ergebnis einer vorangehenden Urabstimmung – entsprechend ihrer Satzung bzw. Arbeitskampfrichtlinien[160] – abhängig zu machen oder nicht.[161]

Dagegen könnte zwar wiederum vorgebracht werden, dass in der Regel die meisten Gewerkschaftsmitglieder für den Streik abstimmen. Wenn dem so wäre, stellte die Pflicht zur Einhaltung der Urabstimmung nur einen verhältnismäßig geringen Eingriff in das Grundrecht der Arbeitnehmer nach

155 Siehe unten bei Abschnitt E.III.1.a).

156 Statt aller *Hettlage*, NJW 2004, 3299 (3300 f.); *Löwisch*, in: Rieble (Hrsg.), Zukunft des Arbeitskampfes, S. 35, 37 f.

157 *Hettlage*, NJW 2004, 3299 (3301).

158 So auch *BKPSS*, TVG und ArbKR, Teil 3 Rn. 163; KassHb/*Kalb*, 8.2 Rn. 126; Däubler/*Reinfelder*, Arbeitskampfrecht, § 15 Rn. 35; *Richardi/Bayreuther*, Kollektives Arbeitsrecht, § 10 Rn. 40; Maunz/Dürig/*Scholz*, Art. 9 GG Rn. 205.

159 Moll/*Hamacher*, MAH ArbR, § 71 Rn. 29.

160 Beispielsweise sieht die Arbeitskampfrichtlinie von ver.di v. 30.09.2010 in § 4 Ziffer 1 die Durchführung einer Urabstimmung als „Kann-Bestimmung" vor.

161 *Brox/Rüthers/Henssler*, Arbeitsrecht, Rn. 778; *Gamillscheg*, Kollektives Arbeitsrecht, S. 1153; *Kissel*, Arbeitskampfrecht, § 40 Rn. 19 (m.w.N.).

Art. 9 Abs. 3 GG dar, so dass dies verfassungsrechtlich unproblematisch wäre. Entscheidend ist aber demgegenüber, dass die Urabstimmung keine Form der Ausschöpfung friedlicher Verständigungsmöglichkeiten darstellt[162] und schon deshalb kaum unter den „ultima-ratio"-Grundsatz zu subsumieren ist.

cc) Verhältnismäßigkeit im engeren Sinne

Verhältnismäßig i.e.S. ist ein Arbeitskampfmittel, wenn es hinsichtlich der ebenfalls verfassungsrechtlich geschützten Rechtspositionen des unmittelbaren Kampfgegners oder von Dritten und bezogen auf das verfolgte Ziel angemessen oder proportional ist.[163] Insbesondere ist eine Kampfmaßnahme nach Regeln eines fairen Kampfes zu führen, so dass sie nicht auf die Existenzvernichtung des Gegners abzielen darf.[164]

Aus diesem Gebot ergibt sich nach herrschender Meinung[165] die Pflicht zur Gewährleistung von Erhaltungs- und Notstandsarbeiten, deren Bedeutung für die vorliegende Untersuchung noch klarzustellen sein wird.[166] Das BAG fordert deutlich, dass „die Arbeitskampfregeln Bestimmungen enthalten [müssen], wie die Erhaltungsarbeiten für bestreikte Betriebe zu gewährleisten sind, ob und welche für die Allgemeinheit lebensnotwendigen Betriebe vom Arbeitskampf ausgenommen werden (...)."[167]

Im Gegensatz zu den ersten Teilaspekten des Verhältnismäßigkeitsgrundsatzes besteht bei der Prüfung der Proportionalität oder Verhältnismäßigkeit i.e.S. keine Einschätzungsprärogative der Arbeitskampfparteien. Allein eine rechtliche Würdigung durch die gerichtliche Nachprüfung kommt in Frage.[168] Dabei darf das Gericht allerdings nicht auf die Höhe der Kampfforde-

---

162 Bereits *Kreuz*, Der Grundsatz der Verhältnismäßigkeit im Arbeitskampfrecht, S. 144 f.; Brox/*Rüthers*, Arbeitskampfrecht, Rn. 203; *Seiter*, Streikrecht und Aussperrungsrecht, S. 510 m.w.N.

163 BAG 19.06.2007, AP Nr. 173 zu Art. 9 GG Arbeitskampf (Rn. 28); 22.09.2009, AP Nr. 174 zu Art. 9 GG Arbeitskampf (Rn. 44) m.Anm. *Willemsen/Mehrens*.

164 BAG 21.04.1971, AP Nr. 43 zu Art. 9 GG Arbeitskampf (III A 1.1 b); 19.06.2007, AP Nr. 173 zu Art. 9 GG Arbeitskampf (Rn. 22ff.); 22.09.2009, AP Nr. 174 zu Art. 9 GG Arbeitskampf (Rn. 8, 36 u. 41); ebenso ErfK/*Linsenmaier*, Art. 9 GG Rn. 131; *Gamillscheg*, Kollektives Arbeitsrecht, S. 1164; *Kalb*, Arbeitskampfrecht, Rn. 133 f.; teilweise zustimmend *Schubert*, AuR 2014, 176 (181): der Streik sei zwar fair, aber nicht immer und unbedingt schonend zu betreiben.

165 Statt vieler ErfK/*Linsenmaier*, Art. 9 GG Rn. 180ff.; a.A. *Schubert*, AuR 2014, 176 (181).

166 Siehe unten unter Abschnitt E.III.2.b).

167 BAG 21.04.1971, AP Nr. 43 zu Art. 9 GG Arbeitskampf (III A 3).

168 *Rudkowski*, Der Streik in der Daseinsvorsorge, S. 19.

rungen eingehen; andernfalls würde es eine Tarifzensur[169] vornehmen, was mit der Tarifautonomie nicht zu vereinbaren ist.

Hat ein tarifvertragsbezogener Arbeitskampf die Verhältnismäßigkeitshürde überwunden, so kann ihm grundsätzlich die volle Rechtmäßigkeit zuerkannt werden. Allerdings könnten noch weitere Anforderungen, wie etwa die Gemeinwohlverträglichkeit einzelner Arbeitskampfmaßnahmen, gestellt werden.

c) Gemeinwohlverträglichkeit von Arbeitskämpfen?

In den Ausführungen über die verfassungsimmanenten Schranken der Tarifautonomie wurde darauf hingewiesen, dass die Tarifvertragsparteien Rücksicht auf das Gemeinwohl nehmen müssten.[170] Davon zu unterscheiden ist die Frage, ob und inwieweit dieses Gebot die rechtliche Wertung einzelner Arbeitskampfmaßnahmen beeinflussen könnte.[171] Konkret wird diskutiert, ob die Rechtmäßigkeit von Arbeitskämpfen an deren Gemeinwohlverträglichkeit zu messen wäre. Wenn dies der Fall sein sollte, wäre eine als gemeinwohlschädlich eingestufte Arbeitskampfmaßnahme als unzulässig anzusehen.

Die Gemeinwohlverträglichkeit als zusätzliche Rechtmäßigkeitsvoraussetzung einer Arbeitskampfmaßnahme zu betrachten, erscheint allerdings entbehrlich. Es genügt, wenn der Aspekt des Gemeinwohls bei der Herstellung praktischer Konkordanz berücksichtigt wird.[172] Deshalb stellt eine derartige Anforderung keinen eigenständigen Prüfungsmaßstab für einzelne Arbeitskampfmaßnahmen dar.

3. Zwischenergebnis

Aus den Grundlagen des deutschen Koalitions- und Arbeitskampfrechts ist festzuhalten, dass das Recht der Arbeitnehmer auf Durchführung von Kollektivmaßnahmen aus dem Grundrecht der Koalitionsfreiheit nach Art. 9 Abs. 3 GG abgeleitet wird. Daraus ergibt sich nach ständiger Rechtsprechung des BVerfG und des BAG, dass die Rechtmäßigkeit eines Arbeitskampfes nur in Bezug auf die Gewährleistung der Tarifautonomie zu ermitteln ist. Des Weiteren spielt der Grundsatz der Verhältnismäßigkeit eine gro-

---

169 BAG 24.04.2007, AP Nr. 2 zu § 1 TVG Sozialplan (Rn. 99ff.); so auch *Gamillscheg*, Kollektives Arbeitsrecht, S. 1067 f.; *Richardi/Bayreuther*, Kollektives Arbeitsrecht, § 10 Rn. 47; *Willemsen/Mehrens*, NZA 2010, 1313 (1322 f.).

170 Vgl. dazu Abschnitt B.I.1.d).

171 Mehr dazu bei *Kissel*, Arbeitskampfrecht, § 27 Rn. 1 f.

172 Vgl. dazu Abschnitt B.I.1.d).

ße Rolle für die Ausübung dieses Grundrechts und ggf. etwaige Einschränkungen, die unter anderem zum Schutz der ebenfalls mit Verfassungsrang ausgestatten Rechte anderer oder auch zur Wahrung des Gemeinwohls vorgenommen werden. Allerdings müssen diese Grundlagen in Einklang mit entsprechenden völker- und unionsrechtlichen Normen stehen, die im Folgenden dargestellt werden.

II. Völker- und unionsrechtliche Vorgaben

Die Koalitionsfreiheit wird auch durch völker- und unionsrechtliche Vorgaben in unterschiedlicher Intensität geschützt.[173] Während einige dieser Normen das Streikrecht als Betätigung der Koalitionen ausdrücklich anerkennen, enthalten andere keine oder nur wenige ausdrückliche Hinweise. In allen Fällen kommt der Rechtsprechung bzw. der Spruchpraxis der jeweiligen Kontrollorgane bzw. Überwachungsgremien eine besondere Bedeutung zu. Diese werden bei der nachfolgenden Darstellung stets miteinbezogen.

Bevor auf die materiellen Vorgaben des Völkerrechts (dazu 2.) und des Unionsrechts (dazu 3.) eingegangen werden kann, muss zunächst der Frage nach der innerstaatlichen Rechtswirkung der entsprechenden Normen nachgegangen werden (dazu 1.). Von dieser Frage hängt ab, ob bzw. inwieweit völker- und unionsrechtliche Vorgaben überhaupt Einfluss auf das deutsche Arbeitskampfrecht haben können und inwieweit sie in der vorliegenden Untersuchung miteinzubeziehen sind.

1. Verhältnis des Völker- und Unionsrechts zum nationalen Recht

Das Verhältnis der völker- und unionsrechtlichen Normen zum nationalen Recht orientiert sich grundsätzlich an der völkerrechtlichen Natur der normgebenden Organisation. Daraus ergibt sich, dass supranational begründete Normen – wie die der Europäischen Union – eine besondere Stellung in den nationalen Rechtsordnungen einnehmen als die vergleichbaren Regeln aus klassischen internationalen Organisationen. Dieser Unterschied gilt auch im Folgenden zu beachten.

[173] Siehe ausführlicher Überblick bei Däubler/*Lörcher*, Arbeitskampfrecht, § 10 Rn. 2ff.; Schaub/*Treber*, ArbR-HdB, § 188 Rn. 7 f.

a) Verhältnis des Völkerrechts zum nationalen Recht

aa) Grundsätzliches

Die innerstaatliche Rechtswirkung völkerrechtlicher Vorgaben wird in den entsprechenden Verträgen meist offen gelassen. Die Antwort ist vielmehr auf nationaler Ebene zu suchen.[174] Für das deutsche Verfassungsrecht ist Art. 59 Abs. 2 S. 1 GG maßgeblich. Danach bedarf die Einführung der völkerrechtlichen Regelungen ins deutsche Recht einer gesetzlichen Zustimmung „der jeweils für die Bundesgesetzgebung zuständigen Körperschaften". Nach überwiegender Auffassung nehmen die umgesetzten Normen den Rang einfachen Bundesgesetzes ein[175] und müssen daher im Einklang mit dem Grundgesetz stehen – einschließlich der Koalitionsfreiheit nach Art. 9 Abs. 3 GG. Allerdings postuliert das BVerfG in ständiger Rechtsprechung den Grundsatz der völkerrechtsfreundlichen Auslegung des Verfassungsrechts[176], um „Widersprüche zwischen innerstaatlichem und internationalem Recht zu vermeiden"[177], soweit eine solche Möglichkeit nach den anerkannten Auslegungsmethoden vertretbar erscheine und der Grundrechtsschutz nach dem Grundgesetz dadurch nicht eingeschränkt würde.[178]

Damit ist allerdings zunächst nur die Frage der innerstaatlichen Geltung geklärt. Davon zu unterscheiden ist die Problematik der unmittelbaren Anwendbarkeit völkerrechtlicher Normen.[179] In der Literatur wird eine Regel des Völkerrechts als unmittelbar anwendbar angesehen, wenn sie keiner zusätzlichen konkretisierenden Akte bedarf, d.h. „*self-executing*" ist.[180] Im Wesentlichen soll dies der Fall sein, wenn die Norm hinreichend genau und inhaltlich unbedingt ist und darüber hinaus unmittelbare Rechte und Pflichte für den Einzelnen erzeugt.[181] Dies trifft zwar auf einige völkerrechtliche Instrumente zu, die im Folgenden dargestellt werden. Bei anderen bleibt diese

---

174 Vgl. *Calliess*, Staatsrecht III, S. 97.

175 Statt vieler Schmidt-Bleibtreu u.a./*Butzer/Haas*, Art. 59 GG Rn. 101 m.w.N.; Sodan/*Schmahl*, Art. 59 GG Rn. 23.

176 BVerfG 26.03.1987, NJW 1987, 2427 (C I 1 a); 14.10.2004, NJW 2004, 3407 (C I 1 b); 04.05.2011, NJW 2011, 1931 (Rn. 86).

177 Däubler/*Lörcher*, Arbeitskampfrecht, § 10 Rn. 17; ähnlich *Buchholtz*, Streiken im europäischen Grundrechtsgefüge, S. 220ff.

178 Vgl. nur BVerfG 04.05.2011, NJW 2011, 1931 (Rn. 83).

179 Zum Unterschied zwischen innerstaatlicher Geltung und unmittelbarer Anwendbarkeit völkerrechtlicher Verträge siehe Schmidt-Bleibtreu u.a./*Butzer/Haas*, Art. 59 GG Rn. 104 m. w. N.; Maunz/Dürig/*Nettesheim*, Art. 59 GG Rn. 180.

180 Statt vieler Maunz/Dürig/*Nettesheim*, Art. 59 GG Rn. 180; EUArbR/*Schubert*, Vor Art. 1 ESC Rn. 24.

181 Vgl. *Calliess*, Staatsrecht III, S. 101; *Jarass*/Pieroth, Art. 59 GG Rn. 18; Sodan/*Schmahl*, Art. 59 GG Rn. 25.

Frage dennoch strittig. Besonders umstritten ist sie bei der Europäischen Sozialcharta (ESC), auf die im Folgenden gesondert eingegangen werden soll.

bb) Sonderproblem der innerstaatlichen Rechtswirkung der ESC

Eine Gegenüberstellung der ESC mit der Europäischen Konvention zum Schutz der Menschenrechte und Grundfreiheiten (Europäische Menschenrechtskonvention – EMRK) zeigt deutlich, dass das erstgenannte Werk den Mitgliedstaaten des Europarates einen weiten Ermessenspielraum einräumt. Im Wesentlichen zeichnet sich die ESC durch ihre „souveränitätsschonende" Ausgestaltung[182] und „freiwillige Befolgung"[183] aus. Konkretisiert wird dies insbesondere durch die Einschätzungsprärogative einzelner Mitgliedsstaaten bei der Ratifizierung der Charta. Zunächst wird die ESC im Gegensatz zur EMRK[184] nur auf freiwilliger Basis ratifiziert, was hinsichtich der Wiener Vertragsrechtskonvention v. 23. Mai 1969 allerdings unproblematisch ist. Bemerkenswert ist weiterhin die nach Art. 20 ESC vorgesehene Möglichkeit für ratifizierungswillige Staaten, nur bestimmte Vorschriften als für sich bindend anzuerkennen[185], vorausgesetzt dass die Mindestanzahl[186] beachtet wird. Jedenfalls hängt die innerstaatliche Rechtswirkung dieser Vorschriften grundsätzlich von deren Umsetzung ins nationale Recht und weiterhin von deren unmittelbaren Anwendbarkeit ab.[187]

Mit der gesetzlichen Zustimmung gem. Art. 59 Abs. 2 S. 1 GG[188] ist die erste Voraussetzung, nämlich die innerstaatliche Geltung in der Bundesrepublik Deutschland bereits erfüllt. Bislang nicht geklärt ist dagegen die Frage der unmittelbaren Anwendung der ESC in der deutschen Rechtsordnung.[189] Diese wird in der Literatur kontrovers diskutiert.

---

182 *Junker*, EuZA 2014, 1 (3).
183 *Schlachter*, SR 2013, 77 (77).
184 Zur Ratifikation der EMRK als zwingende Voraussetzung für die Aufnahme in den Europarat siehe Moeckli u.a./*Greer*, International Human Rights Law, S. 422.
185 Mehr zum sog. „Gemischtwarenladen-Prinzip" bei *Weiß*, Jahrbuch Menschenrechte 2003, 305 (305ff.) oder System der Ratifizierung „*à la carte*" bei Akandji-Kombé/*Leclerc*, La Charte sociale européenne, S. 75; *Nowak*, Einführung in das internationale Menschenrechtssystem, S. 189.
186 Die Mindestanzahl ist auf 5 von 7 Artikeln des Titels II festgelegt, die in Art. 20 Abs. 1 b) ESC einzeln aufgezählt sind. Dies sind nämlich die Artikel 1, 5, 6, 12, 13, 16 und 19.
187 Im Allgemeinen siehe oben unter Abschnitt B.III.1.
188 Vgl. Zustimmungsgesetz v. 19.09.1964, BGBl. II, 1964, S. 1261.
189 Vgl. *Czycholl/Frieling*, ZESAR 2011, 322 (323) mit Hinweis in der Fußnote 13 auf BVerfG 20.10.1981, AP Nr. 31 zu § 2 TVG (B I 5 b).

(1) *Diskussion in der Literatur*

Die unmittelbare Anwendbarkeit der ESC im deutschen Recht wird von der herrschenden Meinung mit der Begründung abgelehnt, dass die Charta keine subjektiven und somit einklagbaren Rechte des Einzelnen begründe, sondern lediglich Pflichten der Vertragsparteien zur Gewährleistung einer wirksamen Ausübung bestimmter Grundrechte normiere.[190] Komme ein Staat diesen Verpflichtungen nicht nach, bleibe die auf Grundlage der Schlussfolgerungen des zuständigen Überwachungsgremiums (Europäischer Ausschuss für Soziale Rechte – EASR) auszusprechende negative Empfehlung des Ministerkomitees[191] der einzige Weg, den betroffenen Staat zur Wiedergutmachung zu bewegen. Außer eventuellem Reputationsschaden bestehe keine weitere direkte Rechtsfolge. Selbst das Zusatzprotokoll v. 9. November 1995 über Kollektivbeschwerden[192] ändere nichts an dieser Durchsetzungsschwäche.[193]

Demgegenüber wird die Ansicht vertreten, dass die unmittelbare Anwendbarkeit nicht für die gesamte Charta, sondern für jede Einzelnorm getrennt zu prüfen sei.[194] Dabei wird auf den Wortlaut der einzelnen Bestimmungen der Charta abgestellt. Die Vertragsparteien akzeptierten in den meisten Artikeln eine Reihe von Verpflichtungen, während sie die Rechte aus Art. 6 Nr. 4 und Art. 18 Nr. 4 ausdrücklich anerkennten. Daraus wird abgeleitet, dass diese Grundrechte ohne zusätzliche staatliche Maßnahmen bestünden und somit unmittelbare innerstaatliche Wirkung enfalteten.[195] Ein weiteres Argument, das nach dieser Ansicht für derartige Haltung spricht, ist, dass Art. 6 Nr. 4 ESC bestimmter formuliert sei als Art. 9 Abs. 3 GG, welcher als unbestrittene Grundlage des deutschen Streikrechts gelte.[196]

---

[190] Vgl. stellvertretend *Buchholtz*, Streiken im europäischen Grundrechtsgefüge, S. 207ff.; *Engels*, Verfassung und Arbeitskampfrecht, S. 369; *Otto*, Arbeitskampf- und Schlichtungsrecht, S. 77; *Rieble*, RdA 2005, 200 (203); EUArbR/*Schubert*, Vor Art. 1 ESC Rn. 26; *Seiter*, Streikrecht und Aussperrungsrecht, S. 133 m.w.N.; *Weiß*, EuZA 2010, 457 (460).

[191] Bspw. die Empfehlung Nr. R ChS (98) 2 zur Anwendung der Europäischen Sozialcharta durch Deutschland während des Zeitraums v. 1993-1994 (13. Kontrollzyklus Teil IV), abgedruckt in AuR 1998, S. 156.

[192] Für die vorliegende Arbeit allerdings nicht relevant, da die Bundesrepublik Deutschland dieses Protokoll bisher noch nicht unterzeichnet hat.

[193] Ausführlich dazu *Schlachter*, SR 2013, 77 (77, 81ff.).

[194] Dazu insb. *Hohnerlein*, ZESAR 2003, 17 (23 f.); i.E. auch *Dumke*, Streikrecht, S. 155 f.

[195] So *Czycholl/Frieling*, ZESAR 2011, 322 (323 f.); *Dumke*, Streikrecht, S. 159ff.; Däubler/*Lörcher*, Arbeitkampfrecht, § 10 Rn. 22ff.; *Neubeck*, Die Europäische Sozialcharta und deren Protokolle, S. 168 f.

[196] Vgl. nur *Czycholl/Frieling*, ZESAR 2011, 322 (324); kritisch *Buchholtz*, Streiken im europäischen Grundrechtsgefüge, S. 209 f.

(2) Stellungnahme

Es mag richtig sein, dass die für Art. 6 Nr. 4 ESC bewusst ausgewählte differenzierte Formulierung *„anerkennen"* besonders relevant für die innerstaatliche Rechtswirkung dieser Norm ist. Sie deutet nämlich darauf hin, dass es bei diesem Artikel vielmehr um eine unmittelbar anzuwendende Vorschrift geht, die aber den Vertragsparteien die Möglichkeit einer gesetzlichen Ausgestaltung einräumt.[197] Inhaltlich ist sie bestimmt genug und erfüllt somit eine grundlegende Voraussetzung für deren eventuelle unmitttelbare Anwendbarkeit.[198]

Dieser Wortlautargumentation könnte nur die Gegenüberstellung von Art. 6 Nr. 4 ESC mit Art. 4 Nr. 1 bis 4 und Art. 7 Nr. 5 ESC entgegenstehen, da letztere Vorschriften auch das Verb „anerkennen" verwenden, ohne jedoch Anspruch auf unmittelbare Anwendbarkeit zu erheben.[199] Eine nähere Betrachtung zeigt allerdings, dass dieses Schlüsselwort nicht die gleiche semantische Tragweite in allen erwähnten Vorschriften hat. Sich verpflichten, ein Grundrecht durch eine in Zukunft zu treffende innerstaatliche Maßnahme anzuerkennen, ist nicht mit der unmittelbaren Anerkennung desselben gleichzusetzen.[200] Insoweit ist dieser Vergleich nicht zielführend.

Weiterhin nicht überzeugend ist der Einwand, wonach Art. 6 Nr. 4 ESC kein unmittelbares Recht erzeuge, weil diese Vorschrift im Rang einfachen Bundesrechts und somit unter der in Art. 9 Abs. 3 GG garantierten Koalitionsfreiheit stehe. Anders verhielte es sich, wenn verfassungsrechtliche Bedenken erhoben würden, was einer Vereinbarkeitsprüfung bedürfte. Auf mögliche Konflikte zwischen beiden Vorschriften wird aber nicht hingewiesen.

Maßgebliche Argumente gegen die Annahme einer unmittelbaren innerstaatlichen Anwendbarkeit von Art. 6 Nr. 4 ESC lassen sich letztlich dem Wortlaut des Anhangs zu Teil III entnehmen.[201] Darin verständigen sich die Vertragsparteien, die in der Charta enthaltenen Vorschriften als „rechtliche Verpflichtungen internationalen Charakters [zu verstehen], deren Durchführung ausschließlich der in ihrem Teil IV vorgesehenen Überwachung unterliegt".

Diese Klarstellung ist umso relevanter als es um eine authentische Interpretation geht, die gem. Art. 38 ESC als Bestandteil der Charta gilt. Es stellt sich nur die Frage, ob dies auf alle Vorschriften der Charta zutrifft[202] oder

---

197 Vgl. Erläuterung zu Art. 6 Nr. 4 ESC im Anhang zu Teil II.
198 Dazu oben unter Abschnitt B.III.1.
199 Vgl. *Buchholtz*, Streiken im europäischen Grundrechtsgefüge, S. 208.
200 Ebenso *Dumke*, Streikrecht, S. 162.
201 So auch *Engels*, Verfassung und Arbeitskampfrecht, S. 368 f.
202 So *Buchholtz*, Streiken im europäischen Grundrechtsgefüge, S. 212.

ausschließlich diejenigen Bestimmungen erfasst, die tatsächlich als Verpflichtungen formuliert sind.[203] Vieles spricht dafür, Art. 6 Nr. 4 ESC aufgrund seines Wortlautes aus dem Anwendungsbereich des oben erwähnten Anhanges auszunehmen. Jedoch ergibt sich aus dem Einleitungssatz zu Teil II, dass ungeachtet ausdifferenzierter Formulierung keine Ausnahme zu Gunsten des Art. 6 Nr. 4 ESC vorgesehen ist. Andererseits ist darauf hinzuweisen, dass die Klarstellung im Anhang zu Teil III grundsätzlich darauf abzielt, die Anwendung der Charta der Kontrolle durch internationale Organe oder innerstaatliche Gerichte zu entziehen.[204] Hieraus ergibt sich aber kein Anhaltspunkt für den Ausschluss der unmittelbaren Anwendbarkeit von Art. 6 Nr. 4 ESC.[205] Ein solcher Ausschluss ist in der Entstehungsgeschichte dieser Klausel zu finden.[206] Dies zeigt, dass nach dem Willen der Vertragsparteien die ESC einschließlich ihres Art. 6 Nr. 4 keine individuelle und unmittelbare Rechte erzeugen soll. Ein Überblick über den Stand dieser Fragestellung in anderen Mitgliedstaaten des Europarates mit Ausnahme der Niederlande führt auch zum gleichen Ergebnis.[207]

Dessen ungeachtet ist zuzugeben, dass die Diskussion um die innerstaatliche Stellung des Art. 6 Nr. 4 ESC weiterhin viele Fragen offen lässt. Erinnert sei nur an die bisher nicht nachvollziehbare abweichende Formulierung „anerkennen“. Für die vorliegende Untersuchung ist deshalb viel wesentlicher, nach dem Sinn und Zweck der Koalitionsfreiheit zu suchen, wie sie hier garantiert und durch die Spruchpraxis des EASR ausgelegt und näher erläutert wird. So ist auch die Rechtsprechung des BAG[208] zu verstehen, die auf die Bedeutung der ESC bei der rechtsfortbildenden Auslegung des deutschen Rechts hinweist.

b) Verhältnis des Unionsrechts zum nationalen Recht

Von den vorhergehenden Überlegungen zum Völkerrecht zu unterscheiden ist die Frage nach dem Verhältnis des supranationalen Unionsrechts zum deutschen Verfassungsrecht. Als primärrechtliche Normen des Unionsrechts nach Art. 6 Abs. 1 UAbs. 1 EUV[209] gelten die Vorgaben der Europäischen Grundrechtecharta unmittelbar im Recht der Mitgliedstaaten und genießen

---

203 *Dumke*, Streikrecht, S. 168 f.
204 Akandji-Kombé/Leclerc/*Bonnechère*, La Charte sociale européenne, S. 116.
205 *Dumke*, Streikrecht, S. 169.
206 *Seiter*, Streikrecht und Aussperrungsrecht, S. 133 m.w.N.
207 Näher dazu bei Akandji-Kombé/Leclerc/*Bonnechère*, La Charte sociale européenne, S. 115ff. m.w.N.; Moeckli u.a./*Coomans*, International Human Rights Law, S. 251.
208 Vgl. nur BAG 12.09.1984, AP Nr. 81 zu Art. 9 GG Arbeitskampf (B II 2 c); 10.12.2002, AP Nr. 162 zu Art. 9 GG Arbeitskampf (B I 2 a).
209 Näheres dazu bei Calliess/Ruffert/*Kingreen*, Art. 6 EUV Rn. 12ff.

dabei einen Anwendungsvorrang.[210] Bezogen auf die deutsche Rechtsordnung liegt dieser Besonderheit der europäischen Rechtsordnung Art. 23 Abs. 1 GG zugrunde[211], welcher die Bundesrepublik Deutschland zur Mitwirkung „an der Entwicklung einer als Staatenverbund konzipierten Europäischen Union“[212] ermächtigt.

An der GRCh wird grundlegend ihr begrenzter Anwendungsbereich bemängelt, der sich auf die Unionsebene beschränkt. In den Mitgliedstaaten findet sie Anwendung ausschließlich bei der Durchführung des Unionsrechts.[213] Daher scheint sie für die Frage der Einschränkbarkeit des Streikrechts in bestimmten Bereichen nach nationalem Recht nur eine geringe Rolle zu spielen. Dennoch könnte sie, wie dies den Urteilen Viking Line und Laval[214] zu entnehmen ist, als möglicher Prüfungsmaßstab für die Beurteilung nationaler Maßnahmen in Bezug auf die oft weitgehenden grenzüberschreitenden Unionsgrundfreiheiten, insbesondere die Niederlassungsfreiheit (Art. 49 AEUV) und die Dienstleitungsfreiheit (Art. 56 AEUV) gelten und zugleich ein entsprechendes „Gegengewicht“[215] dazu schaffen.

In Wahrnehmung dieser Grundfreiheiten könnten Betriebe mit europarechtlichem Bezug lebenswichtige Dienstleistungen im europäischen Ausland (u. a. in der Bundesrepublik Deutschland) anbieten. Werden solche Betriebe bestreikt, könnte ein Konflikt zwischen den Grundfreiheiten, den EU-Grundrechten und der nationalen Koalitionsfreiheit entstehen. In einer derartigen Fallkonstellation kommt der GRCh ein großes Gewicht zu, da sie für die Einschränkungen der Grundfreiheiten durch nationale Maßnahmen zu beachten ist.[216]

2. Materielle Vorgaben des Völkerrechts

Neben dem europäischen Völkerrecht der EMRK und der ESC (dazu unten b.) existieren auch im Völkerrecht der Vereinten Nationen Regelungen mit Relevanz für das Arbeitskampfrecht (dazu zunächst a.).

---

210 Vgl. EuGH 05.02.1963, Rs. 26-62 (*van Gend und Loos*) Slg. 1963, 00003 S. 25; 15.07.1964, Rs. 6-64 (*Costa/E.N.EL*) Slg. 1964, 1253 S. 1269; 09.03.1978, Rs. 106/77 (*Simmenthal*) Slg. 1978, 00629 Rn. 14ff.

211 Vgl. Sodan/*Schmahl*, Art. 59 GG Rn. 23.

212 BVerfG 30.06.2009, NJW 2009, 2267 (Rn. 229).

213 Art. 51 Abs. 1 S. 1 GRCh.

214 Vgl. EuGH 11.12.2007, C-438/05 (Viking) Slg. 2007, I-10779 (Rn. 55); 18.12.2007, C-341/05 (Laval) Slg. 2007, I-11767 (Rn. 96ff.).

215 *Hanau*, NZA 2010, 1 (5).

216 *Willemsen/Sagan*, NZA 2011, 258 (259); *Zimmer*, AuR 2012, 114 (116) m.w.N.

a) UN-Völkerrecht

Hier kommen sowohl Übereinkommen der Internationalen Arbeitsorganisation (International Labour Organization – ILO) als auch UN-Pakte in Betracht, wenn auch mit sehr unterschiedlicher Gewichtung.

aa) ILO-Übereinkommen

Ein Blick auf die Regelungen der ILO zeigt, dass die Vereinigungsfreiheit ein zentrales Element im Regelwerk dieser Völkerrechtsorganisation darstellt.[217] Erwähnt ist sie schon in der Präambel der Gründungscharta der ILO von 1919 als eines der geeigneten Mittel zur Verbesserung der Arbeitsbedingungen von Arbeitnehmern, bevor sie in zahlreichen weiteren Erklärungen wie etwa in der Erklärung von Philadelphia[218], der Erklärung über grundlegende Prinzipien und Rechte bei der Arbeit[219] sowie in der Erklärung über soziale Gerichtigkeit für eine faire Globalisierung[220] betont bzw. als fundamentaler Grundsatz anerkannt wurde.

Die nähere Ausgestaltung dieses Grundrechts wird in der ILO-Konvention Nr. 87 über die Vereinigungsfreiheit und den Schutz des Vereinigungsrechts sowie in der ILO-Konvention Nr. 98 über die Anwendung der Grundsätze des Vereinigungsrechts und des Rechts auf Kollektivverhandlungen geregelt. Zu erwähnen ist auch die ILO-Konvention Nr. 151[221], welche speziell auf die Gewährleistung der Vereinigungsfreiheit im öffentlichen Dienst angelegt ist.

Unmittelbar geschützt wird allein die Vereinigungsfreiheit in Art. 2 der ILO-Konvention Nr. 87. Die Gewährleistung des Streikrechts ist an keiner Stelle dieser Instrumente ausdrücklich zu finden.[222] Das Streikrecht wird jedoch in der ständigen Spruchpraxis des ILO-Ausschusses für die Vereinigungsfreiheit als „*corollaire indissociable du droit syndical*" anerkannt.[223] Bemerkenswert ist, dass hier erhebliche Einschränkungen des Streikrechts bis hin zu einem vollständigen Streikverbot im öffentlichen Dienst und in den

---

217 Vgl. auch *Franzen/Thüsing/Waldhoff*, Arbeitskampf in der Daseinsvorsorge, S. 67; *Choko*, IJCL 2012, 397 (398ff.); *Novitz*, International and European Protection of the Right to Strike, S. 109ff.; *Weiss/Seifert*, GS Zachert (2010), S. 130, 132.

218 ILO-Erklärung v. 10.10.1944, Erwägung I b).

219 ILO-Erklärung v. 18.06.1998, Rn. 2 (a); darauf verweisend *Duplessis*, Relations industrielles 2004, 52 (53).

220 ILO-Erklärung v. 10.06.2008, Erwägung I A iv).

221 Von der Bundesrepublik Deutschland noch nicht ratifiziert.

222 Vgl. auch *Bellace*, ILR 2014, 29 (31); *Franzen/Thüsing/Waldhoff*, Arbeitskampf in der Daseinsvorsorge, S. 71; Schaub/*Treber*, ArbR-HdB, § 191 Rn. 32.

223 *BIT*, Recueil 2006, Rn. 523; Comité, Rapport n° 311 v. Nov. 1998 – cas n° 1954 (Côte d'Ivoire), Rn. 405.

services essentiels anerkannt sind.[224] Was unter „*services essentiels*" zu verstehen ist, wird noch zu klären sein.[225]

bb) UN-Pakte

Der Internationale Pakt über bürgerliche und politische Rechte vom 19. Dezember 1966 (UN-Zivilpakt) mag auf den ersten Blick keinen arbeitsrechtlichen Bezug haben. Doch das in Art. 22 Abs. 1 enthaltene Recht des Einzelnen, „sich frei mit anderen zusammenzuschließen sowie zum Schutz seiner Interessen Gewerkschaften zu bilden und ihnen beizutreten", lässt klar erkennen, dass Arbeitnehmer und Arbeitgeber Koalitionsfreiheit im Sinne dieses Paktes genießen. Etwaige Einschränkungen sind nur nach Maßgabe des Abs. 2 zulässig. Zu den Schranken zählen u.a. der Schutz der Volksgesundheit und der Rechte und Freiheiten anderer. Schließlich verbietet Abs. 3 den Vertragsstaaten jede Maßnahme, die geeignet wäre, ihren aus dem ILO-Übereinkommen Nr. 87 eingegangenen Verpflichtungen zuwider zu laufen.

Noch relevanter ist der Internationale Pakt über wirtschaftliche, soziale und kulturelle Rechte vom 19. Dezember 1966 (UN-Sozialpakt), dessen Art. 8 Abs. 1 a) die Koalitionsfreiheit mit einem ähnlichen Wortlaut gewährleistet wie im erstgenannten UN-Pakt. Ein wesentlicher Unterschied besteht darin, dass der Sozialpakt das Streikrecht gegenüber der allgemeinen Betätigungsfreiheit der Gewerkschaften ausdrücklich hervorhebt.[226] Einschränkungen dieses Rechts für Angehörige der Streitkräfte, der Polizei oder der öffentlichen Verwaltung könnten gemäß Art. 8 Abs. 2 als zulässig angesehen werden.

b) Europäisches Völkerrecht

Im europäischen Völkerrecht finden sich die wichtigsten Vorgaben zu Koalitionsfreiheit und Streikrecht in der Europäischen Konvention zum Schutz der Menschenrechte und Grundfreiheiten (Europäische Menschenrechtskonvention – EMRK) und in der Europäischen Sozialcharta (ESC).

---

224 *BIT*, Recueil 2006, Rn. 573ff.
225 Siehe dazu unten unter Abschnitt C.I.1.c).
226 Art. 8 Abs. 1 d) IPWSKR.

aa) Europäische Menschenrechtskonvention

Die EMRK ist ein völkerrechtlicher Vertrag und gilt als „das älteste Vertragswerk seiner Art“[227] und als „Rückgrat“[228] des Grundrechtsstandards in Europa. Ihre Entstehungsgeschichte[229] zeigt, dass die Konventionsstaaten den Schwerpunkt ausschließlich auf die bürgerlichen und politischen Grundrechte legen wollten. Demgegenüber waren Grundrechte wirtschaftlicher und sozialer Art aus dem Schutzsystem der EMRK ausgeschlossen.[230] Diese anfänglichen Erwägungen und das Zögern hinsichtlich der Schwerpunktsetzung bzw. der Vermeidung bestimmter Grundrechte zielten darauf ab, einen unumstrittenen Text auszuarbeiten. Denn im Kontext der Nachkriegszeit[231] war besonders wichtig, ein verbindliches Rechtsinstrument zur Förderung von Demokratie und klassischen Freiheitsrechten zu Stande zu bringen.[232] Die dort ausgeklammerten sozialen und wirtschaftlichen Grundrechte sind nach etwa zehn Jahren in der Europäischen Sozialcharta (ESC) erfasst worden.

Die soziale Dimension der EMRK ist allerdings durch den Europäischen Gerichtshof für Menschenrechte (EGMR) entdeckt worden, der die Konvention als *„living Instrument“*[233] bezeichnet, welches unter Berücksichtigung der gegenwärtigen Verhältnisse auszulegen sei.[234] Auf Einzelheiten wird im Folgenden nicht einzugehen sein. Vielmehr geht es darum, die Bestimmung des Art. 11 EMRK einschließlich der dazugehörigen Rechtsprechung des EGMR darzustellen.

(1) Schutzbereich des Art. 11 EMRK

Die Konvention gewährt jeder Person „das Recht, sich frei und friedlich mit anderen zu versammeln und sich frei mit anderen zusammenzuschließen;

---

227 *Grabenwarter/Pabel*, EMRK, § 1 Rn. 1; ähnlich *Gerards*, EMRK, S. 84; *Weiß*, EuZA 2010, 457 (458).

228 *Grabenwarter*, in: Grewe/Gusy (Hrsg.), Menschenrechte in der Bewährung, S. 81, 81.

229 Mehr dazu vgl. *Grabenwarter/Pabel*, EMRK, § 1 Rn. 1ff.; Dörr/*Grote*/Marauhn, EMRK/GG, Kap. 1 Rn. 13ff.

230 Vgl. *Hohnerlein*, ZESAR 2003, 17 (25); *Nußberger*, AuR 2014, 130 (130); *Seifert*, EuZA 2013, 205 (207).

231 Auf den Zusammenhang zwischen dem Ursprung der EMRK und Ende des Zweiten Weltkrieges verweisen u. a. *Spielmann/von Arnim*, KritV 2015, 8 (10).

232 Akandji-Kombé/Leclerc/*Larralde*, La Charte sociale européenne, S. 125 f.

233 EGMR 13.06.1979 – Nr. 6833/74 (*Marckx/Belgien*), EuGRZ 1979, 454 (Rn. 58); 12.11.2008 – Nr. 34503/97 (*Demir und Baykara/Türkei*), NZA 2010, 1425 (Rn. 68); 24.06.2010 – Nr. 30141/04 (Schalk und Kopf/Österreich), NJW 2011, 1421 (1423).

234 Vgl. Dörr/Grote/Marauhn/*Bröhmer*, EMRK/GG, Kap. 19 Rn. 60; *Hohnerlein*, ZESAR 2003, 17 (25 f.).

dazu gehört auch das Recht, zum Schutz seiner Interessen, Gewerkschaften zu gründen und diesen beizutreten." (Art. 11 Abs. 1).

Wie in Art. 9 Abs. 3 GG wird hier eine individual- und kollektivrechtliche Dimension der Vereinigungsfreiheit geschützt.[235] Umstritten war allerdings die Frage, ob Art. 11 EMRK ein Recht auf Kollektivverhandlungen und auf Arbeitskampf gewährleistet.[236] In der Literatur wird darauf hingewiesen, dass sowohl die wörtliche als auch die historische Auslegung dieser Konventionsbestimmung keinen Anknüpfungspunkt für eine etwaige Subsumtion des Streikrechts vorweise.[237] Zuletzt hat aber der EGMR anerkannt, dass das Recht der Gewerkschaften, für ihre Mitglieder zu kämpfen und ihre berufliche Interessen durch kollektive Maßnahmen zu verteidigen, unmittelbar aus Art. 11 EMRK ableitbar sei[238], wobei die Wahl der Mittel, die zu diesem Zweck eingesetzt werden könnten, einzelnen Konventionsstaaten überlassen werde.[239] Zu diesen Mitteln gehöre insbesondere das Streikrecht.[240] Auch das Recht auf Kollektivverhandlungen wurde vom EGMR anfangs nicht als inhärentes Element des Art. 11 EMRK betrachtet[241], sondern ist erst später als solches anerkannt worden.[242]

Alle in dieser Konventionsbestimmung anerkannten Grundrechte werden allerdings nicht schrankenlos gewährleistet. Dies soll im Folgenden noch erläutert werden.

---

235 *Seifert*, EuZA 2013, 205 (207).

236 Darauf verweist auch HWK/*Hergenröder*, Art. 9 GG Rn. 153.

237 So *Witter*, Europarechtliche Aspekte des Streikrechts, S. 20ff.

238 Vgl. etwa EGMR 27.10.1975 - Nr. 4464/70 *(nationale belgische Polizeigewerkschaft/ Belgien)*, EuGRZ 1975, 562 (Rn. 39); 06.02.1976 - Nr. 5589/72 (*Schmidt und Dahlström/Schweden*), EuGRZ 1976, 68 (Rn. 36); 06.02.1976 - Nr. 5614/72 (*Schwedischer Lokomotivführerverband/Schweden)*, EuGRZ 1976, 62 (Rn. 40).

239 EGMR 12.11.2008 - 34503/97 (*Demir und Baykara/Türkei*), NZA 2010, 1425 (Rn. 141); auch *Frowein/Peukert*, EMRK-Kommentar, Art. 11 Rn. 18; Karpenstein/ Mayer/*Arndt/Schubert*, EMRK, Art. 11 Rn. 53.

240 EGMR 06.02.1976 - Nr. 5589/72 (*Schmidt und Dahlström/Schweden*), EuGRZ 1976, 68 (Rn. 36); 17.07.2007 - Nr. 74611/01, 26876/02 u. 27628/02 (*Dilek u.a./Türkei*), Rn. 68; 21.04.2009 - Nr. 68959/01 (*Enerji Yapi-Yol Sen/Türkei*), NZA 2010, 1423 (Rn. 32); unbefriedigend *Fütterer*, EuZA 2011, 503 (511) hält die Schlussfolgerungen des EGMR für nicht eindeutig.

241 EGMR 06.02.1976 - Nr. 5589/72 (*Schmidt und Dahlström/Schweden*), EuGRZ 1976, 68 (Rn. 34); 06.02.1976 - Nr. 5614/72 (*Schwedischer Lokomotivführerverband/Schweden)*, EuGRZ 1976, 62 (Rn. 39); siehe auch Dörr/Grote/Marauhn/*Bröhmer*, EMRK/GG, Kap. 19 Rn. 101; *Zimmer*, AuR 2012, 114 (117).

242 EGMR 10.01.2002 - Nr. 53574/99 (*Unison/Vereinigtes Königsreich*), ÖJZ 2003, 276; 02.07.2002 - Nr. 30668/96, 30671/96 und 30678/96 (*Wilson, National Union of Journalists u. a./GB*), ÖJZ 2003, 729; *Fütterer*, EuZA 2011, 505 (511) spricht von dem Paradigmenwechsel; ebenso *Grabenwarter/Pabel*, EMRK, § 23 Rn. 86; *Seifert*, EuZA 2013, 205 (208).

(2) Schranken

Die Vereinigungsfreiheit des Art. 11 Abs. 1 EMRK ist Einschränkungen unterworfen, „die gesetzlich vorgesehen und in einer demokratischen Gesellschaft notwendig sind für die nationale oder öffentliche Sicherheit, zur Aufrechterhaltung der Ordnung oder zur Verhütung von Straftaten, zum Schutz der Gesundheit oder der Moral oder zum Schutz der Rechte und Freiheiten anderer" (Art. 11 Abs. 2 S. 1 EMRK). Darunter fallen namentlich Angehörige der Streitkräfte, der Polizei oder der Staatsverwaltung (Art. 11 Abs. 2 S. 2 EMRK).

Für die vorliegende Untersuchung von Interesse ist insbesondere der letztgenannte Bereich der Staatsverwaltung, da dieser möglicherweise einen Teil des Spektrums der Tätigkeiten erfasst, die der Daseinsvorsorge zuzuordnen sind. Es sellt sich damit die Frage nach dem Inhalt und der Reichweite des Begriffs der Staatsverwaltung i.S.d. Art. 11 Abs. 2 S. 2 EMRK. Der EGMR hat sich damit im Fall *Pellegrin*[243] befasst und zur Auslegung des Begriffs auf die Rechtsprechung des Europäischen Gerichtshofs (EuGH) zur Freizügigkeit im öffentlichen Dienst nach Art. 45 Abs. 4 AEUV zurückgegriffen. Diese Vorschrift nimmt die Beschäftigung in der öffentlichen Verwaltung vom Regime der Arbeitnehmerfreizügigkeit im Sinne des Unionsrechts aus und lässt damit innerstaatliche Vorbehaltsrechte bzw. Beschränkungen zu.[244] Dies soll allerdings unionseinheitlich ausgelegt und angewendet werden.[245]

Der EuGH hat unter Bezugnahme auf die sog. „systematische Aktion" der Europäischen Kommission[246] entschieden, Tätigkeiten in staatlichen Bildungseinrichtungen, im öffentlichen Gesundheitswesen und in sonstigen Einrichtungen der Daseinsvorsorge seien nicht von der Ausnahme in Art. 45 Abs. 4 AEUV gedeckt.[247] Sinn und Zweck dieser Norm sei es, mögliche innerstaatliche Hindernisse, insb. indirekte bzw. versteckte Beschränkungen der Unionsgrundfreiheiten, aufzuheben und damit die Ausübung der Arbeitnehmerfreizügigkeit wirksam zu gewährleisten. Grundsätzlich geht es hier um die Auslegung des Begriffes der „öffentlichen Verwaltung"

---

243 EGMR 8.12.1999 – Nr. 28541/95 (*Pellegrin c. Frankreich*), NVwZ 1999, 661 (Rn. 66 i.V.m. Rn. 37ff.); siehe auch *Böhm*, PersV 2012, 164 (166); *Traulsen*, JZ 2013, 65 (69).

244 Ausführlich dazu ErfK/*Wißmann*, Art. 45 AEUV, Rn. 41 m.w.N. aus der Rechtsprechung.

245 0 Rn. 11ff.; 30.09.2003 – Rs. C-405/01 (*Colegio de Oficiales de la Marina Mercante Española*) Slg. 2003, I-10419 Rn. 38.

246 Kommission, Mitteilung v. 18.03.1988 – ABl. 88/C 72/02, S. 2.

247 0 Rn. 11 f.; 0) Slg. 1986, 2121 Rn. 16; 16.06.1987 – Rs. C-225/85 (*Kommission c. Italien*) Slg. 1987, 2625 Rn. 8; 02.07.1996 – Rs. C-473/93 (*Kommission c. Luxemburg*) Slg. 1996, I-3207 Rn. 26 f.

i.S. des hoheitlichen Handelns, was mit dem später noch zu definierenden Begriff der Daseinsvorsorge nicht verwechselt werden darf.

Im Lichte dieser Rechtsprechung werden neben den Streitkräften, der Polizei und sonstigen Ordnungskräften folgende Bereiche als Bestandteil der Staatsverwaltung qualifiziert: die Rechtspflege, die Steuerverwaltung und der diplomatische Dienst, sowie die Leistungsfunktionen in obersten Bundes- und Landesbehörden.[248] Ob der Gerichtshof zu gleichem Ergebnis gekommen wäre, wenn er speziell die Frage der Streikrechtseinschränkungen im hiesigen Bereich zu beantworten hätte, unabhängig davon, ob die bestreikte Tätigkeit durch private oder öffentliche Einrichtungen erbracht wird, bleibt noch ungeklärt.

Schließlich ist anzumerken, dass aus der in Art. 11 Abs. 2 EMRK geforderten Notwendigkeit des Eingriffes in einer demokratischen Gesellschaft die Pflicht zur Beachtung des Verhältnismäßigkeitsprinzips herzuleiten ist.[249] So fordert der EGMR, dass der Eingriff in das Grundrecht des Art. 11 Abs. 1 EMRK ein Mindestmaß an Proportionalität zu dem angestrebten Zweck aufweisen müsse.[250] Für das Weitere ist *mutatis mutandis* auf die vorstehenden Überlegungen zu nationalem Recht zu verweisen.

bb) Europäische Sozialcharta

Als „Pendant“[251] oder „Parallelwerk“[252] zur oben erwähnten EMRK, die sich grundsätzlich auf klassische Freiheitsrechte beschränkt[253], stellt die Europäische Sozialcharta (ESC) soziale und wirtschaftliche Grundrechte in den Vordergrund. Die folgende Darstellung befasst sich allerdings nur mit den Vorgaben über die Koalitionsfreiheit und das Recht auf kollektive Maßnahmen.

(1) Schutzbereich der Koalitionsfreiheit nach der ESC

Mit der Verpflichtung der Vertragsparteien, die Freiheit der Arbeitnehmer und Arbeitgeber, Organisationen zum Schutze ihrer wirtschaftlichen und sozialen Interessen zu bilden und diesen Organisationen beizutreten, weder

---

248 EuGH 3.6.1986 – Rs. C-307/84 (*Kommission c. Frankreich*) Slg. 1986, 1725 Rn. 12; Kommission, ABl. C 72/02 vom 18.03.1988, S. 3; ähnlich *Böhm*, PersV 2012, 164 (166).

249 Dörr/Grote/Marauhn/*Bröhmer*, EMRK/GG, Kap. 19, Rn. 76.

250 EGMR 02.10.2001 – Nr. 29221/95 und 29225/95 (*Stankov u.a./Bulgarien*), Rn. 87.

251 *Hohnerlein*, ZESAR 2003, 17 (18); Akandji-Kombé/Leclerc/*Larralde*, La Charte sociale européenne, S. 125.

252 *Dumke*, Streikrecht, S. 38.

253 *Witter*, Europarechtliche Aspekte des Streikrechts, S. 42.

durch das innerstaatliche Recht noch durch dessen Anwendung zu beeinträchtigen, schützt Art. 5 S. 1 ESC die Vereinigungsfreiheit. Ergänzt wird diese in Art. 6 Nr. 4 ESC durch das Recht auf kollektive Maßnahmen einschließlich des Streikrechts. Beide Bestimmungen sind in der revidierten Europäischen Sozialcharta vom 3. Mai 1996 unverändert übernommen worden.[254]

Inhaltlich normieren diese Vorschriften die dem Grundrecht des Art. 9 Abs. 3 S. 1 GG vergleichbare Koalitionsfreiheit sowie das Recht auf Kollektivverhandlungen, einschließlich der Mittel für deren Verwirklichung. Letzteres wird in der Literatur als „eine besondere Ausprägung der Betätigungsfreiheit i.S. von Art. 5 ESC"[255] angesehen. Für eine wirksame Ausübung dieser Betätigung durch Arbeitnehmer und Arbeitgeber steht das Recht auf kollektive Maßnahmen zur Verfügung.

Darauf gestützt setzen einige Autoren[256] das Recht auf Kollektivverhandlungen mit der Verhandlung um Gesamtarbeitsverträge – also Tarifverträge – gleich und sehen darin ein mit der Tarifautonomie nach deutschem Recht vergleichbares Rechtsinstitut, mit der Folge, dass die Durchführung kollektiver Maßnahmen nach Art. 6 Nr. 4 ESC tarifvertragsbezogen sein müssten. Demgegenüber geht der EASR von einem weiten Verständnis aus. Zunächst weist er darauf hin, dass die Regelung der Beschäftigungsbedingungen durch Gesamtarbeitsverträge nur einen Teilaspekt des Rechts auf Kollektivverhandlungen darstelle und somit nicht als einziges Instrument zum Schutz der wirtschaftlichen und sozialen Interessen der Arbeitnehmer und Arbeitgeber anzusehen sei.[257] Es bestünden daneben weitere Möglichkeiten, die allerdings einen beruflichen Bezug aufweisen müssten.[258] Zweitens sei das Arbeitskampfrecht nicht zwangsläufig auf den Abschluss von Tarifverträgen angelegt[259]; in Betracht kämen auch weitere arbeitsrechtliche Fragen ohne unmittelbaren tarifvertraglichen Bezug, etwa die Einhaltung von ge-

---

254 Die revidierte Europäische Sozialcharta ersetzt die ursprüngliche Fassung nicht, da sie keine Anwendung auf dem Gebiet derjenigen Mitgliedstaaten findet, die sie noch nicht ratifiziert haben.

255 *Dumke*, Streikrecht, S. 65.

256 Statt vieler *Kissel*, Arbeitskampfrecht, § 24 Rn. 8; a.A. *Czycholl/Frieling*, ZESAR 2011, 322 (325).

257 EASR, conclusions IV (1975), S. 50.

258 *Dumke*, Streikrecht, S. 75 f.

259 Vgl. dazu die ständige Spruchpraxis des EASR zu Deutschland: insb. conclusions XIV-1 (1998), Bd. 1, S. 322 f.; conclusions XVI-1 (2002), Bd. 1 S. 263ff.; conclusions XVII-1 (2004), S. 12 f.; Conclusions XVIII-1 (2006), S. 315ff.; conclusions XIX-3 (2010), S. 105 f.

setzlichen Sicherheitsvorschriften[260], drohende Massenentlassungen[261], Kündigung oder Wiedereinstellung einzelner Arbeitnehmer.[262]

Zusammenfassend lässt sich feststellen, dass der EASR entgegen der deutschen Betrachtungsweise auch die nicht gewerkschaftlich organisierten Streiks[263] sowie Arbeitskämpfe ohne tariflichen Bezug in den Schutzbereich der ESC einbezieht. Ebenso hält er den Beamtenstreik generell für zulässig, es sei denn ein Rechtfertigungsgrund für etwaige Einschränkungen besteht.[264]

(2) Schranken

Das in der ESC verankerte Recht auf kollektive Maßnahmen ist nicht schrankenlos gewährleistet.[265] Es ist nämlich möglichen Einschränkungen unterworfen, die auf gesetzlicher Grundlage, aber auch auf etwaigen „Verpflichtungen aus geltenden Gesamtarbeitsverträgen" nach Art. 6 Nr. 4 ESC beruhen können.

Erste Schranken finden sich in Art. 31 ESC i. V. mit dem Anhang zu Art. 6 Nr. 4 ESC.[266] Danach sind Grundrechtseinschränkungen nur zulässig, „wenn [sie] gesetzlich vorgeschrieben und in einer demokratischen Gesellschaft zum Schutze der Rechte und Freiheiten anderer oder zum Schutze der öffentlichen Sicherheit und Ordnung, der Sicherheit des Staates, der Volksgesundheit und der Sittlichkeit notwendig sind."

Neben gesetzlichen Einschränkungen können die Sozialpartner vereinbaren, ihr Betätigungsrecht i.S. von Art. 6 Nr. 4 ESC zeitlich oder auf Dauer zu beschränken bzw. auszuschließen. Diese Vereinbarung wird vom EASR als *„obligation de paix"* bezeichnet, welche weder gesetzlich noch gerichtlich auferlegt werden dürfe[267] und nur für bereits geregelte Gegenstände[268] und *inter partes*[269] gelte. Sie ähnelt daher *mutatis mutandis* der im deutschen Tarif- und Arbeitskampfrecht geltenden Friedenspflicht.[270]

---

260 EASR, conclusions II (1971), S. 28 ; conclusions XVI-2 (2003), Bd. 2, S. 804.
261 EASR, conclusions XVI-2 (2003), Bd. 2, S. 804.
262 EASR, conclusions IV (1975), S. 50.
263 EASR, conclusions IV (1975), S. 51; conclusions XIV-1 (1998), Bd. 1, S. 233.
264 EASR, conclusions I (1969) S. 39 f.; conclusions III (1973) S. 40 ; conclusions XIV-1 (1998), Bd. 1, S. 234/323.
265 EASR, conclusions XVII-1 (2004), Bd. 2, S. 344; décision du 16.10.2006 (confédération des syndicats de Bulgarie et autres c. Bulgarie), Rn. 24.
266 Abrufbar unter: http://conventions.coe.int/treaty/ger/treaties/html/035.htm (Stand: 09.03.2016); siehe auch *Schlachter*, SR 2013, 77 (89).
267 EASR, conclusions XV-1 (2000), Bd. 1, S. 162; conclusions XVI-1 (2002), Bd. 1, S. 190, 263; conclusions XVII-1 (2004), Bd. 1, S. 146.
268 EASR, conclusions XIII-5 (1997), S. 64; conclusions XVIII-1 (2006), Bd. 2, S. 536.
269 EASR, conclusions XV-1 (2000), Bd. 1, S. 217.
270 Vgl. auch *Dumke*, Streikrecht, S. 123 f.

3. Materielle Vorgaben des Unionsrechts

Einleitend ist darauf hinzuweisen, dass der Europäischen Union keine Rechtsetzungskompetenz auf dem Gebiet des Arbeitskampfrechts zukommt. Denn Art. 153 Abs. 5 AEUV schließt ausdrücklich das Koalitions- und Arbeitskampfrecht von den Unterstützungs- und Ergänzungsmaßnahmen der Union nach Art. 153 Abs. 1 i.V.m. Art. 6 AEUV aus. Selbst die Kompetenzergänzungsklausel des Art. 352 AEUV stellt keine zulässige Ermächtigungsgrundlage dar. Daraus folgt, dass die Union keinen Rechtsakt in diesem Bereich erlassen dürfte.[271] Unter anderem aus diesem Grund ist beispielsweise der Kommissionsvorschlag für eine Verordnung des Rates über die Ausübung des Rechts auf Durchführung kollektiver Maßnahmen im Kontext der Niederlassungs- und der Dienstleistungsfreiheit v. 21. März 2012 (sog. Monti II-VO)[272] formal gescheitert.[273]

Dennoch normiert die Europäische Grundrechtecharta (GRCh)[274] die Vereinigungsfreiheit sowie das Recht auf Kollektivverhandlungen und Kollektivmaßnahmen. Bemerkenswert ist zudem, dass der EuGH mit seiner vielfach kritisierten Rechtsprechung[275] weder auf eine ausdrückliche Anerkennung noch auf die seit dem Inkrafttreten des Vertrages von Lissabon erlangte volle Rechtsverbindlichkeit der GRCh[276] gewartet hat, bevor er in Anlehnung an „unterschiedliche internationale Rechtsakte, bei denen die Mitgliedstaaten mitgewirkt haben oder denen sie beigetreten sind"[277], einzelne Entscheidungen zum europäischen Koalitions- und Arbeitskampfrecht getroffen hat.[278]

a) Grundrechtsgewährleistungen

Die Charta gewährleistet zunächst jeder Person das Recht, zum Schutz ihrer Interessen Gewerkschaften zu gründen bzw. diesen beizutreten (Art. 12

---

[271] Vgl. *Buschmann*, FS Kempen (2013), S. 255, 263.

[272] Kom (2012) 130 endgültig.

[273] Mehr zum Monti II-Verordnungsvorschlag bei *Bruun/Brücker*, NZA 2012, 1136; *Franzen*, EuZA 2013, 1; *Walter*, ArbuR 2013, 27.

[274] Charta der Grundrechte der Europäischen Union v. 07.12.2000 in der Fassung v. 12.12.2007.

[275] EuGH 11.12.2007, C-438/05 (Viking) Slg. 2007, I-10779; 18.12.2007, C-341/05 (Laval) Slg. 2007, I-11767.

[276] Vgl. Art. 6 Abs. 1 EUV.

[277] EuGH 11.12.2007, C-438/05 (Viking) Slg. 2007, I-10779 (Rn. 43); 18.12.2007, C-341/05 (Laval) Slg. 2007, I-11767 (Rn. 90).

[278] *Engels*, ZESAR 2008, 475 (476ff.); *Jarass*, EU-GRCh, Art. 28 Rn. 1; *Joussen*, ZESAR 2008, 333; *Junker*, ZfA 2013, 91 (95); *Rebhahn*, ZESAR 2008, 109 (110 f.); *Thüsing*/ Braun, Tarifrecht, 1. Kap. Rn. 69.

Abs. 1). Darüber hinaus schützt sie in Art. 28 das Recht der Arbeitnehmer und Arbeitgeber oder ihrer jeweiligen Organisationen auf Kollektivverhandlungen und Kollektivmaßnahmen, einschließlich des Streiks. Umfang und Grenzen dieses Grundrechts lassen sich nun anhand eines Verweises auf die entsprechende Bestimmung der EMRK[279] sowie der Erläuterungen zur Charta der Grundrechte[280] näher bestimmen.

Die in der Charta verbürgten Grundrechte haben nach Art. 52 Abs. 3 S. 1 GRCh, soweit sie den Grundrechtsgewährleistungen der EMRK entsprechen, „die gleiche Bedeutung und Tragweite, wie sie ihnen in der genannten Konvention [in der Auslegung durch den EGMR] verliehen wird." Diese Rechte sind in den Erläuterungen aufgezählt und näher verdeutlicht.

In der Erläuterung zu Artikel 12 heißt es: „Absatz 1 dieses Artikels entspricht Artikel 11 EMRK (...). [Seine] Bestimmungen haben die gleiche Bedeutung wie die Bestimmungen der EMRK; sie haben jedoch eine größere Tragweite, weil sie auf alle Ebenen, auch auf die europäische Ebene, Anwendung finden können. Nach Artikel 52 Absatz 3 der Charta dürfen die Einschränkungen dieses Rechts nicht über die Einschränkungen hinausgehen, die als mögliche rechtmäßige Einschränkungen im Sinne von Artikel 11 Absatz 2 EMRK gelten."[281]

Die Erläuterung zu Artikel 28 verweist auf Artikel 6 der Europäischen Sozialcharta sowie auf die Gemeinschaftscharta der sozialen Grundrechte der Arbeitnehmer und nimmt Bezug auf die Rechtsprechung des EGMR zu Art. 11 EMRK. Laut *Lenaerts*[282] handelt es hierbei um eine nicht überraschende Kodifizierung der Rechtsprechung des EuGH[283], die der EMRK in der Auslegung durch den EGMR besondere Bedeutung für den Grundrechtsschutz in der Rechtsordnung der Europäischen Union beimesse.

Dennoch unterliegen Einzelheiten – Modalitäten und Grenzen der Durchführung von Kollektivmaßnahmen, darunter auch Streiks – den einzelstaatlichen Rechtsvorschriften und Gepflogenheiten.[284] Dies könnte wohl einen Gestaltungsspielraum für den nationalen Gesetzgeber ergeben und daher bestimmte Regelungen oder Rechtsgrundsätze zulässig erschei-

---

279 Zum Einfluss der EMRK auf den Inhalt der Grundrechte-Charta, siehe *Grabenwarter/Pabel*, EMRK, § 4 Rn. 8 f.; *Jarass*, EU-GRCh, Einleitung Rn. 42 f.

280 ABl. C 303/02 v. 14.12.2007. Diese haben als solche keinen rechtlichen Status, stellen jedoch eine nützliche Interpretationshilfe dar, die dazu dient, die Bestimmungen der Charta zu verdeutlichen, vgl. Erläuterungen, S. 17.

281 Erläuterungen zur Charta der Grundrechte v. 14.12.2007, ABl. C 303/02, S. 22.

282 *Lenaerts*, EuR 2012, 3 (13).

283 EuGH15.05.1986 – Rs. C-222/84 (*Johnston*) Slg. 1986, 1651 Rn. 18; 21.09.1989 – Rs. 46/86 und 227/88 (*Hoechst AG/Kommission*) Slg. 1989, 2859 Rn. 13; 18.06.1991 – Rs. C-260/89 (*ERT/DEP*) Slg. 1991, I-2925 Rn. 41; 06.03.2001 – Rs. C-274/99 P (*Connoly/Kommission*) Slg. 2001, I-1611 Rn. 37.

284 Erläuterungen zur Charta der Grundrechte v. 14.12.2007, ABl. C 303/02, S. 26.

nen lassen, die das Streikrecht bestimmten Einschränkungen unterwerfen.[285]

b) *Grundrechtsschranken*

Art. 52 Abs. 1 GRCh lässt Einschränkungen zu, sofern sie gesetzlich vorgesehen sind und den Wesensgehalt der einzuschränkenden Rechte und Freiheiten wahren. Außerdem ist der Grundsatz der Verhältnismäßigkeit stets zu beachten[286], wobei die dem Gemeinwohl dienenden Zielsetzungen sowie die Rechte und Freiheiten anderer[287], wie sie in den EU-Verträgen geschützt sind, als besonderer Prüfungsmaßstab gelten. Das Gleiche gilt für kollektive Maßnahmen in bestimmten Bereichen, die für die Allgemeinheit besonders wichtig sind.[288]

Für beide Grundrechte gilt Art. 51 Abs. 3 als Schranken-Schranke, indem er Einschränkungen verbietet, die den entsprechenden Grundrechtsschutz der EMRK unterschreiten. Es handelt sich hierbei um den Gedanken eines Mindestschutzes oder Mindeststandards.[289] Dementsprechend ist für Weiteres auf die EMRK zu verweisen.[290]

Zumindest ergibt sich aus der vorangehenden Darstellung, dass die GRCh weder die Beschränkung von Arbeitskämpfen auf deren tarifliche Regelbarkeit noch das gewerkschaftliche Streikmonopol vorsieht.[291] Außerdem kann angenommen werden, dass sie in Anlehnung an die EMRK einem ausnahmslosen Beamtenstreikverbot entgegenstehen würde.

4. *Zwischenergebnis*

Die Erläuterung der völker- und unionsrechtlichen Normen zeigt, dass die Koalitionsfreiheit in allen relevanten Menschenrechtsinstrumenten ausdrücklich gewährleistet wird. Dagegen ist das Streikrecht allein in der ESC sowie im UN-Pakt über wirtschaftliche, soziale und kulturelle Rechte ausdrücklich verankert; bei weiteren internationalen rechtlichen Vorgaben wird

---

285 *Rebhahn*, FS Heinze (2005), S. 649, 654 f.

286 Vgl. *Lenaerts*, EuR 2012, 3 (7).

287 EuGH 12.06.2003, Rs. C-112/00 (*Schmidberger*) Slg. 2003, I-5659 (Rn. 77); 14.10.2004, Rs. C-36/02 (*Omega*) Slg. 2004, I-9609 (Rn. 36); 11.12.2007, C-438/05 (*Viking*) Slg. 2007, I-10779 Rn. 46; 18.12.2007, C-341/05 (*Laval*) Slg. 2007, I-11767 Rn. 94.

288 *Rebhahn*, in: Grabenwarter (Hrsg.), Eu-Grundrechteschutz, § 16 Rn. 73.

289 Ähnlich *Rebhahn*, in: Grabenwarter (Hrsg.), Eu-Grundrechteschutz, § 16 Rn. 41.

290 Kritisch *Junker*, ZfA 2013, 91 (130 f.): „Nur Artikel 12 GRCh entspricht dem Art. 11 EMRK, während sich Art. 28 GRCh auf Art. 6 ESC stützt (...)".

291 *Rebhahn*, in: Grabenwarter (Hrsg.), Eu-Grundrechteschutz, § 16 Rn. 73; *Zimmer*, AuR 2012, 114 (116).

es aus der Koalitionsfreiheit hergeleitet. Im Allgemeinen werden dort Streikrechtseinschränkungen zugelassen, sofern sie gesetzlich vorgesehen und in einer demokratischen Gesellschaft zum Schutze bestimmter Rechtsgüter notwendig sind. Gemeint sind insb. die Ausübung der Hoheitsgewalt, die Wahrung der Grundrechte Dritter einschließlich der Gewährleistung notwendiger Dienste i.e.S.[292]

Relevant für die vorliegende Untersuchung sind die völker- und unionsrechtlichen Normen in Hinsicht auf die Problematik des Beamtenstreikverbots und dessen Bedeutung für das Streikrecht in der Daseinsvorsorge. Besondere Aufmerksamkeit soll dabei die Rechtsprechung des EGMR zu Art. 11 EMRK erfahren, die wiederum weitere internationale Vorgaben einschließlich der Spruchpraxis der jeweiligen Kontrollorgane miteinbezieht.[293]

III. Das Streikrecht in ausgewählten ausländischen Rechtsordnungen

Die Bundesrepublik Deutschland verfügt über eine Arbeitsrechtsordnung, die nicht nur bei ihren unmittelbaren europäischen Nachbarländern, wie etwa in Frankreich[294], sondern auch auf internationaler Ebene[295] eine hohe Anerkennung genießt. Besondere Aufmerksamkeit erfahren im Einzelnen das Mitbestimmungsrecht und die Tarifautonomie[296], die unter anderem zur Entwicklung einer Kooperationskultur zwischen den Sozialpartnern beigetragen haben[297] und zugleich gute Rahmenbedingungen für den wirtschaftlichen Standort Deutschland schaffen.[298]

Dass das deutsche Kollektivarbeitsrecht als Vorbild erachtet wird, heißt allerdings nicht, dass es sich jeglichem Einfluss anderer Rechtsordnungen verschließen sollte. Anknüpfungspunkte für eine mögliche Fortentwicklung sind insbesondere im Streikrecht zu finden. Gerade hier eignet sich die Einbeziehung der rechtsvergleichenden Methode. Im Folgenden soll deshalb zunächst ein Überblick über die Grundlagen des Streikrechts in den für diese Untersuchung ausgewählten Ländern, nämlich in Frankreich (dazu 1.), Kanada/Quebec (dazu 2.) und in der Demokratischen Republik Kongo (dazu 3.), gegeben werden.

---

292 Vgl. auch *Novitz*, International and European Protection of the Right to Strike, S. 303ff.

293 Mehr dazu unten bei Abschnitt E.II.1.c).

294 Dazu *Hunout*, Droit du travail et culture sociale, S. 16.

295 Vgl. *Luwenyema Lule*, Précis de droit du travail zaïrois, S. 98; *Zachert*, in: FS Wendeling-Schröder (2009), S. 23, 27 m.w.N.

296 *Lasserre*, REA 72/2005, 7 (7).

297 Ähnlich *Lasserre*, REA 116-117/2015, 29 (31ff.).

298 I.E. auch *Rüthers*, NZA 2010, 6 (9).

1. Frankreich

Zur Darstellung der allgemeinen Grundlagen des französischen Streikrechts ist zunächst auf die grundrechtliche Ausgangslage einzugehen. Danach können die Rechtmäßigkeitsvoraussetzungen von Streiks sowie die bestehenden Grundrechtsschranken besser erläutert werden.

a) Grundrechtliche Ausgangslage

Das französische Streikrecht ist in Abs. 7 der Präambel der Verfassung vom 27. Oktober 1946 verankert, auf welche die Verfassung vom 4. Oktober 1958 ausdrücklich verweist. Seine Übernahme in den sog. *„bloc de constitutionnalité"* durch den Verfassungsrat[299] gewährt ihm den Stellenwert eines Grundrechts mit Verfassungsrang.

Die Ausgestaltung dieses Grundrechts und weiterer Grundsätze des Arbeitsrechts einschließlich des Koalitionsrechts erfolgt gemäß Art. 34 Abs. 3 der Verfassung durch den Gesetzgeber, der seinem Auftrag im fünften Buch des *Code du travail*[300] sowie in weiteren Spezialgesetzen[301] teilweise nachgekommen ist. Darüber hinaus kommt der Rechtsprechung in ihrer Komplexität und Vielfältigkeit[302] eine große Bedeutung zu. So billigt sie der Exekutive oder konkret den Dienstleitern der Verwaltung zu, besondere Regelungen des Streikrechts im öffentlichen Dienst unbeschadet der gerichtlichen Kontrolle zu treffen.[303] Weitere Rechtsquellen stellen die Kollektivvereinbarungen – nur insoweit als sie das verfassungsrechtlich geschützte Streikrecht weder einschränken noch für einzelne Arbeitnehmer verbindlich regulieren[304] – sowie völker- und europarechtliche Vorgaben dar. Für letztere ist auf die Ausführungen zum deutschen Streikrecht zu verweisen.

Besonders wichtig ist, dass die französische Arbeitskampfordnung das Streikrecht für ein Individualgrundrecht hält, welches kollektiv ausgeübt

---

299 CC 25.07.1979 – Nr. 79-105 DC (Erwg. 1); 16.08.2007 – Nr. 2007-556 DC (Erwg. 10).

300 Allerdings nur lückenhaft, so *Duquesne*, Droit du travail, Rn. 1471; *Mazeaud*, Droit du travail, Rn. 472.

301 Wie etwa Art. L. 133-1ff. *Code de l'éducation*; Art. L. 1324-1ff. *Code des transports.*

302 Überblick über die für Arbeitssachen zuständigen Gerichte bei *Duquesne*, Droit du travail, Rn. 45ff.

303 Vgl. nur CE 07.07.1950 – Nr. 1645 (*Dehaene*), Rec. Lebon 1950, 426; 30.11.1998 – Nr. 183359 (*Rosenblatt et autres*), Rec. Lebon; 11.06.2010 – Nr. 333262 (*Syndicat SUD RATP*), Rec. Lebon.

304 Vgl. Cass. soc. 07.06.1995 – Nr. 93-46.448 (*Sté Seroul*), Bull. civ. 1995 V Nr. 180 S. 132 : « *une convention collective ne peut avoir pour effet de limiter ou de réglementer pour les salariés l'exercice du droit de grève constitutionnellement reconnu* »; 12.03.1996 – Nr. 93-41.670 (*Laiterie coopérative de l'abbaye*), Bull. civ. 1996 V Nr. 88 S. 60. Ständige Rechtsprechung. Dazu ausführlich *Radé*, Droit social 1996, 37 (37ff.).

wird[305] und zugleich von den sog. „*mouvements illicites*" (etwa: „rechtswidrigen Aktionen") abzugrenzen ist. Bemerkenswert ist auch, dass das französische Streikrecht – im Gegensatz zum deutschen Recht – als eigenständiges Grundrecht gilt, welches trotz des bestehenden Zusammenhangs mit der Koalitionsfreiheit von dieser abzugrenzen ist.[306] Dies entspricht auch der Struktur, die sich der Präambel der Verfassung von 1946 entnehmen lässt. Denn beide Grundrechte sind an zwei verschiedenen Stellen niedergelegt. Dies legt nahe, dass die Ausübung des einen nicht zwingend von der des anderen abhängt.

Der Gesetzgeber, der dazu ermächtigt wurde, den Inhalt dieses Grundrechts zu konkretisieren und ggf. bestimmten Einschränkungen zu unterwerfen, hat bisher nur vereinzelte Regeln getroffen, deren Schwerpunkt auf dem öffentlichen Dienst liegt.[307]

b) Rechtmäßige Ausübung des Streikrechts

Die Beteiligung eines Arbeitnehmers an einer Streikmaßnahme fällt nur dann unter den Schutz des Grundrechts aus Abs. 7[308] der Präambel der Verfassung von 1946, wenn die Streikmaßnahme als kollektiv erfolgte Arbeitseinstellung zur Durchsetzung berufsbezogener Forderungen[309] gilt. Die kollektive Ausübung des Streikrechts heißt dennoch nicht, dass es um ein kollektives Recht geht. Denn es wird jedem einzelnen Arbeitnehmer zugestanden, selbst wenn dieser grundsätzlich nur mit mindestens einem weiteren Kollegen davon Gebrauch machen darf.[310] Andere Formen der Arbeitsniederlegung werden als „*mouvements illicites*" (rechtswidrige Aktionen)[311] be-

---

305 Dazu ausführlich *Chopin*, Le droit de grève, S. 15; *Duquesne*, Droit du travail, Rn. 1473; *Mazeaud*, Droit du travail, Rn. 485; *Supiot*, Le droit du travail, S. 95.

306 *Gärtner*, Die gesetzliche Regulierung von Bahnstreiks in Frankreich, S. 33; ähnlich *Bonnechère*, Le droit du travail, S. 76.

307 Vgl. Art. L. 2511-1ff. *Code du travail.*

308 „Alinéa 7 du préambule (...)". In der amtlichen Übersetzung (vgl. nur Conseil constitutionnel 16.08.2007, Nr. 2007-556 DC) wird „alinéa 7" ins Deutsche mit „Absatz 7" übersetzt. In deutschen Veröffentlichungen wird die Vorschrift auch als „Spiegelstrich 7 der Präambel" zitiert (siehe nur *Gärtner*, Die gesetzliche Regulierung von Bahnstreiks in Frankreich, S. 33).

309 „Cessation collective et concertée du travail en vue d'appuyer des revendications professionnelles", vgl. Cass. soc. 04.11.1992 – Nr. 90-41.899, Bull. civ. 1992 V Nr. 529 S. 335; 18.01.1995 – Nr. 91-10.476 (*Sté Publicom*), Bull. civ. 1995 V Nr. 27 S. 18; 23.10.2007 – Nr. 06-17.802 (*RTM*), Bull. civ. 2007 V Nr. 169.

310 Zur französischen Konzeption des Streikrechts als Individualgrundrecht siehe oben bei Fn. 322.

311 Es wird nicht zwischen „rechtmäßigem" und „rechtswidrigem Streik" differenziert, sondern zwischen „Streik" (*grève*) und etwa „rechtswidrigen Aktionen" (*mouvements illicites*). Darauf verweisend *Duquesne*, Droit du travail, Rn. 1493; kritisch gegenüber diesem methodischen Ansatz *Auzero/Dockès*, Droit du travail, Rn. 1423.

zeichnet. Weitere Rechtmäßigkeitsvoraussetzungen sind nicht klar geregelt und werden den Gerichten überlassen, die zur Prüfung der Ausübungsmodalitäten anhand der Würdigung einzelner Merkmale des Streikbegriffs[312] angerufen werden können. Dabei spielen der fehlende Bezug zu einem Tarifvertrag und die (nicht)gewerkschaftliche Führung[313] eines Streiks – außer im öffentlichen Dienst[314] – keine Rolle.

Daraus folgt, dass weder die Friedenspflicht[315] noch das Fehlen einer Gewerkschaft einer Streikmaßnahme entgegenstehen können. Ferner muss das Arbeitskampfmittel nicht zwingend als „ultima ratio" (*ultime remède* oder *recours*)[316] fungieren. Es kann auch eingesetzt werden, ohne die Rückmeldung der Arbeitgeberseite auf die erhobenen Forderungen abzuwarten[317] – wenn diese von den streikwilligen Arbeitnehmern überhaupt im Voraus mitgeteilt werden konnten.[318] Zudem bestehen *grundsätzlich* weder eine Ankündigungs- noch eine Schlichtungspflicht. Vorgesehen sind rein freiwillige[319] Streitbeilegungsmechanismen nach Art. L. 2521-2 *Code du travail*, welche aus Schlichtung[320], Mediation[321] und Schiedsverfahren[322] bestehen.

---

312 Vgl. dazu näher die ständige Rechtsprechung der Sozialkammer der „*Cour de cassation*". Vgl. nur Cass. soc. 23.10.2007 – Nr. 06-17.802 (*RTM*), Bull. civ. 2007 V Nr. 169.

313 Cass. soc. 19.02. 1981 – Nr. 79-41.281, Bull. civ. 1981 V Nr. 143.

314 Die Anforderung der gewerkschaftlichen Kampfführung ist für den Bereich des öffentlichen Dienstes der Sonderregelung des Art. L 2512-2 Abs. 2 *Code du travail* zu entnehmen, die der Mehrheitsgewerkschaft (*organisation syndicale représentative*) die Pflicht zur Ankündigung von Streiks in diesem Bereich auferlegt. Mehr dazu unten unter B III 1 b) cc) (2).

315 *Mazeaud*, Droit du travail, Rn. 473.

316 Vgl. *Auzero/Dockès*, Droit du travail, Rn. 1426; *Mazeaud*, Droit du travail, Rn. 473.

317 Cass. soc. 11.07.1989 – Nr. 87-40.727, Bull. civ. 1989 V Nr. 509 S. 308; 10.10.1990 – Nr. 88-41.426, Bull. civ. 1990 V Nr. 434 S. 262; 20.05.1992 – Nr. 90-45.271 und 90-45.278, Bull. civ. 1992 V Nr. 319 S. 199.

318 Nach ständiger Rechtsprechung der Sozialkammer der *Cour de cassation* muss der Arbeitgeber über die Forderungen der Streikenden informiert werden. Dieser Informationspflicht könnten die streikwilligen Arbeitnehmer schon im Voraus nachkommen, sie müssten es aber nicht. Es reiche, wenn die Bekanntgabe der Forderungen gleichzeitig mit dem Beginn des Streiks (*au moment de l'arrêt de travail*) erfolge. Vgl. zuletzt Cass. soc. 30.06.2015 – Nr. 14-11.077; ausführliche Anmerkung dazu bei *Ferkane*, RDT 2016, 108 (110 f.).

319 Vgl. Lokiec, Droit du travail, Rn. 435ff.

320 Art. L. 2522-1ff. *Code du travail.*

321 Art. L. 2523-1ff. *Code du travail.*

322 Art. L. 2524-1ff. *Code du travail.*

c) *Grundrechtsschranken*

Die bedeutendste Schranke des Streikrechts bildet das allgemeine Rechtsmissbrauchsverbot (*abus du droit de grève*)[323], welches durch die Rechtsprechung präzisiert wird. Die Sozialkammer der *Cour de cassation* geht von einer missbräuchlichen Ausnutzung des Streikrechts aus, wenn die Kampfmaßnahme auf eine existenzvernichtende Störung des Unternehmens abzielt.[324] Insoweit sehen Teile der Literatur[325] in dieser Rechtsprechung den Gedanken der Verhältnismäßigkeitsprüfung im engeren Sinne.

2. *Kanada/Quebec*

Einleitend ist darauf hinzuweisen, dass sich die folgenden Ausführungen in erster Linie nicht mit dem kanadischen Bundesrecht beschäftigen, sondern das Streikrecht der Provinz Quebec analysieren. Dies hat zwei Gründe: Erstens liegt in Kanada die Gesetzgebungszuständigkeit im Arbeitsrecht einschließlich des Arbeitskampfrechts primär bei den Provinzen.[326] Das Gesetzgebungsrecht des Bundes ist in diesem Bereich auf Fragen beschränkt, die im Zusammenhang mit bundesrechtlichen Angelegenheiten nach Art. 91 des Verfassungsgesetzes von 1867 stehen.[327] Zweitens verfügt Quebec im Vergleich zu den übrigen Provinzen[328] über einen speziellen Mechanismus zur Gewährleistung der sog. „*services essentiels*" während eines Arbeitskampfes. Seine Arbeitskampfordnung soll daher später[329] als relevanter Vergleichsmaßstab für die entsprechende Problematik in der Bundesrepublik Deutschland herangezogen werden.

---

323 Zur Vertiefung siehe *Auzero/Dockès*, Droit du travail, Rn. 1451 f.; *Hunout*, Droit du travail et culture sociale, S. 50; *Lokiec*, Droit du travail, Rn. 418.

324 „La volonté de désorganiser l'entreprise et de nuire à sa situation économique". Cass. soc. 10.07.1991 – Nr. 89-43.147, Bull. civ. 1991 V Nr. 349 S. 216; 25.01.2011 – Nr. 09-69.030, Bull. civ. 2011 V Nr. 28.

325 Vgl. stellvertretend *Auzero/Dockès*, Droit du travail, Rn. 1452.

326 Vgl. Art. 92 Nr. 13 des Verfassungsgesetzes vom 1867 in seine Auslegung durch die Gerichte. Siehe nur CSC 17.05.2012, Nr. 2012 CSC 23 (*Tessier Ltée*), R.C.S. 2012, S. 3 (Rn. 11); ebenso *Delorme/Nadeau*, Relations industrielles 2002, 743 (744) mit weiteren Erläuterungen in Fn. 1.

327 Mehr zu Gesetzgebungszuständigkeiten von Bund und Provinzen im Arbeitsrecht bei *Coutu u. a.*, Droit des rapports collectifs du travail au Québec, Bd 1, Rn. 25ff.

328 Eine Übersicht dazu bei *Lemieux*, Relations industrielles 1996, 333 (351ff.).

329 Siehe dazu die Ausführungen in Abschnitt D.II.2.

a) Grundrechtliche Ausgangslage

Die wichtigste Grundlage für das Streikrecht der Provinz Quebec bildet Art. 3 der Charta der Grundrechte und Grundfreiheiten Quebecs. Geschützt wird danach lediglich die Vereinigungsfreiheit. Daraus wird allerdings auch die Gewährleistung des Streikrechts hergeleitet.[330] Die Ausübung der in dieser Charta garantierten Grundrechte soll gem. Art. 9.1 der Charta den demokratischen Werten, der öffentlichen Ordnung sowie dem Gemeinwohl aller Bürger Rechnung tragen. Einzelheiten können gesetzlich geregelt werden. Dabei müssen entsprechende bundesverfassungsrechtliche Grundlagen sowie völkerrechtliche Verpflichtungen Kanadas[331] beachtet werden.

Von Bedeutung ist hier zum einen Art. 2 d) der Kanadischen Grundrechtecharta. Dieser schützt ebenso wie die oben erwähnte Bestimmung der Grundrechtecharta von Quebec auf den ersten Blick allein die Vereinigungsfreiheit. Allerdings schließt seine neuere Auslegung durch die Kanadische *Cour suprême* nun auch das Streikrecht ein.[332] Das soeben anerkannte Streikrecht kann wiederum nur Einschränkungen unterliegen, welche gem. Art. 1 Abs. 2 der Kanadischen Grundrechtecharta gesetzlich vorgesehen sind und in einer freien und demokratischen Gesellschaft als gerechtfertigt angesehen werden können. Die Beachtung dieser Vorgaben ist umso wichtiger, als die Kanadische Grundrechtecharta Verfassungsrang genießt und dementsprechend entgegenstehende Bundes- und Landesgesetzeverdrängt.[333] Hingegen entfalten die einfachgesetzlichen Vorgaben über das Streikrecht nach Bundesrecht keine Verdrängungswirkung zu Lasten des Landesrechts. Ein Normenkonflikt im Arbeitskampfrecht ist auf dieser Ebene aufgrund der klaren Kompetenzabgrenzung zwischen Bund und Provinzen[334] eher unwahrscheinlich.

Darüber hinaus sind mit völkerrechtlichen Verpflichtungen insbesondere die im Rahmen der Internationalen Arbeitsorganisation[335], der Vereinten Nationen[336] sowie der Organisation Amerikanischer Staaten (OAS)[337] ratifizierten Normen gemeint. Vorgaben aus den Übereinkommen der Interna-

330 Ähnlich *Coutu*, RQDI 2015, 183 (187).

331 Vgl. auch *Choko*, McGill Law Journal 2011, 1113 (1122ff.).

332 Vgl. CSC 30.01.2015, Nr. 2015 CSC 4 (*Saskatchewan Federation of Labour c. Saskatchewan*), R.C.S. 2015, S. 245 (Rn. 3 u. 24).

333 Mehr zur Verdrängungswirkung der kanadischen Grundrechtecharta gegenüber entgegenstehenden Bundes- und Landesgesetzen bei *Coutu u. a.*, Droit des rapports collectifs du travail au Québec, Bd 1, Rn. 439; *Le May*, Une grille d'analyse pour le droit du Québec, S. 56.

334 Hierzu siehe bereits oben bei der Einleitung zu B.III.2.

335 Art. 2 ILO-Konvention Nr. 87.

336 Art. 8 Abs. 1 a) UN-Sozialpakt; Art. 22 Abs. 1 UN-Zivilpakt.

337 Art. 45 c) der OAS-Charta.

tionalen Arbeitsorganisation und den UN-Pakten wurden bei Ausführungen zum deutschen Recht bereits näher dargestellt. Es gilt an dieser Stelle nur noch auf die Bestimmung des Art. 45 c) der OAS-Charta kurz einzugehen. Danach vereinbaren die Mitgliedsstaaten, dafür zu sorgen, dass die Vereinigungsfreiheit einschließich des Rechts auf Kollektivverhandlungen und des Streikrechts nach Maßgabe der innerstaatlichen Regelungen gewährleistet wird.

Hierauf gestützt wird das Streikrecht an verschiedenen Stellen des Arbeitsgesetzbuchs der Provinz Quebec (im Folgenden: *Code du travail QC*) näher geregelt. Maßgeblich für die vorliegende Untersuchung sind unter anderem die Bestimmungen aus Art. 52 bis 59 sowie aus Art. 105 bis 111.22 *Code du travail QC*.

b) Rechtmäßigkeitsvoraussetzungen

Eine Streikmaßnahme ist nur als zulässig anzusehen, wenn diese von einer streikberechtigten Gewerkschaft[338] ausgerufen oder durchgeführt wird. Streikberechtigt ist die kampfführende Gewerkschaft nach Ablauf einer Frist von 90 Tagen nach dem Erhalt der Aufforderung zu Tarifverhandlungen im Sinne des Art. 52 *Code du travail QC* durch die Arbeitgeberseite.[339] Bei fehlender ausdrücklicher Aufforderung der Gewerkschaft gilt das Ablaufdatum des laufenden Tarifvertrages als Ausgangspunkt der Frist.[340] Darüber hinaus hat die kampfführende Gewerkschaft dem Arbeitsminister sämtliche Streikmaßnahmen 48 Stunden nach dem Streikaufruf schriftlich mitzuteilen. Daraufhin kann auf Antrag des Arbeitgebers eine Urabstimmung in dem betroffenen Betrieb unter Beobachtung des zuständigen Kontrollorgans[341] abgehalten werden.[342]

Im Ergebnis gelten als zwingende Rechtmäßigkeitsvoraussetzungen eines Streiks dessen gewerkschaftliche Führung sowie der vorgelagerte Erwerb der Streikberechtigung durch die kampfführende Gewerkschaft. Die Mitteilungspflicht sowie die Abhaltung einer Urabstimmung sind zwar ebenfalls vorgesehen. Ihre Nichtbeachtung führt aber nicht zur Rechtswidrigkeit der Streikmaßnahme.[343]

---

338 Art. 106 *Code du travail QC*.

339 Art. 58 *Code du travail QC*.

340 Art. 52.2 Abs. 1 *Code du travail QC*.

341 Mehr zum Kontrollorgan siehe unten bei „Rechtsdurchsetzungsmaßnahmen".

342 Art. 58.1 f. *Code du travail QC*.

343 CA Québec 04.09.2002, Nr. 2002 QCCA 41231 (*CSN c. Turcotte*), Rn. 48.

c) Allgemeine Einschränkungen

Einschränkungen des Streikrechts ergeben sich allgemein aus der Friedenspflicht (*respect de la trêve sociale*)[344] nach Art. 107 und 111.14 *Code du travail QC*. Danach sind sämtliche Streikmaßnahmen während der Laufzeit eines Tarifvertrages verboten, sofern keine Revisionsklausel von den Parteien vorgesehen wurde.[345] Weitere Einschränkungen beziehen sich auf die Ausübung bestimmter Hoheitstätigkeiten. In diesem Sinne wird der Polizei sowie der Gemeinde- und Bezirksfeuerwehr das Streikrecht gesetzlich verwehrt.[346] Das Gleiche gilt auch für die sog. „*agents de la paix*", nämlich die Verkehrsinspektoren und Mitarbeiter in der Gefängnisverwaltung.[347] Über diese Vorgaben hinausgehende Einschränkungen kommen nur in bestimmten speziellen Betrieben[348] des öffentlichen Dienstes im weiteren Sinne in Betracht.

d) Rechtsfolgen

Ein rechtmäßiger Streik ist in doppelter Hinsicht gesetzlich geschützt. Zum einen wird die Arbeitseinstellung als gerechtfertigt angesehen, soweit diese die oben dargestellten Rechtmäßigkeitsvoraussetzungen erfüllt. Unter diesen Umständen ist dem Arbeitgeber gesetzlich verboten, die nicht streikenden und sonstigen Beschäftigten auf den bestreikten Arbeitsplätzen einzusetzen.[349] Dies soll dazu dienen, das Machtgleichgewicht zwischen beiden Arbeitskampfparteien zu wahren[350] und somit die Effektivität der kollektiven Maßnahmen der Arbeitnehmer zu gewährleisten.[351] Zudem bleibt das Arbeitsverhältnis für betroffene Arbeitnehmer bestehen.[352]

Dagegen wird die Durchführung eines rechtswidrigen Streiks bzw. die Teilnahme an einer solchen Maßnahme durch Art. 142 *Code du travail QC* mit einer Geldbuße sanktioniert. Diese wird je Streiktag berechnet und ihre

---

344 CQ 22.03.2006, Nr. 2006-QCCQ 2074 (*SIPEQ c. Centrale de la petite enfance du Village inc.*), Rn. 24.

345 Siehe auch *Coutu u. a.*, Droit des rapports collectifs du travail au Québec, Bd 1, Rn. 445.

346 Art. 105 *Code du travail QC*.

347 Art. 69 Abs. 1 i.V.m. Art. 64 Nr. 4 *Loi sur la fonction publique*.

348 Dazu gleich unten unter B III 2 b).

349 Art. 109.1 *Code du travail QC*.

350 CRT 27.03.2003, Nr. 2003-QCCRT 0053 (*Syndicat national des employés de garage du Québec Inc. c. Association patronale des concessionnaires d'automobiles Inc.*), Rn. 101; ebenso *Coutu u. a.*, Droit des rapports collectifs du travail au Québec, Bd 1, Rn. 451 m. w. N.

351 Vgl. CRT 23.06.2011, Nr. 2011-QCCRT 0302 (*Syndicat des travailleurs du Château Mont Sainte-Anne c. Château Mont Sainte-Anne inc.*), Rn. 22ff.

352 Art. 110 Abs. 1 *Code du travail QC*.

Höhe hängt von der Stellung der Beteiligten ab: 25 $ bis 100 $ für einzelne Arbeitnehmer, 1000 $ bis 10 000 $ für Gewerkschaftsvertreter und 5 000 $ bis 50 000 $ für Gewerkschaften oder Gewerkschaftsbünde[353].

3. *Demokratische Republik Kongo*

Das kongolesische Koalitions- und Streikrecht wurde wie das gesamte Zivilrecht stark vom französischen Recht beeinflusst. In der Fortentwicklung wurden insbesondere friedliche Mechanismen zur Beilegung kollektiver Arbeitsstreitigkeiten gestärkt.

a) *Grundrechtliche Ausgangslage*

Den Ausgangspunkt für die Anerkennung und Gewährleistung des Streikrechts in der Demokratischen Republik Kongo bildet Art. 39 der Verfassung. Hinzu kommen entsprechende völkerrechtliche Vorgaben, insbesondere die ILO-Übereinkommen[354] sowie die beiden UN-Pakte v. 19. Dezember 1966, die bereits dargestellt worden sind.[355]

Art. 39 der Verfassung bildet die Grundlage für das Streikrecht und überlässt es dem Gesetzgeber, die Ausübungsmodalitäten einschließlich eventueller Schranken dieses Grundrechts zu konkretisieren. Dabei darf der Gesetzgeber bestimmte Beschränkungen aufstellen, die zum Schutz der öffentlichen Ordnung und Sicherheit oder zur Gewährleistung jeglicher Aktivitäten oder Dienstleistungen von besonderer Bedeutung für den Staat und seine Bevölkerung vorgesehen sind.

Seinem verfassungsrechtlichen Auftrag ist der Gesetzgeber im Gesetz Nr. 015/2002 v. 16. Oktober 2002 (im Folgenden: *Code du travail CD*) nachgekommen. Einzelheiten regeln Durchführungsvorschriften (*mesures d'application*) gem. Art. 315 Abs. 4 *Code du travail CD*. Hervorzuheben sind insbesondere die Ministerialerlasse (*arrêtés ministériels*) über die Rechte und Pflichten der Arbeitskampfparteien bei der Durchführung einer Kampfmaßnahme.[356] Für Staatsbedienstete beschränkt sich der Gesetzgeber darauf, das

353 Zur Haftung der Gewerkschaft bei rechtswidrigen Streiks siehe nur CQ 22.03.2006, Nr. 2006-QCCQ 2074 (*SIPEQ c. Centrale de la petite enfance du Village inc.*), Rn. 32ff.

354 Ausführlich dazu *Kalay Kisala*, Le droit congolais du travail à l'épreuve de la déclaration de l'OIT relative aux principes et droits fondamentaux au travail, S. 125ff.

355 Siehe oben unter Abschnitt B.II.2.a).

356 Ministerialerlasse Nr. 12/CAB/MIN/TPS/113/2005 v. 26. Oktober 2005 und Nr. 12/CAB-MIN/ETPS/039/08 v. 8. August 2008.

Streikrecht mit ähnlichem Wortlaut wie in der Verfassung zu gewährleisten, ohne eine Konkretisierung vorzunehmen.[357]

Der Schwerpunkt der folgenden Ausführungen liegt auf dem Streikrecht in Betrieben, die in den Geltungsbereich des Arbeitsgesetzbuchs fallen. Danach gilt das Streikrecht als Teil eines gesetzlich vorgegebenen Systems zur Beilegung kollektiver Arbeitsstreitigkeiten und unterliegt bestimmten Zulässigkeitskriterien.

b) Rechtmäßigkeitsvoraussetzungen

Das Streikrecht wird nach der kongolesischen Arbeitskampfordnung in der Auslegung durch die Gerichte[358] jedem einzelnen Arbeitnehmer gewährt. Es wird nicht aus der Koalitionsfreiheit[359] abgeleitet. Außerdem gilt es als Individualgrundrecht, obwohl es kollektiv ausgeübt wird.[360] Gewerkschaften spielen zwar im Kollektivarbeitsrecht, insbesondere bei Tarifverhandlungen, durchaus eine Rolle.[361] Für die Durchführung von Streikmaßnahmen verfügen sie jedoch über kein Monopol. Daher reicht es, wenn eine kollektive Aktion einen klaren Bezug zu Arbeitsbedingungen i.S.v. Art. 303 *Code du travail CD* aufweist[362] und die kampfführende Koalition – sei es eine Gewerkschaft oder auch eine „ad hoc-Koalition" – die Rechtmäßigkeitsvoraussetzungen eingehalten und mögliche Schranken beachtet hat. Jedenfalls lässt sich die Rechtmäßigkeit von Streikmaßnahmen sowohl vor als auch während ihrer Durchführung prüfen.

aa) Beachtung des „ultima ratio"-Gedankens

Streiks gelten nach Art. 315 Abs. 1 *Code du travail CD* als *ultime recours*.[363] Sie werden nur als zulässig angesehen, sofern alle friedlichen Streitbeilegungsmechanismen ausgeschöpft wurden, die dem Tarifvertrag bzw. den entsprechenden gesetzlichen Vorschriften zu entnehmen sind. Vorrangig ist

---

357 Vgl. Art. 93 Gesetz Nr. 16/013 v. 15.07.2016 über das Statut der Staatsbediensteten; Art. 99 S. 3 der Verordnung Nr. 81-160 v. 07.10.1981 über die Rechtsstellung des Hochschulpersonals.

358 Vgl. nur C.A. Kin Gombe 21.07.1997, RTA 2940 (*Kiwusu Mandondo c/ Orgaman*), Recueil Kazi, Bd. 2/1997, S. 332 (335 f.).

359 Diese ist in Art. 38 der Verfassung verankert.

360 *Beya Siku*, in: Bakandeja wa Mpungu (Hrsg.), Participation et responsabilité des acteurs, S. 307, 314; *Masanga Phoba Mvioki*, Droit congolais du travail, S. 275 f.; *Mukadi Bonyi*, Droit du travail, Rn. 616.

361 Siehe auch *Butedi*, Kartographie der Gewerkschaften in der D.R. Kongo, S. 42 f.

362 Dazu ausführlich *Mukadi Bonyi*, Droit du travail, Rn. 616.

363 Vgl. auch *Dekossago Kpalawele*, RCDTSS 04/1998, 27 (28).

allerdings die sog. *„procédure conventionnelle“*[364], d.h. ein tarifvertraglich vereinbartes Verfahren. Auf gesetzliche verfahrensrechtliche Regelungen ist nur subsidiär zurückzugreifen, wenn der Tarifvertrag hierzu schweigt.[365]

(1) Das tarifvertraglich vereinbarte Verfahren

Grundlage für das tarifvertraglich vereinbarte Verfahren bildet Art. 279 Abs. 2 Spiegelstrich 6 *Code du travail CD*. Dieser enthält für die von den Sozialpartnern zu treffenden Vereinbarungen gewisse Vorgaben: Danach sind die Sozialpartner verpflichtet, die im Falle von Arbeitskonflikten anzuwendenden Verfahren in ihrem Tarifvertrag festzulegen. Vorgesehen werden sollen die sog. *„procédures de conciliation et d'arbitrage“*.

Mit dem erstgenannten Verfahren sollen Arbeitnehmer bzw. deren Vertreter und die Arbeitgeberseite versuchen, einen Kompromiss zu ihrem Arbeitskonflikt in einem Rahmen zu finden, der von ihnen selbst bestimmt wird. Dafür verwendet der Gesetzgeber zwar das Wort *„conciliation“*, das etwa mit der Schlichtung gleichgesetzt werden könnte. Konkret handelt es sich vielmehr um eine Verhandlungspflicht, die in der Praxis ohne Einschaltung einer Drittstelle erfüllt werden kann.

Demgegenüber handelt es sich beim *arbitrage* (Schiedsverfahren) um einen Streitbeilegungsmechanismus, welcher der Intervention eines Dritten bedarf, der den Parteien zur Kompromissfindung verhelfen soll. Dieses Verfahren ist einzuleiten, wenn kein Kompromiss auf dem Verhandlungsweg erzielt werden konnte. Der Schiedsspruch, der daraufhin gefällt wird, ist für die Konfliktparteien bindend.[366] Diese Bindungswirkung schließt sämtliche Streikmaßnahmen über die bereits geregelten Gegenstände aus, sofern die Gegenseite den Schiedsspruch entsprechend einhält. Vergleicht man die hier verwendeten Grundsätze mit denen eines klassischen Schiedsverfahrens, so lässt sich feststellen, dass die in Art. 279 Abs. 2 Spiegelstrich 6 *Code du travail CD* gemeinte *„procédure d'arbitrage“* zwar als Schiedsverfahren bezeichnet werden könnte, im Ergebnis dennoch eher einer Schlichtung entspricht. Anders verhielte sich etwa, wenn der ausgesprochene Schiedsspruch gerichtlich vollstreckbar wäre.

---

364 *Masanga Phoba Mvioki*, Droit congolais du travail, S. 268.

365 Art. 306 *Code du travail CD*.

366 Nähere bei *Masanga Phoba Mvioki*, Droit congolais du travail, S. 269; siehe auch *Kumbu ki Ngimbi/Kimvuidi Vela*, Cahiers Africains des Droits de l'Homme et de la Démocratie 40/2013, 11 (17).

(2) Das gesetzliche Verfahren

Das gesetzliche Schlichtungsverfahren sieht zwei Stufen vor[367]: Der eigentlichen Schlichtung ist die sog. „*conciliation préalable*"[368] vorgelagert. Durch diese werden die Konfliktbeteiligten aufgefordert, ihre Arbeitsstreitigkeiten vor dem zuständigen Arbeitsinspektor zu lösen, der den gesamten Ablauf des Verhandlungsprozesses steuert. Gestaltet wird diese Konfliktlösungsmethode nach dem Vorbild des sog. „*arbre à palabres*" – eines in den meisten afrikanischen traditionellen Gesellschaften eingesetzten Verfahrens.[369] In diesem Sinne hat der Arbeitsinspektor die Aufgabe, die Protagonisten bei der Lösungsfindung zu ermutigen und zu unterstützen.

Gelingt es den Parteien, ihren Konflikt in diesem Rahmen zu lösen, wird ein entsprechendes Abkommen unterzeichnet. Dieses ist rechtsverbindlich. Andernfalls wird die Schlichtung nach Art. 309ff. *Code du travail CD* eingeleitet. Zuständig für die Ingangsetzung des Schlichtungsverfahrens ist der Arbeitsinspektor, der die „*conciliation préalable*" gesteuert hat. Dafür hat er innerhalb 48 Stunden dem „*Gouverneur de province*" bzw. dem Arbeitsminister einen Bericht über das Scheitern der Verhandlungen zu übermitteln, auf Grundlage dessen eine ad hoc Schlichtungsstelle einberufen wird. Die Schlichtungsstelle wird mit einem Berufsrichter und zwei Beisitzern aus Arbeitnehmer- und Arbeitgebervereinigungen besetzt.

Das Verfahren darf nicht über 18 Werktage hinausgehen[370], wobei die Vorbereitungsphase, welche der Einberufung und Besetzung der Schlichtungsstelle dient und gem. Art. 310 Abs. 5 *Code du travail CD* höchstens vier Tage beträgt, nicht in diese Frist eingeschlossen wird. Bei Fristüberschreitung wird die Schlichtungsstelle neu besetzt. Diese muss ihren Schlichterspruch innerhalb von zehn Werktage fällen.[371]

Das Verfahren wird mit der Einigung der Parteien beendet, welche schriftlich niedergelegt und sowohl von den Schlichtern als auch von den Betroffenen unterschrieben werden muss. Bei fehlender Einigung werden den Par-

---

367 Ausführlich dazu *Masanga Phoba Mvioki*, Droit congolais du travail, S. 270ff.; *Muluma Munanga*, Législation du travail et sécurité sociale en République démocratique du Congo, S. 184ff.

368 Art. 307 f. *Code du travail CD.*

369 „*Arbre à palabres*" erinnert an einen bestimmten Baum, der in den afrikanischen traditionellen Gesellschaften von der Dorfgemeinschaft als Versammlungsort verwendet wurde, um Fragen sozial-politischen Charakters zu besprechen und ggf. auch Konflikte aller Art mit Hilfe von Weisen des Dorfes friedlich zu lösen. Der Ausdruck „*arbre à palabres*" bezeichnet auch das Verfahren an sich, das unter diesen Baum durchgeführt wurde und das insbesondere auf Dialog, Konsens und Zusammenhalt der Gemeinde abstellte. Hierauf wird heutzutage bei der Konfliktbeilegung oft verwiesen. Ausführlich dazu *Diangitukwa*, Revue Gouvernance 2014, 1 (4).

370 Art. 311 Abs. 1, 7 f. *Code du travail CD.*

371 Art. 311 Abs. 9 *Code du travail CD.*

teien von der Schlichtungsstelle begründete Empfehlungen unterbreitet, die Rechtsverbindlichkeit erlangen, sofern kein Widerspruch innerhalb sieben Tage dagegen eingelegt wurde.[372] Widerspricht eine Partei dem Schlichtungsvorschlag fristgemäß, so gilt das gesetzliche Verfahren als gescheitert.

Soweit die vorstehenden friedlichen Verständigungsmöglichkeiten - nach den konventionellen bzw. gesetzlichen Vorgaben - erfolglos ausgeschöpft sind, dürfen kampfwillige Arbeitnehmer ihr Recht auf Durchführung von Streikmaßnahmen in Anspruch nehmen.[373] In der Literatur wird allerdings die Ansicht vertreten, dass nach Scheitern des tarifvertraglich vereinbarten Verfahrens zusätzlich auf das gesetzliche Verfahren zurückgegriffen werden müsse.[374]

Diese Auffassung missachtet nicht nur den Gesetzeswortlaut, sondern sie begründet auch erhebliche verfahrensrechtliche Hürden für die Ausübung des Streikrechts. Bereits die Anwendung des Wortes *„ou"* (oder) in Art. 315 Abs. 1 *Code du travail CD* deutet darauf hin, dass der Gesetzgeber die Kumulation beider Verfahrensarten ausschließen wollte.[375] Dies spiegelt sich auch in den entsprechenden Durchführungsvorschriften wider.[376] Es ist davon auszugehen, dass die Tarifvertragsparteien sich durch ein vereinbartes Verfahren zur Beilegung eventueller Arbeitskonflikte im Geltungsbereich ihres Tarifvertrages dem gesetzlichen Verfahren entziehen wollen. Andernfalls würde Art. 279 Abs. 2 Spiegelstrich 6 *Code du travail CD* keine Anreizwirkung entfalten. Tarifvertragsparteien würden sich kaum bemühen, die Anforderung dieser Vorschrift zu erfüllen, wenn sie letztendlich genauso wie die nicht tarifgebundenen Sozialpartner das gesetzliche Verfahren durchlaufen müssten.

Maßgeblich für eine rechtmäßige Durchführung von Streiks bleibt daher die Ausschöpfung der nach einer der beiden Säulen eingeleiteten Verfahren. Wichtig ist dabei, dass weitere grundlegende Pflichten beachtet werden.

---

372 Art. 312 f. *Code du travail CD.*

373 C.A. Kin Gombe 18.01.1990, RTA 2009 (*M. c/ S.*), RT 10/1991, S. 30; 21.07.1997, RTA 2940 (*Kiwusu Mandondo c/ Orgaman*), Recueil Kazi, Bd. 2/1997, S. 332 (335 f.).

374 So *Dekossago Kpalawele*, RCDTSS 04/1998, 27 (28); *Masanga Phoba Mvioki*, Droit congolais du travail, S. 269 f., 277 f.

375 Kritisch *Luwenyema Lule*, Précis de droit du travail zaïrois, S. 477, der sich *de lege ferenda* für eine kumulative Anwendung beider Verfahren im Falle des Scheiterns des tarifautonom vereinbarten Verfahrens ausspricht.

376 Vgl. Art. 3 Abs. 1 Ministerialerlass Nr. 12/CAB-MIN/ETPS/039/08 v. 08.08.2008.

bb) Einhaltung weiterer grundlegender Pflichten

Streikmaßnahmen sind sechs Werktage vor dem geplanten Termin dem Arbeitgeber sowie dem zuständigen Arbeitsinspektor anzukündigen.[377] Der Inhalt dieser Ankündigungspflicht ist vom Gesetzgeber nicht vorgegeben. Auch die Rechtsprechung äußert sich dazu nicht.[378] Es ist grundlegend davon auszugehen, dass die Ankündigung übliche Angaben wie Forderungen, Orts- und Zeitangaben sowie Dauer enthalten soll.

Darüber hinaus haben die Organisatoren dafür Sorge zu tragen, dass während der Dauer einer Streikmaßnahme Notstandsarbeiten geleistet werden. Tätigkeiten, die im Rahmen der Notstandsarbeiten zu erbringen sind, sollen in einem Tarifvertrag oder in einer Betriebsordnung (*règlement d'entreprise*) bestimmt werden. Geschieht dies nicht, hat der Arbeitgeber diese Frage mit dem Betriebsrat spätestens drei Tage nach der Streikankündigung zu klären.[379]

c) Rechtsschutz vor Arbeitsgerichten

Zwar genügen an sich das Scheitern von friedlichen Streitbeilegungsmechanismen sowie die Einhaltung der Pflichten zur Ankündigung des Streiks und zur Gewährleistung der Notstandsarbeiten, damit Arbeitnehmer Streikmaßnahmen durchführen dürfen. Das Gesetz sieht allerdings vor, dass auf Antrag einer Partei innerhalb von zehn Tagen nach Ablauf (*sic*) der Ankündigungsfrist bzw. auf Antrag des zuständigen Arbeitsinspektors noch ein gerichtliches Verfahren zur Lösung des Konflikts in Gang gebracht wird.[380] Die Anrufung des Arbeitsgerichts hat dann aufschiebende Wirkung für die laufenden Arbeitskampfmaßnahmen.[381]

Dabei beschäftigen sich die Gerichte nicht mit der Streikmaßnahme an sich, sondern mit der Beilegung der dem Streik zugrunde liegenden Arbeitsstreitigkeiten. Dies stößt auf heftige Kritik in der Literatur.[382] Besonders bedenklich sei die Beilegung von Arbeitsstreitigkeiten durch Gerichte im Hinblick auf die aufschiebende Wirkung des Gerichtsverfahrens auf eine bereits laufende Streikmaßnahme.[383] Dieser Kritik ist nicht zuletzt aufgrund der

---

377 Vgl. Art. 3 Abs. 1 Ministerialerlass Nr. 12/CAB-MIN/ETPS/039/08 v. 08.08.2008.
378 Vgl. etwa C.A. Kin Gombe 21.07.1997, RTA 2940 (*Kiwusu Mandondo c/ Orgaman*), Recueil Kazi, Bd. 2/1997, S. 332 (335 f.).
379 Art. 4 Abs. 1 Ministerialerlass Nr. 12/CAB-MIN/ETPS/039/08 v. 8. August 2008.
380 Art. 28 Abs. 1 f. Gesetz Nr. 016/2002 v. 16.10.2002 – Arbeitsgerichtsgesetz; Art. 305 *Code du travail CD*.
381 Art. 28 Abs. 3 Gesetz Nr. 016/2002 v. 16.10.2002.
382 Statt vieler *Masanga Phoba Mvioki*, Droit congolais du travail, S. 268.
383 *Kumbu ki Ngimbi*, Congo-Afrique 2004, 335 (352).

unangemessenen Dauer der gerichtlichen Verfahren im Kongo[384] zuzustimmen.

Zwar wird dem Gesetzgeber gem. Art. 39 Abs. 2 der Verfassung das Recht gewährt, die Einzelheiten des verfassungsrechtlich garantierten Streikrechts zu normieren. Eine Aussetzung des Streikrechts wegen laufender gerichtlicher Verfahren geht allerdings über ein bloßes Ausgestaltungsrecht hinaus. Vielmehr versucht der Gesetzgeber, auf diese Weise letztlich die Machtverhältnisse zu Gunsten der Arbeitgeberseite zu verschieben. Denn es ist davon auszugehen, dass allein der Arbeitgeber ein berechtigtes Interesse an der Anrufung eines Arbeitsgerichtes haben dürfte, um die Fortsetzung einer Streikmaßnahme abzuwenden.[385]

IV. Zwischenergebnis

Die vorstehenden Ausführungen haben es ermöglicht, den Gewährleistungsumfang sowie die Grenzen der Koalitionsfreiheit einschließlich des Streikrechts im Allgemeinen sowohl aus der deutschen Sicht als auch nach internationalen rechtlichen Vorgaben zu erläutern.

Im Einzelnen lässt sich festhalten, dass für die deutsche Arbeitskampfordnung einer gesetzlichen Regelung fehlt. Sie wird von der Rechtsprechung aus der Grundlage des Art. 9 Abs. 3 GG entwickelt. Demnach stehen Streiks unter den Schutz des Grundgesetzes, nur insoweit als diese der Gewährleistung der Tarifautonomie dienen. Die Tarifbezogenheit von Arbeitskämpfen bildet neben den allgemeinen Grundsätzen des Arbeitskampfrechts den rechtlichen Rahmen für eine rechtmäßige Ausübung des Streikrechts.

Im Gegensatz zum deutschen Recht ist das Streikrecht in den für die vorliegende Untersuchung relevanten völker- und unionsrechtlichen Normen einschließlich der dazu gehörigen Rechtsprechung und Spruchpraxis der jeweiligen Kontrollorgane weiter gefasst. Dies zeigt sich an dem fehlenden Erfordernis der Tarifbezogenheit eines Streiks sowie der Zulässigkeit von Beamtenstreiks. Immerhin werden nach diesen völker- und unionsrechtlichen Normen Streikrechtseinschränkungen zugelassen, sofern sie gesetzlich vorgesehen und zum Schutze bestimmter Rechtsgüter notwendig sind. Auch die zur Rechtsvergleichung herangezogenen ausländischen Arbeitskampfordnungen weisen ähnliche Unterschiede zum deutschen Recht auf.

Mit diesen allgemeinen Erkenntnissen kann nun das Phänomen von Streiks in Bereichen der Daseinsvorsorge analysiert werden.

---

384 Vgl. *Kumbu ki Ngimbi*, Droit social, S. 135.
385 Vgl. *Kumbu ki Ngimbi*, Droit social, S. 135 f.

C. Das Phänomen der Streiks in der Daseinsvorsorge

In der Literatur werden Streiks in der Daseinsvorsorge als „Sonderfall"[1] bezeichnet. Die Besonderheit liegt im Wesen der Daseinsvorsorge, deren Bestimmung maßgeblich für die weitere Untersuchung ist. Bevor also auf die rechtliche Problematik des Ob und des Wie der Einschränkbarkeit des Streikrechts in diesem Bereich eingegangen werden kann, muss zunächst der Begriff der „Daseinsvorsorge" selbst geklärt werden. Dies soll zunächst aus deutscher Perspektive (dazu I.) und anschließend aus dem Blickwinkel ausgewählter ausländischer Rechtsordnungen (dazu II.) geschehen. Daraufhin soll schließlich die für die vorliegende Untersuchung maßgebliche Bedeutung in einem Zwischenergebnis festgehalten werden (dazu III.).

I. Streiks in der Daseinsvorsorge aus deutscher Perspektive

Um die inhaltliche Bedeutung des Begriffs zu erfassen, bedarf es möglichst klarer Abgrenzungs- und Zuordnungskriterien (dazu 1.). Vor deren Hintergrund soll dann ein Überblick über die wichtigsten Erscheinungsformen der Daseinsvorsorge gegeben werden (dazu 2.). Zum Abschluss dieses Teils der Untersuchung soll ein Überblick über ausgewählte Streiks der vergangenen Jahre gegeben werden, die dem hier entwickelten Begriff der Daseinsvorsorge zugeordnet werden können (dazu 3.).

1. Der Begriff der Daseinsvorsorge

Zuerst ist nach einer Legaldefinition zu suchen. Weitere Hinweise sind der Entstehungsgeschichte und Fortentwicklung des Begriffs zu entnehmen.

a) Fehlen einer Legaldefinition

Eine Legaldefinition des Begriffs „Daseinsvorsorge" existiert nicht. Das Grundgesetz enthält zwar zahlreiche Bestimmungen mit Gewährleistungsinhalten, die diesem Ausdruck zugeordnet werden könnten. Daraus lassen sich aber keine klaren normativen Definitionsansätze entnehmen.[2] Der Be-

---

1 *Rudkowski*, Der Streik in der Daseinsvorsorge, S. 25.
2 So auch *Ruge*, ZRP 2003, 353 (356).

griff findet zwar in verschiedenen Gesetzen[3] Anwendung, allerdings ohne dass dort eine Definition vorgenommen wird. Ebenso wenig hilft die Rechtsprechung weiter, denn sie ordnet – auch wenn nur *obiter dictum* – bestimmte Bereiche in die Daseinsvorsorge ein[4] oder sie nimmt schlicht Bezug auf den Begriff[5], ohne aber nähere inhaltliche Ausführungen zu bieten.[6] Für eine klare Definition bleibt nur, nach dem historischen Hintergrund dieses Begriffs zu suchen und seine Fortentwicklung zu erörtern.

b) Entwicklung des Konzepts „Daseinsvorsorge"

Das Konzept „Daseinsvorsorge", wie es in der deutschen rechtswissenschaftlichen Lehre und Praxis verwendet wird, hat zum Ausgangspunkt Überlegungen, die von *Ernst Forsthoff* in seiner Schrift *„Die Verwaltung als Leistungsträger"* (1938) entwickelt wurden.[7] In der Literatur existieren dazu unterschiedliche Bewertungsansätze.[8] Es steht heute noch im Zentrum der juristischen Diskussion. Eine Wiederbelebung hat es mit dem 2012 vorgelegten Gesetzesentwurf zur Regelung kollektiver Arbeitskonflikte erfahren.

aa) Das Konzept der Daseinsvorsorge bei Forsthoff

Nach dem Ansatz *Forsthoffs* ist das Konzept der Daseinsvorsorge eng mit dem Verwaltungs- und Wohlfahrtstaat verbunden.[9] Danach soll sich der Staat um die elementaren Bedürfnisse seiner Bürger kümmern, um deren Existenz stets zu sichern. Ausgangspunkt seiner Überlegungen war der

---

3 Vgl. nur § 2 Abs. 2 Umweltinformationsgesetz (UIG); § 50 Abs. 1 Wasserhaushaltsgesetz (WHG); § 1 Regionalisierungsgesetz (RegG); § 2 Abs. 2 Nr. 1 S. 2 und Nr. 3 S. 1 Raumordnungsgesetz (ROG).

4 BVerfG 20.03.1984, NJW 1984, 1872 (C I 2); 14.04.1987, NVwZ 1987, 819 (II 2 a); BAG 09.11.2006, AP Nr. 1 zu 311 a BGB (Rn. 65); 24.03.2010, AP Nr. 1 zu § 1 a BMT-G II (Rn. 4); 10.05.2012, AP Nr. 426 zu § 613 a BGB (Ls. 1 und Rn. 33); FG Düsseldorf 16.04.2014 – 4 K 3161/13 VE, juris (Rn. 6).

5 BVerfG 22.02.2011, NJW 2011, 1201 (Rn. 59); BAG 02.03.2006, AP Nr. 25 zu § 419 BGB Funktionsnachfolge (Ls.); 06.11.2007, AP Nr. 190 zu § 112 BetrVG 1972 (Rn. 25); BVerwG 27.02.2014, NVwZ 2014, 736 (Rn. 61) m. Anm. *Schaks*; 03.04.2014, BeckRS 2014, 50733 (Rn. 11).

6 Vgl. *Leisner*, GewArch 2011, 55 (60ff.); *Schubert*, AuR 2014, 176 (178).

7 In der Literatur wird allerdings darauf hingewiesen, dass die Arbeit von *Forsthoff* von den Vorarbeiten verschiedener Staatsrechtslehrer, Philosophen und Ökonomen, insb. von *Georg Wilhelm Friedrich Hegel*, *Lorenz von Stein*, *Karl Jaspers* und *Max Weber*, starkt beeinflusst wurde. Dazu ausführlich bei *Hänsle*, Streik und Daseinsvorsorge, S. 171ff.; vgl. auch differenziert *Luch/Schulz*, MMR 2009, 19 (20), die *Lorenz von Stein* nicht als einfachen Wegbereiter sehen, sondern vielmehr ihn „geeigneter Pate" des Konzepts „Daseinsvorsorge" nennen.

8 Darauf verweisend *Ringwald*, Daseinsvorsorge als Rechtsbegriff, S. 30.

9 So *Leisner*, GewArch 2011, 55 (65).

durch die Industrialisierung veränderte Lebensraum des Einzelnen. Zunächst stellte er fest, dass der Mensch über einen „beherrschten" und einen „effektiven Lebensraum" verfüge. Der beherrschte Lebensraum beziehe sich auf den Raum, der dem Menschen als eigen zugeordnet sei und ihm das Wesentliche für eine „gesicherte Lebensbasis" biete. Demgegenüber handele es sich bei dem effektiven Lebensraum um die über den beherrschten Bereich hinausgehende Sphäre. Desweiteren hängt nach *Forsthoff* die Fähigkeit des Einzelnen, seine Lebensbedürfnisse selbst zu erfüllen, von der Größe des beherrschten Lebensraums ab. Dieser nehme aber in der Industriegesellschaft deutlich ab, während sich der effektive Lebensraum ständig erweitere, so dass die Zugänglichkeit zu notwendigen Lebensgütern für den modernen Menschen nun „im Wege der Appropriation" zu erfolgen habe.[10]

Darauf gestützt bezeichnete *Forsthoff* die Daseinsvorsorge als „diejenigen Veranstaltungen, welche zur Befriedigung des Appropriationsbedürfnisses [der Bevölkerung] getroffen werden".[11] Sie habe unter anderem die Funktion, „[...] Leistungen, auf welche der in die modernen massentümlichen Lebensformen verwiesene Mensch lebensnotwendig angewiesen ist, [darzubringen]"[12]. Gemeint waren ursprünglich nur die für die Bevölkerung der Großstädte und städtischen Ballungsräume existenziell notwendigen Leistungen und Güter, wie etwa „die Versorgung mit Wasser und Energie, die Bereitstellung der Verkehrsmittel jeder Art, die hygienische Sicherung sowie die Vorsorge für Alter, Invalidität und Krankheit [...]"[13], und dann auch alles das, was für „ein sinnvolles menschliches Leben"[14] für unabdingbar gehalten werden könnte.[15]

bb) Der Begriff der Daseinsvorsorge in der aktuellen Diskussion in Rechtsprechung und Literatur

Die Anwendbarkeit des Ausdrucks „Daseinsvorsorge" durch die Rechtsprechung und aktuelle Literatur ist nicht zuletzt aufgrund des Hintergrundes

---

10 *Forsthoff*, Die Verwaltung als Leistungsträger, S. 4ff.
11 *Forsthoff*, Die Verwaltung als Leistungsträger, S. 6.
12 *Forsthoff*, Die Verwaltung als Leistungsträger, S. 7.
13 *Forsthoff*, Die Verwaltung als Leistungsträger, S. 7; ähnlich *Papier*, DVBl. 2003, 686 (687 f.).
14 *Maurer*, Allgemeines Verwaltungsrecht, § 1 Rn. 16 a.
15 *Forsthoff*, Rechtsfragen der leistenden Verwaltung, S. 12; zu der Entwicklung und Wandlung des Begriffs Daseinsvorsorge bei Forsthoff, siehe insb. *Krajewski*, VerwArch 2008, 174 (176 f.) m.w.N.; *ders.*, Die Grundstrukturen des Rechts öffentlicher Dienstleistungen, S. 17ff.; ebenso *Kersten*, Der Staat 2005, 543 (544); *Ringwald*, Daseinsvorsorge als Rechtsbegriff, S. 30ff.; *Ronellenfitsch*, in: Blümel (Hrsg.), Ernst Forsthoff, S. 53, 67 f.; *Scheidemann*, Der Begriff Daseinsvorsorge, S. 172ff.

des „autoritären Staatsverständnisses" seines Urhebers problematisch.[16] Trotz seiner heutigen breiten Verwendung besteht gegenwärtig noch kein Konsens über das Begriffsverständnis. Als Streitpunkte gelten sowohl sein inhaltlicher Umfang als auch seine Qualität als Rechtsbegriff. Die Frage, welche Leistungen und Güter der Daseinsvorsorge zugeordnet werden könnten, wird später behandelt.[17] Es gilt an dieser Stelle zunächst zu überprüfen, ob ein Rechtsbegriff vorliegt und welche Bedeutung dies ggf. für seine Bestimmung haben könnte.

Die herrschende Meinung sieht in der Daseinsvorsorge eine reine Benennung wesentlicher Staatsaufgaben[18], aber kein subjektives Recht, das dem Einzelnen einen Leistungsanspruch gegenüber dem Staat zu gewähren habe.[19] Daher ließen sich keine unmittelbaren rechtlichen Folgerungen aus einem etwaigen Versäumnis ableiten.[20] Außerdem fehle es an klaren Abgrenzungskriterien.[21] All dies spreche dafür, dass Daseinsvorsorge als soziologischer Terminus[22] oder deskriptiver Begriff[23] zu betrachten sei.

Die Gegenansicht nimmt das Vorliegen einer Rechtsbegrifflichkeit an[24] und begründet dies erstens mit dem Eingang des Konzeptes „Daseinsvorsorge" in die Gesetzessprache und ihrer Übernahme durch die Rechtsprechung[25] und zweitens in Anlehnung an die deutsche Verfassungsordnung, die die Bundesrepublik Deutschland als sozialen Rechtsstaat qualifiziere.[26]

---

16 *Rudkowski*, Der Streik in der Daseinsvorsorge, S. 34 m. w. N.; ähnlich *Jensen*, Kommunale Daseinsvorsorge im europäischen Wettbewerb der Rechtsordnungen, S. 99 f.

17 Siehe unten bei C.I.2.

18 Statt vieler *Maurer*, Allgemeines Verwaltungsrecht, § 1 Rn. 16 a; *Rüfner*, in: Isensee/Kirchhof (Hrsg.), HStR IV, § 96 Rn. 10 m.w.N.

19 *Schmidt*, Der Staat 2003, 225 (229 f.).

20 *Hösch*, Die kommunale Wirtschaftstätigkeit, S. 42; *Ossenbühl*, DÖV 1971, 513 (517); *Ruge*, ZRP 2003, 353 (353).

21 *Ossenbühl*, DÖV 1971, 513 (516).

22 *Hösch*, Die kommunale Wirtschaftstätigkeit, S. 41 f.; *Ossenbühl*, DÖV 1971, 513 (516 f.); ferner *Börner*, BayVBl. 1971, 406 (406ff.), Daseinsvorsorge als „Irrwisch".

23 *Krajewski*, VerwArch 2008, 174 (177 f); *ders.*, Grundstrukturen, S. 28; *Rüfner*, in: Isensee/Kirchhof (Hrsg.), HStR IV, § 96 Rn. 10.

24 Insb. *Ronellenfitsch*, in: Hrbek/Nettesheim (Hrsg.), EU und mitgliedstaatliche Daseinsvorsorge, S. 89, 89; *ders.*, in: Blümel (Hrsg.), Ernst Forsthoff, S. 53, 73ff.; so auch *Leisner*, GewArch 2011, 55 (64).

25 *Ronellenfitsch*, in: Blümel (Hrsg.), Ernst Forsthoff, S. 53, 73; *ders.* DVBl. 2008, 201 (201); *ders.*, FS Blümel (2009), S. 27, 29ff.; i. E. bereits *Hermes*, Staatliche Infrastrukturverantwortung, S. 95 u. 129.

26 *Ronellenfitsch*, DVBl. 2008, 201 (201).

Gegen die Kritik[27] an der Unschärfe des Begriffs wird eingewandt, dass dies Ausdruck seiner „Entwicklungsoffenheit“[28] sei.[29]

Zusammenfassend ergibt sich, dass *Forsthoff* mit diesem Konzept ausschließlich die Gewährleistungspflicht der öffentlichen Hand in Mittelpunkt stellte.[30] Überall dort, wo Leistungen durch private Einrichtungen erbracht werden konnten, war nach seiner Anischt nicht von der Daseinsvorsorge zu sprechen.[31] Diese Überlegungen hat er später abgeändert, indem er das Zusammenspiel der „gesellschaftlichen Daseinsstabilisierung und staatlicher Daseinsvorsorge“ unter normalen Verhältnissen - aber nicht in Krisenzeiten - anerkannt hat.[32] Aus heutiger Sicht wäre der ursprüngliche gedankliche Ansatz von *Forsthoff* jedenfalls veraltet, da manche Tätigkeiten der Daseinsvorsorge, die in öffentlicher Hand lagen, nun privatisiert sind bzw. mit privaten Leistungseinrichtungen zu konkurrieren haben.[33] Daseinsvorsorge ist nicht als eine öffentliche Aufgabe zu verstehen, welche notwendig in hoheitlichen Rechtsformen erfüllt werden muss.[34]

Hinsichtlich der Debatte über die Rechtsbegrifflichkeit der Daseinsvorsorge stellt die zunehmende Anwendung dieses Ausdrucks durch den Gesetzgeber durchaus ein Indiz für dessen rechtliche Relevanz dar. Umgekehrt ist es aber dem Gesetzgeber nicht verwehrt, auf nicht-juristische Konzepte zurückzugreifen, um eine Rechtsfrage zu regeln. Wegen der Notwendigkeit von Anpassungen[35] der Daseinsvorsorge an die jeweiligen gesellschaftlichen Verhältnisse[36] ist vielmehr von einer sozial-politisch „konkretisierungsbedürftigen Sammelbezeichnung“[37] auszugehen.

Unter Berücksichtigung der genannten Ansichten wird nun versucht, nach Definitionsansätzen zum Begriff der Daseinsvorsorge zu suchen und ggf. sie zu analysieren und zu bewerten.

---

27 Vgl. *Börner*, BayVBl. 1971, 406 (408); *Bull*, Der Staat 2008, 1 (1); *Krajewski*, Grundstrukturen des Rechts öffentlicher Dienstleistungen, S. 23; *Schubert*, AuR 2014, 176 (180).

28 Darauf verweisend *Franzen/Thüsing/Waldhoff*, Arbeitskampf in der Daseinsvorsorge, S. 31.

29 *Ronellenfitsch*, DVBl. 2008, 201 (203); *ders.*, FS Blümel (2009), S 27, 32.

30 *Forsthoff*, Die Verwaltung als Leistungsträger, S. 6ff.

31 Vgl. auch *Ossenbühl*, DÖV 1971, 513 (517).

32 *Forsthoff*, Rechtsfragen der leistenden Verwaltung, S. 21.

33 *Franzen/Thüsing/Waldhoff*, Arbeitskampf in der Daseinsvorsorge, S. 32.

34 *Leisner*, GewArch 2011, 55 (68).

35 *Scheidemann*, Der Begriff Daseinsvorsorge, S. 166; siehe auch *Kersten*, RuR 2006, 245 (246); *Rudkowski*, Der Streik in der Daseinsvorsorge, S. 34 m. w. N.

36 *Luch/Schulz*, MMR 2009, 19 (21); *Meik*, in: CFvW-Stiftung (Hrsg.): Unternehmen der Daseinsvorsorge, S. 10, 11.

37 *Konzen/Schliemann*, RdA 2015, 1 (15).

c) Definitionsansätze

Aufgrund der fehlenden gesetzlichen Definition des Begriffs „Daseinsvorsorge“ im deutschen Recht könnte zunächst ein Blick auf das Unionsrecht geworfen werden. Die Europäische Kommission verwendet den Terminus schon seit längerem.[38] Dort bezieht sich der Begriff der Daseinsvorsorge auf „Dienstleistungen von allgemeinem wirtschaftlichem Interesse“[39] und unterliegt somit einem marktorientierten Verständnis[40] *à l'européenne*. Für die vorliegende Untersuchung hilft dies nicht weiter. Denn die Wirtschaftlichkeit der zu erbringenden Leistungen scheint hier – insbesondere in Bezug auf das von der Union angestrebte Ziel eines wirksamen Funktionierens des Binnenmarktes – eine große Rolle zu spielen, auch wenn besondere Gemeinwohlverpflichtungen mit einbezogen werden.[41] Für die vorliegende Arbeit kann deshalb auf ein solches Begriffsverständnis nur teilweise zurückgegriffen werden.

Einen weiteren möglichen Anknüpfungspunkt stellt das Recht der internationalen Arbeitsorganisation dar. Ein Synonym für Daseinsvorsorge könnte der in der Entscheidungssammlung des Ausschusses für die Vereinigungsfreiheit verwendete Begriff *„services essentiels“* im engeren Sinne sein. Darunter sind sämtliche Dienstleistungen zu verstehen, deren Unterbrechung das Leben, die Sicherheit oder die Gesundheit der gesamten oder eines Teils der Bevölkerung gefährden würde.[42] Dieser Ansatz bringt zwar mehr Licht bei der Suche nach einer anwendbaren Definition der Daseinsvorsorge. Er beschränkt sich jedoch auf ein engeres Begriffsverständnis und verweist deutlich auf möglich landesspezifischen Abweichungen.[43]

Schließlich wurden von der Literatur einige Definitionsansätze entwickelt.[44] Die unausweichliche Angewiesenheit des Einzelnen auf bestimm-

---

38 Vgl. *EU-Kommission*, Leistungen der Daseinsvorsorge in Europa – Mitteilungen von 1996 (ABl. C 281 v. 26.09.1996, S. 3) und 2000 (ABl. C 17 v. 19.01.2001, S. 4); siehe auch *Kämmerer*, NVwZ 2004, 28 (28 f.).

39 Art. 14 und 106 Abs. 2 AEUV; Art. 36 GRCh; *EU-Kommission*, Grünbuch zu Dienstleistungen von allgemeinem Interesse, KOM (2003) 270 endg. v. 21.05.2003.

40 *Leisner*, GewArch 2011, 55 (60); *Rudkowski*, Der Streik in der Daseinsvorsorge, S. 35.

41 *EU-Kommission*, Grünbuch zu Dienstleistungen von allgemeinem Interesse, KOM (2003) 270 endg. Rn. 16ff.; siehe auch *Ruge*, ZRP 2003, 353 (355).

42 *BIT*, Receuil 2006, Rn. 541, 564, 576, 581ff.: *„services dont l'interruption risquerait de mettre en danger la vie, la sécurité ou la santé de la personne dans l'ensemble ou dans une partie de la population“*; Übersetzung bei *Franzen/Thüsing/Waldhoff*, Arbeitskampf in der Daseinsvorsorge, S. 77.

43 *BIT*, Receuil 2006, Rn. 582.

44 Vgl. nur NK-GA/*Hanau*, Art. 9 GG Rn. 140; ErfK/*Linsenmaier*, Art. 9 GG Rn. 134; *Maurer*, Allgemeines Verwaltungsrecht, § 1 Rn. 16 f.; *Püttner*, DVBl. 2010, 1189 (1189); *Ronellenfitsch*, DVBl. 2008, 201 (209); *Rudkowski*, ZfA 2012, 467 (470); *Schliemann*, FS Bauer (2010), S. 923, 926; *Schmidt*, Der Staat 2003, 225 (225).

te lebenswichtige und daher unverzichtbare Produkte und Dienstleistungen kann dabei als „kleinster gemeinsamer Nenner“[45] genannt werden. Im Einzelnen werden diesen Definitionsansätzen folgende Kriterien zugrunde gelegt.

aa) Abgrenzungs- und Zuordnungskriterien

Welche Maßstäbe herangezogen werden, um eine Tätigkeit als Daseinsvorsorge einstufen zu können, lässt sich nicht leicht und rechtssicher ermitteln.[46] Der deutsche Gesetzgeber hat sich dazu noch nicht geäußert. Auch das Schrifttum bietet kein einheitliches Bild, was auf die Entstehungsgeschichte des Begriffes selbst zurückzuführen sein könnte. Denn bereits *Forsthoff* ist es schwer gefallen, Tatbestandsmerkmale des von ihm eingeführten Konzeptes eindeutig zu bestimmen.[47] In der Literatur[48] werden verschiedene Kriterien und Indizien erwähnt, wie z.B. rechtliche Rahmenbedingungen, die Drittbetroffenheit bzw. die negativen Auswirkungen eines Arbeitskampfes auf Dritte, die Lebensnotwendigkeit der erbrachten Sach- und Dienstleistungen, einschließlich der ständigen Angewiesenheit der Allgemeinheit auf diese Leistungen sowie fehlende Ausweichmöglichkeiten.

(1) Die rechtlichen Rahmenbedingungen

Zu den rechtlichen Rahmenbedingungen gehören in erster Linie die vereinzelt vorhandenen gesetzlichen Anhaltspunkte. Daneben könnte auch die Zugehörigkeit zum öffentlichen Dienst eine gewisse Rolle spielen.

(a) Gesetzliche Anhaltspunkte

Wie bereits angedeutet hat der deutsche Gesetzgeber weder Kriterien noch einzelne Bereiche der Daseinsvorsorge ausdrücklich bestimmt. Vereinzelt finden sich in Gesetzen Vorschriften, die bestimmte Tätigkeitsfelder der Daseinsvorsorge zuordnen. Zu nennen sind unter anderem § 50 Abs. 1 Wasserhaushaltsgesetz (WHG) mit der öffentlichen Wasserversorgung sowie § 1 Abs. 1 Regionalisierungsgesetz (RegG) mit der „Sicherstellung einer ausrei-

---

45 *Rudkowski*, Der Streik in der Daseinsvorsorge, S. 50.

46 Vgl. auch BR-Drs. 635/14 v. 29.12.2014, S. 7.

47 *Forsthoff*, Die Verwaltung als Leistungsträger, S. 41 f.; siehe auch *Ruge*, Die Gewährleistungsverantwortung des Staates, S. 149.

48 Vgl. nur *Franzen/Thüsing/Waldhoff*, Arbeitskampf in der Daseinsvorsorge, S. 35ff.; *Hänsle*, Streik und Daseinsvorsorge, S. 295ff.; *Rudkowski*, Der Streik in der Daseinsvorsorge, S. 48ff.

chenden Bedienung der Bevölkerung mit Verkehrsleistungen im öffentlichen Personennahverkehr".

Weitere Indizien sind Sonderregelungen zu entnehmen, die der Gesetzgeber für Bereiche geschaffen hat, die er als schützenswert oder besonders wichtig für die alltägliche Existenzbewältigung der Bevölkerung ansieht.[49] So könnten etwa Einschränkungen der Privatautonomie durch Versorgungspflichten[50] und Kontrahierungszwang[51] bei bestimmten Materien einen Hinweis für die Zuordnung der betroffenen Branchen zur Daseinsvorsorge darstellen.[52]

Als einer der möglichen Anhaltspunkte gilt auch der strafrechtliche Schutz, den bestimmte Einrichtungen oder öffentliche Betriebe in §§ 88 und 316 b StGB genießen. Darunter fasst der Gesetzgeber Unternehmen oder Anlagen, die der öffentlichen Versorgung mit *Postdienstleistungen, Wasser, Licht, Wärme* oder *Kraft* oder dem *öffentlichen Verkehr* dienen, sowie die für die Versorgung der Bevölkerung lebenswichtigen Unternehmen (vgl. § 316 b StGB Abs. 1 Nr. 1-2); ebenso umfasst sind Einrichtungen oder Anlagen, die der *öffentlichen Ordnung oder Sicherheit* dienen (§ 316 b StGB Abs. 1 Nr. 3). Erwähnenswert ist letztlich die Gewährleistungsverantwortung des Bundes nach Art. 87 e Abs. 4 S. 1 GG und Art. 87 f Abs. 1 GG, jeweils im Bereich des Eisenbahnwesens[53] sowie der Post und Telekommunikation.

Hieraus ergibt sich, dass der Gesetzgeber Postdienstleistungen, Wasser- und Energieversorgung, öffentlichen Verkehr sowie die öffentliche Ordnung und Sicherheit als lebenswichtige Branchen betrachtet. Damit liegt die Vermutung nahe, dass diese Bereiche der Daseinsvorsorge zuzuordnen sind.

(b) Zugehörigkeit zum öffentlichen Dienst

Weiterhin könnte auch die „gegenwärtige oder vergangene Zugehörigkeit" eines Betriebes oder einer Tätigkeit zum öffentlichen Dienst die Einstufung letzterer als Daseinsvorsorge begründen.

---

49 *Seiter*, Streikrecht und Aussperrungsrecht, S. 551 Fn. 39.

50 Vgl. nur §§ 2 Abs. 1, 36 Abs. 1 Energiewirtschaftsgesetz (EnWG); siehe auch Universaldienstregelungen nach §§ 11ff. Postgesetz (PostG) und §§ 78ff. Telekommunikationsgesetz (TKG).

51 Vgl. etwa § 4 Abs. 1 Nr. 4-9 Arbeitssicherstellungsgesetz; § 10 Allgemeines Eisenbahngesetz (AEG); § 21 Abs. 2 S. 3 Luftverkehrsgesetz (LuftVG); § 22 Personenbeförderungsgesetz (PBefG).

52 Dazu ausführlich *Rudkowski*, Der Streik in der Daseinsvorsorge, S. 51 f.; *dies.*, ZfA 2012, 467 (470 f.); ebenso *Franzen/Thüsing/Waldhoff*, Arbeitskampf in der Daseinsvorsorge, S. 41; *Hanau/Thüsing*, in: Thüsing (Hrsg.), Tarifautonomie im Wandel, S. 35, 57; *Rieble*, FA 2012, 130 (130); teilweise zustimmend *Schliemann*, RdA 2012, 14 (17 f.).

53 Eingehend *Scholz*, FS Buchner (2009), S. 827, 834.

Dies wäre allerdings nur stichhaltig, wenn man die beiden Begriffe gleichsetzt. Ein derartiger methodischer Ansatz wäre aber irreführend. Denn nicht alle durch den öffentlichen Dienst zu erfüllenden Aufgaben sind der Daseinsvorsorge zuzurechnen. Auch umgekehrt ist nicht anzunehmen, dass sämtliche der Daseinsvorsorge angehörenden Bereiche in den öffentlichen Dienst eingebettet sein müssen. Entscheidend sind weder die Rechtsnatur noch die Stellung der Leistungserbringer.[54] Insofern ist die Zugehörigkeit zum öffentlichen Dienst nur als Indiz zu werten.[55] Für die Zuordnung eines Bereichs zur Daseinsvorsorge sind weitere Merkmale erforderlich.

(2) Die Auswirkungen eines streikbedingten Leistungsausfalls

Als weiteres Zuordnungskriterium werden die Auswirkungen eines streikbedingten Leistungsausfalls auf die Allgemeinheit herangezogen.[56] Dabei argumentiert man folgendermaßen: Arbeitskampfmaßnahmen richten sich grundsätzlich gegen den anderen Tarifpartner, obwohl sie Begleitschäden herbeiführen, welche Drittbetroffenen zugemutet werden. Diese Zumutbarkeit finde ihre Grenze überall dort, wo der Ausfall einer Leistung „schwerwiegende Auswirkungen" auf die Grundversorgung der Bevölkerung hat. Gerade wegen oder bei diesen „schwerwiegenden Auswirkungen" sei von der Daseinsvorsorge auszugehen. Bezeichnet wird dies als „Daseinsvorsorge im arbeitskampfrechtlichen Sinn"[57], die wiederum von der „Daseinsvorsorge als Staatsaufgabe" umfasst sei[58].

Bei diesem Ansatz handelt es sich um eine sehr enge Sichtweise, welche die Suche nach klaren Indizien für die Zuordnung zur Daseinsvorsorge nicht abschließend befriedigen kann. Ganz im Gegenteil verwundert es, wenn auf die Auswirkungen der *streikbedingten* Einstellung einer Leistung zurückgegriffen wird, um deren Einstufung als Daseinsvorsorge zu begründen.[59] Es würde sich anders verhalten, wenn es um Auswirkungen eines Leistungsausfalls im Allgemeinen ginge, unabhängig davon, ob diese in Folge von Streiks oder von anderen Ereignissen wie etwa Naturkatastrophen entstanden wären.

Vor allem aber sollte die Frage, ob und inwieweit eine Tätigkeit der Daseinsvorsorge zuzurechnen ist, unabhängig von der Drittbetroffenheit und

---

54 *Gamillscheg*, Kollektives Arbeitsrecht, S. 1177.

55 Bereits *Rudkowski*, Der Streik in der Daseinsvorsorge, S. 50, 57; *dies.*, ZfA 2012, 467 (471).

56 *Kolbe*, BB 2009, 1414 (1414); *Rudkowski*, Der Streik in der Daseinsvorsorge, S. 53 f.; ebenso *Franzen/Thüsing/Waldhoff*, Arbeitskampf in der Daseinsvorsorge, S. 36 f.

57 *Hänsle*, Streik und Daseinsvorsorge, S. 295.

58 *Hänsle*, Streik und Daseinsvorsorge, S. 291 f., 439 f.

59 Vgl. auch *Schliemann*, RdA 2012, 14 (17 f.).

von der arbeitskampfrechtlichen Problematik[60] für möglichst alle Rechtsgebiete beantwortet werden. Insoweit ist die Drittbetroffenheit als Indiz hier abzulehnen. Ihr kann nur eine nachgelagerte Rolle zukommen, das heißt, erst nachdem die wesentlichen Kriterien der Daseinsvorsorge entwickelt und die daraus resultierenden Bereiche eruiert worden sind.

(3) Die Lebensnotwendigkeit der erbrachten Sach- und Dienstleistungen

Die Lebensnotwendigkeit ist das meist erwähnte Kriterium für die Zuordnung zur Daseinsvorsorge.[61] Was aber „lebensnotwendig" heißt, wird letztlich wierderum unterschiedlich wahrgenommen. Im Folgenden ist zunächst auf die Ambivalenz dieses Begriffs einzugehen, um dann eine Präzisierung anhand konkreter Merkmale vorzunehmen.

(a) Ambivalenz des Begriffs der Lebensnotwendigkeit

Die Lebensnotwendigkeit als Kriterium für die Zuordnung zur Daseinsvorsorge bezieht sich auf das, was für die Existenz der Bürger als unerlässlich erscheint - die sog. „Grundbedürfnisse"[62]. Hinter diesem Begriff verbirgt sich aber ein breites Spektrum an individuellen Bedürfnissen und Interessen, die unterschiedlich gewichtet werden.[63] Gerade diese subjektive Einschätzung[64] durch den Einzelnen macht deutlich, dass die Lebensnotwendigkeit kein geeignetes Kriterium darstellen kann. *Forsthoff* selbst hatte diesen Ansatz bereits aufgebeben, indem er den Tatbestand der Daseinsvorsorge auf Bereiche erweiterte, welche über die Vitalsphäre, d.h. die „nackte Existenz der Menschen", hinausgehen.[65]

Trotz der oben erwähnten Zweifel können allerdings anhand einer „abstrakt-generellen Betrachtung"[66] von dem, was als lebensnotwendig zu ver-

---

60 So aber *BIT*, Recueil 2006, Rn. 582, 591; ähnlich *Franzen/Thüsing/Waldhoff*, Arbeitskampf in der Daseinsvorsorge, S. 36 f.; *Rudkowski*, ZfA 2012, 467 (469); *Greiner*, DÖV 2013, 623 (629 f.), der gestützt auf die „Schwerpunkttheorie" der Intensität von Streiksauswirkungen auf Dritte einerseits und den eigentlichen Kampfgegner andererseits besondere Bedeutung beimisst.

61 Statt vieler *Gamillscheg*, Kollektives Arbeitsrecht, S. 1176; ähnlich *Bernier*, Grèves et services essentiels, S. 47 f.

62 Dazu ausführlich *Hänsle*, Streik und Daseinsvorsorge, S. 298 f.

63 *Kissel*, Arbeitskampfrecht, § 28 Rn. 22 f., § 43 Rn. 123.

64 *Franzen/Thüsing/Waldhoff*, Arbeitskampf in der Daseinsvorsorge, S. 35 f.; *Rudkowski*, Der Streik in der Daseinsvorsorge, S. 49.

65 *Forsthoff*, Rechtsfragen der leistenden Verwaltung, S. 12; s. auch *Ruge*, Die Gewährleistungsverantwortung des Staates, S. 152 f.

66 *Rudkowski*, Der Streik in der Daseinsvorsorge, S. 50.

stehen ist, konkrete Bezugspunkte für die Bestimmung von Bereichen der Daseinsvorsorge entwickelt werden.

(b) Konkretisierung

Als zentrales Kriterium ist die Wichtigkeit[67] der erbrachten Sach- und Dienstleistungen zu nennen, auf welche die Allgemeinheit ständig[68] angewiesen ist, weil sie über keine bzw. stark eingeschränkte Ausweichmöglichkeiten verfügt.

Bei der Lebenswichtigkeit ist nicht nur auf diejenigen Leistungen abzustellen, die dem „bloßen physischen Überleben" dienen, etwa das Recht auf Leben, körperliche Unversehrtheit, etc. Einzubeziehen ist auch die alltäglich unerlässliche Existenzbewältigung großer Teile der Bevölkerung (z.B. Kinderbetreuung, Mobilität, etc.).[69] Jedenfalls handelt es sich um diejenigen Güter und Dienstleistungen, welche die Bevölkerung „zur Sicherung einer menschenwürdigen Existenz unumgänglich" braucht[70] und bei denen eine Selbstversorgung unmöglich oder besonders kompliziert ist.[71]

Sofern diese Leistungen von einem Betrieb erbracht werden, der wenige oder gar keine Konkurrenz in dem entsprechenden Bereich kennt, so dass es der Bevölkerung bei einem Betriebsausfall schwerfällt, auf andere Anbieter auszuweichen, liegt die Vermutung einer Zuordnung zur Daseinsvorsorge besonders nahe. Der mittlerweile herrschende Wettbewerb in einigen lebenswichtigen Bereichen – wie etwa zwischen Krankenhäusern in öffentlicher Trägerschaft und privaten Kliniken sowie zwischen der Deutschen Bahn und privaten Eisenbahnunternehmen – ändert daran nichts. Die fehlende Ausweichmöglichkeit wird als ein subsidiäres Kriterium herangezogen.[72]

Nachdem mögliche Kriterien für die Zuordnung eines Aufgabenfeldes bzw. eines Betriebes zur Daseinsvorsorge erläutert wurden, kann nun die

---

67 Dies wird von *Hänsle*, Streik und Daseinsvorsorge, S. 295 als „besonderer Grundrechtsbezug" der betroffenen Güter und Dienstleistungen bezeichnet.

68 Betont wird hiermit die sog. „Permanenz der Angewiesenheit" der Bürger, welche die Unaufschiebbarkeit des Bezugs der notwendigen Güter bzw. Dienstleistungen oder auch die besondere Schwierigkeit oder der Ausschluss deren Vorratshaltung ausdrückt. Mehr dazu bei *Hänsle*, Streik und Daseinsvorsorge, S. 310 f., 343.

69 *Scherer*, Grenzen des Streikrechts in den Arbeitsbereichen der Daseinsvorsorge, S. 38; *Rudkowski*, ZfA 2012, 467 (470).

70 BVerfG 20.03.1984, NJW 1984, 1872 (C I 2).

71 Zum notwendigen Angewiesensein der Bevölkerung auf bestimmte Leistungen, siehe *Scherer*, Grenzen des Streikrechts in den Arbeitsbereichen der Daseinsvorsorge, S. 14 f.

72 *Rudkowski*, ZfA 2012, 467 (471).

für die vorliegende Untersuchung anzuwendende Definition festgelegt werden.

bb) Anwendbare Definition

Mit Blick auf die oben analysierten Ausführungen ist für die folgenden Überlegungen der Begriff „Daseinsvorsorge" materiell-rechtlich als diejenigen Leistungen zu verstehen, „auf die die Menschen existentiell angewiesen sind und die deshalb nach allgemeinem Verständnis der Staat zu gewährleisten hat, wenn er sie nicht überhaupt selbst erbringt".[73] Es könnte sich formal gesehen auch um Betriebe handeln, die diese Leistungen erbringen[74], gleichgültig ob sie öffentlich-rechtlich oder privatrechtlich organisiert sind.[75] Dabei lässt sich die staatliche Verantwortung dadurch begründen, dass der Einzelne grundsätzlich nicht in der Lage ist, für seine Existenzbewältigung entsprechende Leistungen selbst zu erbringen[76]; sie erfolgt entweder in Form einer Betätigung durch öffentliche Unternehmen oder in Form einer reinen Gewährleistung der Mindestversorgung der Bevölkerung.[77]

Zum besseren Verständnis dieser Begriffsbestimmung ist nun auf die Frage einzugehen, welche Bereiche im Einzelnen darunter fallen können. Konkret gilt es, die Art der Tätigkeiten und Leistungen herauszufinden, die der Daseinsvorsorge zugeordnet werden können.

2. Erscheinungsformen der Daseinsvorsorge

Bereiche, die als Daseinsvorsorge eingeordnet werden können, sind vielfältig. Diese Vielfalt spiegelt sich in den unterschiedlichen Ansätzen wider, die der Rechtsprechung, der Literatur und den Vorgaben aus dem internationalen Recht zu entnehmen sind. Für die vorliegende Untersuchung werden allerdings nur diejenigen Tätigkeitsfelder ausgewählt, die möglichst wenige Abgrenzungsprobleme aufweisen.

---

73 Diese Definition ist von ErfK/*Linsenmaier,* Art. 9 GG Rn. 134 übernommen.
74 *Rudkowski,* ZfA 2012, 467 (468); vgl. auch *Franzen/Thüsing/Waldhoff,* Arbeitskampf in der Daseinsvorsorge, S. 21.
75 *Ronellenfitsch,* DVBl. 2008, 201 (203).
76 *Püttner,* DVBl. 2010, 1189 (1189).
77 *Gamillscheg,* Kollektives Arbeitsrecht, S. 1176.

a) Gegenüberstellung verschiedener Ansichten

aa) Vereinzelte Hinweise in der Rechtsprechung

Von der Rechtsprechung wird die Frage der Zuordnung eines Betriebes bzw. dessen einzelner Tätigkeiten zur Daseinsvorsorge bisher nur am Rande behandelt. Nichtsdestotrotz werden in zahlreichen Gerichtsentscheidungen[78] bestimmte Bereiche als Daseinsvorsorge bezeichnet. Zu nennen sind unter anderem die medizinische und pflegerische Versorgung einschließlich der Nebendienstleistungen[79], die Energie- und Wasserversorgung[80], die Abfallentsorgung[81], die Rettungsdienste[82], der öffentliche Personennahverkehr (ÖPNV)[83], das Eisenbahnwesen[84], die Kinderbetreuung[85] und die öffentlich-rechtlichen Sparkassen[86].

bb) Ansichten in der Literatur

Die Frage nach dem inhaltlichen Umfang der Daseinsvorsorge ist im Schrifttum höchst umstritten. Auf den Meinungsstreit hinsichtlich einzelner Abgrenzungsprobleme soll im Folgenden nicht eingegangen werden. Vielmehr werden nur Bereiche dargestellt, die zumindest nach überwiegender Meinung als Daseinsvorsorge gelten. Diese lassen sich in zwei Gruppen aufteilen.

Die erste Gruppe umfasst diejenigen Branchen, bezüglich derer ein breiter Konsens besteht. Dazu zählen die medizinische und pflegerische Versorgung, die Versorgung mit Wasser, Elektrizität und Gas, die Feuerwehr und Rettungsdienste sowie die innere Sicherheit.[87] Die zweite Gruppe betrifft

---

[78] Eine ausführliche Übersicht findet sich bei *Franzen/Thüsing/Waldhoff*, Arbeitskampf in der Daseinsvorsorge, S. 29ff.

[79] LAG Hamm 16.01.2007, NZA-RR 2007, 250 (251) zur „Versorgung der Bevölkerung und Krankenhäuser mit Blutkonserven" als Aufgabe der Daseinsvorsorge.

[80] BVerfG 20.03.1984, NJW 1984, 1872 (C I 2); BGH 02.12.2005, NJW 2006, 925 (II 1 b bb).

[81] BGH 02.12.2005, NJW 2006, 925 (II 1 b aa); 26.10.2006, NStZ 2007, 211 (Rn. 4); OVG Münster 08.04.2014 – 20 E 547/13, juris (Rn. 5).

[82] BAG 10.05.2012, AP Nr. 426 zu § 613 a BGB (Ls. 1 und Rn. 33).

[83] BAG 24.03.2010, AP Nr. 1 zu § 1 a BMT-G II (Rn. 4); FG Düsseldorf 16.04.2014 – 4 K 3161/13 VE, juris (Rn. 6).

[84] Vgl. BGH 16.07.2004, NJW 2004, 3129 (I 2 b); LAG Sachsen 02.11.2007, NZA 2008, 59 (F II 2 b).

[85] BAG 09.11.2006, AP Nr. 1 zu 311 a BGB (Rn. 65).

[86] BVerfG 14.04.1987, NVwZ 1987, 819 (II 2 a).

[87] *Richardi/Bayreuther*, Kollektives Arbeitsrecht, § 10 Rn. 116; *Rieble*, ZAF 2005, 218 (226); *Seiter*, Streikrecht und Aussperrungsrecht, S. 551; kritisch zur Einbeziehung der öffentlichen Sicherheit und Ordnung *Rüfner*, in: Isensee/Kirchhof (Hrsg.), HStR IV, § 96 Rn. 6.

Bereiche, die nur unter bestimmten Umständen[88] zur Daseinsvorsorge gezählt werden. Dazu gehören unter anderem die Entsorgungsbetriebe, der Verkehr, das Erziehungswesen einschließlich der Kinderbetreuung, das Bestattungswesen, die Post- und Telekommunikationsdienste, die Nachrichtenübermittlung sowie die Bank- und Versicherungsleistungen.[89]

cc) Exkurs: inhaltlicher Umfang nach internationalen Vorgaben

Als Synonym der deutschen Daseinsvorsorge werden in einigen internationalen Vorgaben die Begriffe „*services essentiels*" bzw. „*essential services*" verwendet. Dazu *können* folgende Bereiche oder Tätigkeitsfelder gehören: der Krankenhaussektor, die Elektrizitäts- und Wasserversorgung, die Telekommunikationsdienstleistungen, die Polizei und Streitkräfte, die Feuerwehr, die Gefängnisverwaltung, die Luftaufsicht, die Essenversorgung für Kinder im schulpflichtigen Alter sowie die Reinigung von Schulräumen.[90]

Daneben existieren weitere Bereiche, die zwar keine „*services essentiels*" i.e.S. darstellen, aber als Dienstleistungen fundamentaler Bedeutung betrachtet werden. Dies sind unter anderem die Nachrichtenübermittlung, die Versorgung mit Treibstoff, der Hafenbetrieb, die Kreditinstitute, das Transportgewerbe im Allgemeinen, der Eisenbahnverkehr, der Flugverkehr, die Müllabfuhr und der Ausbildungssektor.[91] Sie können unter bestimmten Umständen – wie z.B. nach einer gewissen Dauer eines Streiks[92] – den Charakter eines „*service essentiel*" erhalten und somit möglichen Verfahrensregeln unterliegen.

dd) Zusammenfassung

Nimmt man die „Troika"[93] Wasser-, Energie- und Gesundheitsversorgung aus, deren Zuordnung zur Daseinsvorsorge auf breiten Konsens stößt, bestehen bei anderen Branchen viele offene Fragen[94], die oft von sozialen und

---

88 Vgl. *Bayreuther*, NZA 2008, 12 (14).

89 *Rüfner*, in: Isensee/Kirchhof (Hrsg.), HStR IV, § 96 Rn. 7; teilweise ähnlich *Schink*, DVBl. 2005, 861 (861); speziell zu IT-Dienstleistungen *Haack*, VerwArch 2008, 197 (202); *Luch/Schulz*, MMR 2009, 19 (20ff.).

90 *BIT*, Recueil 2006, Rn. 585; teilweise übereinstimmend *EASR*, Décision sur le bienfondé du 16.10.2006 (*Confédération des syndicats indépendants de Bulgarie, Confédération syndicale « Podkrepa » et Confédération européenne des Syndicats c. Bulgarie*), Rn. 26.

91 *BIT*, Recueil 2006, Rn. 587.

92 *BIT*, Recueil 2006, Rn. 591.

93 Auch „Kernbereich" der Daseinsvorsorge genannt. Vgl. nur *Rieble*, FA 2012, 130 (130); *Scherer*, Grenzen des Streikrechts in den Arbeitsbereichen der Daseinsvorsorge, S. 16.

94 *Rudkowski*, Der Streik in der Daseinsvorsorge, S. 49.

kulturellen Gegebenheiten geprägt sind oder landesspezifischen Rahmenbedingungen unterliegen.[95] Daraus ergibt sich, dass der materielle Umfang der Daseinsvorsorge vom Land zu Land unterschiedlich ausgestaltet wird oder werden kann.[96] Einen abschließenden Katalog gibt es nicht.[97]

Festzuhalten ist, dass sowohl die Rechtsprechung als auch die Wissenschaft und die internationalen Vorgaben zu ähnlichen Ergebnissen mit feineren Unterschieden gelangen. Nichtdestotrotz scheint die Zuordnung einiger Bereiche zur Daseinsvorsorge fraglich. Dies betrifft zum einen die Gefängnisverwaltung, die zwar zur Bekämpfung der Kriminalität und zum Schutz der Bürger vor unerlaubten Handlungen wichtig sein kann, aber für die unmittelbare Existenzbewältigung von geringerer Bedeutung ist. Zudem trägt die Essenversorgung für Kinder im schulpflichtigen Alter grundsätzlich zur Sicherung ihres Essensbedarfs bei, dafür bestehen jedoch zahlreiche Ausweichmöglichkeiten. Schließlich verwundert die Einstufung der Reinigung von Schulräumen in die Daseinsvorsorge, wenn gleichzeitig Branchen wie die Müllabfuhr, das Transportgewerbe oder das Ausbildungswesen nur in Ausnahmefällen darunter fallen.

b) Ausgewählte Arbeitsbereiche

In Anlehnung an die bereits skizzierten Tatbestandsmerkmale und unter Berücksichtigung der oben dargestellten Ansätze werden der vorliegenden Untersuchung folgende Tätigkeitsfelder zugrunde gelegt, wobei die hoheitlichen Aufgaben i.e.S. – wie etwa die Rechtspflege, die Ordnungskräfte und sonstige Behörden – ausgeklammert werden.

Allerdings ist darauf hinzuweisen, dass die Einbeziehung dieser Bereiche zunächst noch ohne Bezug zu der später zu behandelnden arbeitskampfrechtlichen Problematik erfolgt. Anders ausgedrückt werden im Folgenden Bereiche unabhängig davon ausgewählt, ob sie im Ganzen oder teilweise eventuellen Sonderstreikrechtseinschränkungen unterworfen würden. Insoweit ist eine Differenzierung der zur Daseinsvorsorge gezählten einzelnen Tätigkeiten gerade im Hinblick auf ein Sonderarbeitskampfrecht noch verfrüht.[98] An dieser Stelle geht es vielmehr um eine vorgelagerte Frage, die möglichst frei von arbeitskampfrechtlichen Überlegungen zu klären ist.

---

95 Ähnlich weist *Schliemann*, RdA 2012, 14 (17) auf unterschiedliche Gesichtspunkte „je nach Stand der Kultur und Lebensumstände“ hin. Darauf wird im Abschnitt über die Daseinsvorsorge aus kongolesischer Sicht zurückzukommen sein.

96 *BIT*, Recueil 2006, Rn. 582; i.E. vgl. auch *Rudkowski*, Der Streik in der Daseinsvorsorge, S. 36.

97 Vgl. *Lieb*, Der Arbeitskampf im öffentlichen Dienst, S. 465; *Ronellenfitsch*, DVBl. 2008, 201 (202, 209).

98 Vgl. aber *Rudkowski*, ZfA 2012, 467 (469, 472).

aa) Wasser- und Energieversorgung

Wasser stellt ein wichtiges und unverzichtbares Nahrungsmittel für den Menschen dar[99] und gilt als „Grundelement des menschlichen Daseins“[100]. Es ist eindeutig, dass das *Recht auf Zugang zu Wasser*[101] in enger Verbindung zu dem in Art. 2 Abs. 2 S. 1 GG garantierten Recht auf Leben und körperliche Unversehrtheit steht.[102] Dieser Zusammenhang lässt sich auch den Anforderungen entnehmen, die der Gesetzgeber für die Trinkwasserversorgung festgelegt hat.[103]

Für ihren täglichen Bedarf[104] sind die Haushalte, Lebensmittelbetriebe, Krankenhäuser und sonstige Einrichtungen auf die öffentliche Wasserversorgung angewiesen. Dazu bestehen in den „hochkomplexen westlichen Industriegesellschaften“[105] kaum Ausweichmöglichkeiten. Eine Anschaffung von Mineralwasser in Supermärkten mag zwar möglich erscheinen, sie reicht aber nicht aus, den großen Bedarf zu decken.[106] Im Übrigen ist sie für eine Vielzahl der Bürger[107] sowie für Betriebe wie Krankenhäuser und Altersheime und insbesondere für die Feuerwehr unzumutbar. Während bei Verbrauchern grundsätzlich auf finanzielle Gesichtspunkte abgestellt wird, um die Möglichkeit einer Vorratshaltung an Trinkwasser in Frage zu stellen, steht bei den eben erwähnten Betrieben die Problematik der Durchführbarkeit der Bevorratung im Mittelpunkt. Besonders anschaulich taucht diese Schwierigkeit beim Ausfall der für die Feuerwehr notwendigen Löschwasserversorgung auf. Für die Deckung des Bedarfs an Löschwasser könnte zwar auf Wasservorräte zurückgegriffen werden. Aus praktischen und technischen Gründen ist dies allerdings nicht geeignet, da die Menge des für die wirksame Durchführung der Löscharbeiten benötigten Löschwassers je nach Umfang der Brände variieren kann und somit schwer vorhersehrbar ist. Insoweit kann nur eine gut funktionierende Löschwasserversorgung die Gewährleistung des Brandschutzes sicherstellen.

---

99 Vgl. § 3 Nr. 1 Trinkwasserverordnung – TrinkwV 2001.

100 *Hänsle*, Streik und Daseinsvorsorge, S. 356.

101 Eine Vertiefung bei *Karbach*, Die Wasserversorgung, S. 87ff.; *Laskowski*, Das Menschenrecht auf Wasser, S. 61ff., 145ff. m.w.N.

102 I.E. auch *Franzen/Thüsing/Waldhoff*, Arbeitskampf in der Daseinsvorsorge, S. 38; *Laskowski*, Das Menschenrecht auf Wasser, S. 279 f. m.w.N.; *Rudkowski*, Der Streik in der Daseinsvorsorge, S. 144.

103 Ausführlich in §§ 37ff. Infektionsschutzgesetz – IfSG; §§ 13ff. TrinkwV.

104 Grundlage für die „Bemessung des lebensnotwendigen Bedarfs an Trinkwasser“ bildet etwa § 2 Erste Wassersicherstellungsverordnung – 1. WasSV v. 31.03.1970.

105 *Scherer*, Grenzen des Streikrechts in den Arbeitsbereichen der Daseinsvorsorge, S. 15.

106 Vgl. auch *Hänsle*, Streik und Daseinsvorsorge, S. 357.

107 *Lieb*, Der Arbeitskampf im öffentlichen Dienst, S. 477.

Ebenso gelten Elektrizität, Gas und Fernwärme als Güter, die für das menschliche Leben ständig benötigt werden.[108] Dies erkennt der Gesetzgeber ausdrücklich, indem er Energieversorgungsunternehmen eine Grundversorgungspflicht auferlegt.[109] Insofern liegt die Angewiesenheit der Allgemeinheit auf diese lebenswichtigen Güter auf der Hand.Im Gegensatz zur Wasserversorgung sind hier Alternativen denkbar, allerdings nur eingeschränkt.[110] Denn der Einzelne kann sich zwar selbst mit Strom aus Photovoltaikanlagen oder privaten Generatoren versorgen oder die Wohnräume mit Holzofen heizen. Gegenüber einer organisierten Energieversorgung sind aber diese Alternativen nicht nur kostenaufwändig, sondern auch weniger effizient oder sogar nicht praktikabel.[111]

bb) Gesundheitssektor

Mit dem Begriff des Gesundheitssektors sind Einrichtungen gemeint, die der Förderung der Volksgesundheit und der Wohlfahrt dienen und dabei Dienstleistungen zur Aufrechterhaltung oder Wiederherstellung der Gesundheit der Menschen anbieten.[112] Diese zählen zweifellos zu den traditionellen Bereichen der Daseinsvorsorge, da deren Lebenswichtigkeit für die Bevölkerung selbsterklärend ist.

Grundsätzlich geht es um die medizinische und pflegerische Versorgung samt Nebendienstleistungen, deren Einstellung geeignet wäre, die Krankenversorgung unmöglich zu machen. Eine Beschränkung auf den bloßen Kontakt mit Patienten ist nicht zielführend.[113] Neben der Versorgung in Krankenhäusern durch Ärzte und Pflegepersonal können daher beispielsweise noch der Blutspendedienst, die Arztpraxen, die Pflege- und Altersheime, die Rehakliniken, die Apotheken und Labore einbezogen werden.

Dennoch ist nicht jede dort erbrachte Tätigkeit gesundheitsbezogen[114] und daher unausweichlich. Dies betrifft unter anderem das Hilfspersonal, welches rein unterstützende Tätigkeiten für Ärzte erbringt.[115]

---

108 Daher der Vergleich mit „täglichem Brot" durch BVerfG 11.10.1994, NJW 1995, 381 (C II 2 b).

109 Vgl. §§ 2 Abs. 1, 36 Abs. 1 Energiewirtschaftsgesetz (EnWG).

110 Siehe auch *Hänsle*, Streik und Daseinsvorsorge, S. 348 f.

111 I.E. auch *Lieb*, Der Arbeitskampf im öffentlichen Dienst, S. 477 f.

112 Vgl. auch *Hänsle*, Streik und Daseinsvorsorge, S. 329.

113 *Rudkowski*, ZfA 2012, 467 (468ff.).

114 Vgl. auch *Weißleder*, Erhaltungs- und Notstandsarbeiten im Streik, S. 82.

115 *Rudkowski*, Der Streik in der Daseinsvorsorge, S. 175; *dies.*, ZfA 2012, 467 (472).

cc) Feuerwehr und Rettungsdienste

Klassische Aufgaben, mit denen die Feuerwehr und Rettungsdienste beauftragt sind, umfassen zum einen die Beseitigung von drohenden Brand- und Explosionsgefahren und die Brandbekämpfung sowie die Gewährleistung des technischen Hilfsdienstes[116] – wie z.B. die Hilfeleistungen bei Katastrophen, Auto- und sonstigen Unfällen, etc. – und zum anderen „die Notfallrettung, den arztbegleiteten Patiententransport und Krankentransport" sowie die „Rettung verletzter, erkrankter oder hilfloser Personen aus Gefahrenlagen" wie etwa aus Gebirgen und Höhlen oder aus Gewässern (Berg- und Höhlenrettung sowie Wasserrettung).[117]

Die Sicherstellung dieser Leistungen ist durch Landesgesetze[118] geregelt und obliegt grundsätzlich den Gemeinden sowie den Landkreisen.[119] Als Aufgabenträger haben sie für die ständige Einsatzbereitschaft der Feuerwehr und weiterer Rettungsdienste zu sorgen. Grundsätzlich dürfen diese Leistungen nur von den Einrichtungen erbracht werden, die entsprechend ausgerüstet sind, d.h. über eine gute technische Ausstattung sowie ein Personal mit den notwendigen Fachkenntnissen verfügen. Dies sind die kommunalen Rettungsdienstunternehmen, die Feuerwehr sowie weitere Hilfsorganisationen wie Arbeiter Samariter Bund (ASB), Deutsches und Bayerisches Rotes Kreuz, Johanniter Unfall Hilfe und Malteser Hilfsdienst.

Die Arbeit, die von diesen Betrieben geleistet wird, kann beispielsweise den Jahresberichten des Bayerischen Staatsministeriums des Innern, für Bau und Verkehr über Brand- und Katastrophenschutz, Technische Hilfe und Rettungsdienst entnommen werden.[120] Die letzte Jahresstatistik des Ministeriums verzeichnet über 196 000 Einsätze, darunter 18 000 für Brände, 98 000 für technische Hilfeleistungen, 60 000 für Rettungsdienste und 20 000 wegen Fehlalarmierungen. Bis zu 24 232 Personen konnten bei diesen Einsätzen gerettet werden, während bei 1 817 Personen keine Hilfe mehr möglich war.[121]

---

116 Art. 1 und 4 Abs. 1 BayFwG.

117 Art. 1 und 2 Abs. 2 bis 11 BayRDG.

118 Vgl. Bayerisches Feuerwehrgesetz v. 23.12.1981 (BayFwG); Bayerisches Katastrophenschutzgesetz v. 24.07.1996 (BayKSG); Bayerisches Rettungsdienstgesetz v. 22.07.2008 (BayRDG).

119 Art. 1 und 2 BayFwG; Art. 4 Abs. 1 BayRDG.

120 Ausführlich dazu Bayerisches Staatsministerium des Innern, für Bau und Verkehr (BSMI), http://www.stmi.bayern.de/sus/feuerwehr/datenundfakten/index.php (Stand 09.03.2016).

121 Vgl. BSMI, Feuerwehren in Bayern – Jahresbericht 2014, abrufbar unter http://www.stmi.bayern.de/assets/stmi/sus/feuerwehr/id2_14_03_fw_statistik_v 12_2014_20151013.pdf (zuletzt abgerufen am 09.03.2016).

Gerade diese Fakten und Daten zeigen, dass für die Bevölkerung im Allgemeinen und insbesondere für die potentiellen Leistungssuchenden oder -bedürftigen diese Leistungen von großer Relevanz sind, da eine Selbstversorgung fast ausgeschlossen ist.

dd) Abfall- und Abwasserentsorgung

Der Mensch produziert eine Menge von Abfällen unterschiedlicher Natur.[122] Die Beseitigung dieser Abfälle ist gesetzlich vorgeschrieben[123] und obliegt grundsätzlich deren Erzeugern oder Besitzern (§ 15 Abs. 1 KrWG). Dennoch werden Abfälle aus privaten Haushalten oder auch aus anderen Herkunftsbereichen aufgrund überwiegender öffentlicher Interessen „den nach Landesrecht[124] zur Entsorgung verpflichteten juristischen Personen [...] überlassen" (§ 17 Abs. 1 KrWG). Den Entsorgungsträgern sind in diesem Fall die Abfälle zur Abholung bereitzustellen oder ihnen diese zu bringen, je nachdem um welche Art von Abfällen es geht.[125]

Daraus ergibt sich, dass die Bewohner wegen der nach § 16 KrWG festgelegten Anforderungen an die Abfallbeseitigung auf das öffentlich-rechtliche Entsorgungssystem angewiesen sind. Fällt beispielsweise die Müllabfuhr aus, verfügen sie über keine zumutbare und zulässige Alternative für die Beseitigung ihrer Abfälle, was dazu führen würde, dass „Mülltonnen überquellen und sich Müllberge in den Straßen türmen".[126] Selbst wenn je nach konkreter Situation noch nicht von einem Müllchaos zu sprechen ist, können Beeinträchtigungen durch umweltschädliche Luftverunreinigungen und Geruchbelästigungen schnell eintreten. Darüber hinaus tragen die überfüllten Mülltonen nach gewisser Zeit zur Vermehrung von Ratten bei und begünstigen damit die Entwicklung und Verbreitung potentieller Krankheitserreger.[127] Dementsprechend ist eine Gefahr für die menschliche Gesundheit und somit für das Leben nicht auszuschließen. Entsprechendes gilt für die Abwasserentsorgung nach §§ 54 WHG und § 41 IfSG.

---

122 Für das Jahr 2013 beträgt das Aufkommen an Haushaltsabfällen je Einwohner 462 Kg. Vgl. Statistisches Bundesamt, Abfallstatistik 2014, abrufbar unter https://www-genesis.destatis.de/genesis/online/link/tabelleErgebnis/32121-0001 (Stand: 09.03.2016).

123 Vgl. Gesetz zur Förderung der Kreislaufwirtschaft und Sicherung der umweltverträglichen Bewirtschaftung von Abfällen (Kreislaufwirtschaftsgesetz - KrWG) v. 24.02.2012.

124 Vgl. §§ 2ff. Bayerisches Abfallwirtschaftsgesetz (BayAbfG) v. 09.08.1996.

125 Zum „Hol- und Bringsystem" siehe *Weißleder*, Erhaltungs- und Notdienstarbeiten im Streik, S. 99 f.

126 *Weißleder*, Erhaltungs- und Notdienstarbeiten im Streik, S. 99.

127 *Gamillscheg*, Kollektives Arbeitsrecht, S. 1179; *Scherer*, Grenzen des Streikrechts in den Arbeitsbereichen der Daseinsvorsorge, S. 107 m.w.N.

Im diesen Sinne zählen die Abfall- und Abwasserentsorgung zu Dienstleistungen, die der Bevölkerung einen gesundheitsfördernden Lebensraum ermöglichen und daher für unerlässlich zu halten sind.

ee) Post- und Kommunikationsdienste

Die Erbringung von Post- und Kommunikationsdienstleistungen in Form von Universaldienst nach Art. 87 f GG wird gesetzlich geregelt.[128] Für eine unerlässliche und unmittelbare Existenzbewältigung haben sie zwar eine geringere Bedeutung, da zahlreiche Ausweichmöglichkeiten vorhanden sind, die die Bevölkerung in Anspruch nehmen kann. Besonders offensichtlich ist dies bei der Brief- und Paketbeförderung seit dem Ausfall des Monopols der Bundespost sowie der Entwicklung weiterer Übermittlungskanäle.

Die notwendige Beförderung von Krankenunterlagen und ärztlichen Befunden, Wahlbriefen und sonstigem der Funktionsfähigkeit der öffentlichen Verwaltung dienenden Schriftverkehr oder Anträgen in Bezug auf den Rechtsverkehr[129] zeigt dennoch die Wichtigkeit dieser Dienste. Auch die Telekommunikation – Internet, Mobilfunk- und Festnetz – mag in erster Linie ein gewöhnlicher Dienst für die Bevölkerung sein, auf den verzichtet werden kann, ohne dass das Leben in Gefahr steht. Störungen in diesem Bereich könnten dennoch dazu führen, dass das Notrufsystem beeinträchtigt und somit eine rechtzeitige Schadensabwendung durch den Nothilfeeinsatz – Polizei, Feuerwehr oder Notarzt – erschwert wird.[130] Unter diesen Gesichtspunkten sind die Post- und Kommunikationsdienstleistungen begrenzt auf die oben genannten Teilbereiche in die Daseinsvorsorge einzubeziehen.

ff) Verkehrswesen

Das Verkehrswesen zählt einerseits zu den Stammbereichen[131] der Daseinsvorsorge und andererseits gehört es zu den am stärksten umstrittenen Berei-

---

128 Vgl. §§ 11ff. Postgesetz (PostG) v. 22.12.1997; §§ 78ff. Telekommunikationsgesetz (TKG) v. 22.06.2004.

129 *Rudkowski*, ZfA 2012, 467 (473); kritisch *Hänsle*, Streik und Daseinsvorsorge, S. 380 f. mit Verweis jeweils auf die Möglichkeit der persönlichen Ausgabe der Verschreibungen vom Arzt zum Patienten und von diesem zur Apotheke und auf die Subsidiarität des Mittels von Briefwahl sowie auf eine Vielfalt von „alternativen Kommunikationsmöglichkeiten" zwischen den Bürgern und den Behörden bzw. den Gerichten.

130 Ähnlich *Scherer*, Grenzen des Streikrechts in den Arbeitsbereichen der Daseinsvorsorge, S. 122.

131 S.o.

chen. Seine Zuordnung zur Daseinsvorsorge wird insbesondere von *Ronellenfitsch* befürwortet. Dabei geht er davon aus, dass die Gewährleistung der Verkehrsinfrastruktur für das Funktionieren der Industriegesellschaft eine originäre staatliche Aufgabe darstelle.[132] Diese Garantiepflicht sei auf die deutsche Grundrechteordnung zurückzuführen, denn die Entfaltung zahlreicher Grundrechte – wie etwa der Berufsfreiheit aus Art. 12 GG sowie der Freizügigkeit aus Art. 11 Abs. 1 GG – setze eine räumliche Beweglichkeit oder Mobilität voraus. Daraus ergibt sich das von ihm so bezeichnete „Grundrecht auf Mobilität“[133], aus dem er anschließend die staatliche Verantwortung für die Gewährleistung der Beförderung der Bürger, die auf den öffentlichen Verkehr angewiesen sind, ableitet.

Ohne auf die verfassungsrechtliche Relevanz der Mobilität und der Problematik ihrer eventuellen Aufnahme in den Grundrechtskatalog des Grundgesetzes einzugehen, ist festzuhalten, dass die Mobilität ein „menschliches Grundbedürfnis“[134] ist. Damit erweist sich die Personenbeförderung[135] als wichtiger Bestandteil der für die Bevölkerung unabdingbaren Leistungen. Realisiert wird dies durch den öffentlichen Personennahverkehr (ÖPNV)[136], das Eisenbahnwesen sowie den Luftverkehr.

Die Bedeutung des Verkehrswesens für die Daseinsvorsorge hängt insoweit davon ab, welches dieser Beförderungsmittel für die Bevölkerung nicht nur eine wichtige Rolle spielt, sondern auch unausweichlich ist. Zu berücksichtigen ist auch die verfassungsrechtlich festgeschriebene Verantwortung des Staats für eine dauerhafte Gewährleistung der Versorgung der Bevölkerung mit angemessenen Verkehrsangeboten zu Gunsten der Allgemeinheit.[137]

Das Fehlen dieser Dienstleistungen könnte zwar durch andere Alternativen ersetzt werden, dies ist aber in der Tat oft nicht leicht bzw. nur mit gro-

---

132 *Ronellenfitsch*, in: Hrbek/Nettesheim (Hrsg.), EU und mitgliedstaatliche Daseinsvorsorge, S. 89, 90 f. unter Berufung auf *Forsthoff*, Der Staat der Industriegesellschaft, S. 76 f.; ähnlich *Uerpmann-Wittzack*, in: Isensee/Kirchhof (Hrsg.), HStR IV, § 89 Rn. 1.

133 *Ronellenfitsch*, DAR 1992, 321 (323); *ders.*, DAR 1994, 7 (9).

134 *Ronellenfitsch*, DAR, 1992, 321 (322).

135 Die Beförderungsdienstleistungen des Güterverkehrs sind auch zwar wichtig, indem sie zur Versorgung der Bevölkerung mit lebenswichtigen Gütern wie Medikamenten, Lebensmitteln und Brennstoffen beitragen, ihnen wird dennoch auf Grund zahlreicher Ausweichmöglichkeiten wenig Beachtung geschenkt.

136 Zur Begriffsbestimmung vgl. § 2 RegG. Danach fallen unter öffentlichen Personennahverkehr Busse, Straßen- und U-Bahnen.

137 Diese Gewährleistungsverantwortung obliegt für den ÖPNV den kommunalen Gebietskörperschaften gemäß Art. 28 Abs. 2 S. 1 GG und für das Eisenbahnwesen dem Bund nach Art. 87 e Abs. 4 S. 1 GG. Vgl. *Uerpmann-Wittzack*, in: Isensee/Kirchhof (Hrsg.), HStR IV, § 89 Rn. 29.

ßem Kostenaufwand möglich.[138] Wenn der Umstieg vom ÖPNV bzw. von der Bahn auf Privat- oder Mietfahrzeuge oder auch auf eine Taxifahrt[139] trotz Unkosten wenig problematisch erscheint[140] und die kurzfristige Umplanung einer Flugreise in eine Bahnfahrt durchaus zumutbar ist, bestehen für Lang- und Mittelstreckenflüge keine bzw. nur begrenzte Ausweichmöglichkeiten.[141]

Insoweit sind bei ÖPNV, Bahn und Flugverkehr in Langstrecken die wichtigsten Kriterien für die Zuordnung zur Daseinsvorsorge mit entsprechenden Abweichungen gegeben. Wichtig ist, dass nicht nur der schlichte Transportvorgang, sondern auch die „vor- oder nachbereitenden Tätigkeiten" – wie z.B. die Arbeit der Fluglotsen – einbezogen werden[142], welche für die Sicherheit der Fahr- bzw. Fluggäste von großer Bedeutung sind.

gg) Kinderbetreuung und Ausbildungswesen

Die Kinderbetreuung stellt für zahlreiche Eltern eine zwingende Voraussetzung dar, um einer Beschäftigung nachzugehen und damit ihre Berufsfreiheit aus Art. 12 Abs. 1 GG in Anspruch zu nehmen.[143] Zumeist werden Betreuungs- und Aufsichtsleistungen in den industrialisierten Gesellschaften von Kindertagesstätten erbracht. Die berufstätigen Eltern sind darauf stets angewiesen.

Dazu bestehen zwar einige Ausweichmöglichkeiten, wie etwa die Betreuung durch einen Elternteil (wohl nicht für Alleinerziehende) oder Verwandte sowie der Babysitting-Service.[144] Tatsächlich kommt dies aber nur als Notlösung in Betracht. Jedenfalls handelt es sich um eine unerlässliche Leistung für die Alltagsbewältigung berufstätiger Eltern.[145]

Das Gleiche gilt auch *mutatis mutandis* für weitere betreuungs- und schutzbedürftige Familienangehörige und darüber hinaus für Schulkinder, die nicht nur eine Aufsicht, sondern auch eine Ausbildung benötigen. Da die Situation der schutzbedürftigen Alten unter sonstigen Einrichtungen

---

138 So auch *Lieb*, Der Arbeitskampf im öffentlichen Dienst, S. 496 f.; *Rudkowski*, Der Streik in der Daseinsvorsorge, S. 230.

139 *Weißleder*, Erhaltungs- und Notstandsarbeiten im Streik, S. 93 m.w.N.

140 Anders *Scherer*, Grenzen des Streikrechts in den Arbeitsbereichen der Daseinsvorsorge, S. 37, 127.

141 *Kissel*, Arbeitskampfrecht, § 43 Rn. 139; *Weißleder*, Erhaltungs- und Notstandsarbeiten im Streik, S. 107.

142 *Rudkowski*, ZfA 2012, 467 (472).

143 *Hufen*, NZA 2014, 1237 (1239); *Scherer*, Grenzen des Streikrechts in den Arbeitsbereichen der Daseinsvorsorge, S. 129 f.

144 *Diller/Krieger*, FS Leinemann (2006), S. 65, 68 mit Blick auf streikbedingten Betreuungsausfall.

145 Vgl. BAG 31.01.1995, AP Nr. 135 zu Art. 9 GG Arbeitskampf (II 1).

des Gesundheitssektors – nämlich unter Pflege- und Altersheime – einbezogen wurde, geht es hier vor allem um die allgemeinbildenden Schulen. Gemeint sind die Tätigkeiten der Grundschul- und Gymnasiallehrer.[146] Denn es handelt sich hierbei um Leistungen, die für die Entwicklung von Schülern unverzichtbar sind und zugleich der Konkretisierung ihrer persönlichen Entfaltungsfreiheit aus Art. 2 Abs. 1 GG dienen. Ferner wird Schülern ermöglicht, erforderliche Grundkenntnisse für ihre zukünftige Existenzbewältigung[147] einschließlich der Ausübung ihrer Berufsfreiheit aus Art. 12 Abs. 1 GG zu erlangen. Dafür spricht unter anderem die in der Bundesrepublik bestehende Schulpflicht.[148]

hh) Versorgung mit Bargeld und Zahlungsverkehr

In Ländern, in denen die Bevölkerung auf die Bankleistungen stets angewiesen ist, stellt die Versorgung mit Bargeld und Zahlungsverkehr für sie eine notwendige Voraussetzung für die Abwicklung der alltäglichen Geschäfte dar. Für die Einzelnen würden Beeinträchtigungen der Bankleistungen zu großen Schwierigkeiten führen, da hierzu kaum bzw. nur eingeschränkte Alternativen bestehen.

Dennoch heißt dies nicht, dass die Schalter der Kreditinstitute mit Bankangestellten rund um die Uhr zu besetzen sind. Es reicht für die Bankkunden, wenn die Aus- und Einzahlung von Bargeld an Geldautomaten sowie der Zahlungsverkehr mittels Überweisungen und Lastschriftverfahren uneingeschränkt gewährleistet sind.[149]

Zu den oben geschilderten Bereichen könnten noch weitere Branchen wie etwa das Bestattungswesen, der Wetterdienst, die Nachrichtenübermittlung, die Erdölversorgung sowie die Versicherungsleistungen hinzukommen. Wegen zahlreicher Grauzonen – zum Teil hinsichtlich der möglichen Substituierbarkeit – wird jedoch auf diese Erweiterung verzichtet.

3. Überblick über die Streiks in der Daseinsvorsorge in den vergangenen Jahren

Die vorliegende Untersuchung beschränkt sich zeitlich auf Streiks, die ab 2006 stattgefunden haben. Dabei wird auf eine detaillierte Übersicht[150]

---

[146] Vgl. *Rudkowski*, ZfA 2012, 467 (469).
[147] Im diesen Sinne auch *Lieb*, Der Arbeitskampf im öffentlichen Dienst, S. 513.
[148] I.E. bereits *Scherer*, Grenzen des Streikrechts in den Arbeitsbereichen der Daseinsvorsorge, S. 128.
[149] *Weißleder*, Erhaltungs- und Notstandsarbeiten im Streik, S. 125 f.
[150] Eine Übersicht über die Arbeitskämpfe im Allgemeinen wird jährlich von der Bundesagentur für Arbeit (zuletzt Arbeitsmarkt in Zahlen – Streikstatistik 2015) und dem Wirtschafts- und Sozialwissenschaftlichen Institut der Hans-Böckler-Stiftung

über sämtliche durchgeführte Streikmaßnahmen verzichtet; stattdessen bietet sich eine Analyse ausgewählter Beispiele an – überwiegend auf Grundlage von Pressemitteilungen der betroffenen Gewerkschaften und weiterer Presseberichte. Zu erwähnen sind die Streiks in der Verkehrsbranche, in Kindertagesstätten, im Gesundheitssektor sowie bei der Müllabfuhr.

a) Streiks in der Verkehrsbranche

Der Streikstatistik zufolge ist das Transportgewerbe einer der Daseinsvorsorgebereiche, der in den vergangenen Jahren am meisten bestreikt wurde. Besonders streikanfällig waren dabei der Bahn- und Flugverkehr.

aa) Bahnstreiks

Im Bahnverkehr gelten als besonderer Ausgangspunkt die von der Gewerkschaft Deutscher Lokomotivführer (GDL) 2007 durchgeführten Streiks um einen eigenständigen Tarifvertrag[151] mit der Deutschen Bahn AG. Mit diesen sog. „GDL-Streiks" befassten sich viele Arbeitsgerichte[152], die Anträge der Bahnunternehmen auf einstweilige Verfügung zu behandeln hatten. Beendet wurden die Tarifauseinandersetzungen mit dem Abschluss eines Tarifvertrages, in dem die GDL erhebliche Lohnsteigerung für ihre Mitglieder gegenüber dem Tarifpartner durchgesetzt hatte.[153]

In den Folgejahren wurden auch viele Eisenbahnunternehmen des DB-Konzerns sowie der Privatbahnen von der GDL mehrmals in einem zwei- bis dreistündigen Rhythmus bestreikt. Dabei ging es um einheitliche Rahmenregelungen für alle Lokomotivführer und Zugbegleiter und somit um eine Entgelterhöhung zum Niveau der Flächentarifverträge.[154] Erwähnenswert sind auch die im Herbst 2014 und im Mai 2015 durchgeführten Bahnstreiks mit ihren erheblichen Belastungen für die Bahnkunden. Mit diesen

---

(WSI-Tarifarchiv, Statistisches Taschenbuch – Tarifpolitik, 2015) nach unterschiedlichen Berechnungen veröffentlicht. Speziell zu den Bereichen der Daseinsvorsorge ist auf *Franzen/Thüsing/Waldhoff*, Arbeitskampf in der DV – Gesetzesentwurf, S. 2ff. zu verweisen, allerdings nicht mehr ganz aktuell (Stand von 2012).

151 Nachdem die GDL die Tarifgemeinschaft mit Transnet und GDBA beendet hatte, wollte sie nun eigene Tarifverträge verhandeln. Angestrebt waren u. a. Lohnsteigerungen um mindestens 31% sowie Verbesserungen bei der Arbeitszeit. Die Deutsche Bahn stützte sich dagegen auf das Prinzip der Tarifeinheit und verlangte, dass die GDL den bereits zwischen der Bahn und den beiden o.g. Gewerkschaften geschlossenen Tarifvertrag akzeptiert. Vgl. *Reichold*, NZA 2007, 1262 (1263).

152 Vgl. nur ArbG Nürnberg 08.08.2007, AuR 2007, 320.

153 *Franzen/Thüsing/Waldhoff*, Arbeitskampf in der Daseinsvorsorge, S. 3 f.

154 Vgl. eigene Pressemitteilungen der GDL, www.gdl.de/Aktuell/Archiv (Stand 05.06.2014).

Streikwellen[155] wollte die GDL nicht nur eine Lohnerhöhung von 5% bei kürzeren Arbeitszeiten für ihre Mitglieder erreichen, sondern auch ihren Vertretungsanspruch für weitere bei ihr organisierte Bahnbeschäftigte - wie z.B. die Zugbegleiter - durchsetzen.[156] Der Tarifstreit wurde am 1. Juli 2015 nach einem Schlichtungsverfahren erfolgreich beendet.[157]

bb) Streiks im Flugverkehr

Ebenso wie die Bahn wurde der Flugverkehr mehrmals bestreikt. Erwähnenswert sind hier Streikmaßnahmen, die jeweils von der Vereinigung Cockpit (VC) und von der Gewerkschaft der Flugsicherung (GdF) sowie von der Unabhängigen Flugbegleiter Organisation (UFO) durchgeführt wurden. Diese Streikmaßnahmen lassen sich besser begreifen, wenn man die Geschichte der jeweils beteiligten Gewerkschaften mit einbezieht und eine Unterscheidung zwischen den einzelnen Berufsgruppen trifft.

Die 1968 gegründete Vereinigung Cockpit vertritt die Berufsinteressen von Piloten. Bis zum Jahr 2000 unterhielt sie eine Tarifgemeinschaft mit der Deutschen Angestellten Gewerkschaft (DAG), der Rechtsvorgängerin von ver.di. Danach hat sie erklärt, Tarifverträge für ihre Mitglieder eigenständig zu verhandeln. Dementsprechend hat sie bereits von ihrem Recht auf Durchführung von Streikmaßnahmen zur Erreichung ihrer tariflichen Forderungen Gebrauch gemacht. Als jüngstes Beispiel sind die Anfang April 2014 durchgeführten Streiks um Gehaltserhöhung von 10% und eine einheitliche Regelung zu Übergangsrenten zu nennen, welche bis zu 3800 Flugausfälle bei Lufthansa verursachten und mehr als 425 000 Passagiere

155 Die Medien berichteten von dem längsten Streik in der Geschichte der Bahn, der zugleich nicht nur für den Appel der Bundeskanzlerin „an das Verantwortungsbewusstsein aller Parteien" gesorgt habe, sondern auch von der Politik deutlich kritisiert wurde. Vgl. dazu SPIEGEL ONLINE, Lokführer streiken von Mittwoch bis Montag (04.11.2014); Kanzlerin drängt auf Schlichtung bei der Bahn (05.11.2014).

156 Vgl. Deutsche Bahn AG, Faktenblatt - Tarifrunde 2014: Chronologie der Angebote und Vorschläge, S. 6, abrufbar unter http://www.deutschebahn.com/file/de/2185918/qSqzmOFUND2z4c5VnUPe9J7e9xg/8380932/data/tarifrunde_2014_faktenblatt.pdf (Stand 03.07.2015).

157 Deutsche Bahn AG, Presseinformation v. 01.07.2015.

betrafen.[158] Diese Streikwelle hat sich 2015 fortgesetzt[159] und wurde später im einstweiligen Rechtsschutzverfahren gerichtlich gestoppt.[160]

Neben den Pilotenstreiks sind auch Fluglotsenstreiks zu erwähnen. Ihr Entstehen wird oft mit der Privatisierung der Flugsicherung und deren Übertragung auf die Deutsche Flugsicherung GmbH (DFS) gemäß § 31 b Abs. 1 LuftVG in Verbindung gebracht. Mitarbeiter der DFS stehen nicht mehr in einem öffentlich-rechtlichen Dienstverhältnis, sondern sind auf privatrechtlicher Grundlage beschäftigt.[161] Daraus folgt, dass sie sich grundsätzlich auf die Koalitionsfreiheit aus Art. 9 Abs. 3 GG berufen dürfen und somit auch das Druckmittel des Arbeitskampfes zum Einsatz bringen können.

Bis 2003 waren Fluglotsen gewerkschaftlich in den Verbänden deutscher Flugbegleiter (VDF) bzw. deutscher Flugsicherungstechniker und Ingenieure (FTI) organisiert. Beide Verbände bildeten mit der Vereinigten Dienstleistungsgewerkschaft ver.di eine Tarifgemeinschaft, schlossen sich aber später in die Gewerkschaft der Flugsicherung (GdF) zusammen und streben seitdem nach eigenständigen Tarifverträgen.[162] Letzte Streikmaßnahmen fanden im Februar 2012 statt. Sie richteten sich gegen den Flughafenbetreiber *Fraport* in den Bereichen Vorfeldkontrolle, Vorfeldaufsicht und Verkehrszentrale und führten zu einem Ausfall von mehr als 270 Flüge.[163] Auch an den Flughäfen Köln/Bonn und Düsseldorf haben im Folgejahr nach Angaben der Geschäftsführung etwa 200 Mitarbeiter an insgesamt 14 Streiktagen den Flughafenbetrieb lahmgelegt.[164]

Zu Streiks aufgerufen hat auch die Vereinigte Dienstleistungsgewerkschaft (ver.di). Im März 2014 waren sieben Flughäfen (Frankfurt am Main, München, Köln/Bonn, Düsseldorf, Hamburg, Hannover und Stuttgart) von Streiks betroffen. Ver.di forderte eine Erhöhung der Löhne um 100 Euro monatlich plus 3,5% für die Beschäftigten im Öffentlichen Dienst. Mehrere Flüge wurden dabei gestrichen.[165] Kurz davor hatte sie am 21. Februar 2014 die Mitarbeiter aller privaten Sicherheitsfirmen am Frankfurter Flughafen

---

158 SPIEGEL ONLINE v. 31.03.2014.

159 Vom Anfang der Tarifauseinandersetzungen über die Regelung der Übergangsversorgung für das Cockpitersonal im März 2014 bis September 2015 kam es insgesamt zu 13 Streiks. Ausführliche Berichte hierzu bei SPIEGEL ONLINE v. 17.03.2015; Airliners.de v. 08.09.2015, Pilotenstreik Nr. 13 bei der Lufthansa, abrufbar unter http://www.airliners.de/pilotenstreik-nr-12-lufthansa-chronologie/35189 (zuletzt abgerufen am 30.06.2016).

160 Vgl. LAG Hessen 09.09.2015, NZA 2015. 1337.

161 *Heinze*, in: Oetker/Preis/Rieble (Hrsg.), 50 Jahre Bundesarbeitsgericht, S. 493, 494.

162 Vgl. LAG Rheinland-Pfalz 22.06.2004, AP Nr. 169 zu Art. 9 GG Arbeitskampf (m. Anm. *Däubler*); 14.06.2007 – 11 Sa 208/07, juris (Rn. 4).

163 SPIEGEL ONLINE v. 16.02.2012.

164 Vgl. Newsletter der CFvW-Stiftung, Juli 2013, S. 2.

165 SPIEGEL ONLINE v. 27.03.2014.

zu Streiks aufgerufen[166], um einen einheitlichen Stundenlohn von 16 Euro zu erreichen.

Zu erwähnen sind schließlich die von der Unabhängigen Flugbegleiter Organisation (UFO) durchgeführten Streiks. Erinnert sei nur an den Ausstand des Kabinenpersonals der Lufthansa AG im Sommer 2012 gegen „Fremdbereederung und Leiharbeit in der Kabine"[167] sowie an die jüngsten Streiks bezüglich der Forderungen zur Alters- und Übergangsversorgung für die Flugbegleiter.[168]

Im Ergebnis zeigen sich die Fluglotsenstreiks als besonders schlagkräftig, da sie den ganzen Flughafenbetrieb lahmlegen können.[169] Bei Piloten und Bordpersonal sowie bei Bodenpersonal sind Ausweichmöglichkeiten nicht ganz ausgeschlossen, da andere Fluggesellschaften von der Streikmaßnahme nicht zwingend betroffen sind und somit ihre Dienstleistungen noch anbieten können.

b) Streiks in weiteren Branchen

Neben dem Bereich Verkehr waren weitere Branchen der Daseinsvorsorge von Streiks betroffen. Zu nennen ist zum einen der Gesundheitssektor. Dort erinnert man sich in erster Hinsicht an die tariflichen Auseinandersetzungen aus dem Jahre 2006 zwischen dem Marburger Bund und der Tarifgemeinschaft deutscher Länder (TdL) bzw. der Vereinigung der kommunalen Arbeitgeberverbände (VKA) um eigenständige Tarifverträge für Ärzte.[170] Bestreikt wurden die Universitäts- und Landeskliniken sowie die kommunalen Krankenhäuser. In den Folgejahren fanden weitere Arbeitskampfmaßnahmen statt.[171] Zu nennen sind auch Streikmaßnahmen im Blutspendedienst.[172]

Bedeutsam sind auch Arbeitskämpfe in Kindertageseinrichtungen und Schulen. Erinnert sei unter anderem an den langen Ausstand der Erziehe-

---

166 Darüber berichten auch *Konzen/Schliemann*, RdA 2015, 1 (14).

167 UFO-Newsletter v. 31.05.2013, abrufbar unter https://www.ufo-online.aero/news/lufthansa/262-wortbruch-beim-ende-der-leiharbeit-in-der-lufthansa-kabine (Stand: 23.12.2015).

168 Vgl. UFO-Streikaufruf v. 06.11.2015, abrufbar unter http://www.ufo-online.aero/Streikaufruf.pdf (zuletzt abgerufen am 01.07.2016); SPIEGEL ONLINE v. 06.11.2015.

169 I.E. *Franzen/Thüsing/Waldhoff*, Arbeitskampf in der Daseinsvorsorge, S. 38.

170 Dazu ausführlich *Bayreuther*, NZA 2006, 642.

171 Zuletzt die von Ver.di und Marburger Bund im März und Juni 2014 durchgeführten Streiks an Berliner Vivantes-Kliniken. Siehe http://www.bild.de/geld/wirtschaft/streik/warnstreiks-im-oeffentlichen-dienst-35102734.bild.html (abgerufen am 21.12.2014); TAGESSPIEGEL v. 12.06.2014.

172 Vgl. nur LAG Hamm 16.01.2007, NZA-RR 2007, 250.

rinnen und Kindergärtnerinnen im Jahre 2009[173] sowie im Sommer 2014[174] oder auch an die zahlreichen Warnstreiks[175] und die jüngsten unbefristeten Streiks[176] um eine Neuregelung der Eingruppierungsvorschriften für Beschäftigte im kommunalen Sozial- und Erziehungsdienst. Auch Schüler mussten mit Streikmaßnahmen der Lehrkräfte rechnen, zu denen wiederholt von der Gewerkschaft Erziehung und Wissenschaft (GEW) aufgerufen wurde.[177]

Zwar selten aber nicht ausgeschlossen waren zudem Streiks bei der Energie- und Wasserversorgung sowie bei der Müllabfuhr. Die letzten Kampfmaßnahmen, bei denen die Mülltonnen in mehreren Städten stehen geblieben sind[178], wurden im März 2014 durchgeführt.

c) Abschließende Bemerkung

Von Seiten der Gewerkschaften wird behauptet, dass kein Streik „zu Versorgungsengpässen mit bedeutsamen Gütern oder gar Gefahren für Leib und Leben der Bevölkerung geführt hätte".[179] Selbst der Tod einer herzkranken Patientin, deren geplanter Klinikaufenthalt wegen des Ärztestreiks im Uniklinikum Göttingen um eine Woche verschoben wurde, ist als schicksalhaft bezeichnet worden.[180] Allerdings weisen diese Streiks ein gemeinsames Merkmal auf, nämlich ihre Auswirkungen auf Dritte.[181] Sie sind in der Tat so spürbar[182], dass der Wunsch nach möglichen Einschränkungen des Arbeitskampfrechts in den genannten Bereichen deutlich erkennbar ist.[183]

---

173 Vgl. *Schliemann*, FS Bauer (2010), S. 923, 925.

174 Siehe *Konzen/Schliemann*, RdA 2015, 1 (14).

175 http://www.verdi.de/themen/nachrichten/++co++e39a2190-deec-11e4-87a3-52540059119 e (zuletzt abgerufen am 10.04.2015); Süddeutsche Zeitung v. 06.04.2015.

176 Vgl. nur Verdi-Pressemiteilungen v. 06.05.2015 und 11.05.2015, abrufbar unter https://www.verdi.de/presse/aktuelle-themen/++co++ad398328-d138-11e4-9ede-5254008a33df (zuletzt abgerufen am 07.07.2015).

177 Vgl. VG Kassel 27.07.2011 – 28 K 574/10.KS.D, juris (Rn. 2 f.); VG Osnabrück 19.08.2011, NVwZ-RR 2012, 323 (Rn. 3).

178 Abendzeitung 19.03.2014, Die Stadt lässt die Mülltonnen stehen, abrufbar unter http://www.abendzeitung-muenchen.de/inhalt.muellabfuhr-streikt-die-stadt-laesst-die-muelltonnen-stehen.b32ac452-be08-478c-a5fe-5e7318bee821.html (zuletzt abgerufen am 21.12.2014).

179 *Schubert*, AuR 2014, 176 (184); i.E. bereits *Berg*, FS Kempen (2013), S. 278, 278.

180 Vgl. SPIEGEL ONLINE v. 12.06.2006, Ärztestreik: Staatsanwaltschaft ermittelt wegen Tod einer Patientin (zuletzt abgerufen am 22.09.2014).

181 *Jacobs*, NZA 2008, 325 (331).

182 Darauf verweisend *Konzen/Schliemann*, RdA 2015, 1 (14 f.).

183 Hinweis bei *Institut für Demoskopie Allensbach*, Gewerkschaften und Streiks im Spiel der öffentlichen Meinung, Allensbacher Archiv, IfD-Umfrage 10071, Mai 2011; siehe auch ZDF-Politbarometer v. 24.10.2014, abrufbar unter http://www.heute.de/

II. Vergleich zu ähnlichen Begriffen in ausländischen Rechtsordnungen

Die Heranziehung ausländischer Arbeitskampfordnungen in die Diskussion über das Streikrecht in der Daseinsvorsorge in Deutschland gebietet es, nach Begriffen zu suchen, die in den ausgewählten Ländern als Synonyme der Daseinsvorsorge betrachtet werden könnten. Als solche Synonyme kommen in Betracht die Begriffe „*services publics*" bzw. „*services publics vitaux*" und „*services essentiels*".

1. Daseinsvorsorge vs. französisches Konzept des service public

Seinem Wortlaut nach entspricht das französische Konzept des „*service public*" den „öffentlichen Dienstleistungen".[184] Allerdings beschränkt es sich nicht lediglich auf die durch den öffentlichen Dienst zu erbringenden Aufgaben, sondern es umfasst auch bestimmte Tätigkeiten von privatrechtlichen Unternehmen, die vom Staat bzw. dessen Gebietskörperschaften oder anderen juristischen Personen des öffentlichen Rechts mit Dienstleistungen von allgemeinem Interesse betraut sind.[185]

Daraus ergibt sich die Definition des „*service public*" als eine Tätigkeit, „die im allgemeinen Interesse liegt [und] von einer öffentlich-rechtlichen Körperschaft oder unter deren Kontrolle von einem Dritten erbracht wird".[186] Als solche Leistungen gelten unter anderem die medizinische und pflegerische Versorgung, die sozialrechtlichen Dienstleistungen, die Energie- und Wasserversorgung, die Ausbildung, die öffentliche Personenbeförderung nicht touristischer Art[187], die Flugsicherung[188], der Hafenbetrieb[189], die Müllabfuhr[190], die Nachrichtenübermittlung[191] sowie die Postdienstleistungen.

---

politbarometer-wenig-verstaendnis-fuer-streik-bei-bahn-und-lufthansa-35574104.html (Stand v. 29.10.2014).

184 Vgl. auch *Gärtner*, Die gesetzliche Regulierung von Bahnstreiks in Frankreich, S. 27.

185 Vgl. CE 22.02.2007 – Nr. 264 541 (*A.P.R.E.I.*), Receuil Lebon; *Lombard/Dumont*, Droit administratif, Rn. 543ff..

186 *Linder*, Daseinsvorsorge in der Verfassungsordnung der EU, S. 38; ähnlich *Chevallier*, Regards croisés sur l'économie 2/2007, 14 (14).

187 Art. L. 1324-1 *Code des transports.*

188 *Grard*, RJEP 702/2012, 21 (24).

189 Cass. soc. 16.07.1997 – Nr. 95-22.276 (*Le port autonome de Bordeaux*), Bull. civ. 1997 V, Nr. 269.

190 Cass. soc. 05.06.1984 – Nr. 81-42.229 und Nr. 81-42.238, Bull. civ. 1984 V, Nr. 229 S. 175; ebenso *Fontaine*, Le service minimum et les services essentiels, S. 246.

191 Art. 44f. i.V.m. Art. 43-11 Abs. 1 des Gesetzes Nr. 86-1067 v. 30.09.1986 über die Kommunikations- und Informationsfreiheit.

Dieser Erkenntnis folgend scheint der Begriff des „*service public*" weiter gefasst als der deutsche Begriff der Daseinsvorsorge. Es ist fraglich, ob die unter „*service public*" fallenden Bereiche für die Alltagsbewältigung der Bürger tatsächlich als unentbehrlich einzustufen sind. Abgesehen davon ist festzuhalten, dass das Konzept des „*service public*" einem besonderen Regime unterliegt, das sich in den Grundsätzen der Kontinuität, Gleichheit und Wandelbarkeit (*principes de continuité, égalité et mutabilité*) ausdrückt.[192] Für die vorliegende Untersuchung ist nur der erste Grundsatz maßgeblich.[193]

2. *Daseinsvorsorge vs. services essentiels in Quebec*

Der deutsche Begriff der Daseinsvorsorge könnte in der Rechtsordnung der kanadischen Provinz Quebec mit den sog. *services essentiels* gleichgesetzt werden. Das Arbeitsgesetzbuch von Quebec verwendet diesen Begriff an verschiedenen Stellen und verlangt dabei jeweils die Aufrechterhaltung dieser *services essentiels* auch im Falle eines Arbeitskampfs (Art. 111.0.17 ff., Art. 111.15.1 ff. *Code du travail QC*, Art. 69 *Loi sur la fonction publique*).

Die *services essentiels müssen* zunächst in sämtlichen Einrichtungen, Gebietskörperschaften und Betrieben gewährleistet sein, welche öffentliche Dienstleistungen von allgemeinem Interesse erbringen. Diese sind in Art. 111.0.16 *Code du travail QC* abschließend aufgelistet. Dazu zählen beispielsweise Gemeindeunternehmen, medizinische und soziale Einrichtungen in privater Trägerschaft, Telekommunikationsdienste, das Verkehrswesen, Energieversorgungsbetriebe, Entsorgungsbetriebe, Rettungsdienste und Krankentransport sowie Blut- und Organspendedienste. Die Sicherstellung der Daseinsvorsorge erfolgt hier grundsätzlich über eine Sozialpartnervereinbarung, die gerichtlicher Kontrolle unterliegt.[194]

Zum anderen erachtet der Gesetzgeber von Quebec generell den öffentlichen Dienst (*secteurs public et parapublic* nach Art. 111.2 *Code du travail QC*) als Bereich, in welchem *services essentiels* garantiert sein müssen, und zwar hier im Wesentlichen über die Festlegung von Quoten für Arbeitnehmer, die sich nicht an einem Streik in den betroffenen Einrichtungen beteiligen dürfen.[195]

Der strukturelle Unterschied zwischen beiden Bereichen liegt darin, dass die in Art. 111.0.16 *Code du travail QC* aufgelisteten Betriebe funktionsbezogen betrachtet werden. Es handelt sich um Einrichtungen, die unabhängig

192 Dazu ausführlich *Guglielmi/Koubi*, Droit du service public, Rn. 1087ff; siehe auch *Chevallier*, Regards croisés sur l'économie 2/2007, 14 (16); *Lombard/Dumont*, Droit administratif, Rn. 573; *Pilczer*, Informations sociales 2/2010, 6 (7).
193 Siehe dazu unten bei Abschnitt D.II.1.
194 Siehe dazu näher unten bei Abschnitt D.II.2.
195 Siehe dazu näher unten bei Abschnitt D.II.2.

davon, ob sie öffentlich-rechtlich oder privatrechtlich organisiert sind, öffentliche Dienstleistungen erbringen.[196] Hingegen handelt es sich bei dem in Art. 111.2 *Code du travail QC* genannten *secteurs public et parapublic* ausschließlich um Landesregierungseinrichtungen sowie um die in öffentlicher Trägerschaft liegenden Betriebe des Gesundheitswesens und Sozialdienstes (sog. *réseau de la santé et des services sociaux*)[197]. Betroffen von den besonderen Regelungen für die Daseinsvorsorge sind hier zum einen streikberechtigte Ministerialbeamte, Beschäftigte in öffentlichen Einrichtungen im Sinne des Gesetzes über das Beamtentum und des Art. 1 des Gesetzes über die Kollektivverhandlungen im öffentlichen Dienst, und zum anderen Arbeitnehmer in Gesundheits- und Rehabilitationszentren, Pflegeheimen, Kinder- und Jugendschutzzentren sowie in lokalen Zentren für gemeinschaftliche Dienstleistungen.

3. *Daseinsvorsorge vs. services publics vitaux nach kongolesischem Recht*

Der Begriff der *services publics vitaux*[198] nach dem kongolesischen Recht könnte auch der Sache nach der deutschen Daseinsvorsorge entsprechen. Hinsichtlich des Umfangs bestehen allerdings Abweichungen zu Deutschland, die zum großen Teil auf den Entwicklungsstand des Landes zurückzuführen sind. So lassen sich die bereits ausgewählten Erscheinungsformen der Daseinsvorsorge hier in drei Gruppen aufteilen.

Dies sind zum einen Bereiche, in denen im Grunde genommen keine Unterschiede bestehen, nämlich die medizinische und pflegerische Versorgung, die Feuerwehr und Rettungsdienste sowie das Ausbildungswesen. Zu dieser Kategorie gehört auch die innere Sicherheit, der aufgrund der labilen Sicherheitslage in einigen Teilen des Landes besondere Bedeutung beigemessen werden soll.

Die zweite Gruppe bilden Bereiche, die grundsätzlich nur auf Stadtbewohner zutreffen, wie etwa die Energie- und Wasserversorgung, die Abfallbeseitigung sowie der Verkehr. In der Praxis ist die Erbringung dieser Sach- und Dienstleistungen auch ohne Streiks nicht zuverlässig; dies ändert je-

---

[196] Nur die in öffentlicher Trägerschaft liegenden Betriebe des Gesundheitswesens und Sozialdienstes (sog. *réseau de la santé et des services sociaux*) werden von vornherein generell dem Regime des öffentlichen Dienstes zugeordnet, vgl. Art. 111.0.16-1.1° sowie 2° *Code du travail QC*.

[197] *Conseil des services essentiels*, Les services essentiels et l'exercice du droit de grève, S. 3.

[198] Vgl. Art. 93 Abs. 2 f. Gesetz Nr. 16/013 v. 15.07.2016 über das Statut der Staatsbediensteten; Art. 99 S. 3 Verordnung Nr. 81-160 v. 07.10.1981 über das Statut des Personals in staatlichen Hochschulen.

doch nichts an ihrer rechtlichen Relevanz und Bedeutung für die Bevölkerung.

Für die übrigen Bereiche ist die Bevölkerung nicht zwangsläufig auf die öffentliche Grundversorgung angewiesen, selbst wenn der Wunsch für ein solches Versorgungssystem zu erkennen ist. Die Gründe sind vielfältig: Entweder fehlen noch die erforderlichen Infrastrukturen wie z.B. für die Bankdienstleistungen, oder die Struktur der Gesellschaft ermöglicht noch eine Selbstversorgung wie bei der Kinderbetreuung oder bei der Pflege und Aufsicht älterer Menschen.

III. Zwischenergebnis

Streiks in der Daseinsvorsorge betreffen Betriebe, welche für die Bevölkerung lebenswichtige Sach- und Dienstleistungen erbringen. Gerade in diesem Bereich zeigt sich in den letzten Jahren eine steigende Tendenz der Tarifauseinandersetzungen in Deutschland. Besonders bemerkenswert ist, dass nicht der eigentliche Arbeitskampfgegner, sondern vielmehr Dritte die Auswirkungen des Arbeitskampfes zu spüren bekommen. Deswegen wird zum Schutz der Drittbetroffenen diskutiert, Grenzen bei Streiks in derartigen Betrieben zu setzen.

D. Bestandsaufnahme: vorhandene Ansätze zur Einschränkung des Streikrechts in der Daseinsvorsorge

Nachdem im vorhergehenden Kapitel das Phänomen von Streiks in der Daseinsvorsorge näher betrachtet und beschrieben wurde, gilt nun auf die Problematik deren Einschränkbarkeit einzugehen. Ob und inwieweit Streiks in Arbeitsbereichen der Daseinsvorsorge besonderen Grenzen unterworfen werden dürfen, wird im Folgenden überwiegend aus deutscher Sicht zu untersuchen sein. Konkret soll es darum gehen, die auf der Grundlage des geltenden deutschen Arbeitskampfrechts vertretenen Ansichten und darauf aufbauend die bestehenden Vorschläge zur eventuellen Fortentwicklung des Streikrechts in der Daseinsvorsorge darzustellen (dazu I.). Ergänzt wird dies durch einen Überblick über die existierenden Regelungen in den ausgewählten ausländischen Rechtsordnungen, die bestimmte Ansatzpunkte für einen möglichen Normtransfer im deutschen Recht anbieten könnten (dazu II). Schließlich werden die wichtigsten Elemente in Zwischenergebnis zusammengefasst (dazu III.).

I. Bestandsaufnahme und Lösungsvorschläge in Deutschland

Bei der Diskussion um die Enschränkbarkeit des Streikrechts in den Bereichen der Daseinsvorsorge in Deutschland geht es hauptsächlich darum zu prüfen, ob und unter welchen Voraussetzungen der in Art. 9 Abs. 3 GG geschützten Koalitionsfreiheit einschließlich des Streikrechts hier Grenzen gesetzt werden könnten. Dabei wird zu beurteilen sein, ob diese Grenzziehung bzw. deren praktische Umsetzung derzeit ausreichend ist oder einer Verschärfung bedarf. Die zweite Alternative würde zu einer weiteren Frage führen, nämlich wie die gebotene Verschärfung eventuell zu erfolgen hätte.

Die folgenden Ausführungen sollen zunächst den Meinungsstand auf der Basis der bisherigen Rechtsprechung des BVerfG und des BAG zum Streikrecht darstellen (dazu 1.) und anschließend auf die bestehenden Vorschläge eingehen (dazu 2.).

1. Bestandsaufnahme

Die allgemeinen Schranken des Streikrechts sind bereits bei der Analyse der allgemeinen Rechtmäßigkeitsvoraussetzungen von Arbeitskämpfen näher behandelt worden. Zentrales Stichwort ist dabei der Verhältnismäßigkeitsgrundsatz. Seine Handhabung durch die Gerichte wirft unter anderem die Frage auf, ob für die Arbeitsbereiche der Daseinsvorsorge besondere Einschränkungen vorzunehmen sind. Allerdings besteht sowohl in der Rechtsprechung als auch in Literatur kein einheitliches Bild.

a) Rechtsprechung

Die obersten Gerichte haben sich bislang noch nicht speziell mit der Frage der Einschränkbarkeit des Streikrechts in der Daseinsvorsorge beschäftigt.[1] Nur in einigen Urteilen[2] finden sich vereinzelte Hinweise, die allgemein eine Rücksicht auf das Gemeinwohl bei der Durchführung einer Arbeitskampfmaßnahme fordern.

Die Problematik wird überwiegend im Wege der einstweiligen Verfügungsverfahren von den Instanzgerichten behandelt[3], wobei die Meinungsunterschiede deutlich zu erkennen sind.[4] Die unterschiedlichen Lösungsansätze lassen sich in zwei Denkrichtungen zusammenfassen: Während einige Arbeits- und Landesarbeitsgerichte Streiks in bestimmten Bereichen der Daseinsvorsorge aus Gründen des Gemeinwohls[5] – insbesondere wegen der Gefährdung der Versorgung Dritter mit lebenswichtigen Leistungen[6] – oder auch wegen vermeintlich höherer Wirtschaftsschäden für die gesamte Volkswirtschaft[7] für rechtswidrig halten bzw. ihnen besonderen Einschränkungen auferlegen, gehen andere Gerichte von deren Zulässigkeit aus, sofern die Grundversorgung der Bevölkerung durch Notdienstarbeiten sichergestellt ist.[8] Gerichte, die letztere Auffassung vertreten, weisen darauf hin, dass eine

---

1 Vgl. auch LAG Sachsen 02.11.2007, NZA 2008, 59 (F I 1); *Sittard*, ZTR 2008, 178 (180).

2 BVerfG 26.06.1991, AP Nr. 117 zu Art. 9 GG Arbeitskampf (C II 3 a); 04.07.1995, AP Nr. 4 zu § 116 AFG (C I 1 b); BGH 31.01.1978, AP Nr. 61 zu Art. 9 GG Arbeitskampf (I 1) m. Anm. *Hinz*; BAG 21.04.1971, AP Nr. 43 zu Art. 9 GG Arbeitskampf (III A 1).

3 *Fischer*, jurisPR-ArbR 51/2008, Anm. 2

4 Insbesondere bei den Entscheidungen zu Bahnstreiks. Vgl. *Buchner*, BB 2007, 2520 (2520); *Fischer*, RdA 2009, 287 (288).

5 ArbG Chemnitz 05.10.2007, ArbuR 2007, 393 (C I 1 f) hält die Beschränkung des Streikrechts „unter Berücksichtigung der Gemeinwohlbindung als Ausprägung des Verhältnismäßigkeitsgrundsatzes“ für gerechtfertigt; insoweit zustimmend *Boemke*, jurisPR-ArbR 1/2008 Anm. 1; *Frenz*, WRP 2008, 73 (81).

6 LAG Hamm 18.12.2006 - 8 Sa 2052/06, juris (Rn. 15); 16.01.2007, NZA-RR 2007, 250 (252).

7 ArbG Nürnberg 08.08.2007, AuR 2007, 320.

8 Vgl. LAG Hessen 25.04.2013 - 9 Sa 561/12, juris (Rn. 50); 05.12.2013 - 9 Sa 592/13, juris (Rn. 140); 20.10.2014 – 9 Ta 573/14; 07.11.2014 – 9 SaGa 1496/14, juris (Rn. 260ff.); LAG Rheinland-Pfalz 14.06.2007, AuR 2007, 319 (II 2 b dd); LAG Sachsen 02.11.2007, NZA 2008, 59 (F II 1); ebenso ArbG Kiel 30.06.2006 – 1 Ga 11b/06, juris (Rn. 110ff.); ArbG Berlin 22.04.2013 – 59 Ga 5770/13, juris (Rn. 37, 65ff.); ArbG Frankfurt 25.03.2013 - 9 Ca 5558/12, juris (Rn. 164).

bloße Bezugnahme auf das Gemeinwohl nicht ausreiche, um besondere Einschränkungen des Streikrechts in Betrieben der Daseinsvorsorge zu rechtfertigen. Maßgebend für die Zulässigkeitsprüfung von Streiks bleibe weiterhin der Verhältnismäßigkeitsgrundsatz, welcher die Berücksichtigung „sämtlicher Umstände des Einzelfalls“ einschließe.[9]

Darüber hinaus gibt es einige Entscheidungen, welche die Rechtswidrigkeit von Streiks hauptsächlich auf das damals vom BAG vertretene Prinzip der Tarifeinheit[10] oder auf eine vermeintliche Verletzung des „ultima-ratio“-Prinzips[11] oder auch auf das Fehlen eines tariflich regelbaren Ziels[12] stützten. Sie bleiben im Folgenden außer Betracht, da ihre Analyse für die Kernfrage der Einschränkbarkeit des Streikrechts in der Daseinsvorsorge keinen unmittelbaren Ertrag verspricht.

b) Literatur

Ebenso wie die Rechtsprechung sind die in der Literatur vertretenen Ansichten vielfältig: Während einige Autoren ein uneingeschränktes Streikrecht auch in der Daseinsvorsorge vertreten, sprechen sich andere für ein generelles Streikverbot in diesem Bereich aus. Zwischen den beiden Extrempositionen findet sich eine vermittelnde Auffassung, die derartige Streiks grundsätzlich für zulässig hält, aber Einschränkungen insbesondere bei lebenswichtigen Versorgungsbetrieben vornimmt. Innerhalb dieser drei Säulen finden sich feinere Differenzierungen, die aber keine wesentlichen Unterschiede erkennen lassen. Einbezogen werden beispielsweise Umstände wie die Art der gegenüber Dritten zu erbringenden Leistungen, die Dauer des Arbeitskampfes, das Bestehen von Alternativen oder die Durchführung von Notdienstarbeiten.

aa) Verfechter eines uneingeschränkten Streikrechts

Für einen Teil der Literatur[13] stellt der Bereich der Daseinsvorsorge keine arbeitskampffreie Zone dar. Einschränkungen des Arbeitskampfrechts seien dort weder geboten noch verfassungsrechtlich oder nach internationalem

---

[9] Vgl. nur LAG Hessen 07.11.2014 – 9 SaGa 1496/14, juris (Rn. 260ff.).

[10] Statt aller LAG Rheinland-Pfalz 22.06.2004, AP Nr. 169 zu Art. 9 GG Arbeitskampf (B II 2 b cc) m. Anm. *Däubler*; ArbG Düsseldorf 01.08.2007, BeckRS 2007, 46356 (II 1); ArbG Chemnitz 06.08.2007 – 7 Ga 15/07, juris (Rn. 35ff.).

[11] Vgl. ArbG Kiel 18.05.2009 – 4 Ga 23 b/09, BeckRS 2009, 66409.

[12] Vgl. LAG Hessen 09.09.2015, NZA 2015. 1337 (B I 2 b).

[13] Vgl. nur *BKPSS*, TVG und ArbKR, Teil 3 Rn. 168ff.; *Schubert*, AuR 2014, 176 (176ff.); Schaub/*Treber*, ArbR-HdB, § 192 Rn. 42.

Recht zulässig.[14] Art. 9 Abs. 3 GG lasse sich nicht zur Gewährleistung der Daseinsvorsorge verdrängen. Zum Schutz der dem Streikrecht höher- bzw. gleichrangigen Grundrechte bestünden bereits ausreichende Instrumente (wie z.B. die Sicherstellung von Notdiensten), die dem Verhältnismäßigkeitsgrundsatz zu entnehmen seien und besondere Einschränkungen entbehrlich machten.[15] Selbst bei Streiks in Krankenhäusern blieben noch einige Alternativen, wie etwa die Patientenverlegung oder das Verschieben von nicht dringenden Operationen.[16]

Bislang sei es auch in der Bundesrepublik noch nie zu einem gesellschaftlichen Zusammenbruch aufgrund von Streiks in der Daseinsvorsorge gekommen.[17] Beeinträchtigungen der Versorgung der Bevölkerung in diesen Bereichen würden meist durch schlechte Arbeitsbedingungen, Personalmangel oder Naturkatastrophen verursacht.

Von diesen Umständen ausgehend werden beispielsweise eine halb- bis ganztägige streikbedingte Unterbrechung der Strom- und Wasserversorgung sowie ein noch längerer Ausfall von Gas und Fernwärme für zulässig gehalten, sofern „durch vorherige Bekanntgabe des Termins die Betroffenen in die Lage versetzt werden, die erforderlichen Vorkehrungen zu treffen".[18] In Betracht kämen etwa „die Anschaffung von Wasservorräten, Kerzen, Batterien und ggf. Brennholz" oder sogar eine „vorübergehende Ortsabwesenheit" und – für bestimmte Einrichtungen – die „Einschaltung der Notstromaggregate".[19] Dies sei für die Verbraucher zumutbar und sie müssten sich darauf einstellen.

bb) Befürworter von Streikrechtseinschränkungen

Befürworter von Streikrechtseinschränkungen in der Daseinsvorsorge können in zwei Gruppen aufgeteilt werden. Einerseits gibt es Vertreter eines ab-

---

14 Däubler/*Hensche*, Arbeitskampfrecht, § 18 Rn. 9; *Schubert*, AuR 2014, 176 (176).

15 *BKPSS*, TVG und ArbKR, Teil 3 Rn. 168ff.; *Schubert*, AuR 2014, 176 (180 f.); Schaub/*Treber*, ArbR-HdB, § 192 Rn. 42; i.E. auch ErfK/*Linsenmaier*, Art. 9 GG (Rn. 128, 134).

16 *Schubert*, AuR 2014, 176 (181 f.).

17 *Müller-Jentsch*, DIE ZEIT v. 22.11.2007, S. 30.

18 *Däubler*, Der Streik im öffentlichen Dienst, S. 232 f.; teilweise zustimmend *Rieble*, FA 2012, 130 (130), der eine Begrenzung des Stromausfalles auf zwei Stunden am Tag für „denkbar" hält; kritisch *Scherer*, Grenzen des Streikrechts in den Arbeitsbereichen der Daseinsvorsorge, S. 13, 103.

19 So *Weißleder*, Erhaltungs- und Notstandsarbeiten im Streik, S. 97ff., der aber diese Maßnahmen als ungeeignet ablehnt; i.E. bereits *Gamillscheg*, Kollektives Arbeitsrecht, S. 1178.

soluten Streikverbots[20] und andererseits finden sich Stimmen[21], die sich für eine vermittelnde Lösung aussprechen.

(1) Umfang der Einschränkungen

Bereiche der Daseinsvorsorge, die nach einem Teil der Literatur dem Streikverbot unterliegen, sind unter anderem die Feuerwehr[22] und Rettungsdienste, die Wasser- und Energieversorgung[23] sowie die medizinische und pflegerische Versorgung[24]. Die Durchführung von Arbeitskämpfen, die zu einer Unterbrechung der Versorgung entsprechender Leistungen führen würde, soll generell ausgeschlossen sein. Dieser Haltung werden die grundrechtlich geschützten Belange Drittbetroffener zugrunde gelegt. Sinn und Zweck eines Arbeitskampfverbotes in diesen Bereichen sei, potentielle Gefahren für Leib und Leben vor ihrem Eintritt zu verhindern.[25]

Dem entgegen tritt eine weitere Ansicht, wonach ein generelles Arbeitskampfverbot unter Rückgriff auf die oben dargelegten Argumente nur schwer in Einklang mit Art. 9 Abs. 3 GG zu bringen sei.[26] Die streikbedingte Unterbrechung von der Allgemeinheit dienenden Tätigkeiten sei zwar als unzulässig anzusehen. Diese Unzulässigkeit lasse sich jedoch nicht auf Streiks ausdehnen, welche auf Maßnahmen beschränkt seien, die keinen Einfluss auf die Versorgung Dritter hätten[27], die aber in der Lage seien, Druck auf Arbeitgeber auszuüben.

Dass auch die Daseinsvorsorge bestreikt werden darf, wird nach dieser Auffassung nicht in Frage gestellt. Nur schließe dies etwaige Restriktionen nicht aus, wenn diese der Sicherstellung der Versorgung der Bevölkerung mit lebenswichtigen Gütern und Dienstleistungen dienen.[28] Eine Verdrän-

---

20 Statt aller *Scherer*, Grenzen des Streikrechts in den Arbeitsbereichen der Daseinsvorsorge, S. 105ff.; Maunz/Dürig/*Scholz*, Art. 9 GG Rn. 319, 350; *ders.*, in: Isensee/Kirchhof (Hrsg.), HStR VIII, § 175 Rn. 39.

21 Vgl. u. a. *Bayreuther*, NZA 2008, 12 (13); *Gamillscheg*, Kollektives Arbeitsrecht, S. 1176ff.; *Hufen*, NZA 2014, 1237 (1238 f.); *Kissel*, Arbeitskampfrecht, § 28 Rn. 26; *Kolbe*, BB 2009, 1414 (1414); Münch-HbArbR/*Ricken*, § 200 Rn. 59ff.

22 *Gamillscheg*, Kollektives Arbeitsrecht, S. 1178; *Rudkowski*, Der Streik in der Daseinsvorsorge, S. 251.

23 *Gamillscheg*, Kollektives Arbeitsrecht, S. 1178.

24 Maunz/Dürig/*Scholz*, Art. 9 GG Rn. 319; beschränkt auf Intensiv-, Entbindungs- oder Dialysestationen von Krankenhäusern *Bayreuther*, NZA 2008, 12 (14) m.w.N.

25 *Scherer*, Grenzen des Streikrechts in den Arbeitsbereichen der Daseinsvorsorge, S. 116.

26 Kissel, Arbeitskampfrecht, § 28 Rn. 26 und § 34 Rn. 45; *Schneider/Sittard*, DÖD 2006, 244 (246); *Sittard*, ZTR 2008, 178 (180).

27 *Seiter*, Streikrecht und Aussperrungsrecht, S. 553; i.E. auch *Kalb*, Arbeitskampfrecht, S. 73.

28 *Bayreuther*, NZA 2008, 12 (13); *Kerwer*, EuZA 2008, 335 (340 f.).

gung des Streikrechts zum Schutz der Allgemeinheit sei verfassungsrechtlich gerechtfertigt[29] und mit Art. 9 abs. 3 GG vereinbar.[30]

Diesem Ansatz folgend wird die Zulässigkeit von Streiks in diesen Bereichen grundsätzlich davon abhängig gemacht, dass die Grundrechtspositionen Dritter anhand von Notdiensten ausreichend gesichert werden.[31] Gemeint sind beispielsweise die Gewährleistung der Grundversorgung von Patienten[32], die Bereitstellung von Blutkonserven, die Aufrechterhaltung der Flugsicherung[33], die ununterbrochene Versorgung der Bevölkerung mit Wasser, Elektrizität, Gas und Fernwärme sowie die Sicherstellung eines Notfahrplanes.[34] Zugleich dürften weitere Tätigkeiten innerhalb dieser einzelnen Betriebe ohne weiteres niedergelegt werden, sofern ein solcher Ausfall keine große Gefahr für Dritte - insbesondere hinsichtlich der Rechtsgüter Leben und Gesundheit - darstelle.[35] Dies sei der Fall für Verwaltungsmitarbeiter, Reinigungsdienst, Pförtner und Nachtwächter[36] und für das Krankenhauspersonal, das hauptsächlich in der Forschung eingebunden ist.[37] Entsprechendes soll auch für Fahrkartenkontrolleure und -verkäufer[38] eines Verkehrsunternehmens, für die Güterbeförderung sowie für die private Feuerwehr, etwa die Werksfeuerwehr eines Industriebetriebes mit Ausnahme der Flughafenfeuerwehr[39] gelten.

In einigen Bereichen - wie z.B. bei der Müllabfuhr - kommen danach Einschränkungen des Streikrechts nur unter bestimmten Umständen bezüg-

---

29 *Bayreuther*, NZA 2013, 704 (705); *Henssler*, ZfA 2010, 397 (418 f.); *ders.*, RdA 2011, 65 (70); *Meyer*, NZA 2006, 1387 (1387); *Rudkowski*, ZfA 2012, 467 (468); teilweise zustimmend *Schliemann*, RdA 2012, 14 (15): verfassungsrechtliche Begrenzungen des Streikrechts in der Daseinsvorsorge seien möglich, aber derzeit noch nicht geboten.

30 *Brox/Rüthers*, Arbeitskampfrecht, S. 93.

31 *Kissel*, Arbeitskampfrecht, § 28 Rn. 26 und § 43 Rn. 133ff.; *Rieble*, ZAF 2005, 218 (226); noch weitgehend *Lieb*, Der Arbeitskampf im öffentlichen Dienst, S. 483.

32 Vgl. *Schneider/Sittard*, DÖD 2006, 244 (247 f.).

33 Dies betrifft die Starts und Landungen (*taxi, take off* und *landing clearances*), die An- und Abflugkontrolle (*approach and departure control – contrôle d'approche d'aéronefs*) sowie die Kontrolle der Autobahnen und Fernstraßen des Luftverkehrs im *Area Control Center* (ACC). Vgl. dazu *Schliemann*, RdA 2012, 14 (25).

34 Vgl. *Bayreuther*, NZA 2008, 12 (14).

35 Zur Unterscheidung nach Tätigkeiten der Streikenden, vgl. *Rudkowski*, Der Streik in der Daseinsvorsorge, S. 144ff.; ebenso *Heinze*, in: Oetker/Preis/Rieble (Hrsg.), 50 Jahre Bundesarbeitsgericht, S. 493, 505 f., verweisend auf unterschiedliche Prüfungsmaßstäbe speziell für Streiks von Fluglotsen, technischem Personal und übrigen Beschäftigten der DFS GmbH; ähnlich *Reuß*, RdA 1972, 321 (323).

36 *Scherer*, Grenzen des Streikrechts in den Arbeitsbereichen der Daseinsvorsorge, S. 120ff.

37 Vgl. *Rudkowski*, Der Streik in der Daseinsvorsorge, S. 181.

38 *Scherer*, Grenzen des Streikrechts in den Arbeitsbereichen der Daseinsvorsorge, S. 127.

39 *Rudkowski*, ZfA 2012, 467 (472).

lich Dauer, Umfang und möglicher Gesundheitsgefährdungen in Betracht.[40] Bei anderen – etwa im Ausbildungswesen – wird eine bloße „Pflicht zur Rücksichtnahme“[41] verlangt.

Insgesamt lässt sich festhalten, dass die Einschränkbarkeit des Streikrechts in der Daseinsvorsorge nicht uferlos vertreten wird. Für die Konkretisierung der Unzulässigkeit von Streiks in diesem Bereich werden Kriterien festgelegt bzw. diskutiert, die als mögliche Grundlage für die Gewährung des Rechtsschutzes herangezogen werden könnten.

(2) Unzulässigkeitskriterien

Die einhellige Ansicht in Literatur und Rechtsprechung hält Streiks für unzulässig, wenn eine gezielte Drittschädigung vorliegt bzw. befürchtet wird, die eingestellten Sach- und Dienstleistungen von herausragender Bedeutung für Drittbetroffene sind und ein Ausweichen auf anderer Anbieter unmöglich oder unzumutbar ist, so dass die Gefährdung höherrangiger Rechtsgüter droht.

(a) Die gezielte Drittschädigung

Streiks stellen grundsätzlich ein „Duell“ zwischen Arbeitnehmer- und Arbeitgeberseite dar und tendieren dazu, Interessengegensätze beider Parteien durch kollektive Maßnahmen auszugleichen. Konkret zielen sie darauf ab, der *Gegenseite* Schaden zuzufügen, um sie zur Erfüllung der Tarifforderungen zu zwingen.[42] Eine Drittschädigung ist nicht auszuschließen, sondern als Folge der Anerkennung des Arbeitskampfrechts durch die Rechtsordnung in Kauf zu nehmen.[43] Daran ist zunächst nichts zu beanstanden. Ein Arbeitskampf, der keine Auswirkungen auf Dritte hätte, ist kaum denkbar. So stellt die Drittbetroffenheit an sich keine Besonderheit von Arbeitskämpfen in der Daseinsvorsorge dar.[44]

Nicht selten kommt es allerdings vor, dass Streiks nicht nur als Folgewirkung, sondern auch gezielt in die Rechte anderer Bürger eingreifen, die mit

---

40 *Bayreuther*, NZA 2008, 12 (14); *Gamillscheg*, Kollektives Arbeitsrecht, S. 1179; *Kissel*, Arbeitskampfrecht, § 43 Rn. 135.

41 *Gamillscheg*, Kollektives Arbeitsrecht, S. 1179 f.

42 Vgl. nur ErfK/*Linsenmaier*, Art. 9 GG Rn. 94; *Heinze*, in: Oetker/Preis/Rieble (Hrsg.), 50 Jahre Bundesarbeitsgericht, S. 493, 507; *Uhl/Raif*, ArbR 2012, 310 (310).

43 *Bayreuther*, EuZA 2008, 395 (406); *Greiner*, NZA 2007, 1023 (1028) zu unvermeidbaren wirtschaftlichen Schäden; *Schubert*, AuR 2014, 176 (185); *Seiter*, Streikrecht und Aussperrungsrecht, S. 545, 555.

44 Däubler/*Hensche*, Arbeitskampfrecht, § 18 Rn. 6ff.; insoweit zustimmend *Scherer*, Grenzen des Streikrechts in den Arbeitsbereichen der Daseinsvorsorge, S. 32 f.

den tarifvertraglichen Auseinandersetzungen überhaupt nichts zu tun haben.[45] Solche Fälle weichen von der klassischen und traditionellen Konstellation ab, die das Arbeitskampfrecht mit seiner hergebrachten Bipolarität kennzeichnet.[46] Denn sofern nicht der Verhandlungspartner, sondern Dritte systematisch und gezielt von der Kampfmaßnahme beeinträchtigt werden, entsteht eine „Dreieckskonstellation“[47] aus Arbeitnehmer, Arbeitgeber und Drittbetroffenen[48], und zugleich eine „neue Frontstellung“[49].

Dies ist der Fall bei Streiks in der Daseinsvorsorge, bei denen unbeteiligte Bürger häufig empfindlicher und härter getroffen sind[50], wie es in Bahnstreiks mehrfach geschehen ist.[51] Der Unterschied zu der oben erwähnten Fallkonstellation liegt daran, dass in der Daseinsvorsorge die Drittbetroffenheit im Mittelpunkt steht.

Hieran knüpfen Teile der Literatur an: Es wird kritisiert, dass die Bevölkerung bei solchen Kampfmaßnahmen in „Geiselhaft“[52] genommen werde: Der Streik richte sich gegen den anderen Tarifpartner, der zugleich über die Möglichkeit verfüge, den durch eine eventuelle Kampfmaßnahme drohenden Schaden rechtzeitig abzuwenden bzw. ihn zu verringern, indem er beispielsweise der Kampfforderung nachkomme. Unbeteiligte Dritte könnten dies auf Grund ihrer Stellung nicht.[53] Sie stünden vielmehr wie „Gei-

---

45 *Bayreuther*, NZA 2008, 12 (14); *Franzen/Thüsing/Waldhoff*, Arbeitskampf in der Daseinsvorsorge, S. 51 f.; *Meik*, in: Lehmann (Hrsg.), Deutsche und europäische Tariflandschaft im Wandel, S. 112, 122; *Sittard*, ZTR 2008, 178 (178); *Stegmüller*, NZA 2015, 723 (723).

46 *Kissel*, Arbeitskampfrecht, § 1 Rn. 4; *Rieble*, RdA 2005, 200 (205).

47 *Franzen/Thüsing/Waldhoff*, ZG 2012, 349 (366); *Rudkowski*, Der Streik in der Daseinsvorsorge, S. 91.

48 Vgl. *Franzen/Thüsing/Waldhoff*, Arbeitskampf in der Daseinsvorsorge, S. 36; *Scherer*, Grenzen des Streikrechts in den Arbeitsbereichen der Daseinsvorsorge, S. 32.

49 *Seiter*, Streikrecht und Aussperrungsrecht, S. 542.

50 *Greiner*, DÖV 2013, 623 (629); *Rieble*, FA 2012, 130 (130); *Rüthers*, NZA 2010, 6 (7) mit Beispielen; *Scherer*, Grenzen des Streikrechts in den Arbeitsbereichen der Daseinsvorsorge, S. 16 weist darauf hin, dass in vielen Bereichen der Daseinsvorsorge die Arbeit in solchen Zeiten niedergelegt werde, in denen dies der Bevölkerung besonders weh tut.

51 *Buchner*, BB 2008, 106 (106ff.).

52 Dazu *Gamillscheg*, Kollektives Arbeitsrecht, S. 1122; noch ausführlicher *Scherer*, Grenzen des Streikrechts in Arbeitsbereichen der Daseinsvorsorge, S. 36, 39; *Schliemann*, RdA 2012, 14 (18), der unter Verweis auf die Definition des Begriffs „Geiseln“ einen „grundlegenden Funktionszusammenhang“ zwischen Streiks in der Daseinsvorsorge und Geiselhaft herstellt; vgl. auch *Hanau*, in: Gießen/Junker/Rieble (Hrsg.), Entgrenzter Arbeitskampf?, S. 15, 34; *Lambrich/Sander*, NZA 2014, 337 (341); *Lehmann*, BB 2010, 2237 (2242); *Lieb*, Der Arbeitskampf im öffentlichen Dienst, S. 374; *Sittard*, ZTR 2008, 178 (181); *Rieble*, FA 2012, 130 (130); *Rosenstiel*, Arbeitskampfrecht, S. 17; *Rüthers*, NJW 2006, 970 (971).

53 *Heinze*, in: Oetker/Preis/Rieble (Hrsg.), 50 Jahre Bundesarbeitsgericht, S. 493, 507; *Scherer*, Grenzen des Streikrechts in den Arbeitsbereichen der Daseinsvorsorge, S. 106 f.

seln"mitten in einer Tarifstreitigkeit, zu deren Lösung sie nicht beitragen können.

Dieser Erkenntnis folgend werden Streiks, bei denen Dritte und die Allgemeinheit zur eigentlichen Zielgruppe gemacht würden[54] und die Grenzen des Erträglichen überschritten seien[55] als rechtswidrig angesehen.

(b) Die wahrscheinliche Gefährdung höherrangiger Rechtsgüter

Ein weiterer Aspekt, der für die Unzulässigkeit von Arbeitskämpfen in der Daseinsvorsorge herangezogen wird, ist die Bedeutung der im Streikfall eingestellten Leistung für die alltägliche Existenzbewältigung der Bevölkerung oder breiter Teile von dieser.

Sofern es um Sach- und Dienstleistungen gehe, die unabdingbar seien und deren Einstellung das Leben, die Sicherheit oder die Gesundheit der Bürger gefährden könne, müsse das Streikrecht zurücktreten.[56] Dies spreche auch dafür, dass selbst innerhalb der Daseinsvorsorge nicht sämtliche Tätigkeiten stets streikfrei zu leisten sind. Es müsse eine wesentliche Unterscheidung erfolgen, aufgrund derer die im Randbereich stehenden Tätigkeiten unter Umständen eingestellt werden können.

Diese beiden Unzulässigkeitsmaßstäbe seien zwar eng miteinander verbunden, sie müssten aber nicht kumulativ angewendet werden. Das Vorliegen eines davon sei bereits ausreichend[57], um die Rechtswidrigkeit eines Arbeitskampfes herbeizuführen.

---

[54] *Bayreuther*, NZA 2008, 12 (14); ähnlich *Fritz/Meyer*, NZA-Beil. 2010, 111 (111); *Heinze*, in: Oetker/Preis/Rieble (Hrsg.), 50 Jahre Bundesarbeitsgericht, S. 493, 507 f. m.w.N.; *Scherer*, Grenzen des Streikrechts in den Arbeitsbereichen der Daseinsvorsorge, S. 128; i.E. auch *von Steinau-Steinrück/Sura*, NZA 2014, 580 (583); anders *Hänsle*, Streik und Daseinsvorsorge, S. 514ff., der die gezielte Drittschädigung als Kriterium für die Einschränkung des Streikrechts in der Daseinsvorsorge ablehnt, da kein Schädigungsvorsatz der kampfführenden Gewerkschaften nachweisbar sei.

[55] BGH 31.01.1978, AP Nr. 61 zu Art. 9 GG Arbeitskampf (I 2 b) m. Anm. *Hinz*; anders *Kalb*, Arbeitskampfrecht, Rn. 140, wonach „die nachteiligen Auswirkungen von Arbeitskämpfen auf unbeteiligte Dritte […] nicht zur Rechtswidrigkeit dieser führen. Dies gilt selbst dann, wenn der Drittschaden größer ist als der dem unmittelbaren Kampfgegner zugefügte Schaden oder die Allgemeinheit in besonders nachhaltiger Weise betroffen ist".

[56] *BIT*, Recueil 2006, Rn. 581; insoweit zustimmend *Kalb*, Arbeitskampfrecht, Rn. 140; Münch-HbArbR/*Ricken*, § 200 Rn. 61; noch ausführlicher *Scherer*, Grenzen des Streikrechts in den Arbeitsbereichen der Daseinsvorsorge, S. 109 f.; kritisch Däubler/*Hensche*, Arbeitskampfrecht, § 18 Rn. 9.

[57] Vgl. *Scherer*, Grenzen des Streikrechts in den Arbeitsbereichen der Daseinsvorsorge, S. 118.

2. *Vorschläge*

Obwohl *de lege lata* Einschränkungen des Streikrechts in der Daseinsvorsorge unter Bezugnahme des Verhältnismäßigkeitsgrundsatzes einschließlich des Gemeinwohls von der h.M. als zulässig angesehen werden, gehen die Meinungen, wie das Streikrecht im Hinblick darauf fortentwickelt werden soll, auseinander. Hauptsächlich werden zwei Lösungsansätze vertreten. Nach überwiegender Auffassung ist eine gesetzliche Normierung dieser Streikrechtseinschränkungen erforderlich. Demgegenüber steht die Ansicht, dass ein derartiges Gesetz entbehrlich sei; stattdessen genüge es, die Verhältnismäßigkeitsprüfung einschließlich des Gedankens des „ultima-ratio"-Prinzips durch eine Rechtsprechungsänderung zu stärken.

a) *Möglichkeiten einer Rechtsprechungsänderung*

Die Schaffung eines gesetzlichen Sonderarbeitskampfrechts für die Bereiche der Daseinsvorsorge stößt zum Teil auf Ablehnung.[58] Von Kritikern wird sie als entbehrlich, wenn nicht als unzulässig angesehen. Die gebotene Verschärfung der Streiksrechtseinschränkungen sei vielmehr durch richterrechtliche Rechtsfortbildung geltender Grundsätze des Arbeitskampfrechts herbeizuführen.

aa) *Verschärfung der Verhältnismäßigkeitsprüfung*

Es wird die Ansicht vertreten, dass der Schutz von Arbeitskämpfen betroffener Dritter keinen überzeugenden Rechtfertigungsgrund für einen Eingriff des Gesetzgebers in das Grundrecht der Koalitionsfreiheit darstelle, solange durch entsprechende Notdienstvereinbarungen den Interessen der Allgemeinheit Rechnung getragen werden[59] und dies im Rahmen der Verhältnismäßigkeitsprüfung Berücksichtigung finden könne.[60] Es genüge insofern, auf die richterrechtliche Rechtsfortbildung geltender Grundsätze des Arbeitskampfrechts zu setzen, ohne dass eine gesetzliche Regelung dafür getroffen werden müsste.

Konkret wird vorgeschlagen, das Verhältnismäßigkeitsprinzip durch eine Änderung bzw. eine Fortentwicklung der Rechtsprechung noch stärker heranzuziehen oder zu berücksichtigen. Mögliche Anknüpfungspunkte seien dabei die viel kritisierte Einschätzungsprärogative der Gewerkschaften zu

---

58 *Fischer*, FA 2012, 131 (131); *Schubert*, AuR 2014, 176 (184).
59 *BKPSS*, TVG und ArbKR, Teil 3 Rn. 158; anders *Scherer*, Grenzen des Streikrechts in den Arbeitsbereichen der Daseinsvorsorge, S. 16.
60 *Glanz*, NJW-Spezial 2007, 578 (579).

Fragen der Geeignetheit und Erforderlichkeit der Streikmaßnahmen, die Einbeziehung der Schlichtung in das „ultima-ratio"-Prinzip sowie die Entwicklung von Regeln zur Durchsetzung tarifautonom vereinbarter Notstandsarbeiten und sonstige Mechanismen zur Gewährleistung ihrer Wirksamkeit.[61]

Im Hinblick darauf dürfe die gerichtliche Prüfung der Rechtmäßigkeitsvoraussetzungen von Streiks nicht mehr auf ein bipolares Verhältnis zwischen Arbeitnehmer und Arbeitgeberseite beschränkt sein. Vielmehr sei eine Gesambetrachtung der Interessenlage unter besonderer Berücksichtigung der schutzwürdigen Dritter vorzunehmen. Insbesondere lasse sich die „Wirkkraft des Verhältnismäßigkeitsgrundsatzes"[62] stärken, indem die Arbeitsgerichte einer bürgerfreundlichen Handhabung des „ultima-ratio"-Prinzips den Vorzug gäben.[63]

Eine Streikmaßnahme sei nur als rechtmäßig zu qualifizieren, wenn das Gericht zu der Überzeugung gelangt sei, dass die kampfführende Gewerkschaft tatsächlich alle Verständigungsmöglichkeiten ausgelotet habe, die ihr zur Verfügung stehen. Desweiteren habe das Gericht sicherzustellen, dass sämtliche von den Arbeitkampfparteien vereinbarten Notstandsarbeiten zum Schutz der Allgemeinheit und der Drittbetroffenen tatsächlich durchgeführt werden.

Auf diese Weise werde sichergestellt, dass die Gefahr einer Störung in der Versorgung der Bevölkerung mit lebenswichtigen Gütern und Dienstleistungen eingedämmt sei, ohne auf die Gesetzgebung zurückgreifen zu müssen.

bb) Beamtenstreikverbot und Daseinsvorsorge

Ein weiteres Argument leiten die Befürworter einer allein auf Fortentwicklung des Richterrechts beruhenden Lösung aus dem Streikverbot für Beamte her.

(1) Überblick über das Beamtenstreikverbot

Art. 9 Abs. 3 GG schützt Arbeitskämpfe, soweit sie einen Tarifbezug aufweisen.[64] Dieser fehlt beim Streik von Beamten, da die Beschäftigungsbedingungen im Beamtenverhältnis nicht durch Tarifverträge, sondern einseitig

---

61 Vgl. nur *Hänsle*, Streik und Daseinsvorsorge, S. 717ff., 738, 750f.
62 *Fischinger/Monsch*, NJW 2015, 2209 (2210).
63 Etwa *BKPSS*, TVG und ArbKR, Teil 3 Rn. 138af.
64 S.o. unter Abschnitt B.I.2.a).

und hoheitlich durch Gesetze und Verordnungen festgelegt werden.[65] Maßgebliche Vorschriften sind unter anderem § 2 Abs. 1 und 2 Bundesbesoldungsgesetz (BBesG), § 3 Abs. 1 und 2 Beamtenversorgungsgesetz (BeamtVG), §§ 60ff. Bundesbeamtengesetz (BBG), §§ 33ff. Beamtenstatusgesetz (BeamtStG) und entsprechende landesgesetzliche Vorschriften[66], welche Regelungen über die Besoldung und die Versorgung von Beamten sowie die rechtliche Stellung im Beamtenverhältnis normieren. Beamte sind daher vom Tarifvertragssystem ausgeschlossen. Folgerichtig kann ein von ihnen geführter Streik nicht tarifbezogen sein; er entspricht vielmehr dem politischen Streik und ist nach gegenwärtiger Rechtslage schon deshalb als unzulässig anzusehen.[67]

Darüber hinaus wird das Streikverbot für Beamte sowohl von der Rechtsprechung[68] als auch von der überwiegenden Meinung im juristischen Schrifttum[69] aus den hergebrachten Grundsätzen des Berufsbeamtentums aus Art. 33 Abs. 5 GG abgeleitet. Hier ließe sich allerdings hinterfragen, ob das Beamtenstreikverbot tatsächlich selbst zu den hergebrachten Grundsätzen des Berufsbeamtentums gehört[70] oder eher als deren Folge[71] zu betrachten ist. Nach der Rechtsprechung des BVerfG sind die hergebrachten

---

[65] OVG Lüneburg 12.06.2012, NVwZ 2012, 1272 (Rn. 38ff./89); ebenso *Badura*, Staatsrecht, Kapitel C Rn. 101; *Bitsch*, ZTR 2012, 78 (85); ErfK/*Linsenmaier*, Art. 9 GG Rn. 190; KassHb/*Kalb*, 8.2 Rn. 66; *Löwisch/Rieble*, TVG, Grundlagen Rn. 126; *Nokiel*, DÖD 2012, 152 (154); *ders.*, RiA 2007, 162 (166); *Preis*, Arbeitsrecht, S. 385; *Richardi/Bayreuther*, Kollektives Arbeitsrecht, § 10 Rn. 96; *Richardi*/Dörner/Weber, § 2 BPersVG Rn. 43; *Schubert*, AöR 2012, 92 (96); *Seifert*, KritV 2009, 357 (372).

[66] Wie etwa Art. 73ff. Bayerisches Beamtengesetz (BayBG); Art. 3 Bayerisches Besoldungsgesetz (BayBesG); Art. 3 Bayerisches Beamtenversorgungsgesetz (BayBeamtVG).

[67] *Bitsch*, ZTR 2012, 78 (85); *Kissel*, Arbeitskampfrecht, § 45 Rn. 40.

[68] BVerfG 30.03.1977, NJW 1977, 1869 (C I 5); 19.09.2007, NVwZ 2007, 1396 (C I 2 a); BVerwG 3.12.1980, NJW 1981, 1283 (Rn. 1ff.); 27.02.2014, NZA 2014, 616 (Rn. 23ff.).

[69] Vgl. *Badura*, Staatsrecht, Kapitel C Rn. 101; *Böhm*, ZBR 2012, 164 (164); *Gamillscheg*, Kollektives Arbeitsrecht, S. 1108; *Hebeler*, ZBR 2012, 325 (328ff.); Sachs/*Höfling*, Art. 9 GG Rn. 146; *Jarass*/Pieroth, Art. 9 GG, Rn. 56; *Nokiel*, DÖD 2012, 152 (154); *Scherer*, Grenzen des Streikrechts in den Arbeitsbereichen der Daseinsvorsorge, S. 73 f.; *Traulsen*, JZ 2013, 65 (66, 70); a. A. Däubler/*Hensche*, Arbeitskampfrecht, § 18 a Rn. 15, 24ff.; noch ausführlicher weisen *Polakiewicz/Kessler*, NVwZ 2012, 841 (844) darauf hin, dass ein ausdrückliches Streikverbot für Beamte weder aus den geltenden Beamtengesetzen des Bundes noch aus dem Wortlaut des Art. 33 Abs. 4 und 5 zu entnehmen sei; ähnlich *Kutscha*, AuR 2014, 408 (408 f.); *ders.*, RuP 2014, 206 (206).

[70] So *Bitsch*, ZTR 2012, 78 (79); *Hänsle*, Streik und Daseinsvorsorge, S. 492 f.; *Lindner*, DÖV 2011, 305 (305); *Lorse*, ZBR 2015, 109 (113); *Nokiel*, DÖD 2012, 152 (153ff.); Jarass/*Pieroth*, Art. 33 GG Rn. 51; *Sonntag/Hoffmann*, RiA 2012, 137 (137); *Widmaier/Alber*, ZEuS 2012, 387 (388).

[71] *Däubler*, Der Streik im öffentlichen Dienst, S. 105ff.; Däubler/*Hensche*, Arbeitskampfrecht, § 18 a Rn. 27 f., 39.

Grundsätze des Berufbeamtentums als „Kernbestand von Strukturprinzipien [zu verstehen], die allgemein oder doch ganz überwiegend und während eines längeren, traditionsbildenden Zeitraums, mindestens unter der Reichsverfassung von Weimar, als verbindlich anerkannt und gewahrt worden sind".[72] Dazu zählen unter anderem die Pflicht zur amtsangemessenen Besoldung und Versorgung der Beamten und ihrer Familien (das sog. Alimentationsprinzip), die Hauptberuflichkeit, das Leistungsprinzip, der Laufbahngrundsatz sowie das Lebenszeitprinzip.[73] Nach einhelliger Auffassung[74] wird damit die rechtliche Stellung im Beamtenverhältnis besonders gesichert. Es bestehe weder Arbeitsplatz- noch Gehaltsrisiko. Gerade aus dieser Sonderstellung ergeben sich bestimmte Beamtenpflichten wie etwa die allgemeine Rechts- und Gesetzestreuepflicht und die Gehorsampflicht.[75] Dies wiederum könnte gewisse Einschränkungen als Ausgleich oder Gegenleistung des den Beamten zur Verfügung stehenden besonderen Schutzes rechtfertigen.[76] Es spricht also manches dafür, dass das Streikverbot für Beamten im Hinblick auf Art. 33 Abs. 5 GG nicht als einer der hergebrachten Grundsätze des Berufbeamtentums zu verstehen, sondern als eine Folge letzterer anzusehen ist. Unabhängig von seiner genauen Herleitung kann aber jedenfalls festgehalten werden, dass das Verbot des Beamtenstreiks zurzeit noch als ein prägender Bestandteil des deutschen Arbeitskampfrechts angesehen werden kann.[77]

(2) Relevanz für die Frage des Streikrechts in der Daseinsvorsorge

Die Ausübung hoheitsrechtlicher Funktionen als ständige Aufgabe ist in der Regel Angehörigen des öffentlichen Dienstes vorbehalten, die in einem öffentlich-rechtlichen Dienst- und Treueverhältnis stehen (Art. 33 Abs. 4 GG). Aus dieser verfassungsrechtlichen Bestimmung lässt sich Folgendes entneh-

---

72 BVerfG 07.11.2002, NVwZ 2003, 720 (C I 1); 12.02.2003, NVwZ 2003, 1364 (C III 1 a); 06.03.2007, NVwZ 2007, 568 (B I 1); 28.05.2008, NVwZ 2008, 873 (Rn. 67).

73 BVerfG 10.12.1985, NVwZ 1986, 369 (C II 1 b); 22.03.1990, NVwZ 1990, 1061 (C I); 24.09.2007, NVwZ 2008, 195 (B II 1 a); 28.05.2008, NVwZ 2008, 873 (Rn. 70); im Einzelnen siehe auch Hömig/*Bergmann*, Art. 33 GG Rn. 19ff.; Jarass/*Pieroth*, Art. 33 GG Rn. 50ff.; Sodan/*Leisler*, Art. 33 GG Rn. 29.

74 Vgl. nur *Badura*, Staatsrecht, Kapitel D Rn. 102ff.

75 Ausführlich dazu Sodan/*Leisler*, Art. 33 GG Rn. 30 m.w.N. aus der Rechtsprechung.

76 BVerfG 30.03.1977, NJW 1977, 1869 (C I 5); 19.09.2007, NVwZ 2007, 1396 (C I 2 a); ebenso *Krölls*, Das Grundgesetz, S. 112 f.: Streikverbot für Beamte als „Kehrseite des beamtenrechtlichen Alimentationsprinzips"; ähnlich *Gamillscheg*, Kollektives Arbeitsrecht, S. 1110; *Nokiel*, DÖD 2012, 152 (154); *Scherer*, Grenzen des Streikrechts in den Arbeitsbereichen der Daseinsvorsorge, S. 71ff.; *Schubert*, AöR 2012, 92 (96 f.); *Seifert*, KritV 2009, 357 (375); *Sonntag/Hoffmann*, RiA 2012, 137 (137).

77 Zur weiteren Entwicklung unter dem Einfluss der Rechtsprechung des EGMR siehe unten bei Abschnitt E.II.1.c).

men: Erstens setzt sich der hier erwähnte Personenkreis grundsätzlich aus Beamten zusammen. Zweitens können zu diesen Funktionen viele Tätigkeiten gezählt werden, die – zumindest historisch gesehen – in die Bereiche der Daseinsvorsorge fallen könnten.[78]

Zieht man die vorstehenden Ausführungen zum Streikverbot für Beamte heran, so könnte man daraus ableiten, dass die meisten Bereiche der Daseinsvorsorge ohnehin arbeitskampffrei blieben. Damit hätte sich die dieser Untersuchung zugrundeliegende Problematik jedenfalls im Kern erledigt. Denn der Schutz der Bürger vor negativen Auswirkungen von Arbeitskämpfen in lebenswichtigen Betrieben wäre zum großen Teil schon durch das Streikverbot für Beamte erreicht. Für die übrigen Tätigkeitsfelder müssten weiterführende Überlegungen angestellt werden. Ob diese Hypothesen bestätigt werden können, wird noch zu untersuchen sein.[79]

cc) Weitere Eckpunkte

Neben dem Beamtenstreikverbot sowie der Möglichkeit der Verschärfung des Verhältnismäßigkeitsgrundsatzes gelten die arbeitskampfrechtliche Tradition der Bundesrepublik sowie das traditionelle Kooperationsverhältnis der Tarifpartner als weitere Argumente, die gegen das Eingreifen des Gesetzgebers in das Streikrecht vorgebracht werden. Zum einen wird auf das im internationalen Vergleich geringe Arbeitskampfgeschehen in Deutschland[80] verwiesen, um weitere gesetzliche Einschränkungen des Streikrechts gleichgültig in welchem Bereich abzulehnen.[81] Zuletzt wird behauptet, die Gewerkschaften hätten ihre gesellschaftliche Verantwortung bisher ernst genommen, so dass es ungerechtfertigt sei, ihnen weitere Anforderungen zuzumuten.[82]

Insgesamt sind die Verfechter einer Lösung über eine Fortentwicklung der Rechtsprechung der Ansicht, man habe weiterhin „auf die Vernunft der Koalitionen und auf eine abgewogene Rechtsprechung“[83] abzustellen. Dies gelte um so mehr, als ein Rückblick auf die über sechzigjährige Geschichte des

---

78 Vgl. KassHb/*Kalb*, 8.2 Rn. 70.

79 Dazu gleich unten unter Abschnitt E.II.1.c).

80 Denn laut Statistik gehört die Bundesrepublik Deutschland im internationalen Vergleich „zu den streikärmsten Ländern“ der Welt. Ausführlich dazu *Berg*, KJ 2014, 72 (79); Thüsing/Braun/*von Steinau-Steinrück*, 3. Kap. Rn. 151; Schaub/*Treber*, ArbR-HdB, § 191 Rn. 4.

81 *Berg*, GS Zachert (2010), S. 469, 472; *BKPSS*, TVG und ArbKR, Teil 1 Rn. 217.

82 *Berg*, FS Kempen (2013), S. 278, 286; *BKPSS*, TVG und ArbKR, Teil 3 Rn. 166; *Mayer*, AuR 2012, 207 (208); kritisch *Scherer*, Grenzen des Streikrechts in den Arbeitsbereichen der Daseinsvorsorge, S. 16; *Lehmann*, BB 2010, 2237 (2242).

83 *Linsenmaier*, RdA 2015, 369 (388).

deutschen Arbeitskampfrechts zeige, dass arbeitskampfrechtliche Probleme tarifautonom bzw. durch Richterrecht erfolgreich gelöst werden konnten.[84]

b) Bedürfnis nach gesetzlicher Regelung

Um die Wirksamkeit der für die Branchen der Daseinsvorsorge gewünschten Streikrechtseinschränkungen sicherzustellen, wird vor dem Hintergrund der eben angestellten Überlegungen vielfach an den Gesetzgeber appelliert, klare und verlässliche Spielregeln vorzugeben.[85]

aa) Begründung

Das Schweigen des deutschen Gesetzgebers im Arbeitskampfrecht ist längst heftiger Kritik[86] ausgesetzt, auch wenn die Lücke durch die vom BAG mit Billigung des BVerfG[87] entwickelten Grundsätzen jedenfalls teilweise gefüllt wird. Denn für eine gewisse Rechtssicherheit genügt ein Zurückgreifen auf Einzelfallentscheidungen nicht. Vielmehr ist der Gesetzgeber im Hinblick auf die „Lehre vom Vorbehalt des Gesetzes in ihrer Ausprägung als Wesentlichkeitstheorie“[88] gefordert.[89]

Dass das Arbeitskampfrecht nicht mehr nur auf Richterrecht beruhen soll, lässt sich außerdem damit begründen, dass es „zu großen Teilen gerade nicht vom BAG und vom BVerfG, sondern von den arbeitsgerichtlichen Instanzgerichten [...] im Wege der einstweiligen Verfügung [geschaffen wird]“[90], was oft zu erheblichen Eingriffen in die Grundrechte der Betroffenen führt[91], da die Überprüfung dieser Entscheidungen durch das BAG

84 *Linsenmaier*, RdA 2015, 369 (388).

85 Vgl. nur *Bauer*, DB 2014, 2715 (2716); *Buchner*, BB 2008, 106 (109); *Henssler*, ZfA 2010, 397 (418 f.); *ders.*, RdA 2011, 65 (72); *Meik*, in: Lehmann (Hrsg.), Deutsche und europäische Tariflandschaft im Wandel, S. 112, 121; *Rieble*, DRiZ 2007, 340; *ders.*, FA 2012, 130; *Rüthers*, ZRP 2015, 2 (5); *Schliemann*, FS Bauer (2010), S. 923, 939 f.; *von Steinau-Steinrück/Glanz*, NZA 2009, 113 (117); *Willemsen/Mehrens*, NZA 2010, 1313 (1322).

86 Statt aller *Höfling/Engels*, NJW 2007, 3102 (3103); *Rüthers*, NZA 2010, 6 (9); anders *Berg*, FS Kempen (2013), S. 278, 291.

87 BVerfG 26.06.1991, AP Nr. 117 zu Art. 9 GG Arbeitskampf (C I 2).

88 *Franzen/Thüsing/Waldhoff*, Arbeitskampf in der Daseinsvorsorge, S. 47 f., 53.

89 *Engels*, Verfassung und Arbeitskampfrecht, S. 327ff.; *Hufen*, NZA 2014, 1237 (1240); *Konzen/Schliemann*, RdA 2015, 1 (16); *Hromadka*, Tabu Streikrecht, NZA-Editorial 15/2015, S. III; kritisch *Zachert*, in: FS Wendeling-Schröder (2009), S. 23, 28.

90 *Fischer*, jurisPR-ArbR 51/2008, Anm. 2; ähnlich *Junker*, ZfA 2016, 81 (97); *Rieble*, DRiZ 2007, 340.

91 *Fischer*, jurisPR-ArbR 51/2008, Anm. 2, der sich aber an anderer Stelle gegen eine gesetzliche Regelung ausspricht. S.o. unter Abschnitt D.I. bei Fn. 880.

rechtlich ausgeschlossen ist.[92] Der Gesetzgeber muss deshalb von seiner Kompetenz nach Art. 74 Abs. 1 Nr. 12 GG Gebrauch machen.[93] Dem steht auch die vorbehaltlose Gewährleistung der Koalitionsfreiheit in Art. 9 Abs. 3 GG nicht entgegen.[94]

bb) Gesetzliche Vorschläge

Vorschläge zur gesetzlichen Regelung des Arbeitskampfrechts wurden bislang entweder in Form eines eigenständigen Arbeitskampfgesetzes oder als Ergänzung des Tarifvertragsgesetzes (TVG) eingebracht. Die vorliegende Arbeit geht insbesondere auf den 2012 im Auftrag der Carl Friedrich von Weizsäcker-Stiftung vorgelegten Entwurf eines „Gesetzes zur Regelung kollektiver Arbeitskonflikte in der Daseinsvorsorge" ein. Dargestellt werden auch der sog. Professorenentwurf aus dem Jahre 1988 sowie der jüngst in der Literatur vorgelegte Entwurf eines Streikfolgenentlastungsgesetzes.

(1) Professorenentwurf 1988

Der „Entwurf eines Gesetzes zur Regelung kollektiver Arbeitskonflikte" – auch Professorenentwurf genannt (im Folgenden: ArbKG-E) – zielt auf eine umfassende Normierung des Arbeitskampfrechts im Allgemeinen ab. Er enthält sowohl Regelungen für das materielle Recht, als auch Regelungen verfahrensrechtlicher Art.

Zu den einzelnen Rechtmäßigkeitsvoraussetzungen zählen danach neben den allgemeinen tarifbezogenen Anforderungen und Grundsätzen des Arbeitskampfrechts (§§ 1 bis 3) auch das Erfordernis der Ausschöpfung aller Verständigungsmöglichkeiten einschließlich der erfolglosen Durchführung eines Schlichtungsverfahrens (§ 4), die Abstimmung über die Kampfmaßnahme durch die Mehrheit der betroffenen Verbandsmitglieder (§ 6), eine allgemeine Pflicht zur Mitteilung des Ziels und Beginns des geplanten Arbeitskampfes (§ 7)[95] sowie die Aufrechterhaltung einer angemessenen Mindestversorgung (§ 11 Abs. 1).

Besonders relevant für die vorliegende Untersuchung ist § 11 Abs. 2, der bestimmte Wirtschaftsbereiche abschließend aufzählt, welche aufgrund

---

92 LAG Rheinland-Pfalz 22.06.2004, AP Nr. 169 zu Art. 9 GG Arbeitskampf (m. Anm. *Däubler*); LAG Sachsen 02.11.2007, NZA 2008, 59 (B II).

93 Kritisch *Sunnus*, AuR 2008, 1 (12): es sei zweifelhaft, ob Forderungen nach einer gesetzlichen Regelung von Arbeitskämpfen im Allgemeinen tatsächlich zu mehr Rechtssicherheit führen würden.

94 *Rosenstiel*, Arbeitskampfrecht, S. 38 f.; siehe auch oben unter Abschnitt D I 4 a).

95 Bei „großen Arbeitskämpfen" entbehrlich, so *Birk/Konzen/Löwisch/Raiser/Seiter*, ArbKG-E, S. 49.

ihrer Bedeutung für die „elementaren persönlichen, sozialen und staatlichen Bedürfnisse" strengeren Anforderungen unterworfen werden sollten. Dies sind die Bereiche „Nahrung und Gesundheit, Energie und Wasser, Verkehr, Post, Fernmeldewesen, Rundfunk und Fernsehen, Feuerwehr, Bestattung und Müllbeseitigung, Landesverteidigung und innere Sicherheit". Hier wird die Pflicht zur Gewährleistung der Mindestversorgung nach § 11 Abs. 1 deutlich betont. Außerdem sieht § 11 Abs. 3 vor, dass eine Gewerkschaft, die zu einem Streik in den oben genannten Bereichen aufrufen will, die geplante Kampfmaßnahme gegenüber dem Kampfgegner sowie der Allgemeinheit mindestens drei Tage vorher anzukündigen hat.[96]

(2) Vorschläge zur Ergänzung des Tarifvertragsgesetzes

Es existieren vielfältige Überlegungen zur Verschärfung des Arbeitskampfrechts durch eine Ergänzung des Tarifvertragsgesetzes (TVG). *Manfred Löwisch* schlägt vor, § 4 Abs. 5 TVG durch weitere Sätze zu ergänzen, die zusammenfassend die Zulässigkeit von Kampfmaßnahmen zur Herbeiführung eines neuen Tarifvertrags nach dem Ablauf der Friedenspflicht von dem endgültigen Scheitern der Verhandlungen einschließlich dem erfolglosen Schlichtungsverfahren abhängig machen. Dabei sei auf eine staatliche Schlichtung nur zurückzugreifen, sofern von den Tarifvertragsparteien keine Schlichtungsvereinbarung getroffen wurde.[97] Daran orientieren sich auch *Hromadka*[98] und *Heinze*[99], die jeweils nach § 4 bzw. § 9 TVG weitere Bestimmungen arbeitskampfrechtlicher Relevanz neu eingefügt sehen wollen.

Ähnlich ist das Konzept *Riebles*[100] zu verstehen. Demnach „[sind] Arbeitskämpfe (…) erst zulässig, wenn die kämpfende Partei einen Schlichtungsversuch unternommen hat" (§ 1 a Abs. 2 S. 1 TVG-E). Bei fehlender autonomer und funktionsfähiger Schlichtungsvereinbarung sei auf das staatliche Schlichtungsverfahren zurückzugreifen (§ 2 a Abs. 1 TVG-E). Erwähnenswert ist weiterhin die Pflicht, eine kampffreie Schlichtungsphase von mindestens einer Woche im tariflichen Schlichtungsabkommen vorzusehen (§ 1 a Abs. 2 S. 2 TVG-E). Darüber hinaus wird vorgeschlagen, die Durchführung einer verbindlichen Urabstimmung mit einfacher oder qualifizierter Mehrheit von 50% bzw. 75% und mit Außenwirkung (§ 1 a Abs. 3 TVG-

---

96 Die Verfasser dieses Entwurfs wollten eine Ankündigungspflicht speziell und nur für die Gewerkschaft normiert sehen, weil sie sicherlich davon ausgingen, dass die Aussperrung eines Betriebes der Daseinsvorsorge eher unwahrscheinlich ist.

97 *Löwisch*, ZfA 1985, 53 (63ff.); *ders.*, in: Rieble (Hrsg.), Zukunft des Arbeitskampfes, S. 35, 42.

98 *Hromadka*, NZA 2014, 1105 (1109 f.) – Entwurf § 4 a Abs. 5 S. 1 TVG.

99 *Heinze*, FS Molitor (1988), S. 159, 161ff. – Entwurf § 9 a bis c TVG.

100 *Rieble*, ZAF 2005, 218 (223ff.).

E), eine Ankündigungsfrist von drei Tagen (§ 1 a Abs. 3 TVG-E) sowie die Sicherstellung von Notdiensten in Betrieben der Daseinsvorsorge (§ 1 a Abs. 6 TVG-E) zu zusätzlichen Rechtmäßigkeitsvoraussetzung von Arbeitskämpfen zu erheben.[101]

Nicht in Form eines Gesetzesvorschlages eingebracht, dennoch beachtenswert ist ein weiterer Ansatz, der gestützt auf das Demokratiegebot des Art. 20 Abs. 2 GG für die gesetzliche Einführung einer obligatorischen und verbindlichen Urabstimmung unter staatlicher Aufsicht plädiert, so dass Arbeitskämpfe generell – und nicht nur in der Daseinsvorsorge – als unzulässig anzusehen wären, sofern nicht die Hälfte aller Stimmberechtigten dafür gestimmt hat.[102] Hierbei seien nicht nur Gewerkschaftsmitglieder, sondern auch nicht organisierte Arbeitnehmer einzubeziehen[103], die im Falle einer Allgemeinverbindlicherklärung unter dem angestrebten Tarifvertrag fallen würden. Gelinge es der kampfwilligen Gewerkschaft nicht, die meisten im betroffenen Betrieb beschäftigten Arbeitnehmer zu überzeugen, dürfte „kein Arbeitskampf gegen den Willen der Mehrheit" durchgeführt werden.[104]

(3) Professorenentwurf 2012

Der Entwurf eines „Gesetzes zur Regelung kollektiver Arbeitskonflikte in der Daseinsvorsorge" (im Folgenden: DvArbKG-E) soll gemäß § 1 Abs. 1 Arbeitskämpfe in den in § 2 abschließend[105] aufgezählten Bereichen regeln, nämlich für die medizinische und pflegerische Versorgung, die Versorgung mit Energie und Wasser, die Bereiche Feuerwehr, Bestattung und Entsorgung, die Landesverteidigung und innere Sicherheit, den Verkehr, das Erziehungswesen und die Kinderbetreuung, die Kommunikationsinfrastruktur sowie die Versorgung mit Bargeld und den Zahlungsverkehr.

Materiell-rechtliche Vorgaben enthält der Gesetzentwurf nicht. Stattdessen konzentriert er sich „auf prozedurale Regelungen, die in allen Bereichen

---

101 *Rieble*, ZAF 2005, 218 (225ff.).

102 *Hettlage*, BB 2004, 714 (716/720); siehe auch bereits *ders.*, ZRP 2003, 366 (369ff.); *ders.*, DGB in der Sackgasse, S. 150.

103 Anders *Franzen/Thüsing/Waldhoff*, Arbeitskampf in der Daseinsvorsorge, S. 112 f.; *Richardi/Bayreuhter*, Kollektives Arbeitsrecht, § 10 Rn. 40 halten die Einbeziehung der Außenseiter als einen unzulässigen Einfluss auf die gewerkschaftliche Willensbildung; als „systemfremd" *BKPSS*, TVG und ArbKR, Teil 3 Rn. 246; i.E. auch *Gamillscheg*, Kollektives Arbeitsrecht, S. 1012.

104 *Hettlage*, BB 2004, 714 (716/720); *ders.*, ZRP 2003, 366 (369).

105 Vgl. Erläuterung zu § 2 DvArbKG-E, S. 76.

der Daseinsvorsorge einzuhalten sind".[106] Vorgesehen sind eine Ankündigungspflicht (§ 3), eine Pflicht zur Aufrechterhaltung der Grundversorgung (§ 4), eine Urabstimmung (§ 5) sowie eine Schlichtung (§ 6). Geregelt wird auch ein Quotenmodell für Streiks von Berufsgruppengewerkschaften (§ 7).

Chronologisch lassen sich die Vorgaben folgendermaßen ordnen: Die Durchführung eines Streiks soll an die vorherige Abhaltung einer Urabstimmung gebunden sein, an der mindestens die Hälfte der teilnahmeberechtigten Gewerkschaftsmitglieder teilnehmen muss. Entscheidet sich die Mehrheit der Abstimmenden für einen solchen Streik[107], so ist nach § 5 Abs. 2 S. 2 DvArbKG-E das Ergebnis der anderen Arbeitskampfpartei und der Öffentlichkeit mitzuteilen. Als weitere Hürde ist ein obligatorisches Schlichtungsverfahren zu durchlaufen. Dazu ist jede Tarifvertragspartei antragsberechtigt. Solange das Verfahren läuft, darf keine Arbeitskampfmaßnahme durchgeführt werden. Scheitert die Schlichtung, muss eine Notdienstvereinbarung zwischen den Kampfparteien verhandelt bzw. durch eine Einigungsstelle verbindlich festgelegt und schließlich die Kampfmaßnahme mindestens vier Tage vor deren Durchführung angekündigt werden. Diese Ankündigungspflicht betrifft konkret Ort, Beginn und Dauer der Arbeitskampfmaßnahme und ist sowohl gegenüber der Gegenseite als auch der Öffentlichkeit einzuhalten.

Speziell an Streiks von Berufsgruppengewerkschaften stellt der DvArbKG-E besondere Anforderungen. § 7 macht die Zulässigkeit dieser Arbeitskampfmaßnahmen von der Erreichung eines 15%-Quorums der gesamten Belegschaft, die unter den angestrebten Tarifvertrag fallen würde, abhängig.

(4) Streikfolgenentlastungsgesetz

Der jüngste Vorschlag ist ein von *Martin Stegmüller* erarbeitete Entwurf eines „Gesetzes zur Regelung von Streiks in Betrieben der Daseinsvorsorge" (Streikfolgenentlastungsgesetz – SfEG).[108] Sein Anwendungsbereich beschränkt sich auf „Teile von Betrieben der Daseinsvorsorge (...), deren vollständiger oder teilweiser streikbedingter Ausfall die im öffentlichen Interesse liegende betriebliche Leistungserbringung wesentlich beeinträchtigen kann" (§ 1 Abs. 1). Entsprechende Betriebe sind in § 1 Abs. 2 abschließend aufgezählt: öffentlicher Personennahverkehr, Eisenbahnverkehr, Luftverkehr und Luftraumüberwachung, Seehäfen, medizinische Notfallversorgung und

---

106 *Rudkowski*, ZfA 2012, 467 (474 f.); kritisch *Bayreuther*, NZA 2013, 704 (707), der eine Beschränkung auf Verfahrensregeln für die Ausgestaltung entscheidender Fragen des Arbeitskampfrechts für unzureichend hält.

107 Es wird von einem „doppelten Quorum" gesprochen. Vgl. Erläuterung zu § 5 Abs. 1 DvArbKG-E, S. 79.

108 *Stegmüller*, NZA 2015, 723.

Rettungsdienst, Krankenhäuser, Feuerwehr und Katastrophenschutz, Energie- und Wasserversorgung, Müll- und Abwasserentsorgung, Versorgung mit Bargeld sowie der allgemeine Zahlungs- und Giroverkehr.

Erwähnenswert ist, dass der Entwurf die dort aufgezählten Unternehmen nicht im Ganzen den vorgelegten Gesetzesregelungen unterwerfen will, sondern nur diejenigen Betriebsteile, deren Ausfall erhebliche Folgen für die Bevölkerung hat. Ausgenommen werden beispielsweise die kaufmännischen Abteilungen. Dies zielt darauf ab, „den Anwendungsbereich des Gesetzes eng zu halten“[109].

Normiert werden sollen eine Ankündigungs- und Unterrichtungspflicht gegenüber der Arbeitgeberseite bzw. der Allgemeinheit (§ 2), das obligatorische Durchlaufen eines Schlichtungsverfahrens (§ 3 Abs. 2), eine Pflicht zur Gewährleistung einer Mindestversorgung (§ 4 Abs. 1) sowie ein tageweises Streikverbot im Verkehrssektor (§ 5). Geregelt ist auch das Streikverbot in Krisenzeiten in Betrieben, die der Landesverteidigung, Rüstung, Telekommunikation oder Lebensmittelversorgung dienen (§ 6).

Im Gegensatz zu den anderen Gesetzesvorschlägen sieht der SfEG-E die Bemessung der Ankündigungsfrist nicht nach Tagen, sondern nach Stunden (96 Stunden) vor und bezieht dabei auch Sonn- und Feiertage ein. Darüber hinaus enthält der SfEG-E spezielle Vorgaben über die Durchführung von Warnstreiks in Betrieben der Daseinsvorsorge (vgl. § 3 Abs. 1). Danach sind Warnstreiks nur zulässig, sofern sie die Dauer von drei zusammenhängenden Arbeitsstunden pro Woche nicht überschreiten. Ihre Anzahl im Laufe eines Tarifkonfliktes ist auf fünf beschränkt. Außerdem sieht § 3 Abs. 3 die Möglichkeit vor, den Gedanken einer Zwangsschlichtung unter bestimmten Umständen – insbesondere zur Abwendung schwerer Schäden gegen zwingende öffentliche Interessen – heranzuziehen.

Eine weitere Besonderheit dieses Entwurfes liegt in der in § 4 Abs. 2 vorgesehenen Rechtsfolge bei fehlender Vereinbarung über die Mindestversorgung. Danach haben beide Tarifparteien im Streikfall eine Ausgleichszahlung zu Gunsten des Bundes bzw. der betroffenen Länder abzuführen, deren Höhe durch Rechtsverordnung festzulegen ist.

3. *Zwischenergebnis*

Die Frage, ob für Arbeitsbereiche der Daseinsvorsorge besondere Einschränkungen vorzunehmen sind, wird im deutschen Recht kontrovers diskutiert. Einerseits wird ausgeführt, dass Streiks in der Daseinsvorsorge den allgemeinen Rechtmäßigkeitsvoraussetzungen unterlägen. Gestützt wird dabei auf

---

109 *Stegmüller*, NZA 2015, 723 (725).

den Verhältnismäßigkeitsgrundsatz, dessen Handhabung bereits der Gewährleistung der Daseinsvorsorge diene. Demgegenüber werden Arbeitsbereiche der Daseinsvorsorge aufgrund der hohen Bedeutung der dort erbrachten Sach- und Dienstleustungen hervorgehoben, was dann auch besondere Einschränkungen des Streikrechts begründen soll. Für die konkrete Ausgestaltung dieser speziellen Streikrechtseinchränkungen werden zwei unterschiedliche Möglichkeiten erwogen. Diese sind einerseits eine Verschärfung der bisherigen Rechtsprechung und andererseits die gesetzliche Normierung der Streiks in Bereichen der Daseinsvorsorge.

Bevor nun die Frage nach möglichen Modifikationen des deutschen Rechts auf der Grundlage dieser Erkenntnisse behandelt wird, soll ein Blick auf einige ausgewählte Rechtsordnungen geworfen werden, denen möglicherweise auch das deutsche Arbeitskampfrecht Anregungen für eine Fortentwicklung entnehmen könnte.

II. Existierende Regelungen in ausgewählten ausländischen Rechtsordnungen

Im Gegensatz zu Deutschland sehen die für die vorliegende Untersuchung ausgewählten Länder gesetzliche Regelungen zu Streiks vor. In den Mittelpunkt stellt der folgende Überblick das Verhältnis zwischen dem Streikrecht und weiteren verfassungsrechtlich geschützten Grundrechten bzw. Grundprinzipien. Die hierdurch gewonnenen Erkenntnisse werden nach einer kritischen Betrachtung in Zwischenergebnissen festgehalten und die Grundlage für die Gegenüberstellung mit der Rechtslage in Deutschland bilden.

Konkret soll der Vergleich mit den ausländischen Rechtsordnungen dazu dienen, die dort bestehenden Mechanismen zur Gewährleistung der der Daseinsvorsorge entsprechenden Sach- und Dienstleistungen in Hinblick auf eine mögliche Anpassung an das deutsche Recht zu bewerten. Dabei werden die Besonderheiten einzelner Rechtsordnungen hervorgehoben und berücksichtigt.

1. Streikrecht und „continuité des services publics" nach französischem Recht

Die verfassungsrechtliche Anerkennung des Streikrechts kollidiert mit den ebenso mit Verfassungsrang ausgestatteten Grundrechten und Grundfreiheiten[110] sowie mit verfassungsimmanten Rechtsgrundsätzen, wozu nach Auffassung der Rechtsprechung das Prinzip der *„continuité des services publics"*

[110] *Chopin*, Le droit de grève, S. 12; *Mazeaud*, Droit du travail, Rn. 472 mit konkreten Beispielen.

(Kontinuität öffentlicher Dienstleistungen) gehört[111]. Dies hat zur Folge, dass das Verhältnis zwischen den beiden Konzepten von „einem ständigen Machtkampf“[112] geprägt ist, der durch die Gerichte aufgelöst werden muss.[113]

Der inhaltliche Umfang des Prinzips der Kontinuität öffentlicher Dienstleistungen soll im Folgenden kurz erörtert werden. Ferner werden die daraus resultierenden Folgen für das Streikrecht zu untersuchen sein.

a) Inhaltliche Bedeutung und Umfang des Prinzips der Kontinuität

Der Grundsatz der Kontinuität öffentlicher Dienstleistungen beruht auf der Kontinuität des staatlichen Handelns i.S.v. Art. 5 Abs. 1 S. 2 der französischen Verfassung.[114] Er beschreibt das Gebot, öffentliche Dienstleistungen ununterbrochen anzubieten.[115] Konkret hat der Staat sicherzustellen, dass die Versorgung der Bevölkerung mit entsprechenden Leistungen unter allen Umständen aufrechterhalten wird. Dies lässt das Streikrecht nicht unberührt.

b) Folgerungen

Die Gewährleistung von Sach- und Dienstleistungen für die Allgemeinheit nach dem Grundsatz der Kontinuität öffentlicher Dienstleistungen führt dazu, dass das Recht der Arbeitnehmer auf Durchführung von Streikmaßnahmen bestimmten Einschränkungen unterworfen wird.[116]

In Bezug auf den öffentlichen Dienst gehen erste Ansätze zu Streikrechtseinschränkungen auf das Urteil *Dehaene* des Staatsrats zurück. In diesem Urteil hatte das französische oberste Verwaltungsgericht entschieden, dass „die Anerkennung des Streikrechts nicht zum Ausschluss etwaiger Einschränkungen führen dürfte, welche geeignet sind, eine missbräuchliche Ausnutzung dieses Grundrechts oder einen eventuellen Verstoß gegen die öffentliche Ordnung zu vermeiden“[117]. Demnach hielt der Staatsrat bestimmte Beschränkungen des Streikrechts einschließlich der daraus resultierenden

---

[111] CC 25.07.1979 - Nr. 79-105 DC, Erwg. 1; 16.08.2007 - Nr. 2007-556 DC, Erwg. 10 (sog. „principe à valeur constitutionnelle“ - PVC); ebenso CE 13.06.1980 - Nr. 17-995 (*Mme Bonjean*).

[112] *Gärtner*, Die gesetzliche Regulierung von Bahnstreiks in Frankreich, S. 28.

[113] *Mazeaud*, Droit du travail, Rn. 472.

[114] Vgl. CC 30.12.1979 - Nr. 79-111 DC (Erwg. 2); ebenso *Guglielmi/Koubi*, Droit du service public, Rn. 1197.

[115] Vgl. *Fontaine*, Le service minimum et les services essentiels, S. 19.

[116] *Linder*, Daseinsvorsorge in der Verfassungsordnung der EU, S. 45; *Lombard/ Dumont*, Droit administratif, Rn. 577; *Pilczer*, Informations sociales 2/2010, 6 (7).

[117] CE 07.07.1950 - Nr. 1645 (*Dehaene*), Rec. Lebon 1950, 426: „la reconnaissance du droit de grève ne saurait avoir pour conséquence d’exclure les limitations qui doiv-

Sanktionen für zulässig. An dieser Rechtsprechung, die als „Grundlage zahlreicher behördlicher Einschränkungen" gilt[118], hält der Staatsrat bis heute fest.[119] In die gleiche Richtung geht auch die ständige Rechtsprechung des Verfassungsrats.[120]

Bisher hat der Gesetzgeber Streikrechtseinschränkungen nur im öffentlichen Dienst sowie im Bereich der öffentlichen Dienstleistungen im Allgemeinen[121] und bei weiteren speziellen öffentlichen Dienstleistungen, wie etwa in den Bereichen Flugsicherung[122], Radio und Fernsehen[123], Kinderbetreuung und Grundschulen[124] sowie öffentliche Personenbeförderung auf dem Landweg[125] normiert.

Die in diesen Regelungen vorgesehenen Einschränkungen reichen von einer Vorankündigungspflicht über eine Pflicht zur Gewährleistung der Mindestversorgung der Bevölkerung bis hin zu Dienstverpflichtungen. In Betracht kommen auch Streikverbote. Für den Flugverkehr stehen rein freiwillige Mechanismen zur Arbeitskampfprävention im Vordergrund.[126] Zu erwähnen ist auch, dass Gesetzentwürfe, die das Streikrecht im Bereich des Schiffs- und Flugverkehrs regeln sollten, sowohl im Senat als auch in der Nationalversammlung bereits mehrmals gescheitert sind.[127]

In privatwirtschaftlichen Unternehmen mit öffentlichem Dienstleistungsauftrag können diese Sonderregelungen nach bisheriger Rechtsprechung nur auf Arbeitnehmer Anwendung finden, die tatsächlich entsprechende Leistungen zu erbringen haben.[128] Im Umkehrschluss dürfen Arbeitnehmer in der Privatwirtschaft, deren Tätigkeit nicht der Befriedigung von „*services publics*" dient, auch keinem Sonderstreikrecht unterworfen werden. Sie sind von den folgenden Ausführungen nicht betroffen.

---

ent être apportées à ce droit, comme à tout autre, en vue d'en éviter un usage abusif ou contraire aux nécessités de l'ordre public".

118 *Gärtner*, Die gesetzliche Regulierung von Bahnstreiks in Frankreich, S. 28.

119 Vgl. CE 11.06.2010 – Nr. 333262 (*Syndicat SUD RATP*), Rec. Lebon.

120 Vgl. nur CC 25.07.1979 – Nr. 79-105 DC (Erwg. 1); 22.07.1980 – Nr. 80-117 DC (Erwg. 4); 16.08.2007 – Nr. 2007-556 DC (Erwg. 10); 15.03.2012 – Nr. 2012-650 DC (Erwg. 6 f.).

121 Vgl. Art. L. 2512-1ff. *Code du travail.*

122 Art. 2 des Gesetzes Nr. 84-1286 v. 31.12.1984.

123 Art. 57 Abs. 2 des Gesetzes Nr. 86-1067 v. 30.09.1986 über die Kommunikations- und Informationsfreiheit.

124 Art. L. 133-2ff. *Code de l'éducation.*

125 Art. L. 1324-1ff. *Code des transports.*

126 Art. L. 1114-2 Abs. 1 *Code des transports* verwendet im Gegensatz zu den vergleichbaren Vorschriften anderer Gesetze eine „Kannbestimmung"; dazu auch *Grard*, RJEP 702/2012, 21 (23).

127 Vgl. Gesetzentwürfe Nr. 501 v. 25.06.2009 und Nr. 79 v. 03.11.2011, abrufbar unter www.senat.fr (Stand: 14.03.2016); Gesetzentwurf Nr. 809 v. 13.03.2013, abrufbar unter www.assemblee-nationale.fr (Stand: 14.03.2016).

128 Cass. soc. 08.10.2014 – Nr. 13-13.792, Bull. civ. 2014 V.

aa) Streikverbot

Nach ständiger Rechtsprechung des Verfassungsrats kann der Gesetzgeber solchen Beschäftigten, deren Einsatz für die Aufrechterhaltung der staatlichen Grundversorgung unverzichtbar ist, das Streikrecht verwehren.[129] Diese Rechtsprechung bringt deutlich zum Ausdruck, dass die Auferlegung eines Streikverbots nur durch Gesetz erfolgen kann.[130] Entsprechende Regelungen bestehen bereits für Personen, die genuine Tätigkeiten im Namen des Staates ausüben wie etwa Streit- und Ordnungskräfte[131].

Im öffentlichen Dienst im weiteren Sinne lässt sich eine komplette Verdrängung des Streikrechts durch das Prinzip der Kontinuität öffentlicher Dienstleistungen lediglich aus dem Verbot von Wellenstreiks[132] ableiten.

bb) Vorankündigungs- und Verhandlungspflicht

Die Ausübung des Streikrechts für Beschäftigte des öffentlichen Dienstes sowie für Arbeitnehmer in Unternehmen mit öffentlichem Dienstleistungsauftrag setzt gem. Art. L. 2512-2 in Verbindung mit Art. L. 2512-1 *Code du travail* die vorherige Ankündigung der Kampfmaßnahme durch eine repräsentative Gewerkschaft[133] voraus. Die Streikankündigung hat fünf Tage vorher unter Nennung von Forderungen, Orts- und Zeitangaben sowie der Dauer der beabsichtigten Maßnahme zu erfolgen. Während dieser Frist sind beide Parteien zum Verhandeln angehalten.[134]

Speziell im Bereich der öffentlichen Personenbeförderung auf dem Landweg macht Art. L. 1324-2 *Code des transports* die Gültigkeit einer Streikankündigung von den vorherigen gescheiterten Verhandlungen zwischen der Arbeitgeberseite und der repräsentativen Gewerkschaft abhängig. Entsprechendes gilt auch für Streiks in Kindertagesstätten sowie in öffentlichen und privaten Grundschulen[135] und unter bestimmten Umständen für Streiks im Flugverkehr[136].

---

129 CC 25.07.1979 – Nr. 79-105 DC (Erwg. 1); 18.09.1986 – Nr. 86-217 DC (Erwg. 78).
130 *Gärtner*, Die gesetzliche Regulierung von Bahnstreiks in Frankreich, S. 75.
131 Art. L. 4121-4 Abs. 1 *Code de la défense.*
132 Art. L. 2512-3 Abs. 2 *Code du travail.*
133 Kritisch *Saramito*, Droit Ouvrier 2008, 191 (192) in Hinblick auf die individualrechtliche Konzeption des Streikrechts.
134 Art. L. 2512-2 Abs. 5 *Code du travail*; *Duquesne*, Droit du travail, Rn. 1497 hält diese Pflicht für bloße „tentative de discussion".
135 Art. L. 133-2 und Art. L 133-11 *Code de l'éducation.*
136 Für den Flugverkehr gilt dies nach Art. L. 1114-2ff. *Code des transports* nur, wenn die Arbeitskampfparteien bereits eine Rahmenvereinbarung mit derartiger Schlichtungspflicht freiwillig ausgehandelt haben.

Näheres bestimmt eine Rahmen- bzw. Branchenvereinbarung (*accord-cadre* bzw. *accord de branche*) zur Regelung kollektiver Arbeitskonflikte und zur Förderung des sozialen Dialogs.[137] Sofern keine Vereinbarung in diesem Sinne getroffen wurde, bestimmt sich das Verhandlungsverfahren nach Art. R. 1324-1ff. *Code des transports*. Danach sind die Verhandlungen innerhalb von acht Tagen durchzuführen[138], so dass die Durchführung eines Streiks erst nach einer Frist von 13 Tagen als zulässig angesehen werden kann.[139] Bis zum Fristablauf darf keine erneute Streikankündigung mit den gleichen Angaben bekannt gemacht werden.[140] Dies zielt darauf ab, eine ruhigere Atmosphäre für die Verhandlungen zu schaffen, steht aber Streikmitteilungen und -ankündigungen mit anderen Forderungen nicht entgegen[141].

Erwähnenswert ist, dass neben der Ankündigungspflicht von Gewerkschaften auch jeder Arbeitnehmer, der am Streik teilnehmen will, dies 48 Stunden vorher dem Arbeitgeber mitteilen muss.[142] Eine entsprechende Mitteilungspflicht besteht auch im Falle, dass der betroffene Arbeitnehmer nicht mehr an der angekündigten Streikmaßnahme teilnehmen bzw. seine Teilnahme an einem laufenden Streik beenden will, wobei die Frist von 24 Stunden zu beachten ist.[143]

Überschreitet der Streik acht Tage, kann eine Urabstimmung über seine Fortsetzung in dem betroffenen Betrieb organisiert werden.[144] Allerdings lässt das Ergebnis dieser Urabstimmung das Streikrecht unberührt, was die Erforderlichkeit einer solchen Regelung in Frage stellt.[145]

Die Nichteinhaltung der Ankündigungsfrist führt zur Rechtswidrigkeit des Streiks, solange die betroffenen Arbeitnehmer auf die Ankündigungspflicht und die daraus resultierenden Folgen aufmerksam gemacht wur-

---

137 Art. L. 1324-2 f. *Code des transports*; ausführlich kommentiert bei *Gärtner*, Die gesetzliche Regulierung von Bahnstreiks in Frankreich, S. 143ff.

138 Art. R. 1324-4 Abs. 1 *Code des transports*.

139 Cass. soc. 30.01.2013 - Nr. 11-23.791, Bull. civ. 2013 V Nr. 21 geht von einem zweistufigen Verfahren aus.

140 Art. L. 1324-6 *Code des transports*.

141 Auf diese und weitere Schwachstellen weist *Gärtner*, Die gesetzliche Regulierung von Bahnstreiks in Frankreich, S. 170 f. hin; ähnlich *Duquesne*, Droit du travail, Rn. 1498.

142 Art. L. 1324-7 Abs. 1 *Code des transports*; Art. L133-4 Abs. 1 und L. 133-12 Abs. 2 *Code de l'éducation*; im Bereich des Flugverkehrs beschränkt auf bestimmte Beschäftigte Art. L. 1114-3 Abs. 1 *Code des transports*; kritisch *Gahdoun*, Droit social 2014, 349 (355), *Grard*, RJEP 702/2012, 21 (24); *Saramito*, Droit Ouvrier 2008, 191 (196).

143 Art. L. 1114-3 Abs. 2 f. und Art. L. 1324-7 Abs. 2 f. *Code des transports*.

144 Art. L. 1324-7 *Code des transports*.

145 Statt vieler *Bonnechère*, Le droit du travail, S. 78; *Duquesne*, Droit du travail, Rn. 1502; *Saramito*, Droit Ouvrier 2008, 191 (197); anders *Ray*, Droit social 2007, 1205 (1218 f.).

den.[146] Umgekehrt kann die Teilnahme an einem Streik, der auf einer nicht regelmäßig eingereichten Ankündigung – d.h. ohne die nach Art. L. 2512-2 Abs. 4 *Code du travail* geforderten Angaben oder unter Fristverstoß – beruht, als rechtmäßig angesehen werden, wenn der Arbeitnehmer nicht grob fahrlässig gehandelt und die fünftägige Frist eingehalten hat.[147]

cc) Pflicht zur Gewährleistung der Mindestversorgung

Die Gewährleistung der Mindestversorgung[148] gilt ohne Zweifel als Maßnahme, die dem Grundsatz der Kontinuität der *„services publics"* am besten Rechnung trägt. Sie ist unter anderem in den Bereichen der Flugsicherung[149], Radio und Fernsehen[150] sowie der Personenbeförderung[151] und der Kinderbetreuung[152] gesetzlich geregelt. Ähnliches ist auch bei einem Versorgungsengpass im Gesundheitswesen vorgesehen.[153] Auch in weiteren Bereichen geht die ständige Rechtsprechung des Staatsrats[154] trotz fehlender gesetzlicher Grundlage von einer Pflicht zur Durchführung des *„service minimum"* aus.

Dabei ist die Mindestversorgung so auszugestalten, dass die mit dem Streikrecht konkurrierenden Grundrechte nicht in unverhältnismäßigem Maße beeinträchtigt werden. Umgekehrt darf sie keinen normalen Betrieb herbeiführen.[155] Beispielsweise sieht der Gesetzgeber im Bereich des öffentlichen Personenverkehrs auf dem Landweg die Pflicht zur Bereitstellung ei-

---

146 Cass. soc. 05.06.1984 – Nr. 81-42229 und Nr. 81-42238, Bull. civ. 1984 V Nr. 229 S. 175; 11.01.2007 – Nr. 05-40.663, Bull. civ. 2007 V Nr. 2 S. 2; ebenso Cass. crim. 10.05.1994 – Nr. 93-82.603, unveröffentlicht; CE 08.01.1992 – Nr. 90634, Recueil Lebon.

147 Cass. soc. 25.02.2003 – Nr. 00-44.339, Bull. civ. 2003 V Nr. 63 S. 60; 08.10.2003 – Nr. 01-43.220.

148 In der Literatur wird diskutiert, ob es sich hierbei um „service minimum" oder vielmehr mit Blick auf die Nutzer um „service garanti" handelt. Vgl. dazu *Guglielmi/Koubi*, Droit du service public, Rn. 1224 f.; *Guillet*, Droit social 2012, 697 (702).

149 Art. 2 f. Gesetz Nr. 84-1286 v. 31.12.1984.

150 Art. 57 Abs. 2 des Gesetzes Nr. 86-1067 v. 30.09.1986 über die Kommunikations- und Informationsfreiheit; CC 18.09.1986 – Nr. 86-217 DC (Erwg. 79).

151 Art. L. 1222-2ff. *Code des transports*. Eine Gesetzesänderung zur Verbesserung der streikbedingten Mindestversorgung liegt dem Senat seit Juni 2014 vor (vgl. Gesetzentwurf Nr. 644 v. 19.06.2014). Kritisch *Bonnechère*, Le droit du travail, S. 78, die darauf hinweist, dass das Gesetz keinen „service minimum", sondern die Aufrechterhaltung öffentlicher Dienstleistungen normiere.

152 Art. L. 133-1 S. 3 i.V.m. Art. L. 133-3 f. *Code de l'éducation.*

153 Art. L. 6112-2 Abs. 1 Nr. 2 i.V.m. Art. L. 6111-1-3 *Code de la santé publique*; siehe auch *Gärtner*, Die gesetzliche Regulierung von Bahnstreiks in Frankreich, S. 71 Fn. 307.

154 Vgl. CE 07.07.1950 – Nr. 1645 (*Dehaene*), Rec. Lebon 1950, 426.

155 Vgl. CE 07.01.1976 – Nr. 92162, Recueil Lebon; 09.12.2003 – Nr. 262186, Recueil Lebon.

nes Notfahrplans einschließlich des Auskunftsplans im Falle vorhersehbarer Beeinträchtigungen von Verkehrsdienstleistungen vor, zu denen Streikmaßnahmen gehören.[156] Dies erfolgt nach Maßgabe einer Kollektivvereinbarung, die von dem Arbeitgeber und den repräsentativen Gewerkschaften ausgehandelt werden soll, oder nach einem vom Arbeitgeber einseitig bestimmten „*plan de prévisibilité*".[157]

dd) Dienstaufforderungen oder –verpflichtungen

Zur Gewährleistung der Versorgung staatlicher Einrichtungen und der Allgemeinheit mit unerlässlichen Dienstleistungen ermächtigt der Gesetzgeber den Dienstherrn, das notwendige Personal zur Arbeit heranzuziehen oder aufzufordern.[158] In Betracht kommen auch weitere Maßnahmen wie etwa der Einsatz der Polizei und sonstiger Ordnungskräfte auf bestreikte Arbeitsplätze.[159]

Die Vereinbarkeit derartiger Dienstaufforderungen mit dem Streikrecht wird auch vom Verfassungsrat bestätigt.[160] Sie sind von den Dienstverpflichtungen (*réquisitions*) abzugrenzen[161], die als polizeirechtliche Maßnahmen vom Staat[162] in seiner Hoheitsfunktion bzw. von einem Präfekten[163] unter bestimmten Voraussetzungen angeordnet werden können. Letztere hoheitliche Maßnahmen richten sich grundsätzlich gegen bestimmte Personen – konkret gegen Streikende. Sie treffen nicht nur Beschäftigte des öffentlichen Dienstes sondern auch Arbeitnehmer entsprechender privatrechtlicher Betriebe. Erinnert sei nur an die viel kritisierten Dienstverpflichtungen[164] während des Generalstreiks aus dem Jahre 2010 anlässlich der Rentenreform. Im Ergebnis zielen beide Maßnahmen darauf ab, das Streikrecht auszusetzen bzw. zu beenden.

---

156 Art. L. 1222-4 i.V.m. Art. L. 1222-2 *Code des transports.*

157 Art. L. 1222-7 *Code des transports.*

158 Art. 57 Abs. 2 f. des Gesetzes Nr. 86-1067 v. 30.09.1986 über die Kommunikations- und Informationsfreiheit.

159 Siehe *Guillet*, Droit social 2012, 697 (697) m.w.N. in Fn. 3.

160 CC 25.07.1979 – Nr. 79-105 DC (Erwg: 4); 18.09.1986 – Nr. 86-217 DC (Erwg. 78 f.).

161 Ausführlich dazu *Fontaine*, Le service minimum et les services essentiels, S. 128ff.

162 Art. L. 2212-1ff. *Code de la défense.*

163 Vgl. Art. L. 2215-1 Nr. 4 *Code général des collectivités territoriales*; CE 09.12.2003 – Nr. 262186, Receuil Lebon; 27.10.2010 – n° 343966, Recueil Lebon.

164 Näheres bei *Guillet*, Droit social 2012, 152-163.

ee) Sanktionen

Öffentlichen Bediensteten und Arbeitnehmern, die gegen die oben dargelegten Sonderregelungen des Streikrechts verstoßen, droht ein Entgeltabzug, dessen Höhe nach Dauer der Teilnahme des Einzelnen an der Streikmaßnahme bemessen wird.[165] Gegen Beamte kann darüber hinaus ein Disziplinarverfahren eingeleitet werden, das unter Umständen eine Abberufung aus dem öffentlichen Dienst, eine Rückstufung oder Verwarnungen herbeiführen kann.[166]

2. Streikrecht und „services essentiels" *in Quebec*

Das Spannungsverhältnis zwischen Streikrecht und den sog. *services essentiels* wird im Quebecer Arbeitsgesetzbuch im Einzelnen geregelt. Es enthält Sonderregelungen für die Ausübung des Rechts auf kollektive Maßnahmen in bestimmten Bereichen, die gesetzlich aufgelistet sind, sowie im öffentlichen Dienst im weiteren Sinne. Über die Umsetzung dieser Normen wacht eine spezielle Kammer des für kollektiv-arbeitsrechtlichen Fragen zuständigen Gerichtes.

Die Entstehung dieser speziellen Kammer geht auf die Novellierung des Arbeitsgesetzbuches im Jahre 1982 zurück, die den „*Conseil des services essentiels*" (CSE) mit gerichtlichen Zuständigkeiten geschaffen hatte. Dieses gerichtsähnliche Kontrollorgan wurde im Sommer 2011 abgeschafft und seine Zuständigkeiten wurden der Kommission für Arbeitsbeziehungen (*Commission des relations du travail* – CRT) und von dieser jüngst dem „*Tribunal administratif du travail*" (TAT)[167] übertragen, in dem eine entsprechende Kammer eingerichtet wurde.

a) Inhaltliche Ausgestaltung

Die Rechtmäßigkeit von Streiks in den oben genannten Bereichen[168] setzt die wirksame Aufrechterhaltung der *services essentiels* zu Gunsten der Allgemeinheit voraus. Dies ist allgemein auf die Gewährleistungsverantwortung des Staates nach Art. 36 Abs. 1 c) des Verfassungsgesetzes v. 1982 zurückzuführen. Im Einzelnen gliedern sich die gesetzlichen Vorgaben über das

165 Art. L. 2512-5 *Code du travail*; Art. L. 1324-11 *Code des transports*.
166 Art. L. 2512-4 *Code du travail*.
167 Art. 1, 4 und 7 Nr. 1 *Loi instituant le Tribunal administratif du travail*, GOQ II, Nr. 37 v. 16.12.2015, S. 3131.
168 Siehe oben unter Abschnitt C.II.2.

Streikrecht und die *services essentiels* im Hinblick auf die oben erfolgte Abgrenzung in mehreren Säulen:

aa) *Streiks in Betrieben mit öffentlichem Dienstleistungsauftrag nach Art. 111.0.16 Code du travail QC*

Betriebe, die öffentliche Dienstleistungen erbringen, sind von der Pflicht zur Aufrechterhaltung der *services essentiels* während eines Streiks nur erfasst, wenn dies durch eine Verordnung gemäß Art. 111.0.17 Abs. 1 *Code du travail QC* festgelegt wurde. Eine solche normative Festlegung stellt damit eine essenzielle Vorfrage für die Bestimmung des Anwendungsbereichs der der Daseinsvorsorge dienenden Normen dar.[169] Dabei findet die Zuordnung der betroffenen Bereiche in zwei Stufen statt: Zunächst muss es sich um einen in Art. 111.0.16 *Code du travail QC* aufgelisteten Betrieb handeln, in einem zweiten Schritt muss sodann eine Konkretisierung durch eine darauf bezogene Verordnung erfolgt sein.

Eine entscheidende Rolle spielt dabei ein ständiger Ausschuss, welcher den Stand geltender Tarifverträge regelmäßig überprüft und das Arbeitsministerium über deren Ablauffrist informiert. Umstände, die das Erlassen einer entsprechenden Verordnung begründen können, liegen vor, wenn davon auszugehen ist, dass die Durchführung von Arbeitskämpfen in diesen Betrieben die Gesundheit oder die Sicherheit der Bevölkerung gefährden würde.[170] Derartige Informationen lassen sich unter anderem den Profilen der jeweiligen Betriebe entnehmen, wie sie von den zuständigen Mediatoren des „*Tribunal administratif du travail*" (TAT) ermittelt werden.[171] Aktuell sind unter anderem folgende „öffentliche Dienstleistungen" erfasst: der Krankentransport und die medizinische Versorgung, die Altenpflege, der Blut- und Organspendedienst, der öffentliche Personennahverkehr, die Müllabfuhr, die Feuerwehr sowie die Energieversorgung[172].

In diesen Bereichen haben Gewerkschaften und Arbeitgeber eine Notdienstvereinbarung (*entente*) abzuschließen und diese der zuständigen Kammer des TAT zur Prüfung vorzulegen. Bei fehlender Einigung muss die kampfführende Gewerkschaft sowohl dem TAT als auch der Arbeitgeberseite eine Liste der zu leistenden Notstandsarbeiten übermitteln.[173]

---

169 Siehe auch *Bertrand*, Revue du Barreau du Québec 2009, 63 (70).

170 *Conseil des services essentiels*, Rapport de gestion 2011, S. 7.

171 Vgl. *Lemieux*, Relations industrielles 1996, 333 (343).

172 VO Nr. 1054-2014 v. 26.11.2014, GOQ II Nr. 51 v. 17.12.2014, S. 4535; VO Nr. 430-2015 v. 20.05.2015, GOQ II Nr. 23 v. 10.06.2015, S. 1643; VO Nr. 762-2015 v. 26.08.2015, GOQ II Nr. 37 v. 16.09.2015, S. 3269; VO Nr. 1049-2015 v. 25.11.2015, GOQ II Nr. 50 v. 16.12.2015, S. 4891.

173 Art. 111.0.18 *Code du travail QC*.

Die Durchführung von Streiks ist erst sieben Tage nach der Übermittlung der Notdienstvereinbarung bzw. der Liste beim TAT zulässig[174], ohne dass aber die (möglicherweise erst später vorgenommene) Bewertung des Kontrollorgans nach Art. 111.0.19 *Code du travail QC* zwingend abgewartet werden muss.[175] In der Praxis spielt diese Bewertung dennoch eine entscheidende Rolle[176], da die Rechtmäßigkeit eines Streiks nach der bisherigen Rechtsprechung des TAT von dem ausreichenden Umfang der Notstandsarbeiten abhängt.[177] Allerdings beschränkt sich der TAT lediglich darauf, einen Mindestschutz zu sichern. Seine Kontrollbefugnis erstreckt sich nicht auf Notstandsarbeiten, die über den Mindestschutz hinausgehen.[178]

Zusätzlich zu der bereits erwähnten Pflicht zur Einhaltung der Ankündigungsfrist von sieben Werktagen ist auch eine Pflicht zur Information des Arbeitsministeriums und des TAT über die Streikmaßnahmen vorgesehen.[179] Erinnert sei schließlich an die allgemeine Vorgabe aus Art. 58 *Code du travail QC*, welcher nur diejenige Gewerkschaft zur Durchführung von Streiks berechtigt, die die Arbeitgeberseite fristgemäß zu Tarifverhandlungen aufgefordert hat. Im Hinblick auf Betriebe mit öffentlichem Dienstleistungsauftrag ergibt dies zusammen betrachtet eine Frist von 97 Tagen. Diese Frist setzt sich gemäß Art. 111.0.23 Abs. 1 *Code du travail QC* aus der für den Erwerb der Streikberechtigung vorgesehene Karenzzeit von 90 Tagen[180] und aus der siebentägigen Ankündigungsfrist zusammen.

Als Rechtfertigungsgründe für diese Sonderregelungen gelten zum einen der „Schutz der Gesundheit oder der Sicherheit der Bevölkerung“[181] und zum anderen die Gewährleistung öffentlicher Dienstleistungen, auf welche die Bevölkerung stets angewiesen ist.[182] Konkret unterliegen öffentliche Dienstleistungen den Vorgaben über die *services essentiels* nur insoweit, als ein Zusammenhang mit der Gesundheit oder Sicherheit der Bevölkerung besteht. Beispielsweise wird der ÖPNV mit einbezogen, weil er den Bürgern das Erreichen von medizinischen Einrichtungen und Arztpraxen ermögliche und ein kompletter Streik zu einem Verkehrschaos führen könne, mit

---

174 Art. 111.0.23 Abs. 1 und 3 *Code du travail QC*.

175 *Coutu u. a.*, Droit des rapports collectifs du travail au Québec, Bd 2, Rn. 662 Fn. 53.

176 Vgl. nur CRT 08.03.2013, Nr. 2013-QCCRT 0119 (*Ambulance Rochelieu u.a. c. FPE-SPQ*), Rn. 12; 13.08.2013, Nr. 2013-QCCRT 0400 (*Coopération d'urgences-santé c. Syndicat du personnel de soutien de la CUS-CSN*), Rn. 14ff.

177 CRT 23.01.2014, Nr. 2014-QCCRT 0041 (*Syndicat des employés manuels de la Ville de Terrebonne c. Ville de Terrebonne*), Rn. 21ff.

178 Vgl. dazu *Conseil des services essentiels*, Rapport de gestion 2011, S. 8.

179 Art. 111.0.23 Abs. 1 *Code du travail QC*.

180 Dazu siehe oben unter Abschnitt B.III.2.b) bei der Darstellung der allgemeinen Rechtmäßigkeitsvoraussetzungen von Streiks nach Quebecer Recht.

181 Art. 111.0.17 Abs. 1 *Code du travail QC*.

182 *Bernier/Lemieux*, Grèves et services essentiels, S 226.

der Folge einer eventuellen Verkehrsbeeinträchtigung für Einsatz- und Rettungsfahrzeuge.[183]

bb) *Streiks in öffentlichen Gesundheitswesen und Sozialdiensten*

Anders als in privaten Betrieben und öffentlichen Einrichtungen außerhalb des Bereichs Gesundheitswesen und Sozialdienste sollen die *services essentiels* im öffentlichen Gesundheitswesen und in Sozialdiensten garantiert werden, indem das Streikrecht nur einer bestimmten prozentualen Quote der Arbeitnehmer einer entsprechenden öffentlichen Einrichtung zugebilligt wird. Der Gesetzgeber hat hier also ein „quantitatives Kriterium“[184] vorgesehen, indem er eine Mindestzahl des für die Gewährleistung der *services essentiels* benötigten Personals in den jeweils betroffenen Einrichtungen in Prozent festgelegt hat, nämlich 90 Prozent in Pflegeheimen und speziellen Gesundheits- und Rehabilitationszentren, 80 Prozent in allen weiteren Gesundheitszentren, 60 Prozent in lokalen Zentren für gemeinschaftliche Dienstleistungen und 55 Prozent in Kinder- und Jugendschutzzentren.[185]

Diese Prozentsätze richten sich grundsätzlich nach der Zahl der Beschäftigten, die bei einem normalen Betriebsablauf zur Arbeit eingeteilt würden. In der Praxis wird allerdings auf eine pragmatische Alternative zurückgegriffen, indem nicht auf die Anzahl des Personals, sondern auf die betriebsübliche Arbeitszeit abgestellt wird.[186] Konkret dürfen *mutatis mutandis* alle betroffenen Arbeitnehmer einen bestimmten Prozentsatz ihrer regelmäßigen Arbeitszeit leisten und für die übrige Zeit ihr Streikrecht turnusgemäß ausüben, ohne dass der Betrieb lahmgelegt wird. Es ist also nicht ein Notdienst mit einer bestimmten Anzahl der Beschäftigten zu organisieren, sondern es dürfen weiterhin alle arbeiten, wenn auch nur einen Teil ihrer Arbeitszeit. Für die übrige betriebsübliche Zeit dürfen sie am Streik teilnehmen, allerdings nicht alle gleichzeitig. Für einen Streik in Pflegeheimen oder in speziellen Gesundheits- und Rehabilitationszentren, heißt dies, dass 90 Prozent der regelmäßigen Arbeitszeit jedes einzelnen Arbeitnehmers geleistet werden muss.

---

183 Vgl. nur TAT 06.06.2016, Nr. 2016 QCTAT 3369 (*Veolia Transdev Québec inc. c. Teamsters Québec*), Rn. 22.

184 *Fontaine*, Relations industrielles 2008, 719 (729).

185 Art. 111.10 Abs. 1 *Code du travail QC*.

186 Dazu ausführlich *Conseil des services essentiels*, Les services essentiels et l'exercice du droit de grève, S. 7; TAT 06.05.2016, Nr. 2016 QCTAT 2722 (*CSH-HCN Lessee c. syndicat québécois des employées et employés de service*), Rn. 12; 23.01.2017, Nr. CQ-2017-0195 (*CSH-HCN Lessee c. syndicat québécois des employées et employés de service*), Rn. 23.

In anderen öffentlichen Einrichtungen des Gesundheitswesens und der Sozialdienste, die keine Gesundheits- und Rehabilitationszentren, Pflegeheime, Kinder- und Jugendschutzzentren oder lokale Zentren für gemeinschaftliche Dienstleistungen sind, wird die Zahl der Arbeitnehmer, die die Notstandsarbeiten leisten sollen, durch Notdienstvereinbarung und notfalls durch eine von den Gewerkschaften vorzulegende Liste bestimmt.[187] Für Notfall- und Intensivstationen gelten abweichende Regelungen. Dort stellt der Gesetzgeber auf einen normalen Betrieb ab[188], so dass die Durchführung eines Streiks kaum denkbar ist.

Zwingend muss dem TAT die Notdienstvereinbarung bzw. die Liste zur Überprüfung vorgelegt werden.[189] Daraufhin kann das Kontrollorgan – anders als bei der Bewertung des Umfangs der *services essentiels* in Betrieben mit öffentlichem Dienstleistungsauftrag i.S. des Art. 111.0.16 Code du travail QC – die Notdienstvereinbarung bzw. die Liste unter bestimmten Umständen aufstocken oder verändern.[190]

Für den gesamten Bereich gilt, dass leitende Angestellte, Außenseiter und anders organisierte Arbeitnehmer sowie Gewerkschaftsmitglieder, die in Betrieben oder Teilbetrieben beschäftigt sind, welche von den Tarifverhandlungen nicht erfasst sind, bei der Ermittlung der Personalzahl nicht mitberechnet werden.[191] Bemerkenswert ist allerdings, dass die vorstehenden Regelungen in der Praxis großzügiger ausgelegt werden.[192] Zum einen legen die Gewerkschaften freiwillig oft höhere Prozentsätze zugrunde als vom Gesetzgeber vorgeschrieben.[193] Zudem unterwerfen sich auch zahlreiche private Einrichtungen im Gesundheitswesen und von Sozialdiensten den vorstehenden Regelungen kraft tarifautonomer Vereinbarung[194], obwohl diese grundsätzlich für entsprechende öffentliche Einrichtungen konzipiert wurden.

---

187 Art. 111.10 Abs. 2 und 111.10.1 Abs. 1 *Code du travail QC.*

188 Art. 111.10.1 Abs. 1 S. 2 und Art. 111.10.3 Abs. 3 S. 1 *Code du travail QC.*

189 Art. 111.10.1 Abs. 2 *Code du travail QC.*

190 Art. 111.10.5 *Code du travail QC.* Vgl. etwa CRT 09.07.2015, Nr. CM-2015-4108 (*Centre intégré universitaire de santé et de services sociaux de l'Ouest-de-l'Île-de-Montréal c. SPSDLL-FIQ*), Rn. 5; 13.07.2015, Nr. CM-2015-4496 (*Centre intégré universitaire de santé et de services sociaux de Saint-Léonard et Saint-Michel c. Syndicat des travailleuses et travailleurs du CSSS St-Léonard et St-Michel*), Rn. 5.

191 *Conseil des services essentiels,* Les services essentiels et l'exercice du droit de grève, S. 6.

192 *Fontaine,* Relations industrielles 2008, 719 (730ff.).

193 *Coutu u. a.,* Droit des rapports collectifs du travail au Québec, Bd 2, Rn. 664 mit umfassenden Nachweisen in der Fn. 74.

194 Beispiele dazu bei CRT 18.12.2012, Nr. 2012 QCCRT 0586 (*Syndicat québécois des employées et employés de service c. Société Senna SENC., Seigneurie de Salaberry*), Rn. 17; 17.05.2013, Nr. 2013 QCCRT 0247 (*Groupe Valeo inc. c Syndicat québécois des employées et employés de service*), Rn. 36.

Schließlich wird die Durchführung eines Streiks erst 90 Tage nach der Übermittlung der vom TAT genehmigten Notdienstvereinbarung bzw. Liste an den Arbeitgeber als zulässig angesehen.[195] Nach der Vorstellung des Gesetzgebers ist damit der Ablauf der vorgesehenen Bearbeitungsfrist beim TAT[196] einschließlich der Information des Arbeitgebers gemeint. Dies lässt sich insbesondere anhand des Verweises auf Art. 111.10.7 Abs. 1 *Code du travail QC* belegen. Danach gilt eine beim TAT zum Zwecke der Überprüfung eingereichte Notdienstvereinbarung oder Liste als genehmigt, wenn keine Entscheidung innerhalb von 90 Tagen getroffen wurde. Demnach soll als Ausgangspunkt nicht die Übermittlung der genehmigten Notdienstvereinbarung bzw. der Liste an den Arbeitgeber, sondern ihr Einreichen beim TAT gelten. Andernfalls müsste die Gewerkschaft eventuell bis zu 180 Tage[197] warten, bevor eine Streikmaßnahme durchgeführt werden könnte. Weitere Voraussetzung ist die Beachtung einer Ankündigungsfrist von sieben Werktagen[198], welche aber bei den oben erwähnten 90 Tagen angerechnet werden können.[199]

cc) Beamtenstreiks

Bei Beamtenstreiks handelt es sich um Streiks im öffentlichen Dienst i.e.S. (*fonction publique*). Die Zulässigkeit dieser Streiks setzt das Scheitern der Tarifverhandlungen einschließlich der Schlichtung voraus. Das Schlichtungsverfahren wird von einem Schlichter geführt, der auf Antrag einer Partei von dem Arbeitsminister ernannt werden soll. Der Schlichter hat den Tarifvertragsparteien innerhalb von 60 Tagen seine Empfehlungen zur Beilegung des Tarifkonfliktes zu unterbreiten. Eine Fristüberschreitung ist nur mit Zustimmung der Betroffenen möglich. Auf dieses gesetzliche Verfahren kann allerdings nur bei Fehlen eines tarifvertraglich vereinbarten Verfahrens zurückgegriffen werden. In beiden Fällen muss dem Arbeitsminister ein Bericht über das Scheitern der Tarifverhandlungen übermittelt werden.[200] Die Durchführung einer Streikmaßnahme wird erst 20 Tage nach dem Erhalt dieses Berichts durch das Ministerium als zulässig angesehen.[201]

---

195 Art. 111.12 *Code du travail QC.*

196 I.E. auch *Coutu u. a.*, Droit des rapports collectifs du travail au Québec, Bd 2, Rn. 669.

197 Zusammengesetzt aus 90 Tagen für das Genehmigungsverfahren + 90 Tage Übermittlung an den Arbeitgeber.

198 Art. 111.11 Abs. 1 Alt. 2 *Code du travail QC.*

199 Nähere über die Berechnungsmethode bei Überschneidung der Fristen bei *Coutu u. a.*, Droit des rapports collectifs du travail au Québec, Bd 2, Rn. 662.

200 Vgl. Art. 46ff. *Loi sur le régime de négociation des conventions collectives dans les secteurs public et parapublic.*

201 Art. 111.11 Abs. 1 *Code du travail QC.*

Wichtig ist jedenfalls, dass eine Notdienstvereinbarung getroffen wird[202], die allerdings im Gegensatz zu den oben analysierten Bereichen keiner weiteren Überprüfung des Kontrollorgans unterliegt.[203] Dagegen ist bei fehlender Einigung die Möglichkeit einer einseitigen Bestimmung der *services essentiels* durch die Gewerkschaft hier ausgeschlossen. Stattdessen könnte der TAT auf Antrag einer Partei die Mediation anbieten oder notfalls den Umfang der *services essentiels* sowie die Modalitäten ihrer Aufrechterhaltung selbst anordnen.[204] Schließlich ist der Streik sieben Werktage vorher anzukündigen.[205]

b) Rechtsdurchsetzungsmaßnahmen

Als Hüter der Daseinsvorsorge stehen dem TAT weitreichende Befugnisse zu[206], die es vor, während und nach der Durchführung einer Streikmaßnahme ausüben kann. Diese betreffen die Überprüfung der von den Parteien erzielten Notdienstvereinbarung bzw. der Liste der Gewerkschaft, die Kontrolle ihrer Umsetzung während eines Streiks sowie gegebenenfalls auch Entscheidungen über Schadensersatz. Daraus ergeben sich folgende Rechtsfolgen bzw. Rechtsschutzmöglichkeiten:

aa) Streikaussetzung per Hoheitsakt

Die Aussetzung von Streiks hängt von dem Ergebnis der Evaluierung der Notdienstvereinbarung bzw. der Liste durch den TAT ab. Erweist sich der Umfang der vorgesehenen Notstandsarbeiten als unzureichend, werden den Parteien entsprechende Vorschläge zur Verbesserung ihrer Notdienstvereinbarung bzw. Liste unterbreitet.[207] Dabei ist der TAT zunächst an das allgemeine Kriterium gebunden, das vom Gesetzgeber festgelegt ist, nämlich an den „Schutz der Gesundheit oder der Sicherheit der Bevölkerung".[208] Darüber hinaus hat das Gericht selbst konkrete Bewertungsmaßstäbe entwickelt, die sich an der Zeit und der Dauer der geplanten Streikmaßnahme, der Art der betroffenen Betriebe einschließlich der Ausweichmöglichkeiten,

---

202 Art. 69 Abs. 3 f. *Loi sur la fonction publique.*

203 *Coutu u. a.*, Droit des rapports collectifs du travail au Québec, Bd 2, Rn. 669.

204 Art. 111.15.1 f. *Code du travail QC.*

205 Art. 111.11 Abs. 1 *Code du travail QC.*

206 Vgl. auch *Bertrand*, Revue du Barreau du Québec 2009, 63 (71); *Lemieux*, Relations industrielles 1996, 333 (335).

207 Art. 111.0.19 Abs. 3 *Code du travail QC*; vgl. zuletzt TAT 06.05.2016, Nr. 2016 QCTAT 2722 (*CSH-HCN Lessee c. Syndicat québecois des employées et employés de service*), Rn. 14ff.

208 Art. 111.0.17 Abs. 1 *Code du travail QC.*

der Arbeitspraxis sowie der Qualifikation der für die Notstandsarbeiten ausgewählten Arbeitnehmer orientieren.[209] Dabei steht ihm in Betrieben der öffentlichen Dienstleistungen allerdings keine Befugnis zu, die Notdienstvereinbarung bzw. die Liste von Amts wegen zu verändern oder aufzustocken. Eine derartige Befugnis ist nur im Bereich des öffentlichen Dienstes i.w.S. vorgesehen.[210]

Im Falle eines negativen Ergebnisses nach einer weiteren Bewertung kann der TAT dem Arbeitsministerium einen diesbezüglichen Bericht vorlegen[211], damit geeignete Maßnahmen zur Aufrechterhaltung der *services essentiels* getroffen werden. Konkret könnte das Streikrecht durch Verordnung ausgesetzt werden, solange nicht nachgewiesen wird, dass die Versorgung der Bevölkerung durch Notstandsarbeiten ausreichend gewährleistet ist.[212]

bb) Dienstaufforderung

Das Erlassen hoheitlicher Maßnahmen zur Dienstaufforderung kommt grundsätzlich in Betracht, wenn die kampfführende Gewerkschaft die vereinbarten Notstandsarbeiten nicht einhält und die daraufhin vom TAT auferlegten notwendigen Abhilfemaßnahmen (*mesures de redressement*)[213] missachtet. Ferner kann die Exekutive auf der Grundlage des Tatsachenberichts des TAT die sog. „*lois spéciales de retour au travail*" erlassen, welche die Streikenden zur Arbeit auffordern. Von dieser schärfsten Waffe wurde bereits mehrmals Gebrauch gemacht.[214]

Entsprechendes gilt auch bei rechtswidrigen Streiks (*moyens de pression illégaux*).[215] Hier hat das Kontrollorgan sicherzustellen, dass die Versorgung der Bevölkerung umfassend aufrechterhalten wird. Im diesen Fall setzt der Gesetzgeber auf einen umfassenden Schutz.[216]

---

209 *Fontaine*, in: Bilodeau (Hrsg.), L'équilibre du rapport de forces dans la relation d'emploi, S. 31, 39 m.w.N.
210 Art. 111.10.5 *Code du travail QC*.
211 Art. 111.0.20 *Code du travail QC*.
212 Art. 111.0.24 *Code du travail QC*.
213 Art. 111.17 *Code du travail QC*.
214 Eine Übersicht dazu bei *Delorme/Nadeau*, Relations industrielles 2002, 743 (762ff.); *Fontaine*, in: Bilodeau (Hrsg.), L'équilibre du rapport de forces dans la relation d'emploi, S. 31, 51 m.w.N. in Fn. 92.
215 Art. 111.18 *Code du travail QC*.
216 *Coutu u. a.*, Droit des rapports collectifs du travail au Québec, Bd 2, Rn. 648.

cc) Wiedergutmachungsmaßnahmen

Maßnahmen zur Wiedergutmachung der Streikfolgen in Quebec lassen sich in zwei Säulen gliedern. Die erste Rechtsschutzmöglichkeit bildet das Verfahren vor dem TAT, welches von Amts wegen oder auch auf Antrag interessierter Parteien eingeleitet werden kann. Der TAT prüft dabei, ob die Beklagte die Pflicht zur Aufrechterhaltung der *services essentiels* während eines Streiks bzw. die Grundrechte Dritter bei einer rechtswidrigen Streikmaßnahme verletzt hat. Wenn dies der Fall ist, kann sie zur Zahlung von Schadenersatzleistungen verurteilt werden.

Allerdings handelt es sich um eine „*sui generis*" Entschädigung.[217] Der Schadenersatz wird nicht individuell, sondern kollektiv betrachtet[218], so dass keine Schadenersatzansprüche für einen Einzelnen begründet werden können. Ausgleichsleistungen sollen der gesamten Gesellschaft zu Gute kommen. Bekannte Beispiele sind etwa der Bau von überdachten Bushaltestellen, Freifahrten, ehrenamtliche Arbeiten zu Gunsten einer bestimmten Gemeinde oder sonstiger Gebietskörperschaften.[219]

Parallel zum Rechtsschutz vor dem TAT besteht die Möglichkeit für Nutzer der öffentlichen Dienstleistungen Schadensersatzansprüche durch Gruppenklagen vor Zivilgerichten geltend zu machen.[220] Voraussetzung dafür ist, dass eine solche Klage durch den Beschluss des zuständigen Gerichts gem. Art. 1002ff. *Code de procédure civile* vorher genehmigt wird.[221] Im Gegensatz zu den Ausgleichsmaßnahmen des TAT werden Schadenersatzansprüche einzelnen Antragstellern in ihrer Eigenschaft als Drittbetroffene von Streiks gewährt. Dabei stützt sich das Gericht auf allgemeine Rechtsgrundsätze der unerlaubten Handlung.[222]

c) Exkurs – Bundesrechtliche Vorgaben

Den Bestimmungen über die Kompetenzabgrenzung zwischen Bund und Provinzen lässt sich entnehmen, dass die Gesetzgebungskompetenz im Arbeitsrecht in Kanada generell bei den Provinzen liegt. Zuständig für arbeits-

---

217 *Fontaine*, Le service minimum et les services essentiels, S. 625.

218 *Conseil des services essentiels*, Les services essentiels et l'exercice du droit de grève, S. 11.

219 Vgl. *Bernier/Lemieux*, Grèves et services essentiels, S. 228; *Coutu u. a.*, Droit des rapports collectifs du travail au Québec, Bd 2, Rn. 674 m.w.N. in Fn. 97.

220 Mehr dazu bei *Bertrand*, Revue du Barreau du Québec 2009, 63 (67ff.).

221 Cour supérieure du Québec 09.01.2003, Nr. 450-06-000001-028 (*Elise Binette c. Syndicat des chauffeurs de la corporation métropolitain de Sherbrooke*), Rn. 19ff.; 18.03.2010, Nr. 500-06-000451-084 (*Lucie Ladouceur c. Société de transport de Montréal*), Rn. 9ff.

222 Darauf verweisend *Bertrand*, Revue du Barreau du Québec 2009, 63 (77).

rechtliche Fragen, die in unmittelbarem Zusammenhang mit bundesrechtlichen Angelegenheiten nach Art. 91 des Verfassungsgesetzes v. 1867 stehen, ist allerdings der Staat auf Bundesebene.

Insoweit sind bestimmte Bereiche, die für lebenswichtig gehalten werden und somit den Sonderregelungen über die *services essentiels* unterliegen würden, nicht von dem oben dargelegten Landesrecht, sondern vom kanadischen Bundesrecht[223] erfasst. Dies betrifft unter anderem die Postdienstleistungen und Sparkassen, den Flugverkehr, die interregionale Schifffahrt sowie den interregionalen Bahnverkehr.[224]

Der kanadische Gesetzgeber gewährleistet den Beschäftigen in diesen Betrieben die Koalitionsfreiheit einschließlich des Streikrechts.[225] Die Zulässigkeit einer Streikmaßnahme setzt allerdings das Scheitern der Tarifverhandlungen einschließlich der diesbezüglichen Mitteilung an den Minister, die vorherige Abhaltung einer Urabstimmung und die Zustimmung der Mehrheit der betroffenen Arbeitnehmer, eine Ankündigungsfrist von 72 Stunden sowie die Gewährleistung der von den Parteien selbst zu vereinbarenden Notstandsarbeiten voraus.[226]

Bei fehlender Einigung über die Notdienstvereinbarung entscheidet ein gerichtsähnlicher Ausschuss (*Conseil canadien des relations industrielles*)[227] bzw. ein Schiedsrichter[228], die ggf. entsprechende Notstandsarbeiten rechtsverbindlich bestimmen können.[229] Erwähnenswert ist die Befugnis des Ausschusses, die Anwendung eines geeigneten vollstreckbaren Streitbeilegungsmechanismus an Stelle des Streiks anzuordnen, wenn davon auszugehen ist, dass die Wirksamkeit der Streikmaßnahme wegen der zu leistenden Notstandsarbeiten erheblich beeinträchtigt würde.[230] Als solcher Mechanismus gelten nach der Spruchpraxis des kanadischen Ausschusses für Arbeitsbeziehungen unter anderem die Schlichtung und das Schiedsverfahren.[231]

---

223 Zu kanadischem Bundesrecht siehe auch *Adell/Grant/Ponak*, Strikes in Essential Services, S. 24ff.; *Gunderson/Reid*, in: Swimmer/Thompson (Hrsg.), Public Sector Collective Bargaining in Canada, S. 135, 135ff.

224 Art. 91 Abs. 1 Nr. 5, 10, 13, 16 und 29 i.V.m. Art. 92 Nr. 10 *a)* des Verfassungsgesetzes v. 1867; Art. 2 Abs. 2 *Code du travail CA*.

225 Vgl. Art. 8 Abs. 1 *Code du travail CA*; Art. 63 Abs. 13 *Loi sur la commercialisation des services de navigation aérienne civile*.

226 Art. 89 Abs. 1 i.V.m. Art. 71ff. und 87.2ff. *Code du travail CA*; Art. 74 f. *Loi sur la commercialisation des services de navigation aérienne civile*. Siehe auch *Talarico*, Revue du Barreau du Québec 2015, 219 (240ff.).

227 Art. 87.4 Abs. 4ff. *Code du travail CA*.

228 Art. 76ff. *Loi sur la commercialisation des services de navigation aérienne civile*.

229 Vgl. nur CCRI 30.06.1999, Nr. 1999-CCRI-23 (*Aéroports de Montréal*), Rn. 33.

230 Art. 87.4 Abs. 8 *Code du travail CA* ; darauf verweisend CCRI 24.01.2003, Nr. 2003-CCRI-214 (*Nav Canada*), Rn. 5ff.

231 Vgl. nur CCRI 09.04.2010, Nr. 2010-CCRI-507 (*Marine Atlantique S.C.C.*), Rn. 22ff.; 17.05.2012, Nr. 2012-CCRI-641 (*Fredericton International Airport Authority inc. c. Alliance de la Fonction publique du Canada*), Rn. 14.

Schließlich besteht die Möglichkeit, zum Schutz nationaler Interesse das Streikrecht durch Verordnung auszusetzen.[232]

d) Ausblick

Die oben dargestellten Sonderregelungen über das Verhältnis des Streikrechts zu den *services essentiels* in Quebec sind nach dem neuen Rechtsprechungskurs der Kanadischen *Cour suprême*[233] in der Diskussion. In ihrem Urteil v. 30. Januar 2015 in der Rechtssache „*Saskatchewan Federation of Labour c. Canada*" hatte die *Cour suprême* die verfassungsrechtliche Konformität eines Landesgesetzes[234] zu überprüfen, welches unter anderem Beschäftigten im öffentlichen Dienst, deren Tätigkeiten der Gewährleistung der *services essentiels* dienen, das Streikrecht verwehrte.

Die *Cour suprême* hat zunächst die aus der Vereinigungsfreiheit abgeleitete verfassungsrechtliche Gewährleistung des Streikrechts ausdrücklich anerkannt[235] und ist somit von seiner ständigen Rechtsprechung[236] zu dieser Problematik abgerückt.[237] Daraufhin sieht er das Streikrecht als unerlässlichen Bestandteil (*composante indispensable*)[238] des Rechts auf Durchführung von Tarifverhandlungen an. Deshalb prüft das Gericht, ob eine gesetzliche Einschränkung des Streikrechts dazu geeignet ist, das Recht der betroffenen Beschäftigten und deren Gewerkschaften auf Durchführung gerechter Tarifverhandlungen erheblich zu beeinträchtigen. Wenn dies der Fall sein sollte, stelle sich weiterhin die Frage, ob dies im Hinblick auf Art. 1 der Kanadischen Grundrechtecharta gerechtfertigt sein könnte.[239]

In dem vorliegenden Fall stellt das Gericht fest, dass das umstrittene Landesgesetz gegen die Vereinigungsfreiheit nach Art. 2 d) der Kanadischen Grundrechtecharta verstoße, weil die vorgesehenen Streikrechtseinschrän-

---

232 Vgl. Art. 90 *Code du travail CA*.

233 Oberster Gerichtshof Kanadas.

234 "The Public Service Essential Services Act" (PSESA) der Provinz Saskatchewan v. 14.05.2008.

235 CSC 30.01.2015, Nr. 2015 CSC 4 (*Saskatchewan Federation of Labour c. Saskatchewan*), R.C.S. 2015, S. 245 (Rn. 3).

236 Vgl. die sog. "*trilogie*" aus dem Jahre 1987: CSC 09.04.1987, Nr. 1 RCS 313 (*Renvoi relatif à la Public Service Employee Relations Act – Alberta*); Nr. 1 RCS 424 (*AFPC c. Canada*); Nr. 1 RCS 460 (*SDGMR c. Saskatchewan*). Dazu *Coutu*, GS Zachert (2010), S. 204, 210 f.; noch ausführlicher bei *Fontaine*, in: Bilodeau (Hrsg.), L'équilibre du rapport de forces dans la relation d'emploi, S. 31, 33ff.; *Choko*, IJCL 2012, 397 (400).

237 Vgl. auch *Trudeau*, RDT 2015, 479 (479ff.).

238 CSC 30.01.2015, Nr. 2015 CSC 4 (*Saskatchewan Federation of Labour c. Saskatchewan*), R.C.S. 2015, S. 245 (Rn. 3, 24).

239 CSC 30.01.2015, Nr. 2015 CSC 4 (*Saskatchewan Federation of Labour c. Saskatchewan*), R.C.S. 2015, S. 245 (Rn. 78ff.).

kungen über das hinausgingen, was in einer freien und demokratischen Gesellschaft im Sinne des Art. 1 der Charta erforderlich sei.[240] Anders verhielte es sich, wenn geeignete Ausgleichsmechanismen vorgesehen wären, wie etwa ein obligatorisches Schiedsverfahren oder auch ein Mitbestimmungsrecht der betroffenen Beschäftigten bzw. deren Gewerkschaften, damit diese ihre Forderungen gegenüber dem Dienstherrn noch wirksam durchsetzen könnten.[241]

Es stellt sich nun die Frage, welchen möglichen Einfluss diese neuere Rechtsprechung der kanadischen *Cour suprême* auf das Streikrecht der Provinz Quebec haben könnte. In der Literatur wird eine Änderung der Rechtslage in Quebec erhofft[242] bzw. für sehr wahrscheinlich[243] gehalten. Erste Klagen von Gewerkschaften, die die Verfassungsmäßigkeit bestimmter Vorschriften des Arbeitsgesetzbuches in Frage stellen, sind bereits eingereicht.[244]

Ob damit das ganze Regime der *services essentiels* nach dem Quebecer Streikrecht im Lichte dieser Rechtsprechung für verfassungswidrig erklärt werden wird, ist abzuwarten. Es spricht vieles dafür, dass das Gericht diesbezüglich nicht zum gleichen Ergebnis kommen würde[245], da die in Quebec geltenden Regelungen nur Einschränkungen und keine Streikverbote vorsehen. Besonders relevant ist, dass die Verantwortung für die Bestimmung der zu leistenden Notstandsarbeiten in erster Linie den beiden Parteien und notfalls der Gewerkschaft überlassen ist. Im Übrigen wird dies durch ein unabhängiges Kontrollorgan überprüft. Darin liegt ein entscheidender Unterschied zu dem umstrittenen Gesetz der Provinz Saskatchewan[246], welches dem öffentlichen Arbeitgeber das Recht zur einseitigen Bestimmung der *services essentiels* einräumt[247] und dabei keinen wirksamen Streitbeilegungsmechanismus vorsieht.

Größere Bedenken bestehen allerdings beim System der Aufrechterhaltung der *services essentiels* nach Prozentsätzen, wie dies im Gesundheitswesen

---

240 CSC 30.01.2015, Nr. 2015 CSC 4 (*Saskatchewan Federation of Labour c. Saskatchewan*), R.C.S. 2015, S. 245 (Rn. 81, 97).

241 CSC 30.01.2015, Nr. 2015 CSC 4 (*Saskatchewan Federation of Labour c. Saskatchewan*), R.C.S. 2015, S. 245 (Rn. 25, 93 f.). Zu den gleichen Schlussfolgerungen kam bereits der ILO-Ausschuss für Vereinigungsfreiheit in seinem Bericht Nr. 356 v. März 2010 – Fall Nr. 2654 (*Canada*), Rn. 376.

242 Vgl. nur *Laurin*, L'Expertise 13/2015, 10 (11).

243 Statt vieler *Coutu*, Le Devoir v. 18.02.2015.

244 Vgl. Confédération des syndicats nationaux (CSN), Pressemitteilung v. 11.09.2015, abrufbar unter http://www.csn.qc.ca/web/csn/communique/-/ap/comm-11-09-2015?p_p_state=maximized#.VpTOzxXhDIU (zuletzt abgerufen am 12.01.2016).

245 I.E. auch *Talarico*, Revue du Barreau du Québec 2015, 219 (244).

246 Ähnlich *Talarico*, Revue du Barreau du Québec 2015, 219 (243 f.).

247 Art. 9 *Public Service Essential Services Act* (PSESA).

und bei den Sozialdiensten gesetzlich vorgeschrieben ist. Es wäre deshalb wichtig, dass diese Frage – wie bereits für Betriebe der öffentlichen Dienstleistungen vorgesehen – *de lege ferenda* durch Verhandlungen gelöst wird. Besonders unter Druck steht die Befugnis der Exekutive zur Beendigung von Streikmaßnahmen durch Hoheitsakte.[248]

3. *Streikrecht und Aufrechterhaltung der services publics vitaux im Kongo*

Bereiche, die der deutschen Daseinsvorsorge entsprechen, unterliegen im Kongo unterschiedlichen Rechtsvorschriften, je nachdem ob der Betrieb privatrechtlich organisiert wird oder in öffentlicher Trägerschaft liegt. Ein Sonderstreikrecht für die betroffenen Bereiche ist dort nicht vorgesehen. Dies ist unter anderem auf die ausdrückliche Regelung der allgemeinen Rechtmäßigkeitsvoraussetzungen von Streiks im Arbeitsgesetzbuch und deren Durchführungsvorschriften zurückzuführen.[249]

Dennoch werden aus der Pflicht zur Durchführung von Notstandsarbeiten (*service minimum obligatoire*) gem. Art. 10 des Ministerialerlasses Nr. 12/CAB/MIN/TPS/113/2005 v. 26. Oktober 2005 vereinzelte Sonderregelungen hergeleitet. Eine derartige Pflicht gehört zwar zu den allgemeinen Rechtmäßigkeitsvoraussetzungen. Sie wird allerdings für Streiks in der Daseinsvorsorge eigens betont.

Genauso wie in der Privatwirtschaft wird das Streikrecht im öffentlichen Dienst zum Schutz bestimmter Grundrechte verdrängt. So schreibt Art. 93 des Gesetzes Nr. 16/013 v. 15. Juli 2016 über das Statut der Staatsbediensteten vor, die „*services publics vitaux*" ununterbrochen zu gewährleisten. Nicht nur der Grundsatz der Kontinuität[250] der „*services publics (vitaux)*" steht dabei zwingend im Vordergrund, sondern auch die Pflicht zur Gewährleistung von Dienstleistungen von allgemeinem Interesse.[251]

In diesem Sinne sind folgende Tätigkeiten bzw. Betriebe aufrechtzuerhalten[252]: die technischen Abteilungen bei Energie- und Wasserversorgungsbetrieben, die medizinische Versorgung einschließlich der Bereitstellung benötigter Medikamente, der Kranken- und Verletztentransport, der Betrieb von Krankenhäusern, Geburtskliniken, Sanatorien, psychiatrischen Einrichtungen und Kinderkrippen sowie die Einrichtungen zur Bekämpfung und Abwehr von ansteckenden Krankheiten. Wichtig dabei ist, dass die Zahl der dafür benötigten Beschäftigten angemessen bleibt. Andernfalls würde hinter

248 So auch *Trudeau*, RDT 2015, 479 (485ff.).
249 Dazu bereits oben unter Abschnitt B.III.3.b).
250 Siehe dazu *Vunduawe te Pemako*, Traité de droit administratif, S. 562.
251 Art. 10 Ministerialerlass Nr. 12/CAB/MIN/TPS/113/2005 v. 26. Oktober 2005.
252 Vgl. Annex zum Ministerialerlass Nr. 12/CAB/MIN/TPS/113/2005 v. 26. Oktober 2005.

Notstandsarbeiten der Wille der Aufrechterhaltung des normalen Betriebs stecken. Dies stellt aus Sicht der Arbeitnehmer einen unzumutbaren Eingriff in das Streikrecht dar.

Im Ergebnis werden nur solche Einschränkungen als verhältnismäßig angesehen, die dem Schutz der Bevölkerung dienen. Allgemeine Streikverbote sind allein für Streitkräfte, die Polizei und sonstige Ordnungskräfte vorgesehen.[253]

III. Zwischenergebnis

Den vorherstehenden Ausführungen lässt sich entnehmen, dass die Frage nach den Einschränkungen des Streikrechts in der Daseinsvorsorge nach deutschem Recht unterschiedlich beantwortet wird. Auch im Falle, dass Streiks in der Daseinsvorsorge besonderen Grenzen unterliegen sollten, bleibt weiterhin umstritten, wie dies am besten ausgestaltet werden könnte. Erwogen wurden zwei unterschiedliche Ansätze, einerseits eine Verschärfung der bisherigen Rechtsprechung und andererseits eine gesetzliche Normierung speziell für Streiks in der Daseinsvorsorge. Für letzteren Ansatz wurde auch auf entsprechende Regelungen in einigen ausländischen Rechtsordnungen hingewiesen.

So hat der Überblick über ausgewählte ausländische Rechtsordnungen gezeigt, dass das Streikrecht in den der deutschen Daseinsvorsorge entsprechenden „*services publics (vitaux)*" oder „*services essentiels*" dort Grenzen erfahren kann. Diese sind klarer formuliert und gesetzlich geregelt, so dass sich sowohl die Arbeitskampfparteien als auch die Bürger darauf verlassen können.

---

253 Siehe auch *Kumbu ki Ngimbi/Kimvuidi Vela*, Cahiers Africains des Droits de l'Homme et de la Démocratie 40/2013, 11 (25); *Ngondankoy*, in: Bakama Bope (Hrsg.), Cours intensifs sur les droits de l'homme et le droit international pénal, S. 78, 118 f.

E. Plädoyer für eine Fortentwicklung des deutschen Streikrechts

Das Phänomen der Streiks in der Daseinsvorsorge wurde aufgrund der existenziellen Bedeutung der eingestellten Sach- und Dienstleistungen für die Bevölkerung bereits als besonders brisant beschrieben. Dies liegt nicht nur an den Auswirkungen derartiger Arbeitskampfmaßnahmen auf Dritte, sondern auch an der zunehmenden Tendenz ihres Geschehens. Als Reaktion hierauf wird diskutiert, ob Beschränkungen bzw. das Verbot von Streiks in der Daseinsvorsorge zum Schutz der Allgemeinheit gerechtfertigt wären und ggf. wie derartige Maßnahmen erfolgen sollten.

Das folgende Kapitel soll nun die oben dargestellten Ansätze im Einzelnen analysieren und eigene Stellungnahme einschließlich der dafür verfolgten Argumentationslinie zu Ausgangsfragen entwickeln. Von den grundsätzlichen Überlegungen zur Einschränkbarkeit des Streikrechts in der Daseinsvorsorge auf der Basis der bisherigen Rechtsprechung des BVerfG und des BAG (dazu I.) über die Bewertung der bestehenden Vorschläge in Deutschland sowie der Ergebnisse aus der Rechtsvergleichung (dazu II.) bis hin zur Ausgestaltung der für eine eventuelle Fortentwicklung in Betracht kommenden Vorgaben (dazu III.) wird im Folgenden ein ganzes Spektrum von Fragen zu diskutieren sein.

I. Einschränkbarkeit des Streikrechts in der Daseinsvorsorge

Ausgehend von den durch die Rechtsprechung und Literatur verfolgten Ansätzen hinsichtlich der Diskussion um die Einschränkungen von Streiks in Bereichen der Daseinsvorsorge gilt auch im Folgenden der grundsätzlichen Frage nachzugehen, ob das Streikrecht zum Schutze potenzieller Drittbetroffenen besonders eingeschränkt werden darf (dazu 1.). Darauf aufbauend soll der Grundsatz der Verhältnismäßigkeit unter verschiedenen Aspekte eigens hinterfragt werden (dazu 2.). Schließlich wird das Ergebnis der hier zu entwickelnden Überlegungen in einem kurzen Fazit zusammengefasst (dazu 3.).

1. Grundsätzliche Überlegungen

Versuche, spezielle Streikrechtseinschränkungen in Bereichen der Daseinsvorsorge zu begründen oder zu rechtfertigen, lehnen sich an das Gemeinwohlpostulat an. Dieses wird zwar als ein „*passe-partout*"-Begriff kritisiert, welcher dem staatlichen Eingriff in bestimmte Grundrechte oft freien Weg bahne. Der Verweis auf den Schutz des Gemeinwohls könnte, so ein möglicher Einwand, missbräuchlich ausgenutzt werden, um das Streikrecht zu unterbinden; deshalb sollten Streiks in diesen Branchen, wie alle Arbeitskämpfe, lediglich anhand der allgemeinen Rechtsmäßigkeitsvoraussetzungen und insbesondere des Verhältnismäßigkeitsmaßstabs überprüft werden.[1] Eine rechtliche Abwägung zwischen Streikrecht und Grundrechtspositionen des Kampfgegners sowie der von Streiks betroffenen Dritten könnte bereits als ausreichend angesehen werden.

Demgegenüber sind aber weitere Gesichtspunkte, wie etwa die Lebenswichtigkeit streikbedingt eingestellter Leistungen sowie die fehlenden bzw. eingeschränkten Ausweichmöglichkeiten der betroffenen Bürger, zu berücksichtigen. Anders als bei Streiks in Bereichen außerhalb der Daseinsvorsorge ist hier mit einer Gefährdung höherrangiger Rechtsgüter zu rechnen. All dies könnte deshalb die Forderung nach besonderer Rücksicht auf die Allgemeinheit rechtfertigen, ohne dadurch eine Gemeinwohlbindung der Arbeitskampfparteien zu begründen.

a) Umfassendes Streikverbot

Eine wirksame Gegenmaßnahme könnte ein Streikverbot sein. Das Streikverbot könnte vollständig oder beschränkt auf bestimmte Tätigkeiten bezogen angeordnet werden. Mit dieser Maßnahme wäre davon auszugehen, dass die Gemeinwohlgefährdung verhindert bzw. eingedämmt würde. Streikschäden wären von vorherein abgewendet, bevor sie überhaupt entstehen.

Das verfolgte Ziel eines höheren Schutzes Drittbetroffener darf aber nicht dazu führen, unverhältnismäßige Eingriffe in das Grundrecht aus Art. 9 Abs. 3 GG stets zu rechtfertigen.[2] Maßnahmen zur Untersagung von Streiks müssen bezogen auf ihre entsprechende Zielsetzung geeignet, erforderlich und angemessen sein.

Wenn ein Streikverbot auch geeignet erscheinen mag, so gilt es immer noch die Frage nach seiner Erforderlichkeit und seiner Proportionalität zu beantworten. Die Geeignetheit besteht darin, dass das Streikverbot in der Daseinsvorsorge darauf gerichtet ist, Streikschäden vor ihrem Entstehen zu verhindern. Problematisch ist aber die Erforderlichkeit dieser Maßnahme. Denn der Schutz der von Streikmaßnahmen betroffenen Bevölkerung könnte unter Umständen auch effizient erreicht werden, ohne das Streikrecht vollständig zu verdrängen. Einschränkungen könnten ausreichend wir-

---

1 Vgl. Münch-HbArbR/*Ricken*, § 200 Rn. 59ff.
2 Ähnlich *Weißleder*, Erhaltungs- und Notstandsarbeiten im Streik, S. 88.

ken, wobei nicht auf einen hundertprozentigen Ausgleich abzuzielen wäre. Selbst wenn keine weitere Alternative bestünde, wäre ein vollständiges Streikverbot hinsichtlich des verfolgten Ziels nicht zwingend angemessen, sofern durch Beschränkungen grob betrachtet nicht nur die geschützten Grundrechte Dritter, sondern auch das Streikrecht mittels des Grundsatzes praktischer Konkordanz bewahrt werden könnten.[3]

b) Verhältnismäßige Einschränkungen

Nach herrschender Meinungen sollen Einschränkungen des Streikrechts auf die Art der bestreikten Tätigkeit bezogen sein, so dass sie nur bei unverzichtbaren Leistungen in Frage kommen. Das erscheint im Ausgangspunkt auch nachvollziehbar. Problematisch ist jedoch, dass an sich als verzichtbar qualifizierte Tätigkeiten oft zum besseren Gelingen unverzichtbarer Tätigkeiten beitragen und ihre Einstellung deshalb nicht immer ohne weiteres hinzunehmen sein muss. Beispielhaft seien hier nur die Essenversorgung und hygienische Maßnahmen für Patienten oder auch die Bestellung der im klinischen Bereich benötigten Instrumente und Medikamente durch die Verwaltung eines Krankenhauses genannt.[4] Außerdem könnte dies das Gefühl einer Spaltung der Belegschaft zwischen notwendigen Mitarbeitern und einem Personal zweiter Klasse auslösen.

Stellte man demgegenüber auf eine grundsätzliche Pflicht zu Notstandsarbeiten ab, an denen sich alle Beschäftige zu beteiligen hätten, deren Zusammenarbeit eine wichtige Komponente für die Aufrechterhaltung der Mindestversorgung darstellt, dann könnte das Streikrecht allen Betroffenen zugestanden werden, ohne dass einzelne Personen von vornherein davon ausgeschlossen werden und zugleich ohne die Belange der Allgemeinheit beiseite zustellen.

Auch andere von der Literatur vertretenen Gesichtspunkte sind kritisch zu hinterfragen. Die Kritik richtet sich insbesondere gegen Überlegungen, die die Dauer und weitere besondere Umstände von Streiks in bestimmten Betrieben der Daseinsvorsorge – wie etwa in der Abfallentsorgung sowie in der Energie- und Wasserversorgung – als Anhaltspunkt für deren mögliche Einschränkbarkeit heranziehen. Dies geschieht teilweise unter Verweis auf den Grundsatz der Verhältnismäßigkeit. Im Grunde ist davon auszugehen, dass ein kurzzeitiger Ausfall von Dienst- und Sachleistungen im Bereich der

---

[3] Abzulehnen ist die Auffassung *Schuberts*, AuR 2014, 176 (177), der die Unzulässigkeit des Streikausschlusses u. a. auf das Demokratieprinzip stützt. Denn dieses Prinzip bedeutet keineswegs das Recht einer „Gruppe" auf Beeinträchtigung der Grundrechte anderer.

[4] So auch *Bayreuther*, NZA 2013, 704 (708).

Daseinsvorsorge die von den Streikmaßnhamen betroffene Bevölkerung weniger belastet. Allgemein betrachtet vernachlässigen diese Überlegungen aber den Aspekt, dass auch in kurzer Zeit gefährliche Situationen entstehen könnten. Es mag weiterhin sein, dass die Bevölkerung besonders geschont würde, wenn „geeignete Vorkehrungen" gegen die negativen Auswirkungen des Streiks getroffen werden konnten.[5] Allerdings stellt sich hinsichtlich der Bedeutung der eventuellen Vorkehrungen die Frage, ob es den Betroffenen gelingen würde, entsprechende Maßnahmen tatsächlich zu treffen und ob große Wohlfahrtseinrichtungen sowie die schwächeren Personenkreise genauso in der Lage wären, ihre Selbstversorgung während dieses Zeitraums zu sichern.[6]

c) Unzulässigkeitsmaßstäbe

Mit der Rechtsprechung und insbesondere von Teilen der Literatur ist festzuhalten, dass Streiks in der Daseinsvorsorge besonderen Einschränkungen unterliegen können, wenn von einer gezielten Drittschädigung und einer hypothetischen Gefährdung höherrangiger Rechtsgüter auszugehen ist.

Zu Recht wurde bei der Auseinandersetzung mit dem Kriterium der Drittschädigung mehrfach auf den Ausdruck „Bürger als Geiseln" hingewiesen. Abgesehen von einer physischen Haft mit strafrechtlichen Folgen drückt die Geiselhaft nichts anders aus als das, was in der Tat bei einem Arbeitskampf in der Daseinsvorsorge geschieht.[7] Etwas anderes ergibt sich auch nicht daraus, dass nicht nur der Bürger, sondern auch der Arbeitgeber Streikfolgen ausgesetzt ist und dass er weiterhin allein der unmittelbare Kampfgegner bleibt.[8] Dass der Arbeitgeber auch von der Kampfmaßnahme betroffen ist, liegt in seiner Eigenschaft als Kampfgegner und Tarifvertragspartei. Er ist derjenige, der gemeinsam mit der kampfführenden Gewerkschaft über die Mittel verfügt, den Arbeitskampf beenden zu können und den Schaden zu vermeiden. Seine Rechtsposition ist daher nicht mit der von machtlosen Dritten gleichzusetzen.

Besonders überzeugend ist die Heranziehung des Präventionsgedankens bei der Zulässigkeitsprüfung von Arbeitskämpfen. Denn der Schutz höherrangiger Rechtsgüter ist am besten durch geeignete Vorbeugungsmaßnahmen zu gewährleisten. Nicht plausibel ist dagegen die Annahme der Rechtswidrigkeit eines Arbeitskampfes bei eventueller Überschreitung der Zumut-

---

[5] Siehe oben in Fn. 618 zu *Däubler*, Der Streik im öffentlichen Dienst, S. 232 f.

[6] Bereits *Seiter*, Streikrecht und Aussperrungsrecht, S. 551; so auch *Weißleder*, Erhaltungs- und Notstandsarbeiten im Streik, S. 97.

[7] Anders *Hänsle*, Streik und Daseinsvorsorge, S. 515.

[8] So aber *Rudkowski*, Der Streik in der Daseinsvorsorge, S. 56; ähnlich *Berg*, FS Kempen (2013), S. 278, 285; *Schubert*, AuR 2014, 176 (181).

barkeitsgrenzen. Dieser Ausdruck ist nicht nur unscharf, sondern auch fragwürdig. Zum einen wird nicht immer leicht zu beantworten sein, wann von einer solchen Schwellenüberschreitung auszugehen ist. Diese Frage scheint vielmehr subjektiven Einstellungen zu unterliegen.

2. *Einzelheiten*

Die Ausführungen zu Einschränkungen des Streikrechts in der Daseinsvorsorge haben ergeben, dass im Ausgangspunkt hier keine Besonderheit gegenüber Arbeitskämpfen im Allgemeinen besteht. Maßgeblich für die Beurteilung der Rechtmäßigkeit sämtlicher Arbeitskampfmaßnahmen bleibt der Grundsatz der Verhältnismäßigkeit, welcher bislang allerdings nur durch die Arbeitsgerichte konkretisiert wird. Das ist unter verschiedenen Aspekten problematisch:

a) Der „bunte Flickenteppich" arbeitsgerichtlicher Judikatur

Die bereits angesprochenen Entscheidungen der Arbeitsgerichte – insb. in vergleichbaren Verfahren des vorläufigen Rechtsschutzes vor den Instanzgerichten – weisen für die meisten Fragen keine erkennbare Entscheidungslinie auf[9], auf die sich man verlassen könnte. Das führt zu erheblicher Rechtsunsicherheit.[10] Folge dieser Unsicherheit ist unter anderem das sog. *„forum shopping"*[11] oder „Gerichtspflücken"[12], d.h. die Strategie einer Arbeitskampfpartei, sich ein Gericht auszusuchen, dessen Rechtsprechung ihr günstig erscheint, so dass die Erfolgschancen höher geschätzt werden.[13]

Zu den einzelnen inhaltlichen Fragen, die sich auf Streiks in der Daseinsvorsorge beziehen, hat sich das BAG noch nicht geäußert. Das mag daran liegen, dass die meisten Entscheidungen zu diesen Fragen in einstweiligen Rechtsschutzverfahren getroffen werden. Dort fehlt es an der instanziellen

---

9 *Fischer*, jurisPR-ArbR 51/2008, Anm. 2 bezeichnet einige Entscheidungen als „Puzzleteil für das Bild des deutschen Arbeitskampfrechtes"; siehe auch *Hänsle*, Streik und Daseinsvorsorge, S. 575.

10 Ähnlich *Boemke*, jurisPR-ArbR 1/2008 Anm. 1; *Lörcher*, AuR 2011, 107 (114 f.).

11 Zum Begriff siehe *Schack*, Internationales Zivilverfahrensrecht, Rn. 250ff.; Einzelnachweise zu seiner Anwendung im Arbeitskampfrecht bei *Reichold*, NZA 2007, 1262 (1262).

12 LAG Sachsen 02.11.2007, NZA 2008, 59 (B II); vgl. auch *Jacobs*, NZA 2008, 325 (332).

13 Beispiele könnten der Entscheidungsreihe zu Bahnstreiks entnommen werden, wobei das ArbG Nürnberg 16.11.2007, NZA-RR 2008, 203 (234) die Gefahr eines Missbrauchs der Zuständigkeitsvorschriften erkannt hat.

Zuständigkeit des BAG.[14] Die Frage, ob und inwieweit eine eventuelle Einschaltung des Gerichts in Erfurt die Situation verändern würde, lässt sich deshalb nur anhand von Hypothesen beantworten. Insofern muss berücksichtigt werden, dass schon die bisherige Rechtsprechung des BAG zum Arbeitskampfrecht wegen „Unvorhersehbarkeit" und „ständiger Veränderung der Kampfregeln"[15] vielfach kritisiert wird. Beispiele sind etwa die Entscheidungen zur Zulässigkeit von Unterstützungsstreiks, zum Flash-mob oder zu Streiks um Tarifsozialpläne.[16] Bemängelt wird auch die bisherige Entscheidungspraxis des BAG in Schadenersatzprozessen gegen Gewerkschaften. Immerhin könnte man insoweit aber hoffen, dass das BAG eine konsistente Rechtsprechungslinie entwickelt, die die Anregungen der Literatur heranziehen würde.

b) Die „problematische Unschärfe des Verhältnismäßigkeitsgrundsatzes"

Auch der vom BAG entwickelte Verhältnismäßigkeitsgrundsatz scheint – zumindest im vorliegenden Zusammenhang und in seiner konkreten Ausgestaltung durch die Rechtsprechung – nicht besonders effizient zu sein.[17] Im Folgenden stellt sich die Frage, ob sein Einsatz im Arbeitskampfrecht in Hinblick auf den Schutz der Allgemeinheit überhaupt der richtige Ansatzpunkt wäre. Dafür bietet sich hier eine kritische Würdigung der Einzelaspekte der Verhältnismäßigkeitsprüfung im weiteren Sinne an. Konkret gilt es zu überprüfen, ob die Handhabung des Verhältnismäßigkeitsgrundsatzes nach bisheriger arbeitskampfrechtlicher Judikatur der gesamten Interessenlage – d.h. nicht nur der Grundrechtsposition der Gegenseite, sondern auch den Belangen der Allgemeinheit – gerecht zu werden vermag.

Um die Frage nach der Wirksamkeit des Verhältnismäßigkeitsgrundsatzes im Arbeitskampfrecht zu beantworten, diskutiert *Mosch*[18] den Zusammenhang zwischen „Verhältnismäßigkeit" und „Gemeinwohlschädlichkeit" einer Arbeitskampfmaßnahme. Dabei fragt er, ob „verhältnismäßig geführte Arbeitskämpfe nicht oder weniger gemeinwohlschädlich als unverhältnismäßige Arbeitskämpfe sind" und stellt fest, dass die Beachtung des Verhältnis-

---

14 Vgl. § 72 Abs. 4 ArbGG; LAG Rheinland-Pfalz 22.06.2004, AP Nr. 169 zu Art. 9 GG Arbeitskampf (B II 2 b cc) m. Anm. *Däubler*; LAG Sachsen 02.11.2007, NZA 2008, 59 (B II); s. auch *Korinth*, ArbRB 2014, 221 (222).

15 *Rieble*, DRiZ 2007, 340; ebenso *Kranz*, Landesarbeitsgesetze?, S. 48 f.; *Lehmann*, FS Buchner (2009), S. 529, 533 f.; *Schliemann*, FS Bepler (2012), S. 515, 517 f.

16 Vgl. auch *Buchner*, BB 2008, 106 (106ff.); *Krieger/Günther*, NZA 2010, 20 (22); *Rieble*, BB 2008, 1506 (1506ff.); *Rüthers*, NZA 2010, 6 (6); *Säcker*, NJW 2010, 1115 (1116ff.); *von Steinau-Steinrück/Brugger*, NZA-Beil. 2010, 127 (127ff.).

17 Mehr zur „problematischen Unschärfe des Verhältnismäßigkeitsgrundsatzes" bei ErfK/*Linsenmaier*, Art. 9 GG Rn. 134.

18 *Mösch*, Gilt der Grundsatz der Verhältnismäßigkeit im Arbeitskampfrecht?, S. 23ff.

mäßigkeitsgrundsatzes nicht geeignet sei, arbeitskampfbedingte Schäden der Allgemeinheit abzuwehren bzw. sie zu verringern.

Dem ist allerdings die aus dem Grundsatz der Verhältnismäßigkeit herzuleitende Pflicht zu Notstandsarbeiten entgegenzuhalten. Denn diese Anforderung zielt in erster Linie auf den Schutz der Allgemeinheit und ihre Mindestversorgung ab. Selbst wenn es an der konkreten Ausgestaltung des Verhältnismäßigkeitsgrundsatzes einiges zu bemängeln gäbe, könnte dies den Grundsatz an sich nicht unwirksam machen, sondern wäre nur ein mögliches Argument für seine stärkere Berücksichtigung.

Vertretbar erscheint dagegen die Kritik an der Einschätzungsprärogative, die das BAG den Koalitionen bei der Geeignetheits- und Erforderlichkeitsprüfung überlassen hat. Kritiker[19] werfen der Rechtsprechung des BAG vor, sie billige den Koalitionen einen weiten Beurteilungsspielraum zu, so dass eine Arbeitskampfmaßnahme grundsätzlich als rechtmäßig anzusehen sei, solange nicht die kampfführende Gewerkschaft ihr Verhalten als offensichtlich ungeeignet bzw. nicht erforderlich halte. Bezogen auf das Zivilrecht könnte dieser Grundgedanke heißen, dass „eine Gewerkschaft erst rechtswidrig handelt, wenn sie grob fahrlässig die Sachlage verkennt".[20]

Dieser Ansicht ist zuzustimmen. Es ist nicht zu erwarten, dass eine arbeitskampfwillige Gewerkschaft den Einsatz ihrer Kampfmaßnahme selbst als ungeeignet bzw. nicht erforderlich betrachten wird.[21] Dann muss sie aber auch das Risiko tragen, dass der Arbeitskampf vom Gericht eventuell als rechtswidrig gewertet wird und die Gewerkschaft zum Schadensersatz verurteilt wird.[22] Dass ein solches Risiko besteht, reicht aber nicht aus, um den Arbeitskampfparteien eine weitgehende Einschätzungsprärogative zu überlassen.

Aber auch in Fällen, in denen man wegen einer Verletzung des Verhältnismäßigkeitsgrundsatzes zu einem Schadensersatz käme, hilft dies jedenfalls für Streiks im Bereich der Daseinsvorsorge wenig. Ist nur der Arbeitgeber unmittelbar betroffen, könnte eine Schadenersatzpflicht wirksam sein. Aber in Bereichen der Daseinsvorsorge sind Streiks mit erheblichen Nachteilen für die Allgemeinheit verbunden. Schadensersatzansprüche helfen hier nur begrenzt[23]. Stattdessen müsste der Verhältnismäßigkeitsgrundsatz dazu beitragen, dass Streiks schon von vornherein vermieden werden.

---

19 Insb. *Rieble*, DRiZ 2007, 340; *ders.*, BB 2008, 1506 (1510); i.E. vgl. auch *Franzen*, JbArbR 2010, 119 (129); *Jacobs*, ZfA 2011, 71 (80); *Konzen*, FS Reuter (2010), S. 603, 615 f.; *Otto*, RdA 2010, 135.

20 *Otto*, RdA 2010, 135 (136).

21 So auch *Konzen*, FS Reuter (2010), S. 603, 616, der vom „Richter in eigener Sache" spricht.

22 *BKPSS*, TVG und ArbKR, Teil 3 Rn. 285ff.

23 Näher dazu gleich unten unter Abschnitt E.I.2.c).

Allerdings sind die hier entwickelten Maßstäbe in erster Linie auf das Binnenverhältnis der Tarifparteien angelegt[24] und Interessen Dritter finden nur am Rand Erwähnung.[25] Zutreffend wird gegenüber der Auffassung des BAG ausgeführt, dass es sich bei der Frage der Eignung und Erforderlichkeit einer Arbeitskampfmaßnahme um eine rechtliche Abwägung handele, die nicht den Kampfparteien selbst überlassen sein sollte.[26] Insofern erscheint die Aussage des BAG kritikwürdig, wonach „die Arbeitskampfregeln (...) Bestimmungen darüber enthalten [müssen], ob und welche für die Allgemeinheit lebensnotwendigen Betriebe vom Arbeitskampf ausgenommen werden (...)".[27] Zwar verwendet das Gericht im Satzanfang eine nach den Mussbestimmungen ausgerichtete Formulierung. Der weitere Konjunktionalsatz deutet jedoch darauf hin, dass es sich um eine Art freiwillige Selbstbeschränkung handeln soll.[28] Damit stellt das BAG den Schutz des Gemeinwohls in „das Belieben der Arbeitskampfparteien".[29] Wie von *Franzen/Thüsing/Waldhoff* zutreffend ausgeführt, ist eine für den Kampfgegner verhältnismäßige Kampfmaßnahme nicht immer und automatisch für Drittbetroffene genauso angemessen.[30] Insoweit genügt es für die Beurteilung von Streiks in lebenswichtigen Betrieben nicht, sich allein auf die Verhältnismäßigkeitsprüfung der Rechtspositionen beider Tarifpartner zu beschränken. Heranzuziehen sind auch die Belange der Drittbetroffenen.[31]

Festzuhalten ist, dass der Verhältnismäßigkeitsgrundsatz so, wie er bislang angewendet wird, erhebliche Schwächen aufweist[32] und daher einer Verschärfung bedarf.[33]

---

24 Vgl. *Lesch*, Ökonomik des Arbeitskampfrechts, S. 47.

25 *Franzen/Thüsing/Waldhoff*, Arbeitskampf in der Daseinsvorsorge, S. 10 f.

26 *Otto*, in: Rieble/Junker/Giesen (Hrsg.), Neues Arbeitskampfrecht, S. 15, 24; so auch *Bieder*, NZA 2008, 799 (801); *Lesch*, Ökonomik des Arbeitskampfrechts, S. 49.

27 BAG 21.04.1971, AP Nr. 43 zu Art. 9 GG Arbeitskampf (III A 3).

28 Ähnlich *Hänsle*, Streik und Daseinsvorsorge, S. 570, nach dessen Auffassung das BAG die in seiner Entscheidung eingeführte Verpflichtung nicht absolut nehme, indem es die gezielten Vereinbarungen zwischen Arbeitskampfparteien für nicht zwingend halte.

29 *Scherer*, Grenzen des Streikrechts in den Arbeitsbereichen der Daseinsvorsorge, S. 61.

30 *Franzen/Thüsing/Waldhoff*, Arbeitskampf in der Daseinsvorsorge, S. 11.

31 So auch *Hufen*, NZA 2014, 1237 (1239); *Schliemann*, FS Bauer (2010), S. 923, 934; *Sittard*, ZTR 2008, 178 (181).

32 *Henssler*, RdA 2011, 65 (72); von *Steinau-Steinrück/Brugger*, NZA Beil. 2010, 127 (131).

33 *Buchner*, BB 2007, 2520 (2521); *ders.*, BB 2008, 106 (108); ebenso *Feudner*, RdA 2008, 104 (105).

c) Bedeutung des vorhandenen Rechtsschutzes für Drittbetroffene

Ein weiterer Diskussionsaspekt bezieht sich auf die Wirksamkeit bzw. die Bedeutung des vorhandenen Rechtsschutzes für Drittbetroffene. Gegen rechtswidrige Arbeitskämpfe besteht wie in allen Fällen einer unerlaubten Handlung die Möglichkeit, Rechtsschutz in Form von Schadensersatz- bzw. Unterlassungsansprüchen zu erlangen.[34] Dies setzt allerdings das Vorliegen einer Anspruchsgrundlage voraus, die auf deliktsrechtlichem Schutz bestimmter Rechtsgüter (§ 823 Abs. 1 BGB) bzw. einer konkreten Schutznorm (§ 823 Abs. 2 BGB) oder auch auf der sittenwidrigen vorsätzlichen Schädigung (§ 826 BGB) beruhen kann. Konkret handelt es sich hierbei für am Arbeitskampf unbeteiligte Dritte um das Recht auf Leben und körperliche Unversehrtheit, die Entfaltungsfreiheit und die Berufsfreiheit und für den Kampfgegner vielmehr um das Recht am eingerichteten und ausgeübten Gewerbebetrieb.[35] Nicht zielführend für die vorliegende Untersuchung ist die Überlegung[36], die durch Richterrecht entwickelten Arbeitskampfgrenzen als Schutzgesetze im Sinne des § 823 Abs. 2 BGB heranzuziehen.

Zwar ließe sich aus deliktsrechtlicher Sicht ein Schadenersatzanspruch wegen Vermögensschäden nach den oben erwähnten Anspruchsgrundlagen grundsätzlich begründen. Allerdings kommt es auf die Rechtmäßigkeitsprüfung von Arbeitskämpfen durch die Gerichte an. Hierüber ist nicht zuletzt auf die oben bereits formulierte Kritik an der Rechtsprechungsdogmatik in Hinsicht auf die Frage der Streikrechtseinschränkungen und die daraus ausgelöste Rechtsunsicherheit zu verweisen. Konkret werden wohl Drittbetroffene nicht das Risiko eingehen, sich auf eine Arbeitskampfgrenze zur Begründung eines Schadensersatzanspruches zu berufen, wenn sie nicht sichergehen können, welchen Kurs das zuständige Gericht über die Rechtmäßigkeit der Streikmaßnahme verfolgen wird würde.

Soweit die materiell-rechtlichen Anforderungen eines deliktischen Schadensersatzanspruchs erfüllt ist, kann der Anspruchsgläubiger Schadenersatz verlangen, unter Umständen aber auch die Unterlassung des Arbeitskampfes gemäß §§ 823, 826 und 1004 BGB.[37] Allerdings ergeben sich weitere Probleme: Zum einen ist nicht offensichtlich, ob die Rechtswidrigkeit eines Streiks wegen Gemeinwohlgefährdung Drittbetroffene auch tatsächlich in die Lage versetzt, von der kampfführenden Gewerkschaft die Unterlassung

---

34 Vgl. ErfK/*Linsenmaier*, Art. 9 GG Rn. 224ff.

35 *Lambrich/Sander*, NZA 2014, 337 (338ff.); *Seiter*, Streikrecht und Aussperrungsrecht, S. 459.

36 *Scherer*, Grenzen des Streikrechts in den Arbeitsbereichen der Daseinsvorsorge, S. 148ff. unter Berufung auf *Seiter*, Streikrecht und Aussperrungsrecht, S. 466.

37 *Bayreuther*, NZA 2013, 704 (705); *Rudkowski*, Der Streik in der Daseinsvorsorge, S. 288.

der Kampfmaßnahme zu verlangen.[38] In der Literatur wird lediglich für eine weite Auslegung des § 940 ZPO plädiert, um Interessen Dritter „im Rahmen der Prüfung des Verfügungsgrundes" einzubeziehen[39], ohne ihnen aber auch ein eigenständiges Antragsrecht einzuräumen. Unter diesen Umständen käme die Klagebefugnis grundsätzlich allein dem Arbeitgeber zu, so dass der Rechtsschutz für Drittbetroffene lediglich einen „Reflex des Arbeitgeberschutzes"[40] darstellt. Wenn der Arbeitgeber nicht die Initiative ergreift, bleibt die Allgemeinheit schutzlos.

Auch bei der Geltendmachung von Schadensersatzansprüchen einzelner Bürger wegen streikbedingter Grundrechtsverletzungen tauchen einige Fragen auf. Zunächst ist zu klären, wer für etwaige Ansprüche zu haften hat, die Gewerkschaft oder eventuell auch das bestreikte Unternehmen. Grundsätzlich muss derjenige haften, der den Schaden verursacht hat, d.h. die Gewerkschaft. Ob diese Haftungsgrundlage dem Gewährleistungsumfang der Koalitionsfreiheit standhalten kann, bleibt allerdings zweifelhaft. Außerdem ist in Anbetracht der bisherigen Entscheidungspraxis der Arbeitsgerichte[41] mit einem „Freispruch der Gewerkschaften von jeglicher Haftung"[42] zu rechnen.[43]

Alternativ könnten die möglicherweise Geschädigten die Schadensersatzklage gegen den Unternehmer richten, der wiederum einen Regressanspruch gegenüber der Gewerkschaft geltend machen würde.[44] Zunächst ist allerdings daran zu erinnern, dass ein Schadenersatzanspruch in erster Linie von der Feststellung der Rechtswidrigkeit des Arbeitskampfes durch das Gericht und dem Kausalzusammenhang zwischen der Kampfmaßnahme und der Schädigung abhängt. Die Entwicklung der Rechtsprechungsdogmatik diesbezüglich wurde bereits eingehend dargestellt.

---

38 Vgl. LAG Hamm 29.10.2009 – 8 SaGa 22/09, juris (Rn. 8) lehnt einen Unterlassungsanspruch der Eltern gegenüber der Gewerkschaft bei Streiks der Erzieher in einer Kindertagesstätte ab; ähnlich *Schubert*, AuR 2014, 176 (179 Fn. 42); a.A. *Scherer*, Grenzen des Streikrechts in den Arbeitsbereichen der Daseinsvorsorge, S. 138ff.

39 *Buchner*, BB 2003, 2121 (2130).

40 *Rudkowski*, Der Streik in der Daseinsvorsorge, S. 281.

41 Vgl. nur BAG 25.08.2015, NZA 2016, 47 (Rn. 34ff.); siehe auch hierzu Anmerkungen von *Bayreuther*, RdA 2016, 181 (181ff.) und *Green*, NZA 2016, 274 (274ff.).

42 *Lambrich/Sander*, NZA 2014, 337 (338).

43 Das jüngste Urteil des BAG, das eine Gewerkschaft zum Schadenersatz verpflichtet hat, kann nicht zu einer anderen Schlussfolgerung für die vorliegende Arbeit führen. Denn in diesem Fall hat sich das BAG nicht nur mit der vom Kampfgegner eingelegten Revision befasst, sondern auch mit weiteren Revisionen, die von zwei Fluggesellschaften als Drittbetroffenen eingelegt worden waren. Allerdings wurde der Schadenersatzanspruch nur dem Kampfgegner wegen der Verletzung der Friedenspflicht – und somit der Vertragsverletzung – durch die Gewerkschaft zugesprochen, den Drittbetroffenen dagegen nicht. Vgl. BAG 26.07.2016, NZA 2016, 1543 (Rn. 76, 87ff.).

44 So auch *Krejci*, Recht auf Streik, S. 338.

Darüber hinaus gibt es weitere rechtliche und tatsächliche Schwierigkeiten: für einzelne Bürger ist die „Hemmschwelle" zur gerichtlichen Durchsetzung ihrer Schadensersatzansprüchen im Zusammenhang mit einem Arbeitskampf – gerade auch im Bereich der Daseinsvorsorge – groß[45], so dass sie von der Durchführung von Schadensersatzprozessen abgehalten werden dürften.[46] Um diesem Hemmnis entgegenzuwirken wird vorgeschlagen, effiziente Instrumente für eine kollektive Rechtsdurchsetzung, wie etwa die Gruppen- oder Sammelklage oder auch die Verbandsklage[47] einzuführen. Dies hätte unter Umständen den Vorteil, den Gerichtszugang für Drittbetroffene zu erleichtern und somit die sog. „rationale Apathie"[48] der Geschädigten zu überwinden, wie die Erfahrung mit den bereits bestehenden kollektiven Schadensersatzklagen bei Kartellverstößen[49] oder der US-amerikanischen „Class Action"[50] es bestätigen kann. Dort lassen sich verschiedene Modelle klarstellen, die für die Rechtsdurchsetzung auch im Arbeitskampfrecht in Betracht kommen können.

Bei näherem Hinsehen erweist sich jedoch auch dieser Ansatz als zweifelhaft. In einigen Branchen, wie etwa im Flug- und Eisenbahnverkehr[51], besteht bereits für Flug- bzw. Fahrgäste die Möglichkeit, Ausgleichzahlungen und sonstige Leistungen im Wege einer individuellen Klage in Anspruch zu nehmen. Die Erfolgsaussichten sind jedoch sehr gering. Und dies ist nicht unbedingt auf eine mögliche Hemmschwelle bei der Klageerhebung zurückzuführen, sondern auf die Tatsache, dass Streiks grundsätzlich geeignet sind, „außergewöhnliche Umstände" und somit einen Haftungsausschluss für die bestreikten Unternehmen zu begründen.[52] Schließlich ist der Schaden in den meisten Fällen wie z.B. beim Todesfall eines unversorgten Patienten

---

45 *Rudkowski*, Der Streik in der Daseinsvorsorge, S. 282; bereits *Seiter*, Streikrecht und Aussperrungsrecht, S. 562.

46 Vergeblich versucht *Scherer*, Grenzen des Streikrechts in den Arbeitsbereichen der Daseinsvorsorge, S. 157f. aus vereinzelten Beispielen aus den 20er Jahren und aus erfolgreichen Individualklagen zahlreicher Verbraucher gegen unerwünschte Werbung in ihren Briefkästen die Klagebereitschaft der Bürger auch im Arbeitskampfrecht abzuleiten.

47 *Rudkowski*, Der Streik in der Daseinsvorsorge, S. 285ff.

48 Näher zum Begriff *Hirte*, VersR 2000, 148 (149); ebenso *Bien*, Concurrences 2/2014, 207 (207); *Lehne*, WuW 2012, 566 (567) m.w.N.

49 Vgl. *Bien*, Concurrences 2/2014, 207.

50 Kurzer Überblick darüber bei *Fiedler*, Class Actions, S. 53ff.

51 Vgl. Fluggastrechte-VO (EG) Nr. 21/2004 v. 11.02.2004 – ABl. L 46/1; Verordnung (EG) Nr. 1371/2007 v. 23.10.2007 über die Rechte und Pflichten der Fahrgäste im Eisenbahnverkehr – ABl. L 315/14.

52 Art. 5 Abs. 3 i.V.m. Erwägungsgrund 14 der Fluggastrechte-VO (EG) Nr. 21/2004; Art. 32 Abs. 2 des Anhangs I der Verordnung (EG) Nr. 1371/2007. Über die Auslegung dieser Bestimmungen gehen allerdings die Meinungen weit auseinander, je nachdem ob Streiks Dritter oder eigenem Personal zuzurechnen sind. Ausführlich dazu BGH 21.08.2012, NJW 2013, 374 (Rn. 6ff.); 12.06.2014, juris (Rn. 10ff.); siehe

aufgrund von Streiks irreparabel. Insofern hilft der Rechtsschutz in der aktuellen Ausgestaltung den von Arbeitskämpfen betroffenen Dritten nicht viel.

3. *Zwischenergebnis*

Die vorstehenden Ausführungen haben sich mit der Frage auseinandergesetzt, ob und unter welchen Voraussetzungen das verfassungsrechtlich geschützte Streikrecht Grenzen unterliegen kann. Nach kritischer Würdigung der Meinungen in der Rechtsprechung und Literatur lässt sich festhalten, dass der Schutz der von Streikfolgen betroffenen Dritte bestimmte Einschränkungen des Streikrechts rechtfertigen kann.

Dabei wurde klargestellt, dass ein absolutes und ausnahmsloses Streikverbot zum Schutz der Allgemeinheit gegen streikbedingte Beeinträchtigungen in der Daseinsvorsorge zu weit gehen würde und daher als unzulässiger Eingriff in die Tarifautonomie abzulehnen ist. Stattdessen reicht es aus, wenn durch verhältnismäßige Einschränkungen verhindert wird, dass die Versorgung der Bevölkerung mit entsprechenden Leistungen und Gütern gefährdet wird.

Allerdings haben sich die geltenden Grundsätze und die bislang durch die Gerichte angeordneten Einschränkungen als nicht ausreichend erwiesen. Gerade deshalb wurden wie beschrieben[53] einige Vorschläge vorgelegt, die das Streikrecht in der Daseinsvorsorge fortentwicklen sollen. Diese werden im Folgenden eingehend bewertet.

II. *Bewertung bestehender Vorschläge zur Fortentwicklung des deutschen Streikrechts*

Wie oben bereits dargestellt liegen Grenzen des Streikrechts in der Daseinsvorsorge dem Verhältnismäßigkeitsgrundsatz in seiner Handhabung durch die Gerichte zugrunde. Allerdings weist die praktische Umsetzung dieser Grenzziehung Schwäche auf. Demzufolge ist nach weiteren Lösungsansätzen zu suchen, die den Belangen der Allgemeinheit während eines Arbeitskampfes effizienter Rechnung tragen würden. Ob das hier verfolgte Ziel durch eine Rechtsprechungsänderung (dazu 1.) oder vielmehr mittels gesetzlicher Normierung der Streikrechtseinschränkungen (dazu 2.) erreicht werden kann, wird im Folgenden zu überprüfen sein. Ergänzt wird die Dis-

---

auch *Bosch/Lorz,* NZV 2013, 105 (107) mit entsprechenden Nachweisen über den Meinungsstand in Fn. 27 bis 32; *Krey/Makiol,* ZLW 2014, 224 (226ff.).

53 Vgl. oben D I 2.

kussion durch eine Parallelwertung der Ergebnisse aus der Rechtsvergleichung (dazu 3).

1. Grenzen einer Rechtsprechungsänderung

a) Grundsätzliches

Dem Argument der Unzulässigkeit einer gesetzlichen Regelung von Streiks in der Daseinsvorsorge kann schon grundsätzlich mit der ständigen Rechtsprechung des BVerfG zu Art. 9 Abs. 3 GG entgegengetreten werden. Demnach verleiht diese Verfassungsbestimmung den Tarifvertragsparteien „zwar ein Normsetzungsrecht, aber kein Normsetzungsmonopol".[54] Noch deutlicher führt das höchste Gericht fort, eine gesetzliche Regelung in einem den Koalitionen überlassenen Bereich komme insbesondere dort in Betracht, wo die Grundrechte Dritter sowie andere mit Verfassungsrang ausgestattete Rechtsgüter zu beachten seien.[55]

Als konkrete Beispiele dazu sind der im Jahre 2014 durch Gesetz eingeführte allgemeine Mindestlohn[56] oder auch sonstige gesetzliche Maßnahmen zur Beschäftigungspolitik[57] zu nennen. Denn die Lohnfestsetzung stellt zweifelsohne einen Bestandteil der Tarifautonomie dar. Eine Intervention des Staates in diesem Bereich kollidiert grundsätzlich mit dem den Tarifvertragsparteien aus Sachgründen längst eingeräumten Selbstbestimmungsrecht.[58] Zur Verfolgung sozialpolitischer Zwecke – u.a. der Bekämpfung von Massenarbeitslosigkeit durch die Schaffung zusätzlicher Arbeitsplätze[59], der Gewährleistung der Lohngerechtigkeit[60] durch Bekämpfung

---

54 BVerfG 24.04.1996, NZA 1996, 1157 (C II 1); 03.04.2001, AP Nr. 2 zu § 10 BUrlG Kur (B 3).

55 BVerfG 24.04.1996, NZA 1996, 1157 (C II 1).

56 Vgl. Gesetz zur Regelung eines allgemeinen Mindestlohns – Mindestlohngesetz (MiLoG) v. 11.08.2014.

57 Wie etwa die Lohnabstandsklauseln (§ 275 Abs. 2 SGB III in der Fassung vor 31.12.2000) oder auch bestimmte Maßnahmen nach dem arbeitsrechtlichen Beschäftigungsförderungsgesetz v. 25.09.1996 (BeschFG), abgelöst durch das Teilzeit- und Befristungsgesetz v. 21.12.2000 (TzBfG).

58 BVerfG 24.04.1996, NZA 1996, 1157 (C I 1); 27.04.1999, AP Nr. 88 zu Art. 9 GG (B II 1a-b); 03.04.2001, AP Nr. 2 zu § 10 BUrlG Kur (B 1).

59 BVerfG 27.04.1999, AP Nr. 88 zu Art. 9 GG (B II 1 c) unter Berufung auf das Sozialstaatsprinzip des Art. 20 Abs. 1 GG; 03.04.2001, AP Nr. 2 zu § 10 BUrlG Kur (B 3 a); siehe auch *Scholz*, in: Isensee/Kirchhof (Hrsg.), HStR VIII, § 175 Rn. 113.

60 Siehe Begründung des Regierungsentwurfs eines Gesetzes zur Stärkung der Tarifautonomie, BT-Drs. 18/1558 v. 28.05.2014, S. 28.

des Lohndumpings[61] und des „working poor"-Phänomens[62] und der Wahrung anderer mit Verfassungsrang ausgestatteten Rechte[63] – ist der Eingriff dennoch als gerechtfertigt oder zumindest als zumutbar zu bewerten.[64]

Analog dazu könnte auch eine gesetzliche Regelung des Streikrechts in der Daseinsvorsorge aus Gründen des Gemeinwohls gerechtfertigt sein. Auch hier wäre ein verhältnismäßiger Eingriff in die Tarifautonomie hinzunehmen.

b) Zur Verschärfung des Verhältnismäßigkeitsgrundsatzes

Dass die Verschärfung des Verhältnismäßigkeitsgrundsatzes durch die Rechtsprechung der Vermeidung von Arbeitskämpfen in der Daseinsvorsorge dienen könnte, ist nicht zu leugnen. Diese auf den ersten Blick einfachste Lösung hätte den Vorzug, mögliche politische Hürden bei einem Gesetzgebungsverfahren zu umgehen.

Allerdings lässt die Auslegung dieses Grundsatzes durch die Gerichte bislang keine „greifbaren Arbeitskampfgrenzen" erkennen.[65] Auch die Entwicklung der Arbeitskampfrechtsdogmatik des BAG[66] lässt Zweifel daran berechtigt erscheinen, ob von dieser Seite eine Konkretisierung erwartet werden darf.[67] Dementsprechend wäre eine gesetzliche Regelung zu begrüßen. Nur diese würde den Verhältnismäßigkeitsgrundsatz verschärfen, um ggf. nachträgliche Rechtmäßigkeitsprüfung zu erleichtern.

c) Zur Entbehrlichkeit gesetzlicher Regelung wegen des Beamtenstreikverbots

Die Bedeutung des Beamtenstreikverbots für die Daseinsvorsorgegewährleistung ist nicht in Frage zu stellen. Dies hat unter anderem dazu beigetragen, Streiks in lebenswichtigen Betrieben zu verhindern[68], indem Beamte

61 Darauf verweisend *Bispinck*, Kämpfen gegen Lohndumping, Mitbestimmung 06/2014, abrufbar unter http://www.boeckler.de/cps/rde/xchg/hbs/hs.xsl/47487_47499.htm (zuletzt abgerufen am 03.12.2014).

62 Näher zum Begriff *Merz/Rathjen*, Vierteljahrshefte zur Wirtschaftsforschung 2011, 56 (56ff.); *Schneider/Stilling/Woltering*, NDV 2014, 159 (162).

63 BVerfG 24.04.1996, NZA 1996, 1157 (C II 2).

64 Selbst die Gewerkschaften, die einem gesetzlichen Mindestlohn zunächst ablehnend gegenüber standen, haben ihren Widerstand aufgebeben und das MiLoG begrüßt. Darauf verweist auch *Preis*, FA 2014, 354 (354).

65 *von Steinau-Steinrück/Glanz*, NZA 2009, 113 (115); ähnlich *Lehmann*, BB 2010, 2237, 2242 f.

66 Kritische Äußerungen hierzu bei *Jacobs*, ZfA 2011, 71 (71ff.).

67 Dazu ausführlich *Schliemann*, RdA 2012, 14 (21); vgl. auch *Green*, NZA 2016, 274 (278); *Rüthers*, ZRP 2015, 2 (5).

68 *Waldhoff*, in: ders./Thüsing (Hrsg.), Verfassungsfragen des Arbeitskampfes, S. 9, 10.

auf bestreikten Arbeitsplätzen eingesetzt wurden.[69] Dennoch ist darauf hinzuweisen, dass die Daseinsvorsorge nicht allein in öffentlicher Hand steht, sondern zu einem großen Teil auch von privatwirtschaftlich organisierten Unternehmen ausgeführt wird[70], in denen ein streikbedingter Beamteneinsatz grundsätzlich nicht in Betracht kommt. Klassisches Beispiel sind die privatisierten hoheitlichen Aufgabenbereiche, wie z.B. die Flugsicherung.[71]

Selbst wenn die Daseinsvorsorge ausschließlich von Beamten zu erbringen wäre[72], so dass sie aufgrund des Kampfverbotes unberührt bliebe, sind Veränderungen unter dem Einfluss internationalrechtlicher Vorgaben nicht auszuschließen.[73] Denn seit Jahrzehnten kritisieren viele internationale Überwachungsgremien das in Deutschland geltende uneingeschränkte Streikverbot für Beamte als Verstoß gegen entsprechende völkerrechtliche Übereinkünfte.[74] Beanstandungen kommen unter anderem von dem ILO-Sachverständigenausschuss, der die Unvereinbarkeit des deutschen Beamtenrechts mit Art. 3 ILO-Übereinkommen Nr. 87 immer wieder hervorhebt und dafür erforderliche Abhilfemaßnahmen anordnet:

> *„La commission rappelle qu'elle prie le gouvernement depuis de nombreuses années d'adopter des mesures pour reconnaître le droit des fonctionnaires (Beamte, incluant notamment les travailleurs des services postaux, des chemins de fer et les enseignants), qui n'exercent pas des fonctions d'autorité au nom de l'Etat, de recourir à la grève".*[75]

In die gleiche Richtung gehen die Schlussfolgerungen des Europäischen Ausschusses für Soziale Rechte (EASR)[76], des UN-Sozialpaktausschusses[77]

---

[69] S.o.

[70] Vgl. auch *Greiner*, DÖV 2013, 623 (624 f.).

[71] *Greiner*, DÖV 2013, 623 (629); *Heinze*, in: Oetker/Preis/Rieble (Hrsg.), 50 Jahre Bundesarbeitsgericht, S. 493, 498ff.

[72] Hierzu siehe Erwägungen *Greiners*, NZA 2012, 529 (535) über eine mögliche „Rückkehr zur hoheitlichen Aufgabenerfüllung [von Schlüsselfunktionen der Daseinsvorsorge] durch Beamte"; ebenso *Hänsle*, Streik und Daseinsvorsorge, S. 719: „Aufhebung der Marktbedingungen durch die Verstaatlichung der Einrichtungen der Daseinsvorsorge [...] und den Einsatz von Beamten".

[73] Vgl. BVerwG 27.02.2014, NZA 2014, 616 (Rn. 23, 51, 58); *Ickenroth*, Das deutsche Beamtenstreikverbot im Lichte der EMRK, S. 187 f.; i.E. bereits *Seifert*, KritV 2009, 357 (377); ebenso *Gooren*, ZBR 2011, 400 (406); *Henneberger-Sudjana/Henneberger*, KritV 2012, 174 (176); *Niedobitek*, ZBR 2010, 361 (368).

[74] Vgl. dazu *Henneberger-Sudjana/Henneberger*, KritV 2012, 174 (194); *Ickenroth*, Das deutsche Beamtenstreikverbot im Lichte der EMRK, S. 178ff.; *Lörcher*, AuR 2009, 229 (242); *Niedobitek*, ZBR 2010, 361 (366); *Traulsen*, JZ 2013, 65 (65).

[75] CEACR, Bericht 2012 - ILC.101/III/1A, S. 54 f.; bereits OIT, Rapport n° 277 v. März 1991 – cas n° 1528 (Allemagne), Rn. 247ff.; Rapport n° 291 v. Nov. 1993 – cas n° 1692 (Allemagne), Rn. 191ff. u. 227 b.

[76] Empfehlung Nr. R ChS (98) 2 zur Anwendung der Europäischen Sozialcharta durch Deutschland während des Zeitraums v. 1993-1994 (13. Kontrollzyklus Teil IV), abgedruckt in AuR 1998, S. 156; EASR, Schlussfolgerungen XIX-3 (2010) (Deutschland), AuR 2011, 107-112.

[77] Abschließende Bemerkungen v. 20.05.2011 (E/C.12/DEU/CO/5), Rn. 20; 0

sowie des UN-Menschenrechtsausschusses[78]. Mit den jüngsten Entscheidungen des EGMR zu Art. 11 EMRK[79] und den divergierenden Urteilen der deutschen Verwaltungs- und Oberverwaltungsgerichte[80] zu Disziplinarmaßnahmen ist das Spannungsverhältnis zwischen deutschem Recht und internationalen Vorgaben[81] noch deutlicher geworden.

Im Hinblick darauf werden sowohl von der Rechtsprechung[82] als auch vom Schrifttum[83] verschiedene Möglichkeiten angesprochen, die dem Gesetzgeber zu Verfügung stehen, um die Kollisionslage hinsichtlich des Beamtenstreikverbotes zu beseitigen. Für die vorliegende Arbeit besteht kein Anlass, diese Lösungsansätze noch einmal auszubreiten. Erwähnenswert ist allerdings die Anregung, das deutsche Streikverbot für Beamte nicht *statusbezogen*, sondern – wie der EGMR[84] – *funktional* auszugestalten.[85] Folgt der Gesetzgeber diesem Ansatz, ist das Streikverbot für solche Beamte, die tat-

---

78 UN-Menschenrechtsausschuss, „Observations finales" v. 08.11.1996 (CCPR/C/79/Add.73), Rn. 18.

79 EGMR 12.11.2008 – Nr. 34503/97 *(Demir und Baykara/Türkei)*, NZA 2010, 1425; 21.04.2009 – Nr. 68959/01 (*Enerji Yapi-Yol Sen*), NZA 2010, 1423. In der Literatur strittig: vgl. stellvertretend *Bitsch*, ZTR 2012, 78 (82); *Böhm*, PersV 2012, 164 (166); *Lindner*, DÖV 2011, 305 (307); *Polakiewicz/Kessler*, NVwZ 2012, 841 (842 f.).

80 Für die Rechtmäßigkeit des Beamtenstreiks spricht sich das VG Kassel 27.07.2011 – Az. 28 K 574/10.KS.D und 28 K 1208/10.KS.D aus; dagegen OVG Münster 07.03.2012, NVwZ 2012, 890; OVG Lüneburg 12.06.2012, NVwZ 2012, 1272; VG Osnabrück 19.08.2011, NVwZ-RR 2012, 323; VG Bremen 03.07.2012, ZVR-Online 63/2012; etwa widersprüchlich VG Düsseldorf, 15.12.2010 – 31 K 3904/10.O: denn das Gericht bejaht die Fortgeltung des Beamtenstreikverbots einerseits und verneint die disziplinarische Sanktionierung dessen Missachtung andererseits.

81 *Sangi*, KritV 2012, 103 (110); ähnlich *Brinktrine*, ZG 2013, 227 (232 f.) zu normativem Konflikt zwischen Art. 11 EMRK und Art. 33 Abs. 5 GG.

82 Vgl. nur BVerwG 27.02.2014, NZA 2014, 616.

83 Für die völkerrechtsfreundliche Auslegung von Art. 33 Abs. 4 und 5 GG durch die Korrektur der bisherigen Rechtsprechung der obersten Gerichte ohne Grundgesetzesänderung, vgl. *Battis*, ZBR 2011, 397 (399); *Gooren*, ZBR 2011, 400 (404); Däubler/*Lörcher*, Arbeitskampfrecht, § 10 Rn. 78; i. E. auch *Seifert*, EuZA 2013, 205 (218). Für eine Grundgesetzesänderung, vgl. *Schubert*, AöR 2012, 92 (115 f.); *Traulsen*, JZ 2013, 65 (69ff.); ähnlich *Brinktrine*, ZG 2013, 227 (236 f.), der aber die Realisierung dieser Idee angesichts der erforderlichen verfassungsändernden Mehrheit im Ergebnis für „wenig wahrscheinlich" hält.

84 EGMR 08.12.1999 – Nr. 28541/95 (*Pellegrin/Frankreich*), NVwZ 1999, 661 (Rn. 63 f.); 27.06.2000 – Nr. 30979/96 (*Frydlender/France*), CEDH 2000-VII (Rn. 31ff.); 09.02.2006 – Nr. 43371/02 (*Rabus/Deutschland*), ZBR 2007, 409.

85 VG Kassel 27.07.2011 – Az. 28 K 574/10.KS.D und 28 K 1208/10.KS.D, juris (Rn. 23 f.); *Buschmann*, FS Kempen (2013), S. 255, 262; Däubler/*Hensche*, Arbeitskampfrecht, § 18 a, Rn. 86; *Polakiewicz/Kessler*, NVwZ 2012, 841 (842 f.); *Schlachter*, RdA 2011, 341 (347); *Schröder*, AuR 2013, 280 (281); *Schubert*, AuR 2014, 176 (183); *von Steinau-Steinrück/Sura*, NZA 2014, 580 (582); *Traulsen*, JZ 2013, 65 (68); *Werres*, DÖV 2011, 873 (879 f.); a. A. VG Osnabrück 19.08.2011, NVwZ-RR 2012, 323 (Rn. 32 f.); *Bitsch*, ZTR 2012, 78 (84); *Nokiel*, DÖD 2012, 152 (155 f.); *Wildmaier/Alber*, ZEuS 2012, 387 (402 f.).

sächlich keine Hoheitsfunktionen im Namen des Staates ausüben, aufzuheben.[86] Zugleich werden viele im öffentlichen Dienst liegende Daseinsvorsorgebranchen außerhalb der genuinen Tätigkeiten fallen[87], so dass dort *prima facie* kein Streikverbot bestehen würde.

Daraus ergibt sich, dass nur ein funktionsbezogenes Streikverbot für Beamte bei den Diskussionen und Bemühungen um strengere Arbeitskampfregeln durch eine einzuführende gesetzliche Regelung eine gewisse Bedeutung erlangen könnte. Denn nicht nur Beamte, die in hoheitlichen oder der Daseinsvorsorge dienenden Funktionsbereichen tätig sind, sondern auch Angestellte und Arbeitnehmer in gleichen Aufgabenfeldern sollten Streikrechtseinschränkungen unterworfen werden.[88] Allerdings wäre damit allein die Frage der Abgrenzung innerhalb des öffentlichen Dienstes ins Visier genommen und mit völker- bzw. europarechtlichen Vorgaben in Einklang gebracht. Arbeitnehmer in der Privatwirtschaft blieben dagegen unberührt, so dass man von einer effizienten Lösung noch weit entfernt wäre. Dementsprechend hilft das Beamtenstreikverbot bei der Regulierung von Streiks in der Daseinsvorsorge nur teilweise[89] weiter und kann daher einer gesetzlichen Regelung nicht entgegenstehen oder diese überflüssig machen.

d) Zur Bedeutung des geringen Arbeitskampfgeschehens

Der Statistik von Arbeitskämpfen zufolge verfügt die Bundesrepublik Deutschland über eine der friedensstiftendsten Arbeitskampfordnungen der Welt.[90] Gegen die Auffassung, die sich auf diese Erkenntnis stützt, um jegliche gesetzliche Regelung abzulehnen, lässt sich aber einwenden, dass die Unvorhersehbarkeit der Verhaltensweise der Sozialpartner in den tariflichen Auseinandersetzungen keine Gewähr bietet, dass diese Situation ewig unverändert bleiben wird. So zeigt die Streikstatistik für 2015 einen gegenüber den Vorjahren sprunghaften Anstieg streikbedingter Arbeitsausfälle.[91]

Das Gleiche gilt auch für das Argument bezüglich der gesellschaftlichen Verantwortung der Gewerkschaften, welche bisher wenig zu beanstanden

---

86 *Werres*, DÖV 2011, 873 (880).

87 *von Steinau-Steinrück/Sura*, NZA 2014, 580 (583); ähnlich *Waldhoff*, in: ders./Thüsing (Hrsg.), Verfassungsfragen des Arbeitskampfes, S. 9, 10.

88 So auch *Heinze*, in: Oetker/Preis/Rieble (Hrsg.), 50 Jahre Bundesarbeitsgericht, S. 493, 501 f.

89 Siehe auch *Traulsen*, JZ 2013, 65 (68), allerdings mit der Begründung, dass das Beamtenstreikverbot weder die Allgemeinheit noch die Daseinsvorsorge schützt, sondern speziell das Funktionieren der rechtstaatlichen Verwaltung.

90 Nachweis über die Streikstatistik bei *Wirtschafts- und Sozialwissenschaftliches Institut der Hans-Böckler-Stiftung*, Pressemitteilung v. 03.03.2016 (Grafik 2).

91 Ein Überblick hierüber bei *Wirtschafts- und Sozialwissenschaftliches Institut der Hans-Böckler-Stiftung*, Pressemitteilung v. 03.03.2016 (Grafik 1).

sei. Ebenso wenig überzeugend – hinsichtlich der Daseinsvorsorgegewährleistung – ist das Vertrauen auf die freiwillige Selbstbeschränkung der Tarifparteien.[92] Dass der Gesetzgeber sich nicht darauf zu verlassen hat, lässt sich auch der Entscheidung des BVerfG zu Lohnabstandsklausel[93] entnehmen, die hier analog herangezogen werden kann. In diesem Urteil stellt das BVerfG fest, dass es dem Gesetzgeber nicht verwehrt sei, ein bestimmtes Ziel gesetzlich zu erreichen, obwohl dies durch die Tarifvertragsparteien selbst auch denkbar wäre.

2. *Erforderlichkeit einer gesetzlichen Regelung*

Die folgenden Ausführungen gliedern sich in eine Gesamtbetrachtung, die Analyse der Gesetzgebungsart und die allgemeine Würdigung des Umfangs der oben dargestellten gesetzlichen Vorschläge. Ferner sollen sie ausgehend von einigen Indizien aus der politischen Debatte den Blick in die Zukunft wagen.

a) Allgemeines

Die oben dargelegten gesetzlichen Vorschläge ähneln sich, aber weisen verschiedene Differenzierungen auf. Entgegen der Auffassung ihrer Kritiker[94] zielen sie nicht darauf ab, gesetzlich streikfreie Bereiche einzurichten. Ebenso wenig versuchen die Verfasser durch höhere verfahrensrechtliche Anforderungen das Streikrecht seiner Wirkung zu berauben.[95] Der Zweck sämtlicher Vorschläge richtet sich vielmehr darauf, einen angemessenen und zumutbaren Ausgleich der kollidierenden Grundrechtspositionen in diesen speziellen und lebenswichtigen Branchen gesetzlich zu regeln.[96]

Dem könnte zwar die bisherige deutsche Kollisionslösungsmethode der praktischen Konkordanz[97] entgegentreten, deren Wirksamkeit außer Zweifel steht. Diese nachträglich anwendbare Auflösungsregel ist aber nicht geeignet, streikbedingten Schäden für die Allgemeinheit unter gleichzeitiger

---

92 Vgl. bereits *Seiter*, Streikrecht und Aussperrungsrecht, S. 546 f.; ebenso *Rudkowski*, Der Streik in der Daseinsvorsorge, S. 60 f.

93 BVerfG 27.04.1999, AP Nr. 88 zu Art. 9 GG (B II 1 a dd).

94 Vgl. nur *Fischer*, FA 2012, 131 (131); *Mayer*, AuR 2012, 207 (207); *Schubert*, AuR 2014, 176 (176ff.).

95 Anders *Berg*, FS Kempen (2013), S. 278, 278ff.; in die gleiche Richtung wohl auch *Hänsle*, Streik und Daseinsvorsorge, S. 588 f.

96 Ähnlich *Rieble*, Legal Tribune ONLINE, 23.03.2012; kritisch *Hänsle*, Streik und Daseinsvorsorge, S. 589: die vorgesehenen Streikbeschränkungen dienten nicht dazu, die „praktische Konkordanz zwischen Art. 9 Abs. 3 GG und den Grundrechten Dritter herzustellen".

97 S.o. unter Abschnitt B.I.1.d).

Wahrung der Arbeitnehmerkoalitionsfreiheit vorzubeugen. Denn die Gerichte werden zur Überprüfung der Rechtmäßigkeit von Streikmaßnahmen und ggf. zur deren Untersagung meist angerufen, während Dritten eine Gefahr droht oder nachdem die Schädigung bereits eingetreten ist.[98] Gerade hierfür bedarf es einer gesetzlichen Regelung, wie dies auch aus vielen anderen Rechtsordnungen bekannt ist.[99] Erinnert sei nur an die oben dargestellten gesetzlichen Regelungen von Streiks in Frankreich, Kanada/Quebec und im Kongo.[100] Ähnliches ist auch etwa in Italien[101] und in Luxemburg[102] vorgesehen. Verfassungsrechtliche Bedenken gegenüber einer solchen Vorgehensweise im deutschen Recht greifen nicht. Das BVerfG hat mehrfach betont, dass das Grundrecht der Koalitionsfreiheit einer gesetzlichen Ausgestaltung bedarf.[103]

Als berechtigter Kritikpunkt kann dagegen die in den meisten Gesetzesvorschlägen verwendete Formulierung in Betracht gezogen werden. In den von den Verfassern ausgewählten Gesetzesbezeichnungen kommt nämlich

---

98 Darauf verweisend *Schliemann*, FS Bauer (2010), S. 923, 939; *Uhl/Raif*, ArbR 2012, 310 (310).

99 *Bayreuther*, NZA 2008, 12 (16); *Thüsing*, FA 2012, 65 (65); *ders.*, in: Lehmann (Hrsg.), Deutsche und europäische Tariflandschaft im Wandel, S. 126ff. hält die Anpassung entsprechender Regeln der ausländischen Rechtsordnungen in das deutsche Recht für möglich; kritisch *Schubert*, FS Kempen (2013), S. 401, 406f.; *ders.*, AuR 2014, 176 (182f.), der übereilte Verweise auf ausländische Rechtsordnungen, die besondere Einschränkungen von Streiks in der Daseinsvorsorge kennen oder eingeführt haben, als „cherry picking" oder „Rosinenpickerei" bezeichnet: Es würden ungeschickt nur bestimmte Regelungen herausgepickt, welche die Waage zu Lasten deutscher Arbeitnehmerkoalitionen stellten. An dieser Stelle sei aber eine Gesamtbetrachtung der zu vergleichenden Arbeitskampfordnungen heranzuziehen. Erst dann lasse sich feststellen, dass anderswo politische Streiks zulässig sind, die Friedenspflicht nicht besteht, etc.

100 Siehe oben unter Abschnitt D.II.

101 Vgl. Art. 1ff. Legge n. 146 del 12 guigno 1990 sull'esercizio del diritto di sciopero nei servizi pubblici essenziali e sulla salvaguardia dei diritti della persona costituzionalmente tutelati, GU n. 137 del 14-6-1990, S. 6; zuletzt geändert durch Legge n. 83 del 11 aprile 2000, GU n. 85 del 11-4-2000, S. 3); hierzu ausführlich *Ales*, DRdA 2015, 55 (57ff.).

102 Vgl. Art. L. 163-2ff. *Code du travail.*

103 Vgl. nur BVerfG 17.02.1981, AP Nr. 9 zu Art. 140 GG (C II 4 a); 26.06.1991, AP Nr. 17 zu Art. 9 GG Arbeitskampf (C I 3 a); 02.03.1993, AP Nr. 126 zu Art. 9 Arbeitskampf (C II 2); 04.07.1995, AP Nr. 4 zu § 116 AFG (C.I.1.b); kritisch Epping/Hillgruber/*Cornils*, Art. 9 GG Rn. 72f., der den Ausgestaltungsgedanken des BVerfG zum Art. 9 Abs. 3 GG für „sehr fragwürdig" hält und diesen im Hinbilck auf das verfolgte Ziel als Eingriff in die Koalitionsfreiheit bewertet; ebenso *Hänsle*, Streik und Daseinsvorsorge, S. 526ff., nach dessen Auffassung die gesetzliche Regelung des Streikrechts nicht der Konkretisierung der Koalitionsbetätigung diene, sondern sie ziele darauf ab, dieses Grundrechts zu Gunsten anderer entgegenstehenden Verfassungswerte und verfassungsrechtlich geschützten Rechtsgüter zu beschränken, so dass es grundrechtsdogmatisch irreführend sei, „von Ausgestaltung anstatt von Eingriff zu sprechen".

zum Ausdruck, dass es sich dabei um eine an beide Arbeitskampfparteien gerichtete Regelung handle. Besonders deutlich ist dies bei dem an sich neutral formulierten Untertitel des Professorenentwurfs aus dem Jahre 2012, welcher die Arbeitskampfmittel „Streik“ und „Aussperrung“ gleichermaßen betrifft.[104] Der Inhalt der vorgesehenen Vorgaben zeigt allerdings, dass diese ausschließlich auf Streiks angelegt sind. Demgegenüber wird die Aussperrung als verfassungsrechtlich geschütztes Arbeitskampfmittel der Arbeitgeberseite ausgeklammert, weil sie im Bereich der Daseinsvorsorge „aus tatsächlichen oder rechtlichen Gründen“ kaum denkbar sei.[105] Rechtspolitische Schwierigkeiten im Zusammenhang mit der Aussperrung rechtfertigen es aber nicht, eine grundsätzlich als streikbezogen konzipierte Norm[106] als neutrale Arbeitskampfregelung zu formulieren. Richtigerweise stellt der Vorschlag von *Stegmüller*[107] bereits in seiner Formulierung deutlich auf die Regelung von Streiks in Betrieben der Daseinsvorsorge ab.

b) *Vorzugswürdigkeit einer Regelung auf einfachgesetzlicher Ebene*

Der Appel an den Gesetzgeber für die Normierung des Streikrechts berührt nicht zuletzt die Problematik der Bestimmung des Eingriffspunktes innerhalb des Gesetzesgefüges. Rechtsdogmatisch stellt sich die Frage, auf welcher Ebene in der Normenhierarchie das Parlament am besten eingreifen kann. Zwei Gesetzgebungsmöglichkeiten kommen in Betracht: Der Gesetzgeber kann entweder ein verfassungsänderndes Gesetz beschließen oder Regelungen einfachgesetzlicher Natur treffen.

Bei der ersten Option muss der Wortlaut der Koalitionsfreiheit aus Art. 9 Abs. 3 GG nach Maßgabe von Art. 79 Abs. 1 S. 1 GG ausdrücklich geändert oder ergänzt werden. Eine Änderung soll insbesondere der hinreichenden Bestimmtheit der Norm dienen, d.h. die verfassungsrechtliche Kontur des Arbeitskampfrechts noch präziser erfassen und somit der Rechtsprechung eine klare Auslegungslinie vorgeben. Darüber hinaus könnte die Vorschrift durch einen „grundrechtlichen Gesetzesvorbehalt“[108] ergänzt werden, wel-

104 Kritische Äußerungen hierzu bei *Hänsle*, Streik und Daseinsvorsorge, S. 588.

105 So *Franzen/Thüsing/Waldhoff*, Arbeitskampf in der Daseinsvorsorge, S. 91, 137.

106 *Bayreuther*, NZA 2013, 704 (705). Sein Ansatz steht allerdings nur im Zusammenhand mit § 4 DvArbKG-E, welcher die Aufrechterhaltung einer Grundversorgung regelt. Ob dies auf weitere Vorgaben dieses Gesetzesentwurfes übertragen werden kann, lässt sich den Ausführungen des Verfassers nicht entnehmen. Betrachtet man den gesamten Kontext des Gesetzesvorschlages, ist jedenfalls davon auszugehen, dass es sich bei weiteren Vorgaben ebenso um streikbezogene Normen handelt.

107 *Stegmüller*, NZA 2015, 723.

108 *Engels*, Verfassung und Arbeitskampfrecht, S. 325.

cher verhältnismäßige Beschränkungen nach dem Vorbild von Art. 8 Abs. 2 oder Art. 11 Abs. 2 GG zulassen würde.[109]

Gegen diesen Ansatz sprechen allerdings nicht nur rechtliche, sondern auch rechtspolitische Gründe. Rechtlich ist ein verfassungsänderndes Gesetz nicht erforderlich. Dass Art. 9 Abs. 3 GG lediglich die Grundlage des Arbeitskampfrechts festlegt, ohne auf inhaltliche Ausgestaltung einzugehen, ist verfassungsrechtlich nicht zu beanstanden. In den meisten Verfassungen der Welt werden nämlich nur die Grundsätze vorgeschrieben. Für die Einzelheiten wird auf Gesetze verwiesen. Art. 9 Abs. 3 GG lässt sich zwar ein solcher Verweis nicht ausdrücklich entnehmen. Dieser ergibt sich dennoch aus der Rechtsprechung des BVerfG, wonach das Grundrecht der Koalitionsfreiheit gesetzlich zu ausgestalten sei.[110]

Rechtspolitisch oder praktisch hat die Regulierung des Arbeitskampfrechts auf verfassungsrechtlicher Ebene geringe Erfolgschancen. Denn ein solches Gesetz bedürfte einer verfassungsändernden Mehrheit, d.h. zwei Drittel der Mitglieder beider für die Bundesgesetzgebung zuständigen Körperschaften müssten gem. Art. 79 Abs. 2 GG dafür zustimmen. Bereits die viel kritisierte „Regelungsphobie“[111] des Gesetzgebers in diesem Gebiet auf einfachgesetzlicher Ebene spricht dafür, dass eine gesetzliche Normierung des Streikrechts über diesen Weg nicht zu erhoffen ist.

Insoweit bleibt die Alternative eines umfassenden Arbeitkampfgesetzes. Zumindest aber müsste es in Bereichen der Daseinsvorsorge eine solche Regelung geben. Das sollte ein Bundesgesetz sein, auch wenn es im Hinblick auf Art. 72 Abs. 1 GG i.V.m. Art. 74 Abs. 1 Nr. 12 GG rechtlich vertretbar wäre, Landesarbeitskampfgesetze zu erlassen.[112] Der Einsatz für ein gesetzliches Eingreifen auf Bundesebene würde aber eine bundeseinheitliche Gewährleistung der Daseinsvorsorge gewährleisten.

Aus den vorstehenden Überlegungen ergibt sich, dass die oben dargestellten gesetzlichen Vorschläge auf den richtigen Eingriffspunkt für den Gesetzgeber abstellen. Die vereinzelten Grauzonen, die einige Bestimmungen dieser Vorschläge enthalten, schmälern ihre Bedeutung nicht. Sie sind als Einzelfragen zu klären und ggf. fortzuentwickeln.

---

[109] So *Schmitt-Rolfes*, AuA 2015, 454, der folgenden Wortlaut für Art. 9 Abs. 3 GG vorschlägt: „Arbeitskämpfe zur Durchsetzung von Tarifforderungen sind zulässig. Art und Umfang regelt ein bis zum (...) zu erlassendes Gesetz“.

[110] Siehe bereits oben bei S. 168 mit umf. N. in Fn. 956.

[111] Dazu *Rüthers*, NZA 2010, 6 (9).

[112] Dazu ausführlich *Kranz*, Landesarbeitskampfgesetze?, S. 58ff.

c) *Grundsätzliche Orientierung am Professorenentwurf 2012*

Vor dem Hintergrund der bisherigen Ausführungen erscheint für die Formulierung eigener Vorschläge eine grundsätzliche Orientierung am Professorenentwurf aus dem Jahre 2012 sinnvoll.

Das gilt zunächst für die Bestimmung der Reichweite von Sonderregelungen zur Daseinsvorsorge. Der DvArbKG-E wird insofern zwar von den einen als zu weitgehend[113] und von den anderen als „nüchtern"[114] kritisiert, weil der Entwurf eine abschließende Aufzählung der Bereiche der Daseinsvorsorge vornehme und dabei zahlreiche Abgrenzungsprobleme entstehen lasse.[115]

Der Kritik an dem Katalog der Daseinsvorsorgebereiche im Gesetzesentwurf ist im Ausgangspunkt aber das Argument der Rechtssicherheit[116] entgegenzuhalten. Eine ähnliche gesetzliche Auflistung der der deutschen Daseinsvorsorge entsprechenden Bereiche sieht etwa Art. 111.0.16 des Arbeitsgesetzbuches der Provinz Quebec vor.[117] Andererseits ist die Aufzählung einzelner Bereiche nur als „Momentaufnahme"[118] zu betrachten. Die Festlegung in einem Katalog sollte deshalb weder abschließend noch ein für alle Mal erfolgen, sondern es müsste eine Klausel bestehen, welche eine Anpassung unter Berücksichtigung von gesellschaftlichen und technischen Veränderungen oder Umständen ermöglicht.[119] In Betracht kommt die Anwendung des Wortes „insbesondere"[120] oder auch „unter anderem". Ob die aufgezählten Unternehmen im Ganzen von den Regelungen betroffen werden sollen oder nur bestimmte Betriebsteile[121], deren Ausfall erhebliche Auswirkungen auf die öffentliche Versorgung hätte, kann anhand einzelner Normen später geklärt werden.

---

113 Vgl. *Bram*, FA 2016, 2 (7); *Hensche*, Hände weg von Koalitionsfreiheit, S. 31; *Mayer*, AuR 2012, 207 (207); Schaub/*Treber*, ArbR-HdB, § 192 Rn. 41.

114 *Kersten*, Newsletter der CFvWS 12/2012, S. 7 f.

115 So *Rudkowski*, ZfA 2012, 467 (468ff.); *Scholz/Lingemann/Ruttloff*, NZA-Beil. 2015, 3 (36); anders *Bayreuther*, NZA 2012, 704 (707 f.), wonach der Anwendungsbereich dieses Gesetzesentwurfes kaum konkreter festgelegt werden kann und Detailfragen dazu den Gerichten zu überlassen sind; ähnlich *Kersten*, in: Waldhoff/Thüsing (Hrsg.), Verfassungsfragen des Arbeitskampfes, S. 15, 36.

116 Ähnlich *Rudkowski*, Der Streik in der Daseinsvorsorge, S. 49 f.

117 Siehe oben unter Abschnitt C.III.2.b).

118 *Kersten*, RuR 2006, 245 (246).

119 Vgl. *Ronellenfitsch*, DVBl. 2008, 201 (202/209); *ders.*, FS Blümel, S. 27, 31 f.; *Seiter*, Streikrecht und Aussperrungsrecht, S. 551; ähnlich *Rudkowski*, ZfA 2012, 467 (470 f.) plädiert für die Ergänzung des Kataloges durch eine „Legaldefinition" oder eine „Lebenswichtigkeitsklausel".

120 *Ruge*, ZRP 2003, 353 (356 f.).

121 So etwa *Stegmüller*, NZA 2015, 723 (725).

Weiterhin enthalten die einzelnen prozeduralen Regelungen insgesamt richtige und sinnvolle Ansätze, wie etwa die Normierung der Pflicht zur Gewährleistung der Grundversorgung Drittbetroffenen[122] und die gesetzliche Einführung einer obligatorischen Schlichtung. An dieser Stelle ist insbesondere daran zu erinnern, dass das Schlichtungsgebot bereits in dem viel zitierten Urteil des Großen Senats des BAG v. 21.04.1971 als „Ausprägung des ultima-ratio-Prinzips“ skizziert wurde. Über seine rechtliche Relevanz wird jedoch seit langem diskutiert. So ist seine gesetzliche Normierung wünschenswert.[123] Weitere Kernelemente wie z.B. die Ankündigungspflicht lassen sich noch diskutieren[124], während das Erfordernis einer Urabstimmung mit doppeltem oder einfachem Quorum[125] sowie eine besondere Hürde für Streiks von Berufsgruppengewerkschaften[126] wenig überzeugen bzw. problematisch erscheinen. Im Übrigen ist der Gedanke einer Zwangsschlichtung nicht zu verfolgen. Auf die Einzelheiten wird noch zurückzukommen sein.[127]

---

122 Statt aller *Greiner*, NZA 2012, 529 (534); *Rudkowski*, in: Fütterer u. a. (Hrsg.), Arbeitsrecht – für wen und wofür?, S. 93, 101; *Uhl/Raif*, ArbR 2012, 310 (311).

123 Vgl. *Hufen*, NZA 2014, 1237 (1240); *Kersten*, in: Waldhoff/Thüsing (Hrsg.), Verfassungsfragen des Arbeitskampfes, S. 15, 43; *Meyer*, FS Adomeit (2008), S. 459, 465; *Rudkowski*, in: Fütterer u. a. (Hrsg.), Arbeitsrecht – für wen und wofür?, S. 93, 104 f.; *Willemsen/Mehrens*, NZA 2010, 1313 (1322); kritisch *Schubert*, AuR, 176 (182), wonach nur eine tariflich zu vereinbarende Schlichtung mit Art. 9 Abs. 3 GG im Einklang stehe; ebenso *Berg*, FS Kempen (2013), S. 278, 288; ErfK/*Linsenmaier*, Art. 9 GG (Rn. 288); Däubler/*Reinfelder*, Arbeitskampfrecht, § 15 Rn. 29; *Richardi/Bayreuther*, Arbeitsrecht, Rn. 128; Schaub/*Treber*, ArbR-HdB, § 195 Rn. 8; *Zachert*, in: FS Wendeling-Schröder (2009), S. 23, 27.

124 Dafür *Bayreuther*, NZA 2013, 704 (706); bereits *Meyer*, FS Adomeit (2008), S. 459, 465; *Sittard*, ZTR 2008, 178 (182); *Willemsen/Mehrens*, NZA 2010, 1313 (1322); ablehnend *Berg*, FS Kempen (2013), S. 278, 282; *Fischer*, jurisPR-ArbR 51/2008, Anm. 2; *Schubert*, AuR 2014, 176 (182), wonach diese Pflicht überflüssig sei, da Notdienste gewährleisten werden müssten; *Uhl/Raif*, ArbR 2012, 310 (312).

125 In der Literatur überwiegend abgelehnt: vgl. nur *Berg*, FS Kempen (2013), S. 278, 288; *BKPSS*, TVG und ArbKR, Teil 3 Rn. 246, wonach die gesetzliche Einführung der Pflicht zur Urabstimmung verfassungswidrig ist; ähnlich *Kissel*, Arbeitskampfrecht, § 40 Rn. 26; Däubler/*Reinfelder*, Arbeitskampfrecht, § 15 Rn. 34; *Rudkowski*, ZfA 2012, 467 (478); *Schubert*, AuR 2014, 176 (182); *Uhl/Raif*, ArbR 2012, 310 (312); anders *Bauer*, DB 2014, 2715 (2716); *Greiner*, NZA 2012, 529 (534); *Hanau*, in: Gießen/Junker/Rieble (Hrsg.), Entgrenzter Arbeitskampf?, S. 15, 38.

126 Zustimmend *Hunold*, NZA 2007, 1237 (1038), wonach Streiks einer Berufsgruppengewerkschaft von der Erreichung eines bestimmten Quoten abhängig zu machen ist; ebenso *Kersten*, in: Waldhoff/Thüsing (Hrsg.), Verfassungsfragen des Arbeitskampfes, S. 15, 44; *von Steinau-Steinrück/Glanz*, NZA 2009, 113 (115) plädieren für eine strengere Verhältnismäßigkeitsprüfung; abweichend von dem 15%-Quorum *Seeling/Probst*, BB 2014, 2421 (2425); ablehnend *Otto*, Arbeitskampf- und Schlichtungsrecht, S. 112 f.; *Rieble*, FA 2012, 130 (130).

127 Dazu gleich unten unter Abschnitt D.III.

d) Ausblick

Ob der Gesetzgeber bereit wäre, den oben geschilderten Weg zu gehen, lässt sich nicht voraussagen. Einerseits zeigt ein Hinweis zu dieser Frage in der Begründung des Tarifeinheitsgesetzes[128], dass die Bereitschaft hierzu noch lange fehlen wird.[129] Andererseits könnte man mit dem von der CSU beschlossenen Diskussionspapier[130] sowie mit einem in jüngerer Zeit vorgelegten Antrag der Bayerischen Staatsregiegung auf „Entschließung des Bundesrates zur Regelung des Streikrechts in Bereichen der Daseinsvorsorge"[131] davon ausgehen, dass dieses Thema zumindest enttabuisiert wird.[132]

Eine derartige Initiative aus der Politik kann zwar eine Wende herbeiführen. Allerdings ist fraglich, ob die in dem oben genannten Diskussionspapier enthaltenen Eckpunkte bei Nichtregelung seitens des Bundes tatsächlich durch Landesgesetz normiert werden können, wie die CSU es behauptet. Wenn dies der Fall sein soll[133], ist immer noch zu bedenken, ob das verfolgte Ziel auf Landesebene effizienter erreicht werden könnte.

Ein weiterer „Unsicherheitsfaktor"[134] bleibt die Rechtsauffassung des Bundesverfassungsgerichts im Falle einer wahrscheinlichen Beschwerde gegen das vorgeschlagene Gesetz. Als Testfall kann das jüngste Tarifeinheitsgesetz herangezogen werden, gegen das bereits Verfassungsbeschwerden eingelegt wurden.[135] Der Ausgang dieses Verfahrens in Karlsruhe würde nämlich den Befürwortern einer gesetzlichen Regelung von Streiks in der Daseinsvorsorge den Weg weisen. Erklärt das Bundesverfassungsgericht das Tarifeinheitsgesetz für verfassungswidrig[136], so könnte dies dazu führen, dass jede Bundesregierung von der Schaffung des hier erwünschten Gesetzes Abstand hält.[137] Bis dahin ist jede Prognose verfrüht. Die reine Ablehnung des Erlasses einer einstweiligen Anordnung zur Aussetzung des Tarifeinheitsgeset-

---

128 Siehe BR-Drs. 635/14 v. 29.12.2014, S. 7.

129 I.E. auch *Burkhart*, BWGZ 2015, 235; *Meier*, GmbHR 2015, R337 (R338).

130 *CSU*, Für ein modernes Streikrecht – Koalitionsfreiheit achten – Daseinsvorsorge sicherstellen, Beschluss des Parteivorstandes, München 26. Januar 2015, abrufbar unter http://www.csu.de/common/csu/content/csu/hauptnavigation/dokumente/Streikrecht_Beschluss_komplett_.pdf (zuletzt abgerufen am 02.04.2015).

131 BR-Drs. 294/15 v. 16.06.2015.

132 I.E. auch *Hromadka*, Tabu Streikrecht, NZA-Editorial 15/2015, S. III.

133 Siehe bereits *Rieble*, FA 2012, 130; ebenso *Rudkowski*, in Gießen/Junker/Rieble (Hrsg.), Entgrenzter Arbeitskampf?, S. 169, 182.

134 So auch *Schmitt-Rolfes*, AuA 2015, 454.

135 Vgl. Handelsblatt v. 10.07.2015.

136 Von einer eventuellen Festellung der Rechtswidrigkeit des Tarifeinheitsgesetzes durch das BVerfG geht *de Beauregard*, DB 2015, 1527 (1530) aus.

137 Bereits *Lehmann*, BB 2014, 634 (637).

zes[138] reicht nicht aus, zuverlässige Rückschlüsse auf den Ausgang des Hauptsacheverfahrens zu ziehen.

Dieser Erkenntnis folgend verstehen sich folgende Überlegungen als mögliche Orientierungsansätze. Sie zielen darauf ab, die Diskussion um eine verhältnismäßige Abwägung zwischen Streikrecht und besonderem Interesse der Bevölkerung an der Sicherstellung ihrer Versorgung mit lebenswichtigen Gütern und Dienstleistungen fortzusetzen.

3. *Parallelwertung mit ausländischen Rechtsordnungen*

Im Folgenden geht es grundsätzlich um die Würdigung der Erkenntnisse, die aus der rechtvergleichenden Analyse ausgewählter ausländischer Rechtsordnungen gewonnen werden konnten. Zunächst werden die Vorgaben der einzelnen Rechtsordnungen bewertet, bevor auf eine Gegenüberstellung mit der Rechtslage und Praxis in Deutschland eingegangen werden kann.

a) *Französisches Streikrecht*

Die Ausführungen über das französische Streikrecht zeigen, dass dieses im Ausgangspunkt weit ausgestaltet ist. Zum einen wird das Kriterium der Berufsbezogenheit von Streikforderungen umfassend verstanden[139], so dass sich Arbeitnehmer für beliebige Forderungen - auch politischen Charakters wie z.B. den Protest gegen die Wirtschafts- und Sozialpolitik der Regierung[140], die Aufrechterhaltung der Betriebsart eines „*service public*“[141] oder die Verteidigung des Rentensystems[142] - auf ihr Streikrecht berufen können. Des Weiteren sind die Kollektivbeziehungen von der sog. „*gréviculture*“[143] oder „Streikkultur“[144] geprägt, die dadurch gekennzeichnet ist, dass die Sozialpartner vielmehr auf Konfrontation und nicht auf eine Lösung auf dem Verhandlungswege setzen.[145] Insoweit gehen die Arbeitskämpfe den Verhandlungen voran. Dies gilt auch entsprechend für die Beschäftigten im öffentlichen Dienst einschließlich der Beamten.

---

138 BVerfG 06.10.2015, 1 BvR 1571/15, juris.
139 So auch *Duquesne*, Droit du travail, Rn. 1484ff.
140 Cass. soc. 29.05.1979 - Nr. 78-40.553, Bull. civ. 1979 V Nr. 464.
141 Cass. soc. 23.10.2007 - Nr. 06-17.802 (*RTM*), Bull. civ. 2007 V Nr. 169.
142 Cass. soc. 15.02.2006 - Nr. 04-45738, Bull. civ. 2006 V Nr. 65 S. 58.
143 Zum französischen Neologismus der „*gréviculture*“ siehe *Godet*, Le courage du bon sens, S. 235; *Eymond-Laritaz/Javault*, Annales des Mines 1999, 27 (27ff.).
144 *Gärtner*, Die gesetzliche Regulierung von Bahnstreiks in Frankreich, S. 31.
145 So *Beffa*, La France doit choisir, S. 210; i.E. auch *Ray*, Droit social 2007, 1205 (1207).

Bei der Formulierung der aus dem Rechtsmissbrauchsverbot entwickelten Schranken des Streikrechts gesteht die französische *Cour de cassation* – ähnlich wie das BAG im Zusammenhang mit dem Verhältnismäßigkeitsgrundsatz – den Gewerkschaften bzw. beteiligten Arbeitnehmern einen weiten Spielraum zu.[146] Beispielsweise hat das Gericht keine missbräuchliche Ausnutzung des Streikrechts durch einen Pilot anerkannt, der im Rahmen eines Streiks ein Flugzeug in Übersee zurückließ und seine Teilnahme am Streik etwa vier Stunden vor dem Rückflug mitteilte.[147]

Insoweit sind Bemühungen des Gesetzgebers, das Streikrecht für Arbeitnehmer in bestimmten Betrieben mit öffentlichem Dienstleistungsauftrag Sonderregelungen zu unterwerfen, begrüßenswert. Dies wird dem Grundsatz der Kontinuität der „*services publics*" gerecht und trägt somit zur Vermeidung bzw. zur Milderung der Streikschäden für Drittbetroffene bei.

Abgesehen davon wäre es sinnvoll, weitere Branchen in die gesetzliche Regelung einzubeziehen. Zudem hätte der Gesetzgeber einige verfahrensrechtliche Streikrechtseinschränkungen konsistenter regeln können. Dies betrifft unter anderem die Pflicht zu Verhandlungen, die in ihrer bisherigen Ausgestaltung und Handhabung als reine Formalität der Streikankündigung in bestimmten Branchen fungiert.[148] Außerdem droht die gesetzlich normierte Ankündigungspflicht zu einer Leerformel zu verkommen, solange die Rechtsprechung dem Arbeitgeber die Verantwortung für deren Durchsetzung überträgt und einzelnen Arbeitnehmern dagegen das Recht auf Unkenntnis („*droit à l'ignorance*")[149] eigener Pflichten zubilligt.

Schließlich scheint eine individuelle Mitteilungspflicht zu Lasten einzelner Arbeitnehmer problematisch zu sein. Sie stellt nicht nur eine erhebliche Belastung für die betroffenen Arbeitnehmer dar, sondern ist auch überflüssig, da eine allgemeine Ankündigungspflicht bereits vorgesehen ist.[150] Sofern die Gewerkschaft ihrer Pflicht nachgekommen ist, soll auch das Streikrecht bei Nichtbeachtung der individuellen Mitteilungspflicht unberührt bleiben.

Eher fragwürdig ist schließlich die individuelle Mitteilungspflicht als Anforderung für das Zurücktreten bzw. die Beendigung der Streikteilnahme

---

146 I.E. bereits *Bonnechère*, Le droit du travail, S. 79; *Gärtner*, Die gesetzliche Regulierung von Bahnstreiks in Frankreich, S. 48 f.

147 Cass. Ass. plén. 23.06.2006 – Nr. 04-40289, Bull. Ass. plén. 2006, Nr. 7 S. 15. Diese Rechtsprechung wurde von der Literatur überwiegend gebilligt. Vgl. nur *Grard*, RJEP 702/2012, 21 (24); *Guillet*, Droit social 2012, 697 (704).

148 Ebenso kritisch *Gärtner*, Die gesetzliche Regulierung von Bahnstreiks in Frankreich, S. 67; a.A. *Chopin*, Le droit de grève, S. 63.

149 Vgl. auch Ausführungen *Taupitzs*, FS Wiese (1998), S. 583 (586) über das sog. „Recht auf Nichtwissen" in seiner Ausprägung als „Recht [des Einzelnen], sich darauf zu berufen, etwas vergessen zu haben" oder es sogar nicht zu wissen.

150 Anders *Ray*, Droit social 2007, 1205 (1214ff.).

(sog. *déclaration individuelle de sortie de grève*). Streikwillige Arbeitnehmer müssen nämlich der Arbeitgeberseite spätestens 24 Stunden vor Streikbeginn mitteilen, wenn sie die angekündigte Streikteilnahme zurückziehen möchten. Das Gleiche gilt auch für einzelne Streikende, die die Teilnahme an einer laufenden Streikmaßnahme früher beenden wollen. Tun die betroffenen Arbeitnehmer dies nicht, scheint es, als wären sie an einem Punkt angekommen, von dem es kein Zurück mehr gäbe, so dass sie doch jedenfalls streiken müssen. Daher würde man annehmen können, dass der Gesetzgeber mit dieser Vorgabe mittelbar eine Teilnahmepflicht an jedem angekündigten Streik begründet[151] und somit zu einem gegenteiligen – und für die Bevölkerung ungünstigen – Ergebnis kommt. Die Analyse der Entstehungsgeschichte dieser Norm zeigt allerdings, dass sie einer missbräuchlichen Ausnutzung des Streikrechts vorbeugen soll.[152] Ansonsten könnten Arbeitnehmer die angekündigte Teilnahme an einem Streik willkürlich zurückziehen und ihren Lohnanspruch geltend machen, ohne dass sie aus organisatorischen Gründen die Arbeit tatsächlich wieder aufnehmen könnten.[153] Insoweit und allein unter diesen Gesichtspunkt ist eine Mitteilungspflicht des Arbeitnehmers beim Zurücktreten oder bei einer früheren Beendigung seiner Teilnahme an einer laufenden Streikmaßnahme nachvollziehbar.

Im Hinblick auf die der Untersuchung zugrundeliegende Fragestellung könnten aus der französischen Arbeitskampfordnung die Vorgaben über die Vorankündigungs- und Verhandlungspflicht, die Dienstaufforderungen oder Dienstverpflichtungen sowie die gesetzliche Pflicht zur Gewährleistung der Mindestversorgung als Ansatzpunkte für einen Vergleich mit der Rechtslage in der Bundesrepublik Deutschland erwogen werden. Diese Vorgaben sollen bei der Parallelwertung der Ergebnisse aus der rechtsvergleichenden Analyse mit deutschem Recht noch erörtert und später bei der konkreten Ausgestaltung herangezogen werden.

b) Quebecer Streikrecht

Aus der Analyse des Streikrechts der kanadischen Provinz Quebec lässt sich festhalten, dass der Gesetzgeber hier für die Aufrechterhaltung der *services essentiels* grundsätzlich auf das Prinzip der Streikvermeidung abstellt. Besonders interessant für die vorliegende Arbeit ist der konsensorientierte Ansatz, der die Arbeit des *Conseil des services essentiels* und danach der entsprechenden Kammer der Kommission für Arbeitsbeziehungen bis Dezember 2015

---

151 Ähnlich *Guillet*, Droit social 2012, 697 (706).
152 Ausführlich dazu bei *Bernaud*, Droit social 2012, 708 (712); *Kossowski/Bono*, Rapport d'information Nr. 1502, S. 32ff.
153 Vgl. *Ray*, Droit social 2007, 1205 (1218).

geprägt hat.[154] Dies spiegelt sich etwa in der Unterstützung der Sozialpartner[155] bei den Verhandlungen über Notdienstvereinbarungen wider. Des Weiteren versucht das Kontrollorgan, den Arbeitskampfparteien stets die Möglichkeit zu geben, selbst eine vertretbare Lösung zu finden, damit auf eine eventuelle Anordnung von Abhilfemaßnahmen verzichtet werden kann. Darauf sollen auch die Verpflichtungszusagen[156] abzielen.

Hervorzuheben ist auch der Präventionsgedanke, der unter anderem durch die Zuordnung von Mediatoren zu bestimmten Betrieben bzw. Arbeitsbereichen (etwa Bahn, Flugverkehr, Krankenhäuser, Energie- und Wasserversorgung, Feuerwehr und Rettungsdienste, Abfallentsorgung, etc.) realisiert wird. Zweck dieser Vorgehensweise ist, gute Beziehungen und Kontakte mit den Sozialpartnern zu pflegen und zugleich die jeweiligen Unternehmen bzw. Betriebe besser kennen zu lernen. Dies soll es den Mediatoren ermöglichen, im Fall eines Konflikts den Parteien geeignete Einigungsvorschläge mit Blick auf die wirtschaftlichen und sozialen Realitäten der betroffenen Unternehmen zu unterbreiten. Das Gleiche gilt auch für Maßnahmen, die der TAT in seiner Befugnis zur Anordnung der Abhilfemaßnahmen (*pouvoir de redressement*) zu treffen hat.

Positiv zu bewerten ist schließlich die pragmatische Auslegung des gesetzlichen Kriteriums für die Aufrechthaltung der *services essentiels* im öffentlichen Gesundheitswesen und in den Sozialdiensten. Indem es auf einen bestimmten Prozentsatz der betriebsüblichen Arbeitszeit statt auf die Zahl des Personals abstellt, ist es dem zuständigen Kontrollorgan gelungen, Diskriminierung und Willkür bei der Auswahl der für die Durchführung von Notstandsarbeiten einzusetzenden Arbeitnehmer vorzubeugen. Auch die kollektive Betrachtung des Schadenersatzes für streikbetroffene Dritte gilt als einzigartig und kann für die Problematik des Rechtsschutzes für Drittbetroffene in der deutschen Arbeitskampfordnung diskutiert werden.

Nicht überzeugend dagegen ist die Handhabung des Rechtfertigungsgrundes – Schutz der Gesundheit und der Sicherheit der Bevölkerung. Dieser ist zwar durch das Gesetz restriktiv ausgestaltet, wird aber in der Anwendung durch das Kontrollorgan nicht immer genau ausgelegt. Deutlich wird dies unter anderem, wenn die Einbeziehung von Betrieben des ÖPNV in die Pflicht zur Aufrechterhaltung der *services essentiels* hauptsächlich mit den Bedürfnissen eventueller ambulanter Patienten begründet wird. An dieser Stelle würde es sich anbieten, weitere Rechtfertigungsgründe zu entwickeln. In Betracht gezogen werden könnten verfassungsrechtlich geschützte Rechtsgü-

154 Ob dieser Kurs ebenso von der *Division des services essentiels* des jüngst geschaffenen *Tribunal administratif du travail* verfolgt würde, ist noch abzuwarten.

155 *Lemieux*, Relations industrielles 1996, 333 (334).

156 Vgl. nur TAT 12.01.2016, Nr. CM-2015-8452 (*Les Jardins de Jouvence c. Syndicat des travailleuses et travailleurs des centres d'hébergement du Grand Montréal*), Rn. 5.

ter, wie etwa das Recht auf Leben, das Recht auf Sicherheit, Unversehrtheit und Freiheit[157] oder auch das Recht auf Hilfeleistung bei Lebensgefahr[158] sowie der Schutz betreuungsbedürftiger Menschen[159].

Kritikwürdig erscheinen zudem die hohen verfahrensrechtlichen Anforderungen, die sich aus der Kumulation verschiedener Fristen ergeben (90 Tage-Frist für die Streikberechtigung, Fristen zur Übermittlung der Notdienstvereinbarung bzw. der Liste sowie Ankündigungsfristen). Änderungsbedarf besteht beim System der Aufrechterhaltung der *services essentiels* nach dem Prozentsatz im öffentlichen Gesundheitswesen und in den Sozialdiensten. Unabhängig davon, wie dieses System mit Blick auf die neuere Rechtsprechung der *Cour suprême* zu bewerten ist, weist es einige Schwächen auf. Besonders erwähnenswert ist, dass es den veränderten Arbeitsbedingungen in betroffenen Einrichtungen – nämlich der wachsenden Zahl der Patienten und sonstigen Leistungsempfänger – nicht immer gerecht wird.

Besonders hart und daher ebenso rechtfertigungsbedürftig sind die „*lois spéciales de retour au travail*". Denn sie betreffen alle Streikende der betroffenen Betriebe und nicht nur Arbeitnehmer in lebenswichtigen Tätigkeitsbereichen. Außerdem ist die Exekutive dabei nicht mehr an das Kriterium des Schutzes der Gesundheit oder der Sicherheit der Bevölkerung gebunden.[160] Ihre Entscheidung beruht meist auf rechtspolitischen Erwägungen.[161]

Zu bemängeln ist schließlich die ständige Umstrukturierung des Überwachungsorgans: Vom „*Conseil des services essentiels*" (CSE) zur „*Commission des relations du travail – Division des services essentiels*" (CRT-DSE) im Jahre 2011 und von der CRT-DSE zum „*Tribunal admistratif du travail – Division des services essentiels*" (TAT-DSE) seit Januar 2016. Damit droht die langjährige Erfahrung des CSE in der Schlichtung – unter anderem wegen Personalabbaus – verloren zu gehen. Auch der Präventionsgedanken scheint bei den beiden Nachfolgern des CSE kaum noch eine Rolle zu spielen.

Im Hinblick auf den Rechtsvergleich zu Deutschland soll das Hauptaugenmerk auf der gesetzlichen Auflistung der der deutschen Daseinsvorsorge entsprechenden Bereiche sowie auf Vorgaben über die Abhaltung einer Urabstimmung, die Pflicht zur Durchführung einer Schlichtung, die Ankündigungspflicht und die Gewährleistung der Notstandsarbeiten liegen. Besondere Aufmerksamkeit erfahren darüber hinaus die Einrichtung eines speziellen Überwachungsorganes für Streiks in der Daseinsvorsorge sowie die kollektive Betrachtung des Schadenersatzes durch die Rechtsprechung.

---

157 Art. 7 Kanadische Grundrechtecharta; Art. 1 Abs. 1 Charta der Grundrechte QC.

158 Art. 2 Abs. 1 Charta der Grundrechte QC.

159 Art. 48 Abs. 2 Charta der Grundrechte QC.

160 *Fontaine*, in: Bilodeau (Hrsg.), L'équilibre du rapport de forces dans la relation d'emploi, S. 31, 51ff.

161 *Delorme/Nadeau*, Relations industrielles 2002, 743 (756 f.).

c) Kongolesisches Streikrecht

Der Überblick über die kongolesische Arbeitskampfordnung zeigt einen deutlichen Unterschied in den Ausübungsmodalitäten des Streikrechts in privaten Betrieben einerseits und im öffentlichen Dienst andererseits. Für private Betriebe, welche in den Geltungsbereich des Arbeitsgesetzbuchs fallen, stellt der kongolesische Gesetzgeber friedliche Streitbeilegungsmechanismen in den Mittelpunkt. Nur beim Scheitern letzterer kann das Streikrecht in Betracht kommen. Abgesehen von der Kritik an der aufschiebenden Wirkung von Gerichtsverfahren für eine laufende Streikmaßnahme[162] trägt die „ultima ratio"-Regel des Arbeitsgesetzbuchs dazu bei, die Zahl von Streiks in den betroffenen Betrieben gering zu halten.

Dahingegen fehlt es im öffentlichen Dienst an vergleichbaren Vorgaben. Entweder schweigt der Gesetzgeber[163] oder er verweist auf eine weitere gesetzliche Konkretisierung des Streikrechts[164], die allerdings bislang noch nicht erfolgt ist. Eine mögliche Übertragung der Normen aus dem Arbeitsgesetzbuch auf Staatsbedienstete, die im öffentlich-rechtlichen Dienstverhältnis stehen und deren Arbeitsbedingungen einschließlich des Gehalts durch Gesetz geregelt sind, scheidet aus. Dass der Gesetzgeber für die Ausübung der Vereinigungsfreiheit durch das Hochschulpersonal ausdrücklich auf entsprechende arbeitsrechtliche Bestimmungen verweist[165] und für das Streikrecht keine ähnliche Vorschrift vorsieht, deutet darauf hin, dass die Regelungen des Streikrechts nach dem Arbeitsgesetzbuch nicht auf Staatsbedienstete anzuwenden sein sollen.

Diese Gesetzeslücke hat unter anderem zu einer Streikroutine in vielen Einrichtungen bzw. Wirtschaftszweigen des öffentlichen Dienstes geführt. Als besonders streikanfällig gelten das Gesundheits- und Ausbildungswesen. Oft werden Streikmaßnahmen dort nicht beendet, sondern nur einseitig – von den Beschäftigten oder deren Gewerkschaften – ausgesetzt und können jederzeit wieder aufgenommen werden. Erinnert sei nur an die Streikwelle

---

162 Dazu siehe oben unter Abschnitt B.III.3.c).

163 Erinnert sei insbesondere an das Gesetz Nr. 06/020 v. 10.10.2006 über die Rechtstellung der Richter und Staatsanwälte sowie an die Verordnung Nr. 06/130 v. 11.10.2006 über die Rechtsstellung von Ärzten im öffentlichen Gesundheitswesen.

164 Vgl. Art. 93 Abs. 2 f. Gesetz Nr. 16/013 v. 15.07.2016 über das Statut der Staatsbediensteten; Art. 99 S. 3 der Verordnung Nr. 81-160 v. 07.10.1981 über die Rechtsstellung des Hochschulpersonals.

165 Vgl. dazu Art. 99 S. 2 der Verordnung Nr. 81-160 v. 07.10.1981 über die Rechtsstellung des Hochschulpersonals.

aus dem Jahre 2013, bei der landesweit mehrere unversorgte Patienten ums Leben kamen.[166]

Besonders kritikwürdig erscheint zuletzt die vorgesehene Möglichkeit einer Lösung von Arbeitskonflikten durch Gerichte. Dies ist lediglich dazu geeignet, das Arbeitskampfmittel der Arbeitnehmerseite durch gerichtliche Verfahren zu Gunsten der Arbeitgeberseite abzuschwächen.

Zusammenfassend sind aus der kongolesischen Arbeitskampfordnung drei wichtige Elemente für einen Rechtsvergleich mit dem deutschen Recht hervorzuheben. Als Erstes ist die besondere Bedeutung des ultima ratio-Prinzips zu erwähnen. Diese Bedeutung lässt sich nur der gesetzlichen Normierung der Pflicht zur Ausschöpfung sämtlicher Verständigungsmöglichkeiten entnehmen, die wiederum tarifvertraglich bzw. gesetzlich näher geregelt sind. Die Verständigungsmöglichkeiten umfassen die Durchführung von Verhandlungen und das Schiedsverfahren einerseits sowie die *„conciliation préalable“* und die Schlichtung andererseits. Ergänzt wird dieses Kernelement durch die gesetzlich normierten Pflichten zur Ankündigung von Streiks und zur Aufrechterhaltung der *„services publics vitaux“* während eines Arbeitskampfes. Zu erwägen ist schließlich die Auflistung der im Fall eines Arbeitskampfes zu erbringenden Notstandsarbeiten in einem Tarifvertrag oder einer Betriebsordnung.

d) Gegenüberstellung mit der Diskussion in Deutschland

Im Gegensatz zu der Rechtslage in der Bundesrepublik Deutschland ist in den untersuchten ausländischen Rechtsordnungen der verfassungsrechtliche Auftrag an den Gesetzgeber für die Regulierung des Streikrechts nicht erst durch die Rechtsprechung klargestellt, sondern in der Verfassung selbst festgelegt. Schon deshalb hat eine gesetzliche Regelung des Streikrechts dort keinen großen Widerstand erfahren. Streikrechtseinschränkungen sind zum Teil, insbesondere in Quebec, durchaus streng ausgestaltet. Man könnte davon ausgehen, dass die Streiks auch entsprechend eingedämmt würden. Die Realität sieht aber anders aus. Es wird nämlich in diesen Ländern mehr gestreikt als in Deutschland.[167]

Für die vorliegende Arbeit spielen diese Feststellungen eine große Rolle. Es wäre auf den ersten Blick nicht nachvollziehbar, für die gesetzliche Regelung des Streikrechts in der Daseinsvorsorge in Deutschland am Beispiel

---

166 Radiookapi.net v. 19.12.2013, abrufbar unter http://www.radiookapi.net/actualite/2013/12/19/kasai-oriental-10-morts-en-trois-jours-suite-la-greve-des-infirmiers-kabinda (Stand: 02.02.2016).

167 Siehe zum Teil Statistik des Wirtschafts- und Sozialwissenschaftlichen Instituts der Hans-Böckler-Stiftung, Pressemitteilung v. 03.03.2016 (Grafik 2).

ausländischer Rechtsordnungen zu plädieren, die hinsichtlich der Streikstatistik keine Vorbilder sind. Trotz fehlender gesetzlicher Regulierung könnte man bereits von einem besseren Schutz der Bürger vor Streiks im Bereich der Daseinsvorsorge in der Bundespublik Deutschland ausgehen.

Dass die Zahl von Streiks in Frankreich, Quebec und im Kongo deutlich höher ist als in Deutschland, heißt jedoch nicht, dass die gesetzliche Regelung von Streikrechtseinschränkungen ein „Brandbeschleuniger"[168] für Streiks wäre. Die Diskrepanz zwischen Rechtslage und Fakten ist vielmehr auf kulturelle Unterschiede[169] zurückzuführen. Während die Arbeitsbeziehungen in Frankreich und in Quebec mehr von der Konfrontationskultur geprägt sind[170] und die gesetzlichen Regelungen über das Streikrecht im Kongo an der Umsetzung bzw. der Rechtsdurchsetzung scheitern[171], ist die Bundesrepublik durch Kompromisskultur und Normverfolgung[172] ihrer Bürger gekennzeichnet.

Eine weitere wichtige Rolle spielt auch das in Deutschland geltende Mitbestimmungsrecht.[173] Dieses ist darauf angelegt, bei unternehmerischen Entscheidungen neben den Interessen der Anteilseigner auch die der Arbeitnehmer bezüglich ihrer Arbeits- und Wirtschaftsbedingungen zu berücksichtigen.[174] Damit könnten eventuelle Arbeitskonflikte bereits vor ihrem Entstehen verhindert werden, so dass ein Rückgriff auf eine kollektive Maßnahme ausbleibt. Dies gilt zwar nicht für alle Unternehmen[175]. Es ist aber jedenfalls als Pluspunkt des deutschen Kollektivarbeitsrechts und Gesellschaftsrechts zu bewerten. Allerdings scheint die zunehmende „Europäisierung" der nationalen Rechtsordnungen[176] nicht nur den „Reformdruck auf die deutsche Unternehmensmitbestimmung beträchlich [zu] erhöhen"[177], sondern auch Flucht- und Umgehungswege zu eröffnen[178]. Dies lässt sich unter anderem dadurch belegen, dass sich die eventuell mitbestimmungspflichtigen Unternehmen in Europäische Aktiengesellschaften (*Societas Europaea – SE*) umwandeln und somit dem deutschen Recht entziehen. Das Gleiche geschieht auch mit der „Nutzung einer ausländischen Rechtsform" durch die in Deutschland tätigen Unternehmen oder auch mit der Nieder-

---

168 Zu diesem Begriff siehe *Greiner*, RdA 2015, 36.
169 Darauf verweisend *Hunout*, Droit du travail et culture sociale, S. 7.
170 Vgl. zu Frankreich *Beffa*, La France doit choisir, S. 210.
171 Bereits *Luwenyema Lule*, Précis de droit du travail zaïrois, S. 483 f.
172 Vgl. *Vorländer*, Cités 2011, 153 (153).
173 *Kerwer*, EuZA 2008, 335 (351 f.).
174 *Edenfeld*, Betriebsverfassungsrecht, Rn. 335.
175 Vgl. § 1 Drittelbeteiligungsgesetz; § 1 Mitbestimmungsgesetz.
176 Darauf verweisend *Nußberger*, RdA 2012, 270 (270).
177 *Weber*, FS Scheuing, S. 773, 783.
178 *Sick*, Mitbestimmungsreport 8/2015, 3; ebenso *Thannisch*, WISO direkt 01/2016, 1 (2).

lassung ausländischer Kapitalgesellschaften durch Sitzverlegungen oder Zweig- bzw. Hauptniederlassungen[179]. Hinzu kommen noch die Bedenken hinsichtlich der Unionsrechtskonformität des deutschen Mitbestimmungsmodells in seiner gegenwärtigen Ausgestaltung, d.h. unter Ausschluss der Auslandsbelegschaften.[180]

Im Ergebnis zeigt die Analyse der drei ausgewählten ausländischen Rechtsordnungen, dass die Gewährleistung der Daseinsvorsorge bei gleichzeitiger Wahrung des Streikrechts in entsprechenden Betrieben möglich ist. Relevant für die Diskussion um eine eventuelle Fortentwicklung des deutschen Streikrechts sind im Konkreten die Vorgaben über die Abhaltung einer Urabstimmung, die Vorankündigungs- und Verhandlungspflicht, die Schlichtung sowie die gesetzliche Pflicht zur Gewährleistung der Mindestversorgung einschließlich des dafür vorgesehenen Kontrollmechanismus. Weitere wichtige Ansatzpunkte betreffen die gesetzliche Auflistung der der deutschen Daseinsvorsorge entsprechenden Bereiche sowie die Auflistung in einem Tarifvertrag oder einer Betriebsordnung der im Fall eines Arbeitskampfes zu erbringenden Notstandsarbeiten. Zu erwägen sind auch die Vorgaben über Dienstaufforderungen oder Dienstverpflichtungen.

Von einer raschen und pauschalen Übertragung dieser Vorschriften auf die deutsche Rechtsordnung ist allerdings abzuraten. Denn sie sind für Systeme konzipiert, denen jeweils unterschiedliche soziale und kulturelle Gegebenheiten zugrunde liegen, was gegen ihre umfassende Übernahme im deutschen Recht spricht. Im Einzelnen findet man dennoch einige Elemente, deren Verwertung einen Normtransfer immerhin ermöglichen kann. Im diesen Sinne bietet sich an, eine Anpassung bestimmter Vorgaben unter besonderer Beachtung der deutschen Verhältnisse vorzunehmen.[181] Dies entspricht auch der methodischen Vorgehensweise und den Grundüberlegungen, die in der rechtsvergleichenden Literatur[182] allgemein angestellt werden. Der Sache nach handelt es sich hierbei um die sog. „kontextuelle Rechtsvergleichung“[183]. Danach unterliegt der „technische Rechtsnormtransfer“ i.S. der „Übertragung bzw. Übernahme einzelner Rechtsnormen

---

179 Dazu ausführlich *Sick*, Mitbestimmungsreport 8/2015, 3ff.; *ders.*, Mitbestimmungsreport 13/2015, 4ff. jeweils mit kritischer Bewertung der sog. „Scheinauslandsgesellschaften“; vgl. auch *Teichmann*, ZIP 2016, 899 (899ff.), der die Mitbestimmungserstreckung auf Auslandsgesellschaften durch Vehandlungslösung für eine gerechtfertigte Maßnahme zur Vorbeugung der Mitbestimmungsumgehung hält.

180 Siehe Meinungsstand bei *Krause*, AG 2012, 485 (485ff.); *Wansleben*, NZG 2014, 213 (213ff.). Vgl. auch Vorlage des KG Berlin v. 16.10.2015 beim EuGH, NZA-RR 2015 661.

181 Ähnlich *Krejci*, Recht auf Streik, S. 17 f. zur Rezeption ausländischer Regelungen in die österreichische Rechtsordnung.

182 Statt vieler *Deipenbrock*, ZVglRWiss 2008, 343.

183 Ausführlich bei *Kischel*, Rechtsvergleichung, § 3 Rn. 200 f.

[…] einer anderen Rechtsordnung"[184] dem Gebot der Berücksichtigung des Kontextes, d.h. von systemimmanenten Faktoren und Einflüssen jeglicher Art in den beteiligten Rechtsordnungen.[185] Besondere Bedeutung erlangt dieses Gebot, weil es dazu dient, die Effektivität der in Betracht kommenden Rechtsnorm außerhalb ihres „angestammten Regelungsumfeldes"[186] zu wahren und ihre Akzeptanz bzw. die Folgen ihrer Übernahme erträglich zu machen.

4. *Zwischenergebnis*

Aus der Bewertung der in Deutschland beshetenden Vorschlägen zur Fortentwicklung des deutschen Streikrechts einerseits und der Parallelwertung ausländischer arbeitskampfrechtlicher Regelungen mit dem deutschen Recht andererseits ergibt sich, dass Einschränkungen des Streikrechts am besten durch Gesetz vorgesehen werden sollen.

III. *Ausgestaltung einer gesetzlichen Einschränkung des Streikrechts in der Daseinsvorsorge*

Ausgehend von den oben dargelegten Ansätzen – einschließlich der aus der Rechtsvergleichung gewonnenen Erkenntnisse – sind Regelungen für Streiks in der Daseinsvorsorge in Deutschland in zwei Säulen aufzustellen. Sie sollten ähnlich zu dem im Umweltrecht geltenden Vorsorge- und Vorbeugungsprinzip[187] vornehmlich darauf abzielen, die Entstehung von Schäden zu verhindern, um nicht etwa später deren Folgen begegnen zu müssen.[188] Konkret geht es darum, Streiks soweit wie möglich zu vermeiden, wie auch das BAG bereits 1955 betonte.[189] Nur wenn trotz aller Vorkehrungen und Bemühungen eine Arbeitskampfmaßnahme als unvermeidbar erscheint, ist nach weiteren Schutzmöglichkeiten zu suchen, mit denen versucht wird, streikbedingte Beeinträchtigungen für die Bevölkerung so gering wie möglich zu halten.

---

184 *Deipenbrock*, ZVglRWiss 2008, 343 (344).

185 *Deipenbrock*, ZVglRWiss 2008, 343 (360 f.); *Kischel*, Rechtsvergleichung, § 3 Rn. 200 f.

186 I. E. auch *Teichmann*, ZIP 2016, 899 (904), verweisend auf die Gefahr von Effizienzverlusten bei der Übertragung ausländischer Rechtsnormen auf eine andere Rechtsordnung.

187 Vgl. Art. 191 Abs. 2 S. 2 AEUV; ausführlich dazu *Calliess*/Ruffert, Art. 191 AEUV Rn. 26ff.; Geiger/Khan/*Kotzur*, Art. 191 AEUV Rn. 17; siehe auch *Laskowski*, Das Menschenrecht auf Wasser, S. 96 f.

188 Ähnlich *Schliemann*, FS Bauer (2010), S. 923, 939.

189 BAG 28.01.1955, AP Nr. 1 zu Art. 9 GG Arbeitskampf.

1. *Streikvermeidung*

Ansätze zur Vermeidung von Streiks in der Daseinsvorsorge könnten eine obligatorische Schlichtung sowie die Pflicht zur Abhaltung einer Urabstimmung sein.

a) *Obligatorische Schlichtung*

Zum Schutz der Bürger vor Auswirkungen eines streikbedingten Leistungsausfalles in lebenswichtigen Betrieben ist den Tarifparteien die Pflicht aufzuerlegen, vor Streikbeginn sämtliche ihnen zur Verfügung stehenden Verständigungsmöglichkeiten auszuschöpfen. Dazu gehört die Durchführung eines obligatorischen Schlichtungsversuchs. Dieser ist zu einer der Rechtmäßigkeitsvoraussetzungen von Arbeitskämpfen in der Daseinsvorsorge zu erheben und würde damit der Konkretisierung des „ultima-ratio"-Prinzips dienen.[190]

Auf Grund einer möglichen Verwechselungsgefahr zwischen benachbarten Begriffen ist zunächst auf die Grundzüge der Schlichtung einschließlich der Begriffsabgrenzung einzugehen, bevor die einzelnen Verfahrensregeln erläutert werden.

aa) *Grundzüge der Schlichtung*

Unter Schlichtung ist das „formalisierte Verfahren zur Klärung streitiger Regelungsfragen"[191] zu verstehen. Im arbeitsrechtlichen Sinne dient sie der Vermeidung und ggf. der Beendigung von Arbeitskämpfen.[192] Ihre Bedeutung und Erfolgsaussichten hängen davon ab, „wie weitgehend sich die Tarifparteien im Voraus gebunden haben"[193] oder welchem Schlichtungsmodell der Streit nach geltendem Recht unterworfen ist.[194] Gemeint sind die unterschiedlichen Grundsätze, die bei der Zwangsschlichtung einerseits und

---

190 So auch *Bayreuther*, NZA 2008, 12 (16); *Buchner*, BB 2007, 2520 (2521 f.); *Fritz/Meyer*, NZA-Beil. 2010, 111 (115); *Junker*, ZfA 2016, 81 (97); *Meyer*, in: Lehmann (Hrsg.), Tarifverträge der Zukunft, S. 149, 154; *Rudkowski*, ZfA 2012, 467 (480); *Rüthers*, NJW 2006, 970 (971); *von Steinau-Steinrück/Glanz*, NZA 2009, 113 (118); *Willemsen/Mehrens*, NZA 2010, 1313 (1322); speziell für Spezialistenstreiks *Jacobs*, NZA 2008, 325 (331); kritisch *Uhl/Raif*, ArbR 2012, 310 (311).

191 ErfK/*Linsenmaier*, Art. 9 GG (Rn. 283); siehe auch Däubler/*Reinfelder*, Arbeitskampfrecht, § 15 Rn. 26.

192 *Gamillscheg*, Kollektives Arbeitsrecht, S. 1299; Schaub/*Treber*, ArbR-HdB, § 195 Rn. 1.

193 ErfK/*Linsenmaier*, Art. 9 GG (Rn. 284).

194 So auch *Lesch*, Ökonomik des Arbeitskampfrechts, S. 66.

beim Schlichtungszwang – auch als obligatorischer Schlichtungsversuch bezeichnet[195] – andererseits zur Anwendung kommen.

Durch die eine oder die andere Schlichtungsart sind die Tarifparteien verpflichtet, ihre tariflichen Streitigkeiten im Rahmen eines Schlichtungsverfahrens beizulegen. Der wesentliche Unterschied zwischen den beiden Schlichtungsarten liegt darin, dass mit der Zwangsschlichtung die Parteien dem Schlichtungsspruch unterworfen sind, während dies beim obligatorischen Schlichtungsversuch nicht der Fall ist.[196]

Mit seiner Bindungswirkung für die Parteien mag die Zwangsschlichtung ein wirksames Mittel darstellen, die Belange der Allgemeinheit ausreichend zu wahren.[197] Sie würde jedoch die Tarifautonomie übermäßig einschränken. Art. 9 Abs. 3 GG wäre damit in seinem Wesensgehalt angetastet.[198] Darüber hinaus würden Vorschriften aus internationalen Abkommen[199] einer Zwangsschlichtung entgegenstehen.

Demgegenüber lässt der obligatorische Schlichtungsversuch den Tarifparteien noch angemessene Spielräume. Sie haben selbst zu entscheiden, ob sie das Schlichtungsergebnis annehmen oder nicht.[200] Es handelt sich rechtlich um eine „zwar verpflichtende, aber nicht bindende Schlichtung".[201] Der Gesetzgeber hat die Schlichtungsregelung bereitzustellen. Bei fehlender gesetzlicher Regelung auf Bundesebene könnte auf vorhandene landesgesetzliche Bestimmungen[202] und ggf. auf das Kontrollratsgesetz Nr. 35 vom 20. August 1946 zurückgegriffen werden. Wünschenswert ist jedenfalls, dass sowohl das „Ob" als auch das „Wie" der staatlichen Schlichtung durch Bundesgesetz geregelt wird, um eine bundeseinheitliche Auslegung herbeizuführen. Dabei ist allerdings dem Subsidiaritätsgrundsatz Rechnung zu tragen. Das heißt, eine staatliche Schlichtung kommt nur zur Anwendung, wenn keine tarifvertragliche Schlichtungsvereinbarung besteht oder eingeleitet

---

195 Vgl. *Hanau/Thüsing*, in: Thüsing (Hrsg.), Tarifautonomie im Wandel, S. 35, 64.

196 HWK/*Hergenröder*, Art. 9 GG Rn. 373; *Löwisch/Rumler*, in: Löwisch (Hrsg.), Arbeitskampf- und Schlichtungsrecht, S. 455, Rn. 8.

197 *Lesch*, Ökonomik des Arbeitskampfrechts, S. 67.

198 Vgl. auch *Otto*, Arbeitskampf- und Schlichtungsrecht, S. 428; Schaub/*Treber*, ArbR-HdB, § 195 Rn. 7 m.w.N.; anders *Franzen/Thüsing/Waldhoff*, Arbeitskampf in der Daseinsvorsorge, S. 145 halten eine Zwangsschlichtung für die in § 2 Nr. 1 bis 4 DvArbKG-E aufgezählten Bereiche für „verfassungsrechtlich grundsätzlich möglich", verzichten aber „aus rechtpolitischen Gründen" auf einen solchen Vorschlag.

199 *BIT*, Recueil 2006, Rn. 567 f.

200 *Franzen/Thüsing/Waldhoff*, Arbeitskampf in der Daseinsvorsorge, S. 101; *Rudkowski*, ZfA 2012, 467 (480).

201 *Picker*, ZfA 2011, 557 (572).

202 Überblick bei *Leinenweber*, Landesschlichtungsgesetze?, S. 84ff.; kritisch *Rudkowski*, in Gießen/Junker/Rieble (Hrsg.), Entgrenzter Arbeitskampf?, S. 169, 178ff. verweisend auf die Sperrwirkung des Kontrolratsgesetzes Nr. 35 für „sämtliche landesrechtlichen Schlichtungsregeln": nach ihrer Ansicht gelte dieses Besatzungsrecht nunmehr als Bundesrecht, da es nicht ausdrücklich aufehoben sei.

worden ist.[203] In der vorliegenden Arbeit wird deshalb nur der obligatorische Schlichtungsversuch betrachtet.

Im Ergebnis lässt sich festhalten, dass die gesetzliche Pflicht zum Schlichtungsversuch geeignet ist, die Gefahr des Scheiterns der im Belieben der Tarifparteien stehenden Schlichtungsverfahren zu verringern. Denn über die Frage der Einschaltung eines Schlichtungsversuchs wird nicht mehr zu verhandeln sein.[204] Dies lässt sich dadurch begründen, dass der Schutz der Allgemeinheit, dem die gesetzliche Normierung des Streikrechts in der Daseinsvorsorge dienen soll, nicht den Arbeitskampfparteien überlassen werden darf.[205] Arbeitgeber und streikführende Gewerkschaft würden sonst als *„juge et partie"* (Richter in eigener Sache) handeln, wenn sie selbst zu bestimmen hätten, ob und inwieweit ein Schlichtungsverfahren zu durchlaufen ist. Interessen der Allgemeinheit wären damit nicht angemessen berücksichtigt, da Drittbetroffene am Verhandlungstisch nicht zugelassen sind. Dementsprechend erweist sich eine gesetzlich normierte Pflicht als geeignete Maßnahme[206], um die Interessen aller Parteien einzubringen. Spielraum für die Tarifparteien bleibt lediglich bei der Frage, wie ein Schlichtungsverfahren durchzuführen ist, d.h. nach eigener Schlichtungsordnung oder nach staatlicher Rechtsgrundlage. Der deutsche Gesetzgeber könnte sich dabei und ferner für die Verfahrensregeln an den Quebecer oder auch den kongolesischen Vorgaben über die Schlichtung orientieren und diese ggf. dem deutschen gesellschaftlichen und rechtlichen Kontext anpassen.

bb) Verfahrensregeln

Die folgenden Verfahrensregeln[207] beziehen sich auf die Besetzung der Schlichtungsstelle, die Ingangsetzung sowie den Ausgang des Schlichtungsverfahrens.

---

[203] Dazu ausführlich Brox/*Rüthers*, Arbeitskampfrecht, Rn. 202; siehe auch *Lembke*, RdA 2000, 223 (228 f.); *Löwisch*, ZfA 1985, 53 (69); *Otto*, Arbeitskampf- und Schlichtungsrecht, S. 428/457; *Rieble*, ZAF 2005, 218 (223ff.).

[204] Gegen die Einschätzungsprärogative der Koalitionen bei der Einleitung des Schlichtungsverfahrens bereits *Konzen*, FS Reuter (2010), S. 603, 616.

[205] Kritisch *Kranz*, Landesarbeitskampfgesetze?, S. 103.

[206] A.A. *Hänsle*, Streik und Daseinsvorsorge, S. 721. Demnach sei der Schlichtungszwang – wegen der ihn charakterisierenden Ergebnisoffenheit – ungeeignet, die Daseinsvorsorge zu gewährleisten.

[207] Dazu ausführlich Brox/*Rüthers*, Arbeitskampfrecht, Rn. 691ff.; vgl. auch § 6 Abs. 2 bis 7 DvArbKG-E.

(1) Besetzung der Schlichtungsstelle

Das Schlichtungsverfahren ist durch eine Schlichtungsstelle durchzuführen. Diese ist mit einem unparteiischen Vorsitzenden und einer bestimmten Zahl von Beisitzern unter Beachtung der Parität zwischen der Arbeitgeber- und Arbeitnehmerseite zu besetzen. Die Auswahl des unparteiischen Vorsitzenden soll in gegenseitigem Einvernehmen zwischen den beiden Parteien getroffen werden.[208] Bei fehlender Einigung über die Person des Vorsitzenden könnte seine Einsetzung in Anlehnung an § 76 Abs. 2 S. 2 BetrVG durch gerichtliche Entscheidung erfolgen.[209] Vorzugswürdig erscheint aber, der zuständigen obersten Arbeitsbehörde die Bestellungskompetenz zu gewähren. So kann die oberste Landesarbeitsbehörde bzw. das Bundesministerium für Arbeit und Soziales einen erfahrenen und sachkundigen Schlichter aus der Landes- bzw. Bundesschlichtungsstelle zum Vorsitzenden bestellen, die unter Mitwirkung des Tarifausschusses nach § 5 Abs. 1 TVG zu errichten ist.[210]

(2) Ingangsetzen des Schlichtungsverfahrens

Die Schlichtungsstelle kann auf entsprechenden Antrag beider oder nur einer Tarifpartei innerhalb einer angemessenen Frist angerufen werden. Dem Ansatz, der einem Schlichter unter bestimmten Umständen die Befugnis zur Ingangsetzung des Schlichtungsverfahrens von Amts wegen einräumen will[211], ist an dieser Stelle nicht zu folgen. Er stößt schon deswegen auf Bedenken, weil er der oben abgelehnten Zwangsschlichtung eine Hintertür öffnen würde. Im Übrigen ist er entbehrlich, sofern die Schlichtungspflicht zur Arbeitskampfsperre erhoben wird und deren Nichteinhaltung jede Kampfmaßnahme rechtswidrig macht.

Die Zulässigkeit des Antrags setzt voraus, dass die Tarifverhandlungen endgültig gescheitert sind.[212] Entsprechendes sollte auch für den Fall gelten, dass wegen eindeutiger Ablehnung einer Seite keine Verhandlungen geführt werden konnten. Für die Feststellung des Scheiterns bzw. der Ablehnung von Tarifverhandlungen sind unterschiedliche Ansätze denkbar.[213] Im We-

---

208 Anders *Franzen/Thüsing/Waldhoff*, Arbeitskampf in der Daseinsvorsorge, S. 144.

209 So *Kranz*, Landesarbeitskampfgesetze?, S. 104.

210 I.E. auch *Leinenweber*, Landesschlichtungsgesetze?, S. 149.

211 Vgl. de lege ferenda *Löwisch*, in: Rieble (Hrsg.), Zukunft des Arbeitskampfes, S. 35, 42; ähnlich *Leinenweber*, Landesschlichtungsgesetze?, S. 57.

212 Vgl. auch *Otto*, Arbeitskampf- und Schlichtungsrecht, S. 438; kritisch *Leinenweber*, Landesschlichtungsgesetze?, S. 145 f.

213 Ausführlich dazu bei *Gamillscheg*, Kollektives Arbeitsrecht, S. 1308; *Kissel*, Arbeitskampfrecht, § 69 Rn. 32.

sentlichen geht es hier grundsätzlich um die Problematik der Darlegungs- und Beweislast. Dies lässt sich am besten durch die Ausgestaltung der Beweislastregeln lösen. In Betracht kommt eine Beweislastumkehr. Konkret hat nicht die eingreifende, sondern die angerufene Partei zu beweisen, dass die Verhandlungen noch nicht gescheitert sind. Tut sie es mit Erfolg, kommt es zum gleichen Ergebnis wie bei der Aufforderung zu Verhandlungen, d.h. zu deren Weiterführung mit der Folge einer Arbeitskampfsperre. Wenn nicht, ist der Weg zum Schlichtungsverfahren frei.

Damit die Tarifpartner das Instrument der Schlichtung tatsächlich in Anspruch nehmen, ist neben dem Anrufungszwang auch ein Einlassungszwang vorzuschreiben. Ersterer beschreibt die Pflicht, ein Schlichtungsverfahren einzuleiten. Die angerufene Partei kann aber das Verfahren ablehnen und damit mögliche Erfolgschancen ausschließen. Dem kommt als taugliche Lösung der Einlassungszwang entgegen[214], welcher die angerufene Partei dazu verpflichtet, sich auf das Schlichtungsverfahren einzulassen.[215] Die Wirksamkeit dieses Ansatzes hängt allerdings von seiner rechtlichen Durchsetzbarkeit ab. Diese mag auf den ersten Blick problematisch sein. Sie kann aber immerhin mittelbar erreicht werden, da im Falle einer Ablehnung negative Rechtsfolgen drohen. Die angerufene Partei hat nämlich ein Interesse daran, „einen Arbeitskampf gegen sich durch Verständigung abzuwenden“.[216] Handelt es sich um den Arbeitgeber, so droht ihm aber der Streik. Die Gewerkschaft wiederum hat mit einer Arbeitkampfsperre zu rechnen.

Allerdings spricht vieles dafür, dass eine Schlichtung gegen den Willen einer Partei bereits vorab zum Scheitern verurteilt ist und somit als „bloße Förmelei“[217] zu betrachten wäre. Insbesondere wird bei fehlenden Tarifverhandlungen wegen Ablehnung einer Seite nicht selten davon auszugehen sein, dass die angerufene Partei auch weiterhin an ihrer Meinung festhalten wird. Wenn dem immer so wäre, spräche viel für die Ansicht[218], die eine unter diesen Umständen einzuleitende Schlichtung aus Sicht der Gegenseite als „unzumutbare Hürde“ ablehnt und daraufhin die Durchführung einer Arbeitskampfmaßnahme für zulässig hält, sofern die übrigen Rechtmäßigkeitsvoraussetzungen vorliegen. Ungeachtet der oben erwähnten Befürchtung einer aussichtlosen Konfliktbeilegung bestehen aber gute Gründe, an einem vielversprechenden Lösungsmechanismus dieser Art festzuhalten. Die Chancen für eine Kompromisslösung dank zuverlässigem und strategi-

---

214 I.E. auch *Kork*, Verbandspluralität im Arbeitskampf, S. 145 f.

215 *Lesch*, Ökonomik des Arbeitskampfrechts, S. 62.

216 *Lembke*, RdA 2000, 223 (234).

217 So *Franzen/Thüsing/Waldhoff*, Arbeitskampf in der Daseinsvorsorge, S. 143; ähnlich *Birk/Konzen/Löwisch/Raiser/Seiter*, ArbKG-E, S. 40.

218 *Franzen/Thüsing/Waldhoff*, Arbeitskampf in der Daseinsvorsorge, S. 143.

schem Konfliktmanagement einer neutralen Instanz[219] sind nicht von vornherein auszuschließen.[220] Letztendlich könnte die Schlichtung beide Parteien zu Verhandlungen motivieren.

(3) Verfahrensausgang

Um die Chancen zur Erreichung einer Einigung der streitenden Parteien zu erhöhen, ist auf ein möglichst flexibles Verfahren abzustellen. Besonders wichtig ist, dass das durch die Schlichtung verfolgte Ziel nicht an Formvorschriften scheitert und dass der Ablauf des Verfahrens mit einer angemessenen Frist versehen wird, um willkürliche Verzögerungen zu vermeiden. Die von *Franzen/Thüsing/Waldhoff*[221] vorgeschlagene sechswöchige Frist scheint realistisch zu sein. Das Verfahren wird mit der Einigung der Parteien beendet, welche schriftlich niedergelegt und von den Betroffenen unterschrieben werden muss.

Andernfalls hat die Schlichtungsstelle einen Schlichtungsvorschlag zu unterbreiten. Dieser Spruch ergeht unverbindlich, es sei denn die Parteien haben sich vor oder während des Verfahrens freiwillig auf die Annahme des Schlichtungsspruchs geeinigt.[222] Im Falle einer tarifvertraglichen Schlichtungsvereinbarung könnte die Frage der Verbindlichkeit des Spruches bereits geregelt sein. Damit gilt der Schlichtungsspruch als Gesamtvereinbarung. Wenn aber der Vorschlag der Schlichtungsstelle von den Parteien abgelehnt wird, können alle Verständigungsmöglichkeiten als ausgeschöpft gelten. Ein Versuch, die Parteien einem Schlichterspruch ohne oder gegen ihren Willen zu unterwerfen, würde gegen die Tarifautonomie verstoßen und wäre damit verfassungswidrig.[223]

cc) Ausnahme bei Warnstreiks?

Die Beurteilung von Warnstreiks durch das BAG wurde bereits diskutiert.[224] Dabei wurde festgehalten, dass Warnstreiks unter bestimmten Umständen

---

219 Darauf verweisend *Lesch*, Ökonomik des Arbeitskampfrechts, S. 55.

220 Ähnlich *Leinenweber*, Landesschlichtungsgesetze?, S. 46 m.w.N.

221 *Franzen/Thüsing/Waldhoff*, Arbeitskampf in der Daseinsvorsorge, S. 136 (§ 6 Abs. 6 und 7 DvArbKG-E); so auch bereits *Heinze*, FS Molitor (1988), S. 159, 163.

222 *Lesch*, Ökonomik des Arbeitskampfrechts, S. 64.

223 So auch *Lembke*, RdA 2000, 223 (232); *Rudkowski*, ZfA 2012, 467 (480); a.A. *Hufen*, NZA 2014, 1237 (1240); *Müller*, Arbeitskampf und Recht, S. 90ff., der die „Notwendigkeit einer Zwangsschlichtung in extremen Situationen" als rechtmäßig ansieht.

224 Vgl. oben bei Abschnitt B.I.2.b).

zulässig sein können. Eine „pauschale rechtliche Absegnung“[225] wurde abgelehnt. Vielmehr hat sich erwiesen, dass eine rechtliche Bewertung nach Einzelfallprüfung unternommen werden soll. Fraglich ist, wie in Bereichen der Daseinsvorsorge zu verfahren ist.

Aus Sicht der von Streiks betroffenen Bürger stehen die Folgen eines Warnstreiks denen eines Erzwingungsstreiks gleich.[226] Das Ziel, Streiks in der Daseinsvorsorge durch Schlichtung zu vermeiden, ließe sich nicht leicht erreichen, wenn Warnstreiks von der Anforderung eines obligatorischen Schlichtungsverfahrens ausgenommen würden. Dies wird umso deutlicher, wenn man die Streikpraxis der letzten Jahre in den Blick nimmt. Dabei wird sichtbar, dass die Tarifauseinandersetzungen heutzutage immer mehr in Form von Warnstreiks stattfinden.[227] Warnstreiks in Betrieben der Daseinsvorsorge müssen also ebenso wie Erzwingungsstreiks besonderen Anforderungen unterliegen.

Andererseits lässt sich das wesentliche Charakteristikum von Warnstreiks – nämlich ihre Kurzzeitigkeit[228] – mit dem vorangehenden obligatorischen Durchlaufen eines Schlichtungsverfahrens nicht leicht in Einklang bringen. Das könnte zu der Lösung verleiten, Warnstreiks an sich in den entsprechenden Betrieben zu verbieten.[229] Als angemessener Ausgleich erscheint dies allerdings nicht unproblematisch. Denn auf diese Weise würde man tief in die Koalitionsfreiheit eingreifen. Immerhin ist sie ausnahmsweise zu erwägen. Dies kann etwa der Fall sein, wenn davon auszugehen ist, dass Warnstreiks in ihrer Gesamtwirkung – hinsichtlich ihrer zeitlichen Dauer oder Zahl innerhalb eines Tarifkonfliktes in einem Betrieb[230] – die Versorgung der Bevölkerung genauso wie bei einem Erzwingungsstreik erheblich beeinträchtigen würde.

Soweit aber Warnstreiks auch in der Daseinsvorsorge zugelassen sind, müssen sie auch schon dann zulässig sein, wenn noch kein Schlichtungsverfahren durchgeführt wurde. Für den Schutz der von Warnstreiks betroffenen Bürger muss der Gesetzgeber an einer anderen Stelle ansetzen, um eventuelle diesbezügliche Nachteile in Grenzen zu halten. Geschehen kann dies unter anderem durch die Einhaltung einer Ankündigungspflicht oder der Pflicht zu Notstandsarbeiten.[231]

---

225 *Rüthers*, NZA 2010, 6 (10).

226 Ähnlich *Hanau*, in: Gießen/Junker/Rieble (Hrsg.), Entgrenzter Arbeitskampf?, S. 15, 39.

227 Siehe auch *Burkard-Pötter*, NJW-Spezial 2013, 370 (370).

228 Vgl. *Stegmüller*, NZA 2015, 723 (726).

229 So *Hanau*, in: Gießen/Junker/Rieble (Hrsg.), Entgrenzter Arbeitskampf?, S. 15, 39; NK-GA/*ders.*, Art. 9 GG Rn. 156; *Hufen*, NZA 2014, 1237 (1240).

230 Näheres hierzu bei *Stegmüller*, NZA 2015, 723 (726).

231 Dazu gleich unten bei Abschnitt E.III.2.

dd) Zwischenergebnis

Der Schlichtungszwang oder der obligatorische Schlichtungsversuch hat gegenüber einem fakultativen Schlichtungsverfahren den Vorteil, dass er die Tarifparteien zu Verhandlungen zwingt. Erweist sich aber dieser Versuch als erfolglos, so besteht die Möglichkeit, auf einen Arbeitskampf zurückzugreifen.

Insofern hat die Durchführung eines Schlichtungsverfahrens – anders als dem Wortlaut des § 6 Abs. 1 S. 1 DVArbKG-E zu entnehmen ist – nicht nur eine bloße Abkühlungswirkung[232]. Mit dieser Verfahrensvorgabe soll vielmehr eine Pflicht der Tarifvertragsparteien zu ernsthaften Verhandlungen unter der Leitung eines von beiden Seiten akzeptierten Schlichtungsorgans begründet werden, bevor ein Arbeitskampf überhaupt in Frage kommt. Es darf nicht gestreikt werden, solange noch keine Schlichtung eingeleitet bzw. gescheitert ist. Dies ist nicht mit der Abkühlungsphase gleichzusetzen, welche die Bemühung der Arbeitskampfparteien um eine mögliche „Einigung hinter den Kulissen“[233] während eines gewissen Zeitraums zu fördern versucht. Die Abkühlungsphase wird zwar auch als mögliche Rechtmäßigkeitsvoraussetzung betrachtet[234], bei der im Gegensatz zur Schlichtung kein formales Verfahren vorgesehen ist. Damit würde aber der Beginn eines Arbeitskampfes nicht grundsätzlich verhindert, sondern lediglich hinausgezögert.[235]

b) Anordnung einer Urabstimmungspflicht

Ein gesetzliches Erfordernis zur Abhaltung einer Urabstimmung könnte der demokratischen Legitimation von Streiks durch die Mehrheit der Gewerkschaftsmitglieder dienen, denen als Ausfluss ihrer individuellen Koalitionsfreiheit das Recht zusteht, an der Verbandsbetätigung teilzunehmen.[236] Sie würde zugleich verhindern, dass eine Gewerkschaft angesichts der Auflocke-

---

232 So aber *Hufen*, NZA 2014, 1237 (1240); i.E. auch *Bauer*, DB 2014, 2715 (2716); *Hänsle*, Streik und Daseinsvorsorge, S. 721.

233 *Greiner*, RdA 2015, 36 (42).

234 Vgl. de lege ferenda nur *Rüthers*, FAZ v. 12.11.2014.

235 *Rudkowski*, Der Streik in der Daseinsvorsorge, S. 94 f.; *dies.*, ZfA 2012, 467 (480); *Schliemann*, RdA 2012, 14 (20).

236 *BKPSS*, TVG und ArbKR, Teil 3 Rn. 245 m.w.N.; *Franzen/Thüsing/Waldhoff*, Arbeitskampf in der Daseinsvorsorge, S. 138; *Kersten*, in: Waldhoff/Thüsing (Hrsg.), Verfassungsfragen des Arbeitskampfes, S. 15, 41; *Rieble*, ZAF 2005, 218 (225).

rung der Rechtmäßigkeitsvoraussetzungen von Streiks durch das BAG[237] eine Kampfmaßnahme ohne Zustimmung der Arbeitnehmer führt.[238]

Allerdings stellt sich die Frage, wer im Falle einer entsprechenden Regelung an der Urabstimmung zu beteiligen wäre. Neben den Gewerkschaftsmitgliedern kämen insoweit auch die Außenseiter in Betracht. Gerade bei Streiks in der Daseinsvorsorge, bei denen in der Praxis Berufsgruppengewerkschaften eine besondere Rolle spielen, stößt dieses Konzept aber an Grenzen.

Zwar ließe sich grundsätzlich akzeptieren, dass eine Urabstimmung unter Einbeziehung der nicht bzw. anders organisierten Arbeitnehmer zu erfolgen habe, wie dies teilweise in der Literatur vertreten wird.[239] Allen betroffenen Arbeitnehmern würde so die Möglichkeit gegeben, verantwortungsvoll und gewissenhaft über einen geplanten Arbeitskampf abzustimmen. Darüber hinaus ließe sich dies dadurch begründen, dass nicht organisierte Arbeitnehmer (sog. „Außenseiter") schwere finanzielle Einbuße erleiden könnten, wenn die Arbeitgeberseite auf Streiks mit einer Maßnahme reagierte, welche wegen Unkenntnis der Gewerkschaftszugehörigkeit[240] und wegen des Partizipationsgedankens[241] oder auch aufgrund der Unzulässigkeit selektiver Aussperrung[242] alle Beschäftigte gleichermaßen beträfe.

Dennoch und ganz abgesehen von den verfassungsrechtlichen Bedenken[243] gegenüber einer solchen Regelung ist fraglich, ob das Erfordernis einer Urabstimmung gerade im vorliegenden Zusammenhang weiter führt. Es ist unwahrscheinlich, dass anders organisierte Arbeitnehmer das Streikvorhaben einer Gewerkschaft unterstützen, wenn die angestrebten Tarifför-

237 Vgl. BAG 22.09.2009, AP Nr. 174 zu Art. 9 GG Arbeitskampf.

238 *Birk/Konzen/Löwisch/Raiser/Seiter*, ArbKG-E, S. 47; *Franzen/Thüsing/Waldhoff*, Arbeitskampf in der Daseinsvorsorge, S. 117 f.; ähnlich *Kranz*, Landesarbeitskampfgesetze?, S. 122 f.

239 So *Hettlage*, ZRP 2003, 366 (366ff.); *ders.*, BB 2004, 714 (716ff.)

240 Vgl. *Franzen*, RdA 2008, 193 (202); *Meyer*, NZA 2006, 1387 (1390). Das Fragerecht des Arbeitgebers nach der Gewerkschaftszugehörigkeit einzelner Arbeitnehmer während des laufenden Arbeitsverhältnisses, das von *Freckmann/Müller*, BB 2010, 1981 (1987); *Reichold*, RdA 2007, 321 (327) und *Willemsen/Mehrens*, NZA 2010, 1313 (1313 f.) damals wegen der Freigabe der Tarifeinheit für unabdingbar gehalten wird, hilft während eines Arbeitskampfes nicht; i. E. auch *Jacobs*, NZA 2008, 325 (331).

241 BAG 10. 06.1980, AP Nr. 66 zu Art. 9 GG Arbeitskampf (A I) m.Anm. *Mayer-Maly*; 22.03.1994, AP Nr. 130 zu Art. 9 GG Arbeitskampf (II 3 a) m.Anm. *Oetker*; 18.02.2003, AP Nr. 163 zu Art. 9 GG Arbeitskampf (A III 2 a) m.Anm. *Thüsing*; siehe auch *Gamillscheg*, Kollektives Arbeitsrecht, S. 995; *Wiedemann*, RdA 2007, 67 (68 f.).

242 BAG 21.04.1971, AP Nr. 43 zu Art. 9 GG Arbeitskampf (III B 3); 10. 06.1980, AP Nr. 66 zu Art. 9 GG Arbeitskampf (A II) m.Anm. *Mayer-Maly*; ebenso *Franzen*, RdA 2008, 193 (202).

243 S.o. unter Abschnitt B.II.2.b).

derungen allein den Gewerkschaftsmitgliedern zugutekommen sollen.[244] Grundsätzlich könnte man zwar die Möglichkeit einer Allgemeinverbindlicherklärung[245] oder auch der einzelvertraglichen Inbezugnahme[246] des Tarifvertrages genügen lassen, da diese eine „Vereinheitlichung der Arbeitsbedingungen“[247] herbeiführen. Problematisch wäre aber der Einsatz beider erwähnten Möglichkeiten bei einem eigenständigen Tarifvertrag für bestimmte Berufsgruppen[248] mit möglichst günstigen Arbeitsbedingungen und besserer Vergütung.[249] Denn genau auf diese Sondervorteile zielt die Tarifpolitik von Berufsgruppengewerkschaften ab. Solche „egoistischen Alleingänge“[250] könnten eine Kooperation erschweren. In der Literatur wird demzufolge die etwaige Unterstützung einer Berufsgruppengewerkschaft bei ihrer Durchsetzungsfähigkeit durch die anders bzw. nicht organisierten Arbeitnehmer abgelehnt. Begründet wird dies überzeugend damit, dass die Außenseiter nicht einmal dem Geltungsbereich des umkämpften Tarifvertrages unterfallen.[251] Im Übrigen benötige eine Berufsgruppengewerkschaft auf Grund ihres hohen Organisationsgrades wenig bis kaum Unterstützung anderer Arbeitnehmer zur Durchsetzung ihrer Tarifpolitik.[252] Wenn überhaupt, dann müsste man im Falle eines Streiks einer Berufsgruppengewerkschaft die Urabstimmung demzufolge auf die Gewerkschaftsmitglieder beschränken.

Unabhängig davon wäre aber das Erfordernis einer Urabstimmung jedenfalls ohnehin nicht geeignet, Streiks in der Daseinsvorsorge zu vermeiden oder die Allgemeinheit vor solchen Streiks zu schützen.[253] Ob ein Streik nach oder ohne Urabstimmung durchgeführt wird, ist für die betroffenen Dritten irrelevant. An den Folgen eines Leistungsausfalles würde sich nichts ändern. Insoweit erweist sich die Pflicht zur Durchführung einer Urabstimmung als bloße Formalität. Sie ist daher abzulehnen.

---

244 *Willemsen/Mehrens*, NZA 2010, 1313 (1319); *a.A. Franzen*, RdA 2008, 193 (201 f.).

245 So *Hettlage*, ZBR 2003, 366 (372) mit Verweis auf Art. 5 TVG.

246 Allgemein dazu siehe ErfK/*Franzen*, § 3 TVG Rn. 29ff.; Schaub/*Treber*, ArbR-HdB, § 206 Rn. 1ff.

247 *Budeus*, Tarifvertrag und Arbeitskampf, S. 69.

248 *Bayreuther*, NZA 2008, 12 (15).

249 *Jacobs*, NZA 2008, 325 (329); *von Steinau-Steinrück/Brugger*, NZA-Beil. 2010, 127 (127).

250 Darauf verweisend *Bayreuther*, NZA 2013, 704 (707); *Greiner*, NZA 2007, 1023 (1024); *Lehmann*, BB 2010, 2237 (2242); *Rieble*, ZAF 2005, 218 (222); *von Steinau-Steinrück/Brugger*, NZA-Beil. 2010, 127 (129); *Willemsen/Mehrens*, NZA 2010, 1313 (1322); a.A. *Kamanabrou*, ZfA 2008, 241 (261 f.).

251 *Willemsen/Mehrens*, NZA 2010, 1313 (1320).

252 *Kamanabrou*, ZfA 2008, 241 (274).

253 So auch *Reuter*, FS Wiese (1998), S. 427, 438; *Rudkowski*, Der Streik in der Daseinsvorsorge, S. 112; *dies.*, ZfA 2012, 467 (479).

2. *Milderung der Auswirkungen auf Drittbetroffene*

Neben Ansätzen zur Streikvermeidung sind im Folgenden noch weitere Maßnahmen zu erörtern, die geeignet sein könnten, die negativen Folgen von Arbeitskämpfen für Dritte so gering wie möglich zu halten. Auswirkungen von Streiks auf Drittbetroffene könnten unter anderem durch eine Ankündigungspflicht und eine Pflicht zur Gewährleistung von Notstandsarbeiten gemildert werden.[254]

a) Ankündigungspflicht

Als erste Maßnahme zur Milderung von Streikfolgen für Drittbetroffene kommt die Pflicht in Betracht, den Streik in Betrieben der Daseinsvorsorge unter Nennung bestimmter Angaben und Einhaltung einer angemessenen Frist anzukündigen. Eine auf Basis einer solchen Pflicht erfolgte Ankündigung einer Kampfmaßnahme durch die Gewerkschaft erlaubte es unter Umständen nicht nur Dritten, persönliche Vorkehrungen gegen mögliche Streikfolgen zu treffen, sie könnte auch als Ausgangspunkt für eine Notdienstvereinbarung zwischen den unmittelbar kampfführenden Parteien fungieren und so ebenfalls zu einer Milderung der Streikfolgen führen.

Über die Dauer einer möglichen Ankündigungsfrist sind in der Literatur bereits Überlegungen zu finden[255], welche als Diskussionsgrundlage herangezogen werden können. Danach wird eine Ankündigungsfrist als angemessen angesehen, wenn sie je nach Branchen zwischen drei und zehn Tagen schwankt. Für die vorliegende Arbeit ist sinnvoll, auf eine Frist von fünf Werktagen abzustellen. In der Praxis würde eine fünftägige Frist für Drittbetroffene ausreichen, um eventuelle Vorkehrungen zu treffen, soweit diese möglich sind. Wichtig erscheint es jedenfalls zu überprüfen, ob und wie eine derartige Regelung dem Schutz der Bevölkerung bei Streiks in entsprechenden Betrieben dienen könnte und zugleich keine unverhältnismäßige Einschränkung der Koalitionsfreiheit darstellt.

---

[254] Vgl. auch *Hänsle*, Streik und Daseinsvorsorge, S. 725, nach dessen Auffassung kein milderes Mittel zur Gewährleistung der Daseinsvorsorge bei einem Streik als das einer Ankündigungspflicht und eines Notdienstes ersichtlich sei.

[255] Vgl. dazu nur *Birk/Konzen/Löwisch/Raiser/Seiter*, ArbKG-E § 11 Abs. 3; *Franzen/Thüsing/Waldhoff*, Arbeitskampf in der Daseinsvorsorge, S. 134 (§ 3 Abs. 1 S. 1 DvArbKG-E); *Kolbe*, BB 2009, 1414 (1415); *Rieble*, ZAF 2005, 218 (225 f.); *Rudkowski*, Der Streik in der Daseinsvorsorge, S. 228; *Stegmüller*, NZA 2015, 723 (724).

aa) Pflicht gegenüber der Öffentlichkeit und/oder dem Kampfgegner?

Es stellt sich die Frage, wem gegenüber eine Arbeitskampfsmaßnahme anzukündigen ist. Ohne weiteres ist nur eine Ankündigungspflicht gegenüber der Öffentlichkeit als gerechtfertigt[256] anzusehen. Der Arbeitskampfgegner ist sich der Konfliktlage bewusst und hat daher jederzeit mit einem Arbeitskampf zu rechnen.[257] Damit wird auch klargestellt, wer von der Ankündigungspflicht profitieren soll. Gegen diesen Ansatz bestehen rechtlich keine Bedenken.

Aber auch eine Ankündigungspflicht gegenüber dem Kampfgegner würde den Kerngehalt[258] des Streikrechts nicht zwangsläufig in Frage stellen.[259] Wenn dem nämlich so wäre, dürfte auch die Ankündigungspflicht gegenüber der Öffentlichkeit abzulehnen sein. Denn sie führt zu dem gleichen Ergebnis. Die für die Allgemeinheit konzipierte Information ist auch dem Kampfgegner mittelbar zugänglich. Eine Ankündigungspflicht gegenüber dem Kampfgegner stellt aber in Abwägung zu den Grundrechtspositionen Dritter einen geringen Eingriff dar, welcher „den wirtschaftlichen Druck auf den Arbeitgeber kaum verringert".[260] Die kampfführende Gewerkschaft hat dies hinzunehmen.[261]

bb) Doppelte Ankündigungspflicht für Arbeitnehmer?

Neben oder zusätzlich zur Ankündigungspflicht der Koalition könnte der Gesetzgeber auch eine individualarbeitsrechtliche Mitteilungspflicht vorsehen, wonach einzelne Arbeitnehmer in Betrieben der Daseinsvorsorge vor Streikbeginn ihren Arbeitgeber über ihre Streikteilnahme informieren müssten. Eine ähnliche Pflicht ist auch im französischen Recht in bestimmten Bereichen wie etwa in der öffentlichen Personenbeförderung sowie im Ausbildungswesen vorgesehen.[262] Dies würde der Arbeitgeberseite ermöglichen,

---

256 Kritisch ArbG Berlin, 29.04.2008 – 58 Ga 6014/08, juris (Rn. 41ff., 49ff) hält die Verpflichtung zur Vorankündigung eines Streiks grundsätzlich für geboten, weist aber darauf hin, dass in manchen Fällen die Bevölkerung bereits mit einem Streikgeschehen rechnen könne, da der Tarifkonflikt mehrere Wochen andauere und die Medien über die Entwicklung der tariflichen Auseinandersetzungen regelmäßig berichten, so dass Vorsorge getroffen werden könne.

257 *Rudkowski*, ZfA 2012, 467 (475 f.).

258 Gemeint ist das Überraschungsmoment. Dazu *Berg*, FS Kempen (2013), S. 278, 282; *Schubert*, AuR 2014, 176 (182) m. w. N.

259 *Kersten*, in: Waldhoff/Thüsing (Hrsg.), Verfassungsfragen des Arbeitskampfes, S. 15, 38.

260 *Franzen/Thüsing/Waldhoff*, Arbeitskampf in der Daseinsvorsorge, S. 13.

261 *Sittard*, ZTR 2008, 178 (182).

262 Siehe oben unter Abschnitt C.III.1.b) cc) bei Ausführungen über die Vorankündigungs- und Verhandlungspflicht.

„den restlichen Betrieb trotz streikbedingten Ausfalls für die betroffenen Dritten „erträglicher“ organisieren zu können“ und somit die Streikfolgen für sie abzumildern.[263] Möglich wäre auch eine Kompensation des Ausfalls der betroffenen Arbeitnehmer durch eine Ersatzkraft.[264]

Inwieweit sich diese Anforderung mit Art. 9 Abs. 3 GG vereinbaren lässt, ist anhand von zwei Gesichtspunkten zu bewerten. Zum einen ist fraglich, ob mit dieser Regelung tatsächlich die Effektivität des Streikrechts gewahrt bliebe. Vor allem aber wäre eine individuelle Pflicht entbehrlich und unverhältnismäßig, sofern die Koalition selbst bereits ihrer Ankündigungspflicht nachgekommen ist und auf dieser Basis Notdienstvereinbarungen zum Schutz der Allgemeinheit getroffen werden können, für deren Erfüllung sowohl auf arbeitswillige als auch auf streikwillige Arbeitnehmer zurückgegriffen werden kann. Insofern ist eine solche Pflicht abzulehnen[265], sie weist keinen Milderungseffekt auf und erscheint daher nicht zweckmäßig.

cc) Problematik der „Last-Minute-Einigung“ und des „kalten Streiks“

Die frühzeitige Ankündigung von Arbeitskampfmaßnahmen könnte allerdings die Chancen auf eine Einigung „in letzter Minute“ deutlich sinken lassen, da sie der Gegenseite bereits vorab erheblichen wirtschaftlichen Schaden zufügen könnte.[266] Dieses Problem würde aber nur bestehen, wenn die Ankündigungspflicht bereits während der Verhandlungen bzw. des Schlichtungsverfahrens gälte. Wenn eine Ankündigungspficht aber erst nach dem Scheitern des Schlichtungsverfahrens entsteht, ist davon auszugehen, dass alle Möglichkeiten für eine eventuelle Einigung bereits ausgelotet wurden.

Problematisch kann dagegen das Phänomen des sog. „kalten Streiks“[267] sein. Es handelt sich hierbei um die Ankündigung von Arbeitskämpfen, oh-

---

263 *Schliemann*, RdA 2012, 14 (20) mit Hinweis auf die Mitteilungen von dem Bahnunternehmen „Metronom“ über den Notfahrplan während den Streiks im Frühjahr Sommer 2011.

264 *Rudkowski*, Streik in der Daseinsvorsorge, S. 95; verweisend auf Schwierigkeit bei einem Spezialistenstreik, vgl. *dies.*, ZfA 2012, 467 (475).

265 Vgl. auch *Rudkowski*, Streik in der Daseinsvorsorge, S. 95 f., die in der individualrechtlichen Ankündigungspflicht sogar die Gefahr einer Ausweitung des Streiks statt dessen Vermeidung ansieht; a.A. *Schliemann*, RdA 2012, 14 (20).

266 So *Bayreuther*, NZA 2013, 704 (706 f.); i.E. *Fritz/Meyer*, NZA-Beil. 2010, 111 (111 f.); ebenso *Heinze*, in: Oetker/Preis/Rieble (Hrsg.), 50 Jahre Bundesarbeitsgericht, S. 493, 506, der auf das Beispiel des Ausfalles von Flugbuchungen bei Ankündigung von Streiks im Flugverkehr hinweist.

267 Vgl. *Bayreuther*, NZA 2013, 704 (707) m.w.N.; *Hromadka*, NJW 2010, Editorial Heft 32; *Ubber*, in Lehmann (Hrsg.), Deutsche und europäische Tariflandschaft im Wandel, S. 139, 139ff.

ne dass diese tatsächlich durchgeführt werden.[268] Auch eine daraus resultierende Panik wird nachträglich nicht kompensiert. Derartige Vorgehensweisen müssen aber vom Gericht sanktioniert werden, sofern eine missbräuchliche Ausnutzung nachgewiesen ist.

dd) Wirksamkeit und Milderungseffekt

Als Mittel zur Milderung der Auswirkungen von Streiks für Drittbetroffene ist die Ankündigungspflicht dafür konzipiert, den Bürgern bei der Vorbereitung auf den Leistungsausfall zu helfen.[269] Dies scheint aber in einigen Bereichen wie etwa in der Wasser- und Energieversorgung unzweckmäßig zu sein[270], da es den Betroffenen praktisch unmöglich sein wird, geeignete Vorkehrungen zu treffen. Entsprechendes gilt auch für Patienten, die während eines Streiks im Krankenhaussektor eine akute Behandlung benötigen.[271]

In anderen Branchen wie z.B. im Transportgewerbe könnte sie dagegen durchaus wirken, da sich die Fahr- bzw. Fluggäste rechtzeitig um Alternativen kümmern oder entsprechende Planänderungen – etwa die Verlegung der Reise – vornehmen könnten.[272] Das gleiche betrifft auch Streiks in Kindertagesstätten. Eine frühzeitige Ankündigung ermöglicht den Eltern, auf anderweitige Betreuungsmöglichkeiten auszuweichen.[273] Gelingt ihnen dies nicht, könnten sie die Kinderbetreuung selbst übernehmen[274] und einen Sonderfreistellungsanspruch nach § 275 Abs. 3 BGB i.V.m. Art. 6 Abs. 2 GG wegen kurzfristigen Betreuungsbedarfs gegenüber ihren eigenen Arbeitsgebern erheben und ggf. die Entgeltfortzahlung nach § 616 S. 1 BGB verlangen, sofern alle Anspruchsvoraussetzungen erfüllt sind.[275]

Aus diesen Ausführungen lässt sich schließen, dass die Pflicht zur Vorankündigung von Streiks nur eine begrenzte Wirksamkeit entfaltet.[276] Sie ist nur dort geeignet und erforderlich, wo sie den betroffenen Bürgern tatsächlich weiterhelfen kann, so dass eine branchenspezifisch differenzierte Rege-

---

268 *Meyer*, in: Lehmann (Hrsg.), Tarifverträge der Zukunft, S. 149, 154; *von Steinau-Steinrück/Brugger*, NZA-Beil. 2010, 127 (133).

269 *Franzen/Thüsing/Waldhoff*, Arbeitskampf in der Daseinsvorsorge, S. 107; *Weißleder*, Erhaltungs- und Notstandsarbeiten im Streik, S. 295 f.

270 Ähnlich *Lieb*, Der Arbeitskampf im öffentlichen Dienst, S. 484; *Rudkowski*, in: Fütterer (Hrsg.), Arbeitsrecht – für wen und wofür?, S. 93, 102.

271 *Rudkowski*, Der Streik in der Daseinsvorsorge, S. 101 f.; *dies.*, ZfA 2012, 467 (476).

272 Vgl. ArbG Berlin, 29.04.2008 – 58 Ga 6014/08, juris (Rn. 38); ebenso *Rudkowski*, in: Fütterer (Hrsg.), Arbeitsrecht – für wen und wofür?, S. 93, 102; kritisch *Fischer*, jurisPR-ArbR 51/2008, Anm. 2.

273 *Kolbe*, BB 2009, 1414 (1415); *Rudkowski*, Der Streik in der Daseinsvorsorge S. 267.

274 *Weißleder*, Erhaltungs- und Notstandsarbeiten im Streik, S. 111.

275 Dazu ausführlich *Diller/Krieger*, FS Leinemann (2006), S. 65, 68ff.; *Kolbe*, BB 2009, 1414 (1415 f.).

276 Bereits *Rudkowski*, Der Streik in der Daseinsvorsorge, S. 103.

lung geboten ist.[277] Dies mag zwar in erster Hinsicht kompliziert erscheinen, es lässt sich aber leisten.[278]

b) Gewährleistung einer Mindestversorgung durch Notstandsarbeiten

Im Gegensatz zu Erhaltungsarbeiten, welche dem Fortbestand des bestreikten Betriebs dienen[279] und damit unmittelbar dem Arbeitgeber zugutekommen, umfassen Notstandsarbeiten Tätigkeiten, „die die Versorgung der Bevölkerung mit lebensnotwendigen Diensten und Gütern während eines Arbeitskampfes sicherstellen sollen".[280] Über die Pflicht der Arbeitskampfparteien, diese Arbeiten zu gewährleisten, besteht im juristischen Schrifttum ein breiter Konsens. Dies ist umso mehr gefordert, wenn es um lebenswichtige Betriebe geht.

aa) Anordnungsbefugnis

Die Pflicht zur Gewährleistung der Notstandsarbeiten obliegt beiden Parteien.[281] Insofern bestehen nach bisheriger Praxis keine Probleme, solange eine Einigung über die Notdienstvereinbarung erzielt werden konnte. Strittig ist jedoch die Frage, wie zu verfahren ist, wenn keine Einigung zustande gekommen ist.[282]

Die Rechtsprechung des BAG[283] gibt diesbezüglich keine klare Antwort.[284] Auch die Literatur ist geteilter Meinung: Einerseits wird die Ansicht vertreten, der Arbeitgeber könne von seiner „Notkompetenz" Gebrauch machen[285], denn er könne die betriebliche Sachlage besser einschätzen und

---

277 *Rudkowski*, ZfA 2012, 467 (476/481).
278 *Konzen/Schliemann*, RdA 2015, 1 (15).
279 ErfK/*Linsenmaier*, Art. 9 GG Rn. 180ff.; *Kissel*, Arbeitskampfrecht, § 43 Rn. 121.
280 BAG 30.03.1982, AP Nr. 74 zu Art. 9 GG Arbeitskampf (III 1) m.Anm. *von Stebut*; 31.01.1995, AP Nr. 135 zu Art. 9 GG Arbeitskampf (II 1).
281 BAG 31.01.1995, AP Nr. 135 zu Art. 9 GG Arbeitskampf (II 1); siehe auch *Birk/Konzen/Löwisch/Raiser/Seiter*, ArbKG-E, S. 58; *Deinert*, RdA 2011, 12 (22 f.); *Franzen/Thüsing/Waldhoff*, Arbeitskampf in der Daseinsvorsorge, S. 131; *Müller*, Arbeitskampf und Recht, S. 88 f.
282 Vgl. *Franzen/Thüsing/Waldhoff*, Arbeitskampf in der Daseinsvorsorge, S. 124.
283 BAG 30.03.1982, AP Nr. 74 zu Art. 9 GG Arbeitskampf (m.Anm. *von Stebut*); 14.12.1993, AP Nr. 129 zu Art. 9 GG Arbeitskampf (I 4 b); 31.01.1995, AP Nr. 135 zu Art. 9 GG Arbeitskampf (II 2 a).
284 Darauf verweisend *Franzen/Thüsing/Waldhoff*, Arbeitskampf in der Daseinsvorsorge, S. 122 f.
285 *Meyer*, NZA 2006, 1387 (1390); *Otto*, Arbeitskampf- und Schlichtungsrecht, S. 155; *Richardi/Bayreuther*, Kollektives Arbeitsrecht, § 10 Rn. 119; *Rudkowski*, Der Streik in der Daseinsvorsorge, S. 121; *Willemsen/Mehrens*, NZA 2010, 1313 (1322).

schneller Maßnahmen ergreifen.[286] Andererseits wird die Zuständigkeit der kampfführenden Gewerkschaft mit der Begründung hervorgehoben, dass diese „Träger“ des Streikrechts sei.[287] Um diese Spannungen zu entschärfen, tritt eine weitere Ansicht dafür ein, dass die Arbeitskampfparteien subsidiär auf das Einigungsstellenverfahren[288] oder auf das einstweilige Verfügungsverfahren[289] zurückgreifen sollen. Die zuletzt genannte Alternative hätte den Vorteil, dass das Gericht bereits existiert und jederzeit angerufen werden kann. Die Einigungsstelle wäre hingegen *ad hoc* zu bilden[290] und die Durchführung des dafür vorgesehenen Verfahrens könnte von der Arbeitgeberseite rechtsmissbräuchlich ausgenutzt werden, um den Beginn eines geplanten Arbeitskampfes hinauszuzögern.[291] Außerdem würde mit dem Einigungsstellenverfahren „eine staatliche Zwangsschlichtung“ etabliert[292], welche trotz ihrer Begrenzung auf den Umfang der Grundversorgung bedenklich ist.

Ein weiterer Ansatz stellt auf Motivationsanreize ab, welche in Form von wirtschaftlichen Sanktionen zu Lasten beider Parteien ausgestaltet werden sollen. Gemeint sind unter anderem Ausgleichszahlungen an die öffentlichen Kassen.[293] In Betracht käme auch – wohl nur die Arbeitgeberseite betreffend – der Ausschluss von öffentlichen Ausschreibungen.[294] Mit einer ausreichenden Abschreckungswirkung könnte dies tatsächlich dazu beitragen, dass die Pflicht zum Abschluss einer Notdienstvereinbarung und somit zur Gewährleistung der Notstandsarbeiten eingehalten wird. Denn die beteiligten Tarifparteien hätten Interesse daran, wirtschaftliche Sanktionen abzuwenden. Entscheiden sie sich allerdings für die wirtschaftlich teurere Al-

---

[286] HWK/*Hergenröder*, Art. 9 GG Rn. 294; ebenso ErfK/*Linsenmaier*, Art. 9 GG Rn. 188.

[287] Vgl. nur *Hänsle*, Streik und Daseinsvorsorge, S. 723 mit Hinweis auf die Möglichkeit für den Arbeitgeber, den Umfang der Notstandsarbeiten im Wege einstweiliger Verfügung korrigieren zu lassen, sonfern diese seiner Ansicht nach als zu gering auffielen; *Schubert*, AuR 2014, 176 (181); ähnlich § 7 Ziffer 1 ver.di-Arbeitskampfrichtlinie.

[288] *Franzen/Thüsing/Waldhoff*, Arbeitskampf in der Daseinsvorsorge, S. 135 (§ 4 Abs. 2 S. 2 und Abs. 3-4 DvArbKG-E).

[289] So auch *Deinert*, RdA 2011, 12 (22 f.); Schaub/*Treber*, ArbR-HdB, § 192 Rn. 63; *ders.*, SR 2013, 140 (152).

[290] Vgl. *Weißleder*, Erhaltungs- und Notstandsarbeiten im Streik, S. 284 f./293, der auch auf den Nachteil der Dauer des Einigungsstellenverfahrens und die Nichteinbeziehung der anders organisierten Arbeitnehmer in betroffenen Betrieben hinweist.

[291] *Bayreuther*, NZA 2013, 704 (706) verweist auf die Möglichkeit für die Arbeitgeberseite, „überzogene Forderungen zu stellen, in der Erwartung die Gewerkschaften in einem sich entsprechend lange hinziehenden Einigungsstellenverfahren zu zermürben“; ähnlich *Berg*, FS Kempen (2013), S. 278 (286 f.).

[292] Vgl. Erläuterung zu § 4 Abs. 2 DvArbKG-E, S. 77.

[293] Ausführlich dazu *Stegmüller*, NZA 2015, 723 (728).

[294] In dieser Richtung *Bayreuther*, NZA 2013, 704 (705).

ternative, dürfen sie auch ihre Kampfmaßnahmen ohne weiteres durchführen. Wenn dem so ist, würde das Ziel, Streikfolgen für die Bevölkerung abzumildern, ins Leere gehen. Im Übrigen erscheint die Befugnis des Staates, Maßnahmen strafrechtlicher Art wie Ausgleichszahlungen gegen die Tarifparteien zu verhängen, bedenklich.

Das Verfahren der einstweiligen Verfügung bleibt daher als der angemessene Weg zum Erreichen der nicht erzielten Vereinbarung. In der Tat wird insbesondere der Arbeitgeber[295] veranlasst sein, das Gericht hierfür anzurufen. Die kampfführende Gewerkschaft würde dies grundsätzlich eher tun, um der Notstandseigenschaft bestimmter von dem Arbeitgeber verlangter Arbeiten zu widersprechen oder sie zu beschränken.[296] Im Ergebnis ist eine gerichtliche Regelung allerdings auf die Parteien angewiesen, da dem Gericht die notwendigen Kenntnisse zur konkreten Lage im Betrieb fehlen.

Insoweit wäre sinnvoll, diese Frage etwa nach dem Vorbild des kongolesischen Streikrechts im Voraus zu regeln. Dort müssen die im Fall eines Arbeitskampfes zu erbringenden Notstandsarbeiten in einem Tarifvertrag oder einer Betriebsordnung aufgelistet werden.[297] In Betracht käme dementsprechend eine Pflicht für Tarifvertragsparteien, „pauschale Notdienstvereinbarungen" *in tempore non suspecto* abzuschließen.[298] Damit könnte der Umfang der zu leistenden Arbeiten vorab bestimmt werden. Dies halten zwar manche für problematisch[299], da die Grundbedürfnisse der Menschen „einem ständigen Wandel"[300] unterlägen. Mit Blick auf die Gefahr einer fehlenden Einigung erweist sich dieser Ansatz jedoch als angemessen. Darüber hinaus würde er dem Arbeitskampf eine Eskalationsstufe ersparen.

Der Nachteil eines derartigen Ansatzes könnte allerdings immer noch darin liegen, dass die Bestimmung des Umfangs von Notstandsarbeiten allein den Tarifparteien – und somit den potentiellen Arbeitskampfparteien – überlassen wird. Dieser Nachteil ließe sich wenigstens entschärfen und abmildern, indem die erzielte Vereinbarung der Kontrolle eines unabhängigen Organs oder eines ständigen dreiseitigen Ausschusses (*commission tripartite*

---

295 Nach *Hänsle*, Streik und Daseinsvorsorge, S. 723 f. sei auch der Staat antragsberechtigt: Seine „verfassungsrechtliche Gewährleistungsverantwortung für die Daseinsvorsorge" verpflichte ihn, sich beim Versagen des Arbeitgebers – trotz staatlicher Neutralitätspflicht im Arbeitskampf – für eine gerichtliche Durchsetzung umfangreicherer Notstandsarbeiten selbst einzusetzen. Diese Aufgabe soll von der Behörde wahrgenommen werden, die dem jeweiligen vom Streik betroffenen Betrieb am sachnächsten stehe, wie etwa der Bundesnetzagentur für Elektrizität, Gas, Telekommunikation, Post und Eisenbahnen, den Gesundheitsämtern für das Gesundheitswesen oder auch den allgemeinen Ordnungs- und Sicherheitsbehörden.

296 Vgl. nur ArbG Berlin 12.10.2007 – 24 Ga 16462/07, juris.

297 Siehe oben unter Abschnitt C.III.3.a) aa).

298 *Kursawe/Pirpamer*, AuA 2014, 276 (276).

299 Vgl. Däubler/*Reinfelder*, Arbeitskampfrecht, § 15 Rn. 39.

300 *Weißleder*, Erhaltungs- und Notstandsarbeiten im Streik, S. 91.

permanente) unterstellt wird. Wie etwa die „*Division des services essentiels*" beim Quebecer *Tribunal administratif du travail*[301] wäre dieser Ausschuss damit beauftragt, die Vereinbarung der Parteien unter besonderer Berücksichtigung der Belange Drittbetroffener zu überprüfen und diese ggf. mit entsprechenden Änderungsvorschlägen zu versehen.

Im Gegensatz zur Einigungsstelle und zum klassischen Arbeitsgericht, die lediglich bei Streitigkeiten angerufen werden, würde der ständige dreiseitige Ausschuss grundsätzlich als nicht streitiges Organ fungieren. Zur Wahnehmung seiner Aufgabe könnte er nicht nur von den Tarifparteien angerufen werden, sondern auch von den einzelnen Personen, die besondere Interessen daran hätten. Weiterhin könnte er von Amts wegen tätig werden. Seine Beschlüsse sollten eine rechtliche Bindungswirkung entfalten. Eine fehlende Umsetzung würde dann als Grund für eventuelle Arbeitskampfsperre gelten. Insoweit würden die Tarifparteien – insb. die Arbeitnehmerseite – ermutigt, sich für eine großzügige Notdienstvereinbarung einzusetzen.

bb) Überblick über mögliche branchenspezifische Inhalte von Notstandsarbeiten

Der Inhalt von Notstandsarbeiten im Gesundheitssektor reicht von der Sicherstellung der Dialyse-Behandlung und unaufschiebbaren Leistungen über die „Herstellung und Auslieferung akut benötigter Medikamente"[302] bis zur Bereitstellung ausreichender Blutprodukte.[303] Die Tatsache, dass parallel zu Notdiensten in Krankenhäusern „Streikende durch Stationen gehen, um nach Patienten zu suchen, mit ihnen zu sprechen und sie ggf. zu versorgen"[304], reicht demgegenüber nicht für eine gesicherte Patientenversorgung.

Im Bereich Energie- und Wasserversorgung sind Tätigkeiten wie Wassergewinnung, Filterung und Beprobung, Instandhalten der Leitungssysteme stets zu gewährleisten. Daraus lässt sich aber keine Rechtfertigung für die Beschränkung der Zulässigkeit des Streikrechts etwa auf Telefonisten oder Pförtner ableiten. Auch weitere Beschäftigte dürfen von ihrem Streikrecht Gebrauch machen, sofern die Aufrechterhaltung der Versorgung der Bevölkerung mit Trinkwasser bzw. mit Fernwärme, Gas und Strom außer Gefahr

---

301 Vgl. Art. 111.0.19 Abs. 1 *Code du travail QC*; CRT 09.07.2015, Nr. CM-2015-4108 (*CSSS Ouest-de-l'Île-de-Montréal c. SPSDLL-FIQ*); 13.07.2015, Nr. CM-2015-4496 (*CSSS St-Léonard et St-Michel c. CSN*). Ausführlich dazu oben unter Abschnitt C.III.2.b).

302 *Weißleder*, Erhaltungs- und Notstandsarbeiten im Streik, S. 83; bereits *Seiter*, Streikrecht und Aussperrungsrecht, S. 550.

303 LAG Hamm 16.01.2007, NZA-RR 2007, 250.

304 *Schubert*, AuR 2014, 176 (181).

steht. Entsprechendes gilt für die Bereiche Feuerwehr und Rettungsdienste sowie für die Bankdienstleistungen.

Im Luftverkehr ist zwischen dem Streik von Beschäftigten einer einzelnen Fluggesellschaft und einem fluglinienübergreifenden Streik, welcher den ganzen Flughafenbetrieb lahmlegt, zu unterscheiden. Bei dem erstgenannten Fall besteht für die Fluggäste die Möglichkeit, das Angebot anderer Fluglinien je nach Verfügbarkeit in Anspruch zu nehmen.[305] Auch bestreikte Fluggesellschaften greifen unter Umständen auf diese Lösung, indem sie zur Vermeidung des Imageverlustes Passagiere auf andere Gesellschaften umbuchen.[306] Problematisch ist hingegen die Einstellung des gesamten Flugverkehrs. Gerade bei solchen Situationen kommt den Notstandsarbeiten eine besondere Bedeutung zu. Sie sind insbesondere bei Bereichen wie der Flugsicherung oder der Flughafenfeuerwehr so durchzuführen, dass die Sicherheit des Flugverkehrs gewährleistet wird. Als klassisches Beispiel für Notdienste gilt hier die Gewährleistung der „Durchführung wichtiger Flüge wie Not- und Katastropheneinsätze einschließlich humanitärer Flüge sowie Regierungsflüge und des Flugbetriebs der Streitkräfte".[307]

Schließlich sollte der Notdienst bei Streiks in Kindertagesstätten für solche Fälle angeboten werden, in denen eine anderweitige Betreuung der Kinder nicht gesichert wäre, wie z.B. für berufstätige Alleinerziehende oder bei Krankheitsfällen der Eltern.[308]

In dieser Hinsicht könnte eine ausreichende und zuverlässige Ausführung der Notdienstarbeiten die Auswirkungen eines Streiks auf die Allgemeinheit abmildern.

cc) Wirksamkeit und Milderungseffekt

Die gebotene Pflicht betrifft grundsätzlich das „Ob" und nicht das „Wie" der Durchführung von Notdienstarbeiten. Wird das erstere gesetzlich normiert, hängt die Effektivität dieser Maßnahmen von der den Tarifparteien und ggf. den Gerichten überlassenen Frage des „Wie" ab. Es ist darauf hinzuweisen, dass diese Pflicht nicht gleichermaßen in allen betroffenen Bereichen wirkt.[309] Der Milderungseffekt von Notstandstarbeiten[310] kann daher von Fall zu Fall abweichen.

---

305 *von Steinau-Steinrück/Glanz*, NZA 2009, 113 (115).
306 *Weißleder*, Erhaltungs- und Notstandsarbeiten im Streik, S. 108.
307 *Weißleder*, Erhaltungs- und Notstandsarbeiten im Streik, S. 108.
308 BAG 31.01.1995, AP Nr. 135 zu Art. 9 GG Arbeitskampf (II 1).
309 *Schubert*, AuR 2014, 176 (181) hält eine Einzalfallprüfung für erforderlich.
310 Siehe auch ErfK/*Linsenmaier*, Art. 9 GG (Rn. 186).

3. *Besonderheiten bei bestimmten Unternehmen*

Neben verfahrensrechtlichen Anforderungen, die in sämtlichen Betrieben der Daseinsvorsorge und für jegliche kampfführende Gewerkschaft gelten müssen, könnten noch Sonderregelungen für bestimmte Unternehmen und für Streiks der Minderheitsgewerkschaften entwickelt werden. Im Folgenden ist der Frage nachzugehen, ob derartige Regelungen erforderlich sind. Davor werden die in Betracht kommenden Betriebe mit Blick auf ihre Sonderstellung jeweils kurz dargestellt.

a) Marktbeherrschende und Monopolunternehmen

Nach § 18 Abs. 1 GWB verfügt ein Unternehmen über eine monopolartige bzw. marktbeherrschende Stellung „soweit es als Anbieter oder Nachfrager einer bestimmten Art von Waren oder gewerblichen Leistungen auf dem sachlich und räumlich relevanten Markt ohne Wettbewerb ist, keinem wesentlichen Wettbewerb ausgesetzt ist oder eine im Verhältnis zu seinen Wettbewerbern überragende Marktstellung hat." Das Gleiche gilt auch für „wettbewerbslose Oligopole"[311] im Sinne des § 18 Abs. 5 GWB. Desweiteren bestehen Marktbeherrschungsvermutungen gemäß § 18 Abs. 4 und 6 GWB, wenn ein oder mehrere verbündete Unternehmen einen bestimmten Schwellenwert an Marktanteil erreichen. Entsprechendes ist auch der Parallelvorschrift des Art. 102 AEUV in der Rechtsprechung des EuGH[312] zu entnehmen.

Aufgrund dieser Marktstellung sind derartige Unternehmen bestimmten kartellrechtlichen Regelungen unterworfen, um eine eventuelle missbräuchliche Ausnutzung ihrer Marktmacht zu verhindern.[313] Im Schrifttum[314] werden daraus arbeitskampfrechtliche Konsequenzen für ihre Beschäftigten abgeleitet. Sie dürften keinen Arbeitskampf „zur Durchsetzung von Arbeitsbedingungen einsetzen, die über denen der im Wettbewerb stehenden vergleichbaren Unternehmen liegen".[315]

Ungeachtet der Gefahr einer verfassungswidrigen Tarifzensur ist die Übertragung der kartellrechtlichen Sonderregelungen für marktbeherrschende und monopolartige Unternehmen auf Unternehmen der Daseinsvorsorge mit der Folge einer Bindungswirkung für deren Beschäftigte nicht zielfüh-

---

311 Bunte/*Bardong*, § 18 GWB Rn. 151.

312 Vgl. nur EuGH 14.02.1978, Rs. 27/76 (United Brands) Slg. 1978, 207 (Rn. 65); 13.02.1979, Rs. 85/76 (Hoffmann-La Roche) Slg. 1979, 461 (Rn. 38ff.).

313 Ausführlich dazu Immenga/Mestmäcker/*Fuchs/Möschel*, Art. 102 AEUV Rn. 1ff.; Bunte/*Nothdurft*, § 18 GWB Rn. 90ff.

314 Siehe nur *Buchner*, BB 2007, 2520 (2521); *ders.*, BB 2008, 106 (108).

315 *Buchner*, BB 2007, 2520 (2521).

rend. Denn die dort geregelten Verhaltenspflichten wenden sich an das Unternehmen und nicht an dessen Belegschaft.[316] Im Grunde findet das Gesetz gegen Wettbewerbsbeschränkungen (GWB) keine Anwendung auf das Tarif- und Arbeitskampfrecht. Seine Ausdehnung auf diese Bereiche würde auch zu keinen erheblichen Veränderungen führen, da „Art. 9 Abs. 3 GG [...] eine verfassungsrechtliche Kartellerlaubnis [enthält], die vom einfachrechtlichen Kartellrecht nicht eingeschränkt werden kann".[317] In die gleiche Richtung geht die Rechtsprechung des EuGH zu Art. 101 und 102 AEUV, wonach Tarifverträge grundsätzlich vom Anwendungsbereich dieser Bestimmungen auszunehmen seien.[318] Maßgeblich bleibt daher die existenzielle Bedeutung der zu erbringenden Leistungen.

b) Sonderregeln für Berufsgruppengewerkschaften?

Berufsgruppengewerkschaften, auch Spezialisten- oder Spartengewerkschaften[319] genannt[320], sind solche Gewerkschaften, die Interessen bestimmter Arbeitnehmergruppen einer Branche, wie z.B. Krankenhausärzte, Lokführer, Piloten oder Fluglotsen, vertreten.[321] Am bekanntesten sind der Marburger Bund, die Gewerkschaft Deutscher Lokomotivführer (GDL), die Vereinigung Cockpit, die Gewerkschaft der Flugsicherung (GdF) sowie die Unabhängige Flugbegleiterorganisation (UFO).

Sie haben sich in Bereichen entwickelt, „in denen zunächst Spezialisten [...] unter Hinweis auf ihre speziellen Vorkenntnisse oder akademische Ausbildung um eine bessere Vergütung gekämpft haben".[322] Der Grund ihres Entstehens soll in der Abwärtsspirale oder Nivellierung ihrer Arbeitsbedingungen nach unten liegen, denn sie behaupten, ihre Berufsinteressen würden nicht sachgerecht und entsprechend ihrer Qualifikation von den nach dem Industrieverbandsprinzip organisierten Gewerkschaften wahrgenom-

---

316 *Bayreuther*, NZA 2008, 12 (14 f.); i.E. auch *Rudkowski*, Der Streik in der Daseinsvorsorge, S. 66; *Schliemann*, RdA 2012, 14 (19).

317 Münch-HdBArbR/*Löwisch/Rieble*, § 158 Rn. 8; ebenso *Reichold*, ZESAR 2010, 195 (199) unter Berufung auf letztere; i.E. auch *Scholz*, in: Isensee/Kirchhof (Hrsg.), HStR VIII, § 175 Rn. 76.

318 EuGH 21.09.1999 - Rs. C 67/96 (Albany), Slg. 1999, I-5751 (Rn. 59ff.); 21.09.2000 - Rs. C 222/98 (van der Woude), Slg. 2000, I-7111 (Rn. 22); 04.12.2014 - Rs. C-413/13 (*FNV Kunsten Informatie en Media c. Staat der Nederlanden*), Rn. 41.

319 *Fischer*, FA 2012, 131 (131) und *Henssler*, RdA 2011, 65 (70) stehen der Bezeichnung „Spartengewerkschaften" kritisch gegenüber, weil sie sprachlich bewusst ausgewählt würde, um den angeblich „rücksichtslosen Gruppenegoismus" ihrer Mitglieder hervorzuheben.

320 Für feinere Differenzierung vgl. *Greiner*, NZA 2007, 1023 (1023 Fn. 3).

321 *Kamanabrou*, ZfA 2008, 241 (242 f.); *Sittard*, ZTR 2008, 178 (183).

322 *Meik*, in: Lehmann (Hrsg.), Deutsche und europäische Tariflandschaft im Wandel, S. 112, 114.

men.[323] Die Berufsgruppengewerkschaften verstehen sich als Alternative dazu und sind demnach bestrebt, eigenständige Tarifverträge für ihre Mitglieder zu verhandeln.

Auf Grund der Kampfmacht dieser Gewerkschaften könnte ihr Streikrecht strengeren Rechtmäßigkeitsvoraussetzungen unterworfen werden.[324] In Betracht käme unter anderem die bereits erwähnte Anforderung an die Mitgliederzahl in dem betroffenen Betrieb. Damit würde verhindert, dass eine kleine Arbeitnehmergruppe einen Betrieb oder gar die gesamte Branche lahmlegt.[325] In der Tat kommt dieser Anforderung eine dem Streikverbot ähnliche Funktion zu. Insoweit würden diese besonderen Beschränkungen im Endeffekt auch der Allgemeinheit zugutekommen.

Sie ist aber nicht nur unzulässig[326], sondern auch unzweckmäßig. Zum einen sind Berufsgruppengewerkschaften genauso wie die Einheitsgewerkschaften Träger der Koalitionsfreiheit einschließlich der Tarifautonomie aus Art. 9 Abs. 3 GG.[327] Die Gewährleistung dieses Grundrechts unter gleichzeitiger Verwehrung des Streikrechts wäre auch für sie nichts anderes als „kollektives Betteln".[328] Außerdem würde dies gegen europarechtliche Vorgaben, insb. gegen Art. 11 EMRK in seiner Auslegung durch den EGMR verstoßen. Danach wird ein absolutes Streikverbot für Berufsgruppengewerkschaften als konventionswidrig angesehen.[329] Im Übrigen würden derartige spezielle Einschränkungen zu einer „Zwei-Klassen-Gesellschaft im Streikrecht"[330] führen, was mit der Koalitionsfreiheit nicht zu vereinbaren ist.[331] Zudem macht es für die Allgemeinheit keinen Unterschied, ob die notwendige Dienstleistung aufgrund eines Spartenarbeitskampfes oder eines Streiks der klassischen Gewerkschaften lahmgelegt wurde.[332]

Daraus ergibt sich, dass ein Berufsgruppenstreik nicht von vornherein als unzulässig anzusehen ist, sondern dass er den allgemeinen Rechtmäßigkeitsvoraussetzungen unterliegen soll. Dies gilt entsprechend für den Bereich der Daseinsvorsorge, wo ein besonderes Arbeitskampfrecht alle Gewerkschaften

---

323 Vgl. *Kerwer*, EuZA 2008, 335 (336); *Meik*, Vorwort, in: Franzen/Thüsing/Waldhoff, Arbeitskampf in der Daseinsvorsorge, S. XII; ähnlich *Rieble*, SAE 2006, 89; *Schliemann*, RdA 2012, 14 (19).

324 Vgl. *von Steinau-Steinrück/Brugger*, NZA-Beil. 2010, 127 (129); i.E. bereits *Scholz*, FS Buchner (2009), S. 827, 835ff. mit Hinweis auf den zerbrochenen Grundsatz der Kampfparität zu Lasten der Arbeitgeberseite.

325 *Franzen*, FS Bepler (2012), S. 171, 182.

326 So auch v. Mangoldt/Klein/Starck/*Kemper*, Art. 9 GG Rn. 171.

327 *Rüthers*, ZRP 2015, 2 (4); *Schliemann*, FS Bepler (2012), S. 515, 526.

328 Siehe bereits oben unter Abschnitt B.I.1.c).

329 Vgl. zuletzt EGMR 02.10.2014 – Rs. C-48408/12 (*Tymoshenko u.a./Ukraine*), Rn. 77ff.; 27.11.2014 – Rs. C-36701/09 (*HLS/Kroatien*), Rn. 56ff.

330 *Uhl/Raif*, ArbR 2012, 310 (311 f.).

331 *Berg*, FS Kempen (2013), S. 278, 289.

332 *Bayreuther*, NZA 2013, 1395 (1399).

gleichermaßen zu treffen hat.[333] Dabei ist nicht auf die Streikenden, sondern allein auf die Auswirkungen von Streiks auf die Bevölkerung abzustellen.[334]

c) Einschränkungen des Streikrechts für Betriebe mit Tarifpluralität?

Das Nebeneinanderbestehen mehrerer Gewerkschaften in einem Betrieb als Ausdruck der Vielfalt von Berufsinteressen ist für sich genommen unproblematisch. Ein Problem entsteht erst, wenn es um die Frage der Geltung von einzelnen kollidierenden Tarifverträgen geht. Nach der früheren Rechtsprechung des BAG zum Grundsatz der Tarifeinheit konnte bei Überschneidung der Geltungsbereiche von Tarifverträgen verschiedener Gewerkschaften zunächst nur der sachnächste Tarifvertrag[335] und später der Tarifvertrag der Gewerkschaft mit den meisten Mitgliedern in dem betroffenen Betrieb[336] zur Anwendung kommen. Relevant für das Arbeitskampfrecht war dieser Grundsatz, weil er auch als Prüfungsmaßstab für die Unzulässigkeit einer Arbeitskampfmaßnahme herangezogen wurde, welche auf den Abschluss eines Tarifvertrages abzielte, der aufgrund der Verdrängungswirkung des Tarifvertrages der Mehrheitsgewerkschaft ohnehin nicht anwendbar sein konnte.[337] Der Grundsatz der Tarifeinheit wurde 2010 vom BAG aufgegeben.[338] Damit hatte das Gericht das Nebeneinanderbestehen mehrerer Tarifverträge in einem Betrieb zugelassen, die jeweils Geltung beanspruchen können.

Dies hatte zur Folge, dass jede Gewerkschaft die Arbeitgeberseite zur Erfüllung des eigenen Tarifvertrages bzw. für einen neuen Tarifvertrag bestreiken konnte, ohne durch die für konkurrierende Gewerkschaften bestehende Friedenspflicht gehindert zu werden. Damit bestand die Gefahr von „Streikkaskaden“[339], d.h. einer Aufeinanderfolge von Streiks.[340]

---

333 *Rieble*, FA 2012, 130 (130); ähnlich *Rudkowski*, in: Fütterer (Hrsg.), Arbeitsrecht – für wen und wofür?, S. 93, 106 f.

334 So auch *Rudkowski*, Der Streik in der Daseinsvorsorge, S. 69.

335 Nach sog. Spezialitätsgrundsatz. Dazu BAG 05.09.1990, AP Nr. 19 zu § 4 TVG Tarifkonkurrenz; 20.03.1991, AP Nr. 20 zu § 4 TVG Tarifkonkurrenz (*m. Anm. Hanau/Kania*).

336 Siehe Mehrheitsprinzip.

337 *Kerwer*, EuZA 2008, 335 (338) m. w. N.

338 Vgl. BAG 07.07.2010, AP Nr. 140 zu Art. 9 GG (*m. Anm. Schmidt*); 07.07.2010, AP Nr. 143 zu Art. 9 GG.

339 *Schliemann*, FS Bauer (2010), S. 923, 940 f.; identisch auch *ders.*, FS Bepler (2012), S. 515, 526; ebenso *Bayreuther u.a.*, Tarifpluralität als Aufgabe des Gesetzgebers, S. 47.

340 *Konzen/Schliemann*, RdA 2015, 1 (15).

Vermutlich wollte die Bundesregierung mit dem im Sommer 2015 in Kraft getretenen Gesetz zur Regelung von Tarifeinheit[341] vor allem ein derartiges Chaos vermeiden[342], obwohl der Gesetzestext selbst keine Regelung des Arbeitskampfrechts enthält. Eine nähere Analyse der Gesetzesbegründung lässt aber den Bezug zum Arbeitskampfrecht deutlich erkennen.[343] Dieser Bezug liegt unter anderem darin, dass der Arbeitskampf um einen offensichtlichen Minderheitstarifvertrag als unverhältnismäßig angesehen wird, weil er wegen seiner vermeintlichen Verdrängung der Sicherung der Tarifautonomie nicht dienen würde.[344] Die Eignung dieses Gesetzes dazu, den angestrebten Betriebsfrieden zu wahren[345], wird aber bezweifelt.[346] Auch in Bezug auf die Gewährleistung der Daseinsvorsorge wird darauf hingewiesen, dass das Problem nicht im Tarifrecht liege, sondern im Arbeitskampfrecht. Dort sollte es auch gelöst werden.[347]

Von der Literatur wird bereits vorgeschlagen, eine „doppelte Friedenspflicht" in Betrieben mit Tarifpluralität einzuführen. Dabei sei ein Zurückgreifen auf Arbeitskämpfe nur zulässig, wenn nicht nur die kampfführende Gewerkschaft keiner durch eigenen Tarifvertrag begründeten Friedenspflicht unterliege, sondern es dürfte auch für eine bestimmte Zahl aller im Betrieb beschäftigter Tarifarbeitnehmer keine Friedenspflicht bestehen.[348] Zu erwähnen ist auch der Ansatz *Hensslers*, der die Zulässigkeit von Arbeitskämpfen im Falle der Gewerkschaftspluralität von der Durchführung eines Schlichtungsverfahrens abhängig machen will.[349]

---

341 Tarifeinheitsgesetz v. 03.07.2015 – TarifEinhG, BGBl. I 2015, S. 1130. Dieses Gesetz lehnt sich *mutatis mutandis* an die von der Literatur erarbeiteten Vorschläge an. Für einen Überblick dazu siehe *Bayreuther u.a.*, Tarifpluralität als Aufgabe des Gesetzgebers, S. 26ff.; *Franzen*, FS Bepler (2012), S. 171, 172ff.

342 Vgl. NK-GA/*Hanau*, Art. 9 GG Rn. 59.

343 So auch *Fischer*, NZA 2015, 662 (662); *Fischinger/Monch*, NJW 2015, 2209 (2210); *Konzen/Schliemann*, RdA 2015, 1 (11, 14); *Mückl/Koddenbrock*, GWR 2015, 6 (6); *Schliemann*, NZA 2014, 1250 (1252); *Rüthers*, ZRP 2015, 2 (5); anders *Scholz/Lingemann/Ruttloff*, NZA-Beil. 2015, 3 (18 f., 40).

344 Vgl. BR-Drs. 635/14 v. 29.12.2014, S. 9 f.

345 BR-Drs. 635/14 v. 29.12.2014, S. 4.

346 Statt aller *Greiner*, RdA 2015, 36 (43); *Konzen/Schliemann*, RdA 2015, 1 (2, 6 f.); *Löwisch*, DB 2015, 1102 (1103); *Preis*, FA 2014, 354 (357); anders *Hromadka*, NZA 2014, 1105 (1105ff.); *Hufen*, NZA 2014, 1237 (1239).

347 Vgl. NK-GA/*Hanau*, Art. 9 GG Rn. 59; *Konzen/Schliemann*, RdA 2015, 1 (14 f.); *Mückl/Koddenbrock*, GWR 2015, 6 (7); *Preis*, FA 2014, 354 (357); ähnlich *de Beauregard*, DB 2015, 1527 (1528); *Heise*, NZA-Editorial 22/2014; *Hölscher*, ArbR 2015, 7 (9); anders *Giesen/Kersten*, ZfA 2015, 201 (229 f.); *Hromadka*, NZA 2014, 1105 (1107).

348 *Schliemann*, FS Bauer (2010), S. 923, 941ff.; ähnlich *Bayreuther u.a.*, Tarifpluralität als Aufgabe des Gesetzgebers, S. 44 (§ 4 a Abs. 3 S. 2 TVG-E).

349 *Henssler*, RdA 2011, 65 (72).

Der erste Vorschlag ist zwar zur Erreichung des Ziels geeignet. Er stößt aber auf verfassungsrechtliche Bedenken. Einer Gewerkschaft wird es erschwert, ihre Betätigungsfreiheit auszuüben, sofern eine durch fremde Tarifverträge begründete Friedenspflicht noch nicht abgelaufen ist, obwohl diese ihre Wirkung nur *inter partes* entfaltet.[350] Diese Probleme könnten hingegen durch eine Schlichtung unter Beteiligung aller im Betrieb vertretenen Gewerkschaften entfallen.[351] Nicht überzeugend ist dagegen die Anerkennung der Schlichtungspflicht allein für Arbeitskämpfe in Betrieben mit Tarifpluralität.

Vielversprechender erscheint auf den ersten Blick der Ansatz, konkurrierenden Gewerkschaften die Pflicht zu parallelen Verhandlungen und somit zur Koordinierung der Laufzeiten ihrer Tarifverträge und der Durchführung von Streiks aufzuerlegen.[352] Die Erzwingung einzelner Tarifverträge sollte nur zu demselben Zeitpunkt zulässig sein[353], so dass die Gefahr von permanenten Tarifforderungen und Streikdrohungen gering gehalten werden könnte.[354]

Abgesehen von Zweifeln in Hinblick darauf, dass die Gewerkschaften zu einer Kooperation gezwungen werden, scheint die Realisierung dieses Vorschlages allerdings praktisch schwer zu erreichen. Besonders problematisch sind dabei die Abstimmung der Laufzeiten der Tarifverträge zwischen den betroffenen Gewerkschaften, die freie Festlegung der zwar nicht gemeinsam, aber zeitgleich[355] zu verhandelnden inhaltlichen Tarifforderungen und die daraus folgenden Sachzwänge, wie etwa die Unvorhersehbarkeit des einzelnen Verhandlungsablaufs.[356] Unklar bleibt außerdem, ob eine derartige Kooperationspflicht auch eine gemeinsame Beendigung der koordinierten Streikmaßnahmen umfassen würde.

Schlussendlich ist ein Sonderarbeitskampfrecht für tarifplurale Betriebe nicht zwingend erforderlich, um den Schutz der Bevölkerung in der Da-

---

350 *Otto*, Arbeitskampf- und Schlichtungsrecht, S. 126; ebenso *Jacobs*, NZA 2008, 325 (330), der auf das Verbot der Begründung eines Vertrages zu Lasten Dritter hinweist; im diesen Sinne auch *Seeling/Probst*, BB 2014, 2421 (2424).

351 Ähnlich *Henssler*, RdA 2011, 65 (72).

352 *Franzen*, RdA 2008, 193 (203 f.); *Kamanabrou*, ZfA 2008, 242 (271ff.); *Lesch*, IW-Trends 3/2013, 1 (15 f.); i.E. und zur automatischen „Anpassung der Laufzeiten" von Tarifverträgen *Hirdina*, NZA 2009, 997 (999); zur Einrichtung eines gemeinsamen Streikorganes *Seeling/Probst*, BB 2014, 2421 (2425).

353 Vgl. *Monopolkommission*, 18. Hauptgutachten 2008/2009, BT-Ds. 17/2600 v. 22.07.2010, Rn. 1009; i.E. auch *Bayreuther u.a.*, Tarifpluralität als Aufgabe des Gesetzgebers, S. 44 (§ 4 a Abs. 3 S. 1 Nr. 1 TVG-E), die sich aber dafür sprechen, dass die Arbeitskampfmaßnahme einer Minderheitsgewerkschaft an die der Mehrheitsgewerkschaft anzuhängen habe.

354 *Franzen*, RdA 2008, 193 (204).

355 So *Monopolkommission*, 18. Hauptgutachten 2008/2009, Rn. 1009.

356 Ausführlich dazu *Rudkowski*, Der Streik in der Daseinsvorsorge, S. 74 f.

seinsvorsorge zu sichern. Noch weniger nützt ihr ein Tarifeinheitsgesetz, welches auf die Auflösung der Tarifkollision abzielt. Für das Arbeitskampfrecht stellt derartige Regelung ein bloßes „Placebo“[357] dar. Denn vor der Existenz kollidierender Tarifverträge einschließlich der Feststellung des anzuwendenden Mehrheitstarifvertrages bleibt das Streikrecht unberührt.[358] Außerdem ist im Hinblick auf das Nachzeichnungsrecht nach § 4 a Abs. 4 TVG sowie auf die Zulässigkeit des Sympathiestreiks nach der Rechtsprechung des BAG nicht von vornherein anzunehmen, dass das Streikrecht kleiner Gewerkschaften tatsächlich eingedämmt würde.[359] Schließlich hat die eingeführte Tarifeinheit eine Kehrseite, die in den Betrieben der Daseinsvorsorge dadurch gekennzeichnet ist, dass die Mehrheitsverhältnisse bei den Berufsgruppengewerkschaften liegen könnten.[360] Ihre Kampfkraft könnte damit noch gestärkt werden. Zu erwarten ist hier ein ständiger „Existenzkampf um die Mehrheit im Betrieb“.[361] Dies könnte etwa durch einen Zusammenschluss kleinerer Gewerkschaften erfolgen, wie bereits im Bereich der Luftfahrt mit der Gründung der „Industriegewerkschaft Luftfahrt“ (IGL) geschehen ist.[362]

4. *Ansätze materiell-rechtlicher Art*

Gesetzliche Regelungen des Streikrechts in der Daseinsvorsorge könnten desweiteren auf Ansätze materiell-rechtlicher Art abstellen. In Betracht kommen die Unzulässigkeit atypischer Kampfmaßnahmen sowie eventuelle staatliche Eingriffsbefugnisse. Erwägenswert ist auch die Möglichkeit, effiziente Alternativen zum Streikrecht in seinem Verständnis als Arbeitsniederlegung zu schaffen.

---

357 *Richardi*, NZA 2014, 1233 (1236).

358 *Konzen/Schliemann*, RdA 2015, 1 (13); *Mückl/Koddenbrock*, GWR 2015, 6 (8); i.E. auch *Fischinger/Monch*, NJW 2015, 2209 (2210 f.); *Gaul*, ArbRB 2015, 15 (16); *Greiner*, NZA 2015, 769 (777); *Walser*, SR 2016, 109 (126).

359 Hierzu ausführlich *Lehmann*, BB 2015, 2293 (2300 f.); *Löwisch*, DB 2015, 1102 (103).

360 *Bayreuther*, NZA 2013, 1395 (1399) mit Beispiel der Flugsicherung; ähnlich *Fischer*, NZA 2015, 662 (664 ff.).

361 *Greiner*, RdA 2015, 36 (43); ähnlich ErfK/*Franzen*, § 4 a TVG Rn. 15; NK-GA/*Hanau*, Art. 9 GG Rn. 59; *Schliemann*, NZA 2014, 1250 (1252); *Walser*, SR 2016, 109 (125).

362 Vgl. *Walser*, SR 2016, 109 (125); siehe auch https://www.igl.aero/kampagne/de/ (Stand: 18.08.2016).

a) *Unzulässigkeit atypischer Kampfmaßnahmen*

Ein Blick auf die Arbeitskampfpraxis zeigt, dass Arbeitnehmer ihre Kampfmittel nicht auf Streiks beschränken. Gestützt auf ihre verfassungsrechtlich garantierte Kampfmittelfreiheit dürfen sie auf weitere Maßnahmen zurückgreifen, die geeignet sind, ihre Forderungen durchzusetzen. Darüber hinaus versuchen sie, ihre Kampftaktik den entsprechenden Umständen anzupassen und ggf. diese zu verschleiern.[363] Erinnert sei an die atypischen Kampfmaßnahmen, die insbesondere in Form von Bummelstreiks, Dienst nach Vorschrift und „go sick" entwickelt worden sind.[364]

Dieser Erkenntnis folgend ist nicht auszuschließen, dass Gewerkschaften auf diese Kampfmaßnahmen zurückgreifen oder weitere Formen erfinden[365], wenn eine gesetzliche Normierung der Streikrechtseinschränkungen in der Daseinsvorsorge zu Stande käme. Dementsprechend sind strenge Maßstäbe vorzusehen, welche einer etwaigen Umgehungsgefahr vorbeugen können. Zutreffend führt *Rudkowski* aus: „Notwendig ist nicht nur eine Beschränkung des Streiks, sondern auch [...] auf Streiks".[366] Ansonsten bliebe der beabsichtigte Schutz der Bevölkerung unvollständig.

b) *Sonstige staatliche Eingriffsbefugnisse*

Einige ausländische Rechtsordnungen räumen der Exekutive das Recht ein, sämtliche Arbeitskämpfe in Betrieben der Daseinsvorsorge durch Verordnungen auszusetzen. Dies ist unter anderem in der kanadischen Provinz Quebec für den Fall vorgesehen, dass sich die Parteien über den Umfang der zu leistenden Notdienste nicht geeinigt haben oder diese nicht besonders ausreichend sind.[367] Darüber hinaus kommen einem speziellen Gericht[368], das die Gewährleistung der Grundversorgung der Bevölkerung während einer Arbeitskampfmaßnahme zu wahren hat, ähnliche Eingriffsbefugnisse zu.[369]

Noch weitreichender als die Streikaussetzung durch die Exekutive bzw. das Gericht wäre eine Befugnis, Streiks per Hoheitsakt oder auf Grundlage

---

363 Vgl. *Kissel*, Arbeitskampfrecht, § 61 Rn. 7.

364 Mehr zu den einzelnen Begriffen bei *Kissel*, Arbeitskampfrecht, § 61 Rn. 8ff.

365 I.E. bereits *Kerwer*, EuZA 2008, 335 (353), der auf „die ungebrochene Kreativität der Gewerkschaften" hinweist.

366 *Rudkowski*, Der Streik in der Daseinsvorsorge, S. 63.

367 Vgl. Art. 111.0.24 *Code du travail QC*.

368 Im Fall Quebecs der „*Tribunal administratif du travail* – TAT", Nachfolger der „*Commission des relations du travail*". Mehr hierzu bereits oben bei Abschnitt D.II.2.

369 Art. 111.0.19 *Code du travail QC*; siehe auch CRT 16.01.2015 – Nr. 2015 QCCRT 0025 (*Weedon* c. *CSN*); 30.01.2015 – Nr. 2015 QCCRT 0062 (*Longueuil c. SCFP*); eine Darstellung bei *Fontaine*, Le service minimum et les services essentiels, S. 147 f.

der polizeilichen Generalklausel[370] endgültig zu beenden. Weitere denkbare Eingriffsmaßnahmen stellen Dienstaufforderungen und -verpflichtungen dar, wie dies in der französischen Rechtsordnung vorgesehen ist.[371] Möglicher Denkanstoß hierzu könnte der Einsatz von Beamten zu Streikarbeit sein. Die Zulässigkeit dieses Ansatzes erscheint im Lichte der bisherigen Rechtsprechung des BVerfG zumindest unproblematisch, solange hierfür eine gesetzliche Regelung vorgesehen wäre.[372] Gegenwärtig wird ohne eine solche gesetzliche Grundlage allein ein freiwilliger Einsatz von Beamten als zulässig angesehen.[373] Allerdings wird hierbei der Staat den privatrechtlichen Arbeitgebern gleichgestellt, da es den betroffenen Beamten weiterhin frei steht, die Streikarbeiten auszuüben oder sie zu verweigern.[374] Als Ausprägung der hoheitlichen Eingriffsbefugnisse gilt deshalb nur der zwangsweise angeordnete Beamteneinsatz.[375]

Abgesehen davon, dass die Durchsetzung eines derartigen Beamteneinsatzes in den privaten Betrieben der Daseinsvorsorge rechtlich schwer nachvollziehbar ist[376] – insbesondere wenn dies schon in staatlichen Unternehmen nicht möglich ist[377] –, gestaltet sich zudem seine Praktikabilität in den Bereichen, in denen spezielle Fachkenntnisse und eine ausgewiesene Erfahrung erfordert werden, als höchst schwierig, wenn nicht gar unmöglich. Dies ist etwa bei der Flugsicherung oder auch beim Flug- und Bahnverkehr der Fall, wo die Übertragung der Aufgaben auf nicht erfahrene Einsatzkräfte gravierende Schäden verursachen könnten.[378]

Vor diesem Hintergrund erwägt *Hänsle* die Möglichkeit für den Staat, zur Wahrnehmung seiner Gewährleistungsverantwortung für die Daseinsvorsorge auf „staatliche Einsatzkräfte" aus der deutschen Bundeswehr und dem Technischen Hilfswerk (THW) als Notstandsarbeiter subsidiär zurückzugreifen.[379] Beide Einrichtungen verfügten über das Personal, welches die oben

---

[370] Vgl. *Lieb*, Der Arbeitskampf im öffentlichen Dienst, S. 479 f.

[371] S.o. unter Abschnitt D.II.1.

[372] BVerfG 02.03.1993, AP Nr. 126 zu Art. 9 GG Arbeitskampf (C.II.2.b).

[373] Zuletzt ArbG Bonn 26.05.2015 – 3 Ga 18/15, juris (Rn. 28ff.); hierzu ausführlich *Blattner*, BB 2015, 2037 (2038ff.); s. auch ErfK/*Linsenmaier*, Art. 9 GG Rn. 155.

[374] *Blattner*, BB 2015, 2037 (2040).

[375] BVerfG 02.03.1993, AP Nr. 126 zu Art. 9 GG Arbeitskampf (C.II.2.b).

[376] Ähnlich HWK/*Hergenröder*, Art. 9 GG Rn. 321; ErfK/*Linsenmaier*, Art. 9 GG Rn. 151 jeweisl mit Hinweis auf die staatliche Neutralitätspflicht.

[377] I.E. auch *Rudkowski*, Der Streik in der Daseinsvorsorge, S. 134.

[378] Erinnert sei nur an die Flugzeugkollision am 5. März 1973 über der französischen Stadt Nantes, nachdem die Aufgaben der Flugsicherung aufgrund des Streiks von Fluglotsen dem Militär übertragen wurden. Mehr dazu *BEA*, Rapport final de la Commission d'Enquête sur la collision du DC 9 EC-BII de la Compagnie Iberia et du Coronado EC-BJC de la Compagnie Spantax, abrufbar unter http://asndata.aviation-safety.net/reports/1973/19730305-2_DC93_EC-BII.pdf (zuletzt abgerufen am 20.03.2016).

[379] *Hänsle*, Streik und Daseinsvorsorge, S. 727, 732, 734.

erwähnten notwendingen Fachkenntnisse und Erfahrung in Einzelbereichen der Daseinsvorsorge vorweisen könne, auch wenn nur eingeschränkt. Als geeignete Einsatzkräfte werden etwa Soldaten im Sanitätsdienst, Fluglotsen der militärischen Flugsicherung oder auch die zahlreichen Helfer des Technischen Hilfswerks entsprechend ihren unterschiedlichen Einsatzoptionen genannt.[380] Dabei versucht *Hänsle*, Streikmaßnahmen in der Daseinsvorsorge unter die Tatbestandsmerkmale „besonders schwerer Unglücksfall" und „öffentlicher Notstand" i.S.v. Art. 35 Abs. 2 S. 2 GG und § 1 Abs. 2 Nr. 3 THW-G zu subsumieren, sofern anderweitige Maßnahmen - nämlich die Pflicht zu Notstandsrabeiten und zur Ankündigung - versagt hätten.[381]

Die richtige Leseart dieser beiden Bestimmungen zeigt allerdings, dass es sich hierbei um sog. „Katastrophennotstandsregelungen"[382] handelt, welche die Grundlagen für das Ersuchen um Hilfeleistungen im Rahmen der Amtshilfe[383] einerseits sowie für die Anforderung der Technischen Hilfe[384] andererseits bilden. Sie stellen dem Staat die Mittel zur Bekämpfung von Naturkatastrophen, öffentlichen Notständen und besonders schweren Unglückfällen[385] zur Verfügung, gewähren ihm jedoch keine Befugnis zur Abwehr von Streikmaßnahmen zu. Einer derartigen Befugnis stünde Art. 9 Abs. 3 S. 3 GG entgegen. Danach darf die Koalitionsfreiheit im Notstandsfall i.S.v. Art. 35 Abs. 2 und 3 GG keinen weiteren Beschränkungen als im Normalfall unterworfen sein.[386]

Soweit all diese Maßnahmen zum Schutz der Bürger bei Streiks in der Daseinsvorsorge als geeignet erscheinen, greifen sie tief in die Tarifautonomie ein. Dafür existieren mildere Mitteln. Insoweit sind derartige weitgehende staatliche Eingriffsbefugnisse abzulehnen.[387]

c) Suche nach Alternativen zu Arbeitsniederlegungen

Es wurde bereits darauf hingewiesen, dass kein *„numerus clausus"* zulässiger Arbeitskampfmittel vorgesehen ist. Auf Arbeitnehmerseite gilt der Streik als

---

380 *Hänsle*, Streik und Daseinsvorsorge, S. 727ff.

381 So *Hänsle*, Streik und Daseinsvorsorge, S. 730ff.

382 *Walus*, Katastrophenorganisationsrecht, S. 281.

383 Vgl. hierzu *Dietz*, DÖV 2012, 952 (953); noch ausführlicher v. Mangoldt/Klein/Starck/*von Danwitz*, Art. 35 GG Rn. 58, 68ff.

384 Darauf verweisend BGH 19.07.2007, VersR 2007, 1707 (Rn. 11).

385 Zu den einzelnen Begriffen siehe BVerfG 15.02.2006, NJW 2006, 751 (Rn. 98ff.); 03.07.2012, NVwZ 2012, 1239 (Rn. 42ff.); BMVg, Erlass über Hilfeleistungen der Bundeswehr bei Naturkatastrophen oder besonders schweren Unglücksfällen im Rahmen der dringenden Eilhilfe i.d.F. von 15.05.2013, Nr. 2-3; Sodan/*Leisner*, Art. 35 GG Rn. 5; v. Mangoldt/Klein/Starck/*von Danwitz*, Art. 35 GG Rn. 70.

386 *Jarass*/Pieroth, Art. 9 GG Rn. 54; *Sodan*, Art. 9 GG Rn. 31.

387 Bereits *Rudkowski*, Der Streik in der Daseinsvorsorge, S. 124ff.

das wichtigste und allgemein bekannte Arbeitskampfmittel. Seine Handhabung in Betrieben der Daseinsvorsorge führt aber zu erheblichen Beeinträchtigungen für Drittbetroffene. Die vorstehenden Ausführungen haben deshalb mögliche Lösungsansätze zur Vermeidung bzw. zur Milderung derartiger Folgen skizziert. Einige haben sich aus den dargelegten Gründen allerdings als nicht durchführbar erwiesen.

In diesem Zusammenhang stellt sich deshalb auch die Frage, ob angemessene Alternativen zum Streik insbesondere im Bereich der Daseinsvorsorge geschaffen werden könnten. Bis dato greifen Gewerkschaften lediglich auf verschleierte Formen der Arbeitsniederlegung zurück, wenn sie keinen Streik im herkömmlichen Sinne durchführen möchten. Diese atypischen Kampfmaßnahmen wurden zum Schutz der Bürger allerdings abgelehnt. In der Literatur gibt es deshalb Überlegungen, „rein monetäre Arbeitskämpfe“[388] oder auch „positive Streiks“[389] in Betrieben der Daseinvorsorge zu schaffen. Diesen soll in der Praxis eine dem Streikverbot ähnliche Funktion zukommen, indem Streiks als Arbeitsniederlegung *de lege ferenda* ausgeschlossen würden.

aa) Schaffung von „monetären Arbeitskämpfen“

Durch die sog. „monetären Arbeitskämpfe“ sollte den Gewerkschaften ein neues Kampfmittel – „Monetarstreik“ – zur Verfügung gestellt werden, mit dem sie der Arbeitgeberseite finanziellen Schaden zufügen würden, ohne die Arbeit niederzulegen. Dies lasse sich durch die Einführung einer sog. „Betriebspflicht“ für beide Arbeitskampfparteien und einer „Zahlungspflicht des Arbeitgebers in Höhe der Tageseinnahmen zugunsten gemeinnütziger Zwecke“ ermöglichen.[390] Gemeint sind damit offenbar eine Pflicht des Arbeitgebers zur Fortführung des Betriebes und die daraufhin begründete Gegenpflicht der Arbeitnehmer, die vertraglichen geschuldeten Leistungen zu erbringen. Der Vergütungsanspruch letzterer falle trotz bestehender Arbeitspflicht weg, der Arbeitgeber unterliege aber stattdessen der erwähnten Zahlungspflicht zugunsten gemeinnütziger Zwecke. Damit stehe die Arbeitgeberseite genauso unter Druck wie dies im Falle einer richtigen Arbeitsniederlegung der Fall wäre. Die Allgemeinheit dagegen sei geschont. Entsprechendes gälte für eine eventuelle „monetäre Aussperrung“ der Arbeitnehmer.[391]

---

388 Ausführlich dazu *Ziebarth*, ArbR 2015, 122 (122ff.).
389 *Godet*, Le courage du bon sens, S. 36.
390 So *Ziebarth*, ArbR 2015, 122 (124).
391 *Ziebarth*, ArbR 2015, 122 (124 f.).

Dieser Ansatz scheint im Grundsatz einiges für sich zu haben. Er wirkt darauf hin, das Recht der Arbeitnehmer zur Durchführung von Kampfmaßnahmen mit entgegenstehenden Grundrechten eventueller Drittbetroffene in besonderer Weise im Einklang zu bringen. Zwar stellt er einen Eingriff in die zur Koalitionsfreiheit gezählte Arbeitskampfmittelfreiheit dar. Im Ergebnis verhindert er dennoch keine Arbeitskämpfe und kommt gleichzeitig der Allgemeinheit in doppelter Hinsicht zugute. Zunächst dient er dem Schutz der Bürger vor Streikfolgen. Weiterhin schafft er eine Finanzierungsquelle für gemeinnützige Vorhaben.

Die Durchsetzbarkeit eines derartigen Kampfmittels gibt allerdings zu denken. Abgesehen von den praktischen Schwierigkeiten wie etwa der Bestimmung von Tageseinnahmen, wirft es rechtlich zahlreiche Fragen auf: Wer bezahlt die Arbeitnehmer während eines „monetären Arbeitkampfes"? Lässt sich die „Betriebspflicht" für Arbeitnehmer bei „monetären Aussperrung" mit Art. 12 Abs. 2 GG vereinbaren? Ist dem Arbeitgeber im letzteren Falle zuzumuten, seinen Betrieb aufrechtzuerhalten und dabei entsprechende Kosten zu tragen?

Zunächst ist daran zu erinnern, dass Arbeitnehmer ihren Vergütungsanspruch bei Arbeitsniederlegung verlieren.[392] Die dadurch entstandenen Lohneinbußen werden durch die Streikkasse der Gewerkschaften ausgeglichen.[393] Im Fall des *monetären Streiks* wird aber Arbeit geleistet. Trotzdem kann der Arbeitgeber keinen Lohn bezahlen, da er bereits finanzielle Einbuße zu tragen hat. Wenn aber die Streikkasse in Anspruch genommen wird, stellt sich weiterhin die Frage, warum die „Streikenden" überhaupt zur Arbeit verpflichtet werden. Besonders problematisch ist eine derartige Arbeitspflicht bei der „monetären Aussperrung". Nicht nur kommt sie der Zwangsarbeit gleich und ist daher verfassungswidrig, sondern sie entzieht den Arbeitnehmern ihren Vergütungsanspruch trotz bestehender Arbeitspflicht. Weder der Arbeitgeber noch die Streikkasse können den Vergütungsanspruch erfüllen. Schließlich sieht sich der Arbeitgeber in seinem Eigentumsrecht nach Art. 14 Abs. 1 GG beeinträchtigt. Mit der klassischen Aussperrung hat er lediglich den Gewinnverlust (*lucrum cessans*) hinzunehmen. Produktionskosten werden jedoch gesparrt. Dies ist aber nicht der Fall bei der oben geschilderten Alternative. Insoweit stellt der „monetäre Arbeitkampf" keine taugliche und angemessene Alternative zum Streik dar und kann daher nicht weiter verfolgt werden.

---

392 Vgl. *Gamillscheg*, Kollektives Arbeitsrecht, S. 1188 f.

393 Dazu *Rieble*, ZAF 2005, 218 (219).

bb) Einführung „positiver Streiks"

Mit der Einführung der sog. „positiven Streiks" im Bereich der Daseinsvorsorge sollen Arbeitnehmer lebenswichtige Güter und Dienstleistungen unentgeltlich erbringen, so dass allein der Arbeitgeber als gezielter Kampfgegner finanzielle Einbuße zu tragen habe. Damit hätten die Gewerkschaften die Möglichkeit, ihre tariflichen Forderungen gegenüber der Arbeitgeberseite durchzusetzen, ohne dass die Allgemeinheit in Mitleidenschaft gezogen würde.[394]

Diese Alternative zu Arbeitsniederlegungen scheint ein tauglicher Kompromiss zwischen Streikrecht und weiteren verfassungsrechtlich geschützten Grundrechten zu sein. Für Gewerkschaften stellt sie ein schlagkräftiges Arbeitskampfmittel dar, welches die Arbeitgeberseite doppelt belastet und somit diese zum Nachgeben zwingen könnte. Dagegen würden Bürger zweifach begünstigt: sie würden nicht nur von Streiks verschont, sondern sie profitierten auch insoweit, als sie beispielsweise öffentliche Verkehrsmittel arbeitskampfbedingt unentgeltlich nutzen könnten.

Wenn auch dieser Ansatz lukrativ für die Bürger erscheinen mag, bestehen bei seiner Umsetzung ähnliche Einwände wie bei der Bewertung des „monetären Streiks". Zu den Einwänden gehört unter anderem die Frage, ob der Gesetzgeber einen bestreikten Arbeitgeber verpflichten darf, neben den zu entstehenden *streikbedingten* Gewinneinbußen auch Betriebskosten für die kostenlosen erbrachten Leistungen zu Gunsten der Allgemeinheit zu tragen. Für einen derartigen Eingriff in die Unternehmensfreiheit und in das Eigentumsrecht des Arbeitgebers ist eine entsprechende Rechtsfertigung notwendig. Dies lässt sich in dem vorliegenden Lösungsansatz dennoch nicht feststellen. Weitere Schwierigkeiten bestehen bei der Organisation der Arbeit von „Streikenden", da die Grundverpflichtungen der Arbeitsvertragsparteien während eines Arbeitskampfes ruhen. Insbesondere stellt sich die Frage, ob die betroffenen Arbeitnehmer ihre üblichen Tätigkeiten ohne Gegenleistung tatsächlich wahrnehmen würden. Im Ergebnis sind auch die positiven Streiks als Alternative zu Arbeitsniederlegungen abzulehnen.

IV. Zwischenergebnis

Die Überlegung zur Fortentwicklung des deutschen Streikrechts in Hinsicht auf den Schutz der Bevölkerung vor streikbedingten Beeinträchtigungen der

394 So *Godet*, Le courage du bon sens, S. 36; ähnlich *Hufen*, NZA 2014, 1237 (1240) mit Verweis in der Fn. 43 auf das „Schweizer Modell von Arbeitskämpfen ohne Streiks".

Daseinsvorsorge beruht auf Schwächen, welche der Konkretisierung des Verhältnismäßigkeitsgrundsatzes in der bisherigen Rechtsprechung der Arbeitsgerichte zu entnehmen sind. Insoweit ist eine Verschärfung geboten. Diese ließe sich zwar durch eine Änderung der Rechtsprechung erreichen. Sie hat aber mit Blick auf die sog. Wesentlichkeitstheorie sowie den Grundsatz der Rechtssicherheit gesetzlich zu erfolgen.

Derartige gesetzliche Regelungen dienen der Ausgestaltung der Koalitionsfreiheit und stellen als solche keinen Eingriff in Art. 9 Abs. 3 GG dar. Selbst wenn ein Eingriff vorläge, wäre er aus zwingenden Gründen des Gemeinwohls als gerechtfertigt und daher als zulässig anzusehen. Weder das geltende Beamtenstreikverbot noch die unwahrscheinliche Gefahr eines Versorgungsmangels machten ein Gesetz entbehrlich. Der Gesetzgeber kann sich an den bislang von der Wissenschaft erarbeiteten Konzepten orientieren, wobei er auf eine eigenständige arbeitskampfrechtliche Regelung abstellen sollte, und nicht auf einen Umweg über das Tarifrecht.[395] Empfehlenswert wäre die Normierung verfahrensrechtlicher Regelungen wie sie im Gesetzentwurf von *Franzen/Thüsing/Waldhoff*[396] vorgeschlagen wurde.

Besonders relevant für den Schutz der Bevölkerung wären dabei die Pflicht zur Durchführung eines dem Arbeitskampf vorangehenden Schlichtungsverfahrens sowie die Pflicht zur Gewährleistung von Notstandsarbeiten[397], sofern die Schlichtung den Arbeitskampf nicht verhindern konnte. Teilweise nützlich kann je nach Branche auch eine Ankündigungspflicht sein. Weitere Anforderungen wie etwa eine Urabstimmung und Sonderregelungen für marktbeherrschende oder monopolartige Unternehmen, für tarifplurale Betriebe oder für Berufsgruppengewerkschaften sind entweder ungeeignet oder unzulässig und daher abzulehnen. Im Ergebnis hat man auf verhältnismäßige Einschränkungen statt auf absolute Streikverbote abzustellen. Diese Überlegungen entsprechen auch *mutatis mutandis* den internationalen Vorgaben über das Streikrecht.[398]

---

395 Ähnlich *Gaul*, ArbRB 2015, 15 (18).

396 S.o. unter Abschnitt D.I.2.b).

397 Kritisch *Scherer*, Grenzen des Streikrechts in den Arbeitsbereichen der Daseinsvorsorge, S. 125 f. Sie stellt auf eine „ordnungsgemäße Ausführung“ der der Daseinsvorsorge dienenden Tätigkeiten ab und spricht sich gegen eine Reduzierung dieser „in Form eines Minimums“ aus.

398 Vgl. nur *BIT*, Recueil 2006, Rn. 551ff.

F. Zusammenfassung

Bei Streiks in der Daseinsvorsorge werden „notwendige Dienstleistungen" und „höherrangige Rechtsgüter" berührt. Die fundamentale Bedeutung dieser Dienste und Güter für die alltägliche Existenzbewältigung der Bürger, die die Bundesrepublik Deutschland – unter besonderer Berücksichtigung des Sozialstaatsprinzips des Art. 20 Abs. 1 GG[1] – zu gewährleisten hat, stellt somit den Topos der vorliegenden Untersuchung dar.

Das Ziel dieser Arbeit bestand darin, einen Beitrag zur gegenwärtigen wissenschaftlichen und gesellschaftspolitischen Diskussion über die Grenzen des Streikrechts in Bereichen der Daseinsvorsorge in Deutschland zu leisten. Ausgehend von den Grundlagen der Koalitionsfreiheit einschließlich des Streikrechts stand die Problematik der Einschränkbarkeit des Streikrechts in der Daseinsvorsorge im Mittelpunkt. Die Bewertung der diesbezüglich geltenden Grundsätze warf die Frage auf, ob und inwieweit eine Fortentwicklung des deutschen Streikrechts in Hinsicht auf den Schutz der Bevölkerung in die Wege geleitet werden könnte. Eine rechtsvergleichende Zusammenschau der Arbeitskampfordnungen Frankreichs, Quebecs und der Demokratischen Republik Kongo hat dazu beigetragen, die Diskussion um die Erforderlichkeit der gewünschten Fortentwicklung des deutschen Streikrechts zu bereichern.

Im Einzelnen lässt sich festhalten, dass die Rechtmäßigkeit eines Streiks nach deutschem Verständnis nur in Bezug auf die Gewährleistung der Tarifautonomie zu ermitteln ist. Die der Tarifbezogenheit zugrundeliegenden Rechtmäßigkeitsvoraussetzungen von Streiks betreffen die Tariffähigkeit der Kampfparteien, die Zulässigkeit des verfolgten Ziels sowie die Beachtung der Friedenspflicht. Eine besondere Rolle bei der Ausübung des Streikrechts spielt auch der Grundsatz der Verhältnismäßigkeit. Demnach werden Streikmaßnahmen als rechtmäßig angesehen, wenn sie zur Erreichung des verfolgten Ziels geeignet, erforderlich und angemessen sind. Aus diesem Gebot ergeben sich nach bisheriger Rechtsprechung des BAG die allgemeinen Einschränkungen des Streikrechts.

Auf internationaler Ebene ist das Recht der Arbeitnehmer auf Durchführung von kollektiven Maßnahmen entweder als eigenständiges Grundrecht oder abgeleitet von der Vereinigungsfreiheit gewährleistet. Im Gegensatz zum deutschen Recht wird das Streikrecht im Völker- und Unionsrecht in ihrer Auslegung durch die zuständigen Spruchkörper weit erfasst. Dies wird an zwei Punkten deutlich: Erstens fehlt das in Deutschland anerkannte Erfordernis der Tarifbezogenheit eines Streiks. Zweitens wird das Streikrecht

---

1 *Rudkowski*, ZfA 2012, 467 (471).

grundsätzlich auch Beamten zugestanden. Allerdings werden Streikrechtseinschränkungen zugelassen, sofern sie gesetzlich vorgesehen und zum Schutze bestimmter Rechtsgüter notwendig sind.

Eine besondere Bedeutung erlangt die Problematik der Streikrechtseinschränkungen in Bereichen der Daseinsvorsorge. Dies lässt sich dadurch erklären, dass Daseinsvorsorge Betriebe und sonstige Einrichtungen umfasst, welche für die Bevölkerung lebenswichtige Güter und Dienstleistungen erbringen, wie etwa die Energie- und Wasserversorgung, die medizinische und pflegerische Versorgung, die Verkehrsdienstleistungen, Feuerwehr und Rettungsdienste, die Kinderbetreuung, etc. Darüber hinaus werden von Streiks in den betroffenen Betrieben Dritte härter getroffen als der eigentliche Kampfgegner. Schließlich erregt die zuletzt zu beobachtende Häufung von Tarifauseinandersetzungen in diesem Bereich große Besorgnis in der Bevölkerung.

Trotz dieser Besonderheiten unterliegen Streikmaßnahmen in der Daseinsvorsorge bisher den allgemeinen Einschränkungen, wie sie von der Rechtsprechung entwickelt wurden. Über die Frage, ob bei Streiks in Betrieben der Daseinsvorsorge besondere Grenzen zu setzen sind, gehen die Meinungen sowohl in der Rechtsprechung als auch im Schrifttum auseinander. Befürworter betonen den Schutz der von Streikfolgen betroffenen Dritten und stellen zum Teil auf Streikverbote und zum Teil auf Beschränkungen nach Maßgabe der praktischen Konkordanz ab. Bei der Rechtmäßigkeitsprüfung müssten demnach die Auswirkungen auf Dritte sowie der Schutz höherrangiger Rechtsgüter Berücksichtigung finden. Demgegenüber sei eine Verdrängung des Art. 9 Abs. 3 GG zur Gewährleistung der Daseinsvorsorge grundsätzlich abzulehnen. Die Schaffung eines Sonderstreikrechts sei entbehrlich, da sich die üblichen Grundsätze zur Einschränkung von Streiks als ausreichend erwiesen. Gemeint ist damit insbesondere das Verhältnismäßigkeitsprinzip einschließlich der aus der Rechtsprechung des BAG hergeleiteten Pflicht zur Durchführung von Notstandsarbeiten.

Die vorliegende Untersuchung kommt zu dem Ergebnis, dass der Schutz der Bevölkerung bestimmte Einschränkungen des Streikrechts rechtfertigen kann. Dabei gilt es stets, die konkreten Einzelfallumstände wie etwa die Art der betroffenen Betriebe und Einrichtungen, die Lebenswichtigkeit streikbedingt eingestellter Leistungen sowie die fehlenden bzw. eingeschränkten Ausweichmöglichkeiten zu berücksichtigen. Denn im Gegensatz zu Streiks in Bereichen außerhalb der Daseinsvorsorge ist hier mit einer Gefährdung höherrangiger Rechtsgüter zu rechnen. Allerdings erscheint ein absolutes und ausnahmsloses Streikverbot unverhältnismäßig, sofern mildere Mittel zu Verfügung stehen. Als solche kommen Maßnahmen in Betracht, mit denen versucht wird, die entgegenstehenden Grundrechte miteinander in Einklang zu bringen.

Bei der Prüfung solcher Maßnahmen verfügen die Gerichte allerdings über einen weiten Ermessensspielraum, der zu gegensätzlichen Entscheidungen der Instanzgerichte geführt hat. Auch die bisherige Entscheidungspraxis des BAG zum Arbeitskampfrecht unterliegt immer wieder Veränderungen. Den Dreh- und Angelpunkt dieser Rechtsprechung bildet der Verhältnismäßigkeitsgrundsatz. Dieser Grundsatz steht zwar als solcher außer Frage; seine Konkretisierung in der Ausgestaltung durch die Rechtsprechung zum Arbeitskampfrecht weist jedoch klare Schwächen auf. Dies spricht für eine Fortentwicklung geltender Grundsätze des deutschen Streikrechts.

Zwei Lösungsansätze wurden diskutiert: Zunächst könnte man auf eine Verschärfung der Verhältnismäßigkeitsprüfung durch eine Änderung der Rechtsprechung setzen. Mit Blick auf die sog. Wesentlichkeitstheorie sowie den Grundsatz der Rechtssicherheit ist aber ein Tätigwerden des Gesetzgebers erforderlich. Empfehlenswert wäre die Normierung verfahrensrechtlicher Regelungen, nämlich einer Ankündigungspflicht sowie einer Pflicht zur Durchführung des Schlichtungsverfahrens und zur Gewährleistung von Notstandsarbeiten.

Auch der Blick über die verschiedenen ausländischen Rechtsordnungen bestätigt die Geeignetheit dieses Ansatzes. Allerdings zeigen die Erfahrungen aus den betroffenen Ländern, dass gesetzliche Regelungen an sich allein kein Allheilmittel darstellen.[2] Vielmehr sind diese durch die Förderung der Kooperationskultur bei den Normadressaten zu ergänzen. In diesem Sinne hängt auch die Effektivität der gesetzlichen Regelungen über das Streikrecht in der Daseinsvorsorge zum großen Teil davon ab, inwieweit landesspezifische Umstände bei der Umsetzung einbezogen werden. Aufgrund der Bereitschaft zur Normbefolgung in Deutschland ist zu erwarten, dass die Normierung des Streikrechts in Bereichen der Daseinsvorsorge in der Bundesrepublik Deutschland effiziente Ergebnisse herbeiführen würde.

2 So etwa *Moussy*, Chronique ouvrière, 07.11.2007.

Anhänge

Anhang 1: Gesetzesvorschläge (Auswahl)

1. Gesetz zur Regelung kollektiver Arbeitskonflikte in der Daseinsvorsorge[1]

§ 1 Gesetzeszweck

(1) Zweck des Gesetzes ist die Regelung kollektiver Arbeitskonflikte in der Daseinsvorsorge.

(2) Kollektive Arbeitskonflikte sind Auseinandersetzungen mit dem Ziel, den Abschluss eines Tarifvertrags durchzusetzen oder abzuwenden.

(3) Soweit dieses Gesetz keine Regelung trifft, gelten die Rechtsgrundsätze des Arbeitskampfrechts sowie die übrigen Rechtsvorschriften des kollektiven Arbeitsrechts.

§ 2 Geltungsbereich

Zur Daseinsvorsorge im Sinne dieses Gesetzes gehören folgende Bereiche:
1. Medizinische und pflegerische Versorgung
2. Versorgung mit Energie und Wasser
3. Feuerwehr, Bestattung, Entsorgung
4. Landesverteidigung und innere Sicherheit
5. Verkehr
6. Erziehungswesen und Kinderbetreuung
7. Kommunikationsinfrastruktur
8. Versorgung mit Bargeld und Zahlungsverkehr

§ 3 Ankündigungspflicht

(1) Eine Arbeitskampfmaßnahme ist nur zulässig, wenn die Arbeitskampfpartei ihre Arbeitskampfmaßnahme vier Tage vor ihrem geplanten Beginn gegenüber der anderen Arbeitskampfpartei ankündigt. Dabei müssen der Ort, der Beginn und die Dauer der Arbeitskampfmaßnahme mitgeteilt werden.

(2) Die zum Arbeitskampf aufrufende Arbeitskampfpartei ist verpflichtet, die Öffentlichkeit in geeigneter Weise über den Arbeitskampf, insbesondere über die in Absatz 1 Satz 2 genannten Umstände, zu informieren.

§ 4 Aufrechterhaltung einer Grundversorgung

(1) Die Arbeitskampfparteien haben dafür zu sorgen, dass die zur Befriedigung der elementaren persönlichen, sozialen und öffentlichen Bedürfnisse erforderliche Grundversorgung aufrechterhalten wird. Die Arbeitskampfparteien haben die für die Sicherstellung der Grundversorgung erforderlichen Arbeitnehmer von Arbeitskampfmaßnahmen auszunehmen.

(2) Die Einzelheiten der Aufrechterhaltung einer Grundversorgung einschließlich der hierfür notwendigen Verfahrensregelungen im Falle der Nichteinigung bestimmen die Arbeitskampfparteien einvernehmlich. Falls keine Einigung zustandekommt, entscheidet

---

[1] Franzen/Thüsing/Waldhoff, Arbeitskampf in der Daseinsvorsorge, S. 134ff.

eine Einigungsstelle über den Umfang der Grundversorgung nach Absatz 1 verbindlich. Die Einigungsstelle kann von jeder Arbeitskampfpartei jederzeit angerufen werden.

(3) Die Einigungsstelle besteht aus der gleichen Anzahl von Beisitzern, die von den Arbeitskampfparteien auf Arbeitgeberseite und Arbeitnehmerseite bestellt werden, und einem unparteiischen Vorsitzenden, auf den sich beide Seiten einigen müssen. Kommt eine Einigung über die Person des Vorsitzenden nicht zustande, bestellt ihn das Landesarbeitsgericht, in dessen Bezirk der Arbeitskampf stattfindet oder stattfinden soll. Sind mehrere Landesarbeitsgerichtsbezirke betroffen, entscheidet das Bundesarbeitsgericht. Dasselbe gilt, wenn sich die Arbeitskampfparteien nicht über die Anzahl der Beisitzer einigen können. Die gerichtliche Entscheidung ergeht ohne die ehrenamtlichen Richter. Im Übrigen gilt § 98 Abs. 1 S. 3 bis 6 ArbGG entsprechend.

(4) Die Einigungsstelle hat unverzüglich tätig zu werden. Sie fasst ihre Beschlüsse mit der Mehrheit der Mitglieder nach mündlicher Beratung. Bei der Beschlussfassung hat sich der Vorsitzende zunächst der Stimme zu enthalten; kommt eine Stimmenmehrheit nicht zustande, nimmt der Vorsitzende nach weiterer Beratung an der erneuten Beschlussfassung teil. Die Einigungsstelle ist beschlussfähig, wenn die Mehrheit der Mitglieder einschließlich des Vorsitzenden an Beratung und Beschlussfassung teilnimmt. Die Beschlüsse der Einigungsstelle sind schriftlich niederzulegen, vom Vorsitzenden zu unterschreiben und den Arbeitskampfparteien zuzuleiten. Sie verlieren ihre Wirkung mit Abschluss des angestrebten Tarifvertrags.

(5) Eine Arbeitskampfmaßnahme ist nur zulässig, wenn die Arbeitskampfparteien über den Umfang der Grundversorgung einig sind oder ein Beschluss der Einigungsstelle nach Absatz 4 vorliegt.

§ 5 Urabstimmung

(1) Eine gewerkschaftliche Arbeitskampfmaßnahme ist nur zulässig, wenn mehr als 50% der teilnahmeberechtigten Mitglieder der Gewerkschaft an einer Urabstimmung teilgenommen und mehr als 50% der abstimmenden Mitglieder der Gewerkschaft der Arbeitskampfmaßnahme zugestimmt haben. Teilnahmeberechtigt sind nur die Mitglieder der Gewerkschaft, deren Arbeitsverhältnisse unter den Geltungsbereich des angestrebten Tarifvertrags fallen.

(2) Die Urabstimmung folgt den Grundsätzen der unmittelbaren, freien und geheimen Wahl. Die Gewerkschaft ist verpflichtet, das Ergebnis der Urabstimmung der anderen Arbeitskampfpartei sowie der Öffentlichkeit mitzuteilen.

(3) Die Satzung der Gewerkschaft regelt die Einzelheiten der Durchführung der Urabstimmung. Die Satzung der Gewerkschaft kann höhere Quoren als in Absatz 1 bestimmt vorsehen.

(4) Absätze 1 bis 3 gelten entsprechend für Arbeitskampfmaßnahmen der Arbeitgeberseite. Die Satzung des Arbeitgeberverbands kann das Stimmrecht seiner Mitglieder nach der wirtschaftlichen Bedeutung gewichten.

§ 6 Schlichtung

(1) Eine Arbeitskampfmaßnahme ist nicht zulässig während eines Schlichtungsverfahrens. Die Arbeitskampfparteien regeln die Einzelheiten des Schlichtungsverfahrens.

(2) Fehlt es an einer Vereinbarung über ein Schlichtungsverfahren, gelten die Absätze 3 bis 7 über die staatliche Schlichtung.

(3) Das staatliche Schlichtungsverfahren kann von jeder Arbeitskampfpartei nach Scheitern der Tarifvertragsverhandlungen eingeleitet werden.

(4) Das staatliche Schlichtungsverfahren wird von der beim Bundesministerium für Arbeit und Soziales gebildeten Bundesschlichtungsstelle geführt. Die Bundesschlichtungsstelle wird von einem Bundesschlichter geleitet, der im Einvernehmen mit dem Ausschuss nach § 5 Abs. 1 des Tarifvertragsgesetzes vom Bundesministerium für Arbeit und Soziales für eine Amtszeit von vier Jahren bestellt wird.

(5) Nach Einleitung des Schlichtungsverfahrens benennt jede Arbeitskampfpartei innerhalb von drei Tagen einen Beisitzer. Stehen mehrere Arbeitskampfparteien auf einer Seite des Arbeitskampfes, müssen sie sich auf die Person des Beisitzers einigen. § 2 Abs. 4 und 5 des Gesetzes über die Festsetzung von Mindestarbeitsbedingungen gelten entsprechend.

(6) Die Bundesschlichtungsstelle hat unverzüglich tätig zu werden. Sie fasst ihre Beschlüsse mit Stimmenmehrheit. Innerhalb von vier Wochen nach ihrem Zusammentreten formuliert die Bundesschlichtungsstelle einen Schlichtungsvorschlag. Dieser ist vom Vorsitzenden zu unterschreiben und den Arbeitskampfparteien zuzuleiten. Nehmen die Arbeitskampfparteien durch schriftliche Zustimmungserklärung gegenüber der Bundesschlichtungsstelle den Schlichtungsvorschlag innerhalb von zwei Wochen nach seinem Zugang an, gilt er als zwischen den Arbeitskampfparteien zustandegekommener formwirksamer Tarifvertrag.

(7) Das Schlichtungsverfahren endet mit Ablauf der zweiwöchigen Annahmefrist nach Absatz 6 Satz 5.

§ 7 Streik einer Berufsgruppengewerkschaft

Eine gewerkschaftliche Arbeitskampfmaßnahme ist unzulässig, wenn sie auf den Abschluss eines Tarifvertrags gerichtet ist, der bezogen auf seinen angestrebten räumlichen und betrieblichen Geltungsbereich weniger als 15% der Arbeitsverhältnisse erfassen würde. Strebt die Gewerkschaft den Abschluss eines Firmentarifvertrags oder unternehmensbezogenen Tarifvertrags an, tritt an die Stelle des räumlichen und betrieblichen Geltungsbereichs im Sinne des Satzes 1 das Unternehmen.

2. *Gesetz zur Regelung von Streiks in Betrieben der Daseinsvorsorge (Streikfolgenentlastungsgesetz – SfEG)*[2]

§ 1. Anwendungsbereich

(1) Dieses Gesetz findet auf diejenigen Teile von Betrieben der Daseinsvorsorge Anwendung, deren vollständiger oder teilweiser streikbedingter Ausfall die im öffentlichen Interesse liegende betriebliche Leistungserbringung wesentlich beeinträchtigen kann.

(2) Die Daseinsvorsorge im Sinne dieses Gesetzes umfasst folgende Bereiche:
a) Öffentlicher Personennahverkehr
b) Eisenbahnverkehr
c) Luftverkehr, Luftraumüberwachung
d) Seehäfen
a) Medizinische Notfallversorgung, Rettungsdienst

---

[2] Stegmüller, NZA 2015, 723 (724 f.).

b) Krankenhäuser
c) Feuerwehr, Katastrophenschutz
d) Energie- und Wasserversorgung
a) Müll- und Abwasserentsorgung
b) Versorgung mit Bargeld
c) allgemeiner Zahlungs- und Giroverkehr

§ 2. Ankündigungsfrist

(1) Kurzfristige Arbeitsniederlegungen (Warnstreiks) und Streiks in den in § 1 umschriebenen Betriebsteilen müssen mindestens 96 Stunden vorher nach Ort, Beginn, Dauer und voraussichtlichem Umfang gegenüber der Arbeitgeberseite schriftlich angekündigt werden (Ankündigungsfrist). Die Öffentlichkeit ist entsprechend über Presse oder Medien in einer Weise zu unterrichten, die Gewähr für eine angemessene öffentliche Wahrnehmung bietet. Streiks, die entgegen den Sätzen 1 oder 2 nicht rechtzeitig angekündigt wurden, sind unzulässig.

(2) Während der Ankündigungsfrist sind alle im Arbeitskampf von einer der beiden Tarifparteien gesetzten oder anderweitig zu beachtenden Fristen gehemmt.

§ 3. Warnstreiks und Schlichtung

(1) Warnstreiks sind in den in § 1 umschriebenen Betriebsteilen nur zulässig, wenn sie die Dauer von drei zusammenhängenden Arbeitsstunden je Arbeitswoche nicht überschreiten. Innerhalb eines Tarifkonflikts sind höchstens fünf Warnstreiks zulässig.

(2) Im Übrigen sind Streiks in den in § 1 umschriebenen Betriebsteilen nur zulässig, wenn zuvor ein Schlichtungsverfahren durchlaufen wurde. Beide Tarifparteien dürfen ihre Zustimmung zur Schlichtung nicht verweigern. Das Nähere, insbesondere zum Verfahren und zur Auswahl des Schlichters, ist von den Tarifparteien durch Schlichtungsabkommen zu regeln. Können sich die Tarifparteien nicht auf ein Schlichtungsabkommen oder einen Schlichter verständigen, regelt das Bundesministerium für Arbeit und Soziales das Schlichtungsverfahren durch Rechtsverordnung oder wählt den Schlichter aus.

(3) Das Schlichtungsergebnis kann seitens der Bundesregierung durch Allgemeinverfügung für verbindlich erklärt werden, wenn zwingende Gründe des öffentlichen Wohls dies geboten erscheinen lassen, insbesondere um unverhältnismäßige Schäden bei Dritten zu verhindern, die nicht Partner im Tarifkonflikt sind. Widerspruch und Anfechtungsklage gegen die Allgemeinverfügung haben keine aufschiebende Wirkung.

§ 4. Mindestversorgung

(1) Die Tarifparteien haben für den Fall eines Streiks oder Warnstreiks eine angemessene Mindestversorgung der Allgemeinheit mit der im öffentlichen Interesse liegenden betrieblichen Leistung zu vereinbaren. Die hierzu erforderliche Anzahl an Arbeitnehmern ist von Streikmaßnahmen auszunehmen. Vereinbarungen nach Satz 1 sind in geeigneter Weise zu veröffentlichen. Sie können durch keine der beiden Tarifparteien einseitig beendet oder gekündigt werden. Ein Streik, der eine nach Absatz 1 vereinbarte Mindestversorgung nicht beachtet, ist unzulässig.

(2) Solange es an einer Vereinbarung nach Absatz 1 fehlt, haben im Streikfall beide Tarifparteien für jeden von einem Streik ganz oder teilweise betroffenen Arbeitstag jeweils eine Ausgleichszahlung abzuführen. Die Zahlungen sind bei Betrieben nach § 1 II Nr. 1 Buchst. b bis c sowie Nr. 4 zu Gunsten des Bundes, in den übrigen Fällen zu Gunsten derjenigen Länder abzuführen, deren Gebiet von Streikmaßnahmen berührt wird; im

Verhältnis mehrerer streikbetroffener Länder gilt der Königsteiner Schlüssel. Die Höhe der Ausgleichszahlung wird durch Rechtsverordnung des Bundesministeriums für Arbeit und Soziales festgelegt.

§ 5. Tageweises Streikverbot

Für Betriebe nach § 1 II Nr. 1 kann für einzelne Tage durch Allgemeinverfügung ein Streikverbot ausgesprochen werden, wenn und soweit an diesen Tagen eine erhöhte Auslastung und damit ein verstärkter Bedarf für einen reibungslosen Ablauf des Verkehrs zu erwarten ist. Zeitweilige Streikverbote nach Satz 1 dürfen … *(x)* … Tage für jeden Arbeitnehmer jährlich nicht überschreiten. Zuständig ist … *(einsetzen: passende Bundesbehörde)* …, wenn relevante Streikauswirkungen zu erwarten wären, die über das Gebiet eines Landes hinausgingen und in allen übrigen Fällen die zuständige Landesbehörde. § 3 III 2 gilt entsprechend.

§ 6. Spannungs- und Verteidigungsfall

Im Spannungs- und Verteidigungsfall sind Streiks in allen der Landesverteidigung, Rüstung, Telekommunikation oder Lebensmittelversorgung dienenden Betrieben ausgeschlossen. Wer nach dem Arbeitssicherstellungsgesetz (ArbSG) verpflichtet oder Beschränkungen unterworfen worden ist, ist für die Dauer der Maßnahmen vom Streikrecht ausgeschlossen.

§ 7. Inkrafttreten

Dieses Gesetz tritt am Tag nach der Verkündung in Kraft. Abweichend von Satz 1 tritt § 4 II 1 und 2 am … *(einsetzen: passendes Datum, das deutlich nach demjenigen des Satzes 1 liegt)* … in Kraft.

Anhang 2: Einschlägige ausländische Rechtsvorschriften

1. Frankreich

a) Préambule de la Constitution du 27 octobre 1946

1. Au lendemain de la victoire remportée par les peuples libres sur les régimes qui ont tenté d'asservir et de dégrader la personne humaine, le peuple français proclame à nouveau que tout être humain, sans distinction de race, de religion ni de croyance, possède des droits inaliénables et sacrés. Il réaffirme solennellement les droits et libertés de l'homme et du citoyen consacrés par la Déclaration des droits de 1789 et les principes fondamentaux reconnus par les lois de la République.

2. Il proclame, en outre, comme particulièrement nécessaires à notre temps, les principes politiques, économiques et sociaux ci-après : [...]

6. Tout homme peut défendre ses droits et ses intérêts par l'action syndicale et adhérer au syndicat de son choix.

7. Le droit de grève s'exerce dans le cadre des lois qui le réglementent.

[...].

b) Constitution du 4 octobre 1958

Préambule

Le peuple français proclame solennellement son attachement aux Droits de l'homme et aux principes de la souveraineté nationale tels qu'ils ont été définis par la Déclaration de 1789, confirmée et complétée par le préambule de la Constitution de 1946, ainsi qu'aux droits et devoirs définis dans la Charte de l'environnement de 2004. [...]

Art. 5

Le Président de la République veille au respect de la Constitution. Il assure, par son arbitrage, le fonctionnement régulier des pouvoirs publics ainsi que la continuité de l'Etat. [...]

Art. 34

[...] La loi détermine les principes fondamentaux :
- de l'organisation générale de la défense nationale ;
- [...] ;
- du droit du travail, du droit syndical et de la sécurité sociale.

c) Code du travail

Deuxième partie : Les relations collectives du travail

Livre V : Les conflits collectifs

Titre I : Exercice du droit de grève

Chapitre I : Dispositions générales

Art. L. 2511-1

L'exercice du droit de grève ne peut justifier la rupture du contrat de travail, sauf faute lourde imputable au salarié.

Son exercice ne peut donner lieu à aucune mesure discriminatoire telle que mentionnée à l'article L. 1132-2, notamment en matière de rémunérations et d'avantages sociaux.

Tout licenciement prononcé en absence de faute lourde est nul de plein droit.

Chapitre II : Dispositions particulières dans les services publics

Art. L. 2512-1

Les dispositions du présent chapitre s'appliquent :

1° Aux personnels de l'Etat, des régions, des départements et des communes comptant plus de 10 000 habitants ;

2° Aux personnels des entreprises, des organismes et des établissements publics ou privés lorsque ces entreprises, organismes et établissements sont chargés de la gestion d'un service public.

Art. L. 2512-2

Lorsque les personnels mentionnés à l'article L. 2512-1 exercent le droit de grève, la cessation concertée du travail est précédée d'un préavis.

Le préavis émane d'une organisation syndicale représentative au niveau national, dans la catégorie professionnelle ou dans l'entreprise, l'organisme ou le service intéressé.

Il précise les motifs du recours à la grève.

Le préavis doit parvenir cinq jours francs avant le déclenchement de la grève à l'autorité hiérarchique ou à la direction de l'établissement, de l'entreprise ou de l'organisme intéressé. Il mentionne le champ géographique et l'heure du début ainsi que la durée limitée ou non, de la grève envisagée.

Pendant la durée du préavis, les parties intéressées sont tenues de négocier.

Art. L. 2512-3

En cas de cessation concertée de travail des personnels mentionnés à l'article L. 2512-1, l'heure de cessation et celle de reprise du travail ne peuvent être différentes pour les diverses catégories ou pour les divers membres du personnel intéressé.

Sont interdits les arrêts de travail affectant par échelonnement successif ou par roulement concerté les divers secteurs ou catégories professionnelles d'un même établissement ou service ou les différents établissements ou services d'une même entreprise ou d'un même organisme.

Titre II : Procédures de règlement des conflits collectifs

Art. L. 2521-1

Les dispositions du présent titre s'appliquent aux employeurs de droit privé ainsi qu'à leurs salariés.

Elles sont également applicables :

1° Aux établissements publics à caractère industriel et commercial ;

2° Aux établissements publics assurant à la fois une mission de service public à caractère administratif et à caractère industriel et commercial, lorsqu'ils emploient du personnel dans les conditions du droit privé.

Art. L. 2521-2

Les conflits collectifs intervenant entre les salariés et les employeurs mentionnés à l'article L. 2521-1 font l'objet de négociations soit lorsque les conventions ou accords collectifs applicables comportent des dispositions à cet effet, soit lorsque les parties intéressées en prennent l'initiative.

Art. L. 2522-1

Tous les conflits collectifs de travail peuvent être soumis aux procédures de conciliation.

Les conflits qui, pour quelque raison que ce soit, n'ont pas été soumis à une procédure conventionnelle de conciliation établie soit par la convention ou l'accord collectif de travail, soit par un accord particulier, peuvent être portés devant une commission nationale ou régionale de conciliation.

[...]

d) Code des transports

Première partie : Dispositions communes

Livre I : Le droit au transport

Titre I : Dispositions générales

Chapitre I : Principes

Chapitre II : L'accès des personnes handicapées (...)

Chapitre III : L'accès des personnes défavorisées aux transports

Chapitre IV : Dispositions relatives au droit à l'information des passagers du transport aérien

Art. L. 1114-1

Le présent chapitre est applicable, lorsqu'ils concourent directement à l'activité de transport aérien de passagers, aux entreprises, établissements ou parties d'établissement qui exercent une activité de transport aérien ou qui assurent les services d'exploitation d'aérodrome, de la sûreté aéroportuaire, de secours et de lutte contre l'incendie, de lutte contre le péril animalier, de maintenance en ligne des aéronefs ainsi que les services d'assistance en escale comprenant le contrôle du chargement, des messages et des télécommunications, le traitement, le stockage, la manutention et l'administration des unités de chargement, l'assistance aux passagers, l'assistance des bagages, l'assistance des opérations en piste, l'assistance du nettoyage et du service de l'avion, l'assistance du carburant et de l'huile, l'assistance d'entretien en ligne, l'assistance des opérations aériennes et de l'administration des équipages, l'assistance du transport au sol et l'assistance du service du commissariat.

Art. L. 1114-2

Sans préjudice des dispositions de l'article L. 2512-2 du code du travail, dans les entreprises, établissements ou parties d'établissement entrant dans le champ d'application du présent chapitre, l'employeur et les organisations syndicales représentatives peuvent engager des négociations en vue de la signature d'un accord-cadre organisant une procédure de prévention des conflits et tendant à développer le dialogue social. En application de cet accord, l'exercice du droit de grève ne peut intervenir qu'après une négociation préalable entre l'employeur et la ou les organisations syndicales représentatives qui envisagent de recourir au droit de grève. L'accord-cadre fixe les règles d'organisation et de déroulement de cette négociation. [...]

Art. L. 1114-3

En cas de grève et pendant toute la durée du mouvement, les salariés dont l'absence est de nature à affecter directement la réalisation des vols informent, au plus tard quarante-huit heures avant de participer à la grève, le chef d'entreprise ou la personne désignée par lui de leur intention d'y participer.

Le salarié qui a déclaré son intention de participer à la grève et qui renonce à y participer en informe son employeur au plus tard vingt-quatre heures avant l'heure prévue de sa participation à la grève afin que celui-ci puisse l'affecter. Cette information n'est pas requise lorsque la grève n'a pas lieu ou lorsque la prise du service est consécutive à la fin de la grève.

Le salarié qui participe à la grève et qui décide de reprendre son service en informe son employeur au plus tard vingt-quatre heures avant l'heure de sa reprise afin que ce dernier puisse l'affecter. Cette information n'est pas requise lorsque la reprise du service est consécutive à la fin de la grève. [...]

Livre II : Les principes directeurs de l'organisation des transports

Titre I : La coordination des autorités publiques

Titre II : L'organisation des services de transport public de personnes

Chapitre I : Principes généraux

Chapitre II : La continuité du service en cas de perturbation prévisible de trafic

Art. L. 1222-1

Les dispositions du présent chapitre sont applicables aux services publics de transport terrestre régulier de personnes à vocation non touristique, hors transport fluvial.

Art. L. 1222-2

Après consultation des usagers lorsqu'il existe une structure les représentant, l'autorité organisatrice de transport définit les dessertes prioritaires en cas de perturbation prévisible du trafic.

Sont réputées prévisibles les perturbations qui résultent :

1° De grèves ;

2° ... ;

3° ... ;

4° ... ;

5° ...

Art. L. 1222-3

Pour assurer les dessertes prioritaires, l'autorité organisatrice de transports détermine différents niveaux de service en fonction de l'importance de la perturbation.

Pour chaque niveau de service, elle fixe les fréquences et les plages horaires. Le niveau minimal de service doit permettre d'éviter que soit portée une atteinte disproportionnée à la liberté d'aller et venir, à la liberté d'accès aux services publics, à la liberté du travail, à la liberté du commerce et de l'industrie et à l'organisation des transports scolaires. Il correspond à la couverture des besoins essentiels de la population. Il doit également garantir l'accès au service public de l'enseignement les jours d'examens nationaux. Il prend en compte les besoins particuliers des personnes à mobilité réduite. Les priorités de desserte et les différents niveaux de service sont rendus publics.

Art. L. 1222-4

L'entreprise de transports élabore :

1° Un plan de transports adapté aux priorités de desserte et aux niveaux de service définis par l'autorité organisatrice de transports, qui précise, pour chaque niveau de service, les plages horaires et les fréquences à assurer ;

2° Un plan d'information des usagers qui permet de donner à ceux-ci les informations prévues à l'article L. 1222-8.

Après consultation des institutions représentatives du personnel, elle soumet ces plans à l'approbation de l'autorité organisatrice de transports.

Art. L. 1222-7

Dans les entreprises de transports, l'employeur et les organisations syndicales représentatives concluent un accord collectif de prévisibilité du service applicable en cas de perturbation prévisible du trafic.

L'accord collectif de prévisibilité du service recense, par métier, fonction et niveau de compétence ou de qualification, les catégories d'agents et leurs effectifs ainsi que les moyens matériels, indispensables à l'exécution, conformément aux règles de sécurité en vigueur applicables à l'entreprise, de chacun des niveaux de service prévus dans le plan de transports adapté.

Il fixe les conditions dans lesquelles, en cas de perturbation prévisible, l'organisation du travail est révisée et les personnels disponibles réaffectés afin de permettre la mise en œuvre du plan de transports adapté. En cas de grève, les personnels disponibles sont les personnels de l'entreprise non-grévistes.

A défaut d'accord applicable, un plan de prévisibilité est défini par l'employeur. Un accord collectif de prévisibilité du service qui entre en vigueur s'applique en lieu et place du plan de prévisibilité.

L'accord ou le plan est notifié au représentant de l'Etat et à l'autorité organisatrice de transports.

Livre III : Réglementation sociale du transport

Titre I : Principes

Titre II : Dispositions particulières aux entreprises de transport

Chapitre I : Durée du travail (...)

Chapitre II : Durée du travail et temps de repos (...)

Chapitre III : Aptitude à la conduite

Chapitre IV : Dialogue social, prévention des conflits collectifs et exercice du droit de grève

Art. L. 1324-1

Sans préjudice des dispositions du chapitre II du titre Ier du livre V de la deuxième partie du code du travail, les dispositions du présent chapitre sont applicables aux services publics de transport terrestre régulier de personnes à vocation non touristique.

Art. L. 1324-2

Dans les entreprises de transport entrant dans la [*sic*] champ d'application du présent chapitre, l'employeur et les organisations syndicales représentatives engagent des négociations en vue de la signature, avant le 1er janvier 2008, d'un accord-cadre organisant une procédure de prévention des conflits et tendant à développer le dialogue social. Dans ces entreprises, le dépôt d'un préavis de grève ne peut intervenir qu'après une négociation préalable entre l'employeur et la ou les organisations syndicales représentatives qui envisagent de déposer le préavis. L'accord-cadre fixe les règles d'organisation et de déroulement de cette négociation. Ces règles doivent être conformes aux conditions posées à l'article L. 1324-5. Le présent article s'applique sans préjudice des dispositions de l'article L. 2512-2 du code du travail.

Art. L. 1324-3

Un accord de branche organise une procédure de prévention des conflits et tend à développer le dialogue social. Cet accord de branche fixe les règles d'organisation et de déroulement de la négociation préalable mentionnée à l'article L. 1324-2. Ces règles doivent être conformes aux dispositions de l'article L. 1324-5. L'accord de branche s'applique dans les entreprises de transport où aucun accord-cadre n'a pu être signé. L'accord-cadre régulièrement négocié s'applique, dès sa signature, en lieu et place de l'accord de branche.

Art. L. 1324-4

Un décret en Conseil d'Etat pris après consultation des organisations syndicales représentatives des employeurs et des salariés des secteurs d'activité concernés fixe les règles d'organisation et de déroulement de la négociation préalable mentionnée au premier alinéa dans les entreprises de transport où, à la date du 1er janvier 2008, aucun accord-cadre n'a pu être signé et aucun accord de branche ne s'applique. Les règles d'organisation et de déroulement ainsi prévues respectent les conditions posées par l'article L. 1324-5. L'accord de branche ou l'accord-cadre régulièrement négocié après cette date s'applique, dès sa signature, en lieu et place de ce décret.

Art. L. 1324-6

Lorsqu'un préavis a été déposé dans les conditions prévues à l'article L. 2512-2 du code du travail par une ou plusieurs organisations syndicales représentatives, un nouveau préavis ne peut être déposé par la ou les mêmes organisations et pour les mêmes motifs qu'à l'issue du délai du préavis en cours et avant que la procédure prévue à la présente section n'ait été mise en œuvre.

Art. L. 1324-7

En cas de grève, les salariés relevant des catégories d'agents mentionnées dans l'accord collectif ou le plan de prévisibilité prévus à l'article L. 1222-7 informent, au plus tard quarante-huit heures avant de participer à la grève, le chef d'entreprise ou la personne désignée par lui de leur intention d'y participer. Les informations issues de ces déclarations individuelles ne peuvent être utilisées que pour l'organisation du service durant la grève. Elles sont couvertes par le secret professionnel. Leur utilisation à d'autres fins ou leur communication à toute personne autre que celles désignées par l'employeur comme étant chargées de l'organisation du service est passible des peines prévues à l'article 226-13 du code pénal.

Le salarié qui a déclaré son intention de participer à la grève et qui renonce à y participer en informe son employeur au plus tard vingt-quatre heures avant l'heure prévue de sa participation à la grève afin que ce dernier puisse l'affecter dans le cadre du plan de transport. Cette information n'est pas requise lorsque la grève n'a pas lieu ou lorsque la prise du service est consécutive à la fin de la grève.

Le salarié qui participe à la grève et qui décide de reprendre son service en informe son employeur au plus tard vingt-quatre heures avant l'heure de sa reprise afin que ce dernier puisse l'affecter dans le cadre du plan de transport. Cette information n'est pas requise lorsque la reprise du service est consécutive à la fin de la grève. (...).

Art. L. 1324-10

Au-delà de huit jours de grève, l'employeur, une organisation syndicale représentative ou le médiateur éventuellement désigné peut décider l'organisation par l'entreprise d'une consultation, ouverte aux salariés concernés par les motifs figurant dans le préavis, et portant sur la poursuite de la grève. Les conditions du vote sont définies, par l'employeur, dans les vingt-quatre heures qui suivent la décision d'organiser la consultation. L'employeur en informe l'inspecteur du travail. La consultation est assurée dans des conditions garantissant le secret du vote. Son résultat n'affecte pas l'exercice du droit de grève.

Art. L. 1324-11

La rémunération d'un salarié participant à une grève, incluant le salaire et ses compléments directs et indirects, à l'exclusion des suppléments pour charges de famille, est réduite en fonction de la durée non travaillée en raison de la participation à cette grève.

Partie réglementaire

Première partie : Dispositions communes

Livre I : Le droit au transport

Livre II : Les principes directeurs de l'organisation des transports

Livre III : Réglementation sociale du transport

Titre I : Principes

Titre II : Dispositions particulières aux entreprises de transport

Chapitre I : Durée du travail, travail de nuit (...)

Chapitre II : Durée du travail et temps de repos (...)

Chapitre III : Aptitude à la conduite

Chapitre IV : Dialogue social, prévention des conflits collectifs et exercice du droit de grève

Art. R. 1324-1

A défaut de conclusion de l'accord-cadre mentionné à l'article L. 1324-2, l'organisation et le déroulement de la négociation préalable sont ceux prévus par le présent chapitre.

Art. R. 1324-2

L'organisation syndicale représentative qui notifie à l'employeur les motifs pour lesquels elle envisage de déposer un préavis de grève conformément à l'article L. 2512-2 du code du travail procède à cette notification par remise en main propre contre décharge ou par tout autre moyen permettant d'attester la date de remise à l'autorité hiérarchique ou à la direction de l'établissement, de l'entreprise ou de l'organisme.

La notification comporte les mentions, assorties des précisions utiles, des revendications qui ont conduit l'organisation syndicale à envisager le recours à la grève, ainsi que les catégories d'agents et les services ou les établissements concernés par ces revendications.

Art. R. 1324-4

L'employeur et les organisations syndicales représentatives disposent d'une durée de huit jours francs à compter de la notification pour mener à son terme la négociation préalable. (...)

e) Code général des collectivités territoriales

Art. L. 2215-1

La police municipale est assurée par le maire, toutefois :

1° ...

2° ...

3° ...

4° En cas d'urgence, lorsque l'atteinte constatée ou prévisible au bon ordre, à la salubrité, à la tranquillité et à la sécurité publiques l'exige et que les moyens dont dispose le préfet ne permettent plus de poursuivre les objectifs pour lesquels il détient des pouvoirs de police, celui-ci peut, par arrêté motivé, pour toutes les communes du département ou plusieurs ou une seule d'entre elles, réquisitionner tout bien ou service, requérir toute personne nécessaire au fonctionnement de ce service ou à l'usage de ce bien et prescrire toute mesure utile jusqu'à ce que l'atteinte à l'ordre public ait pris fin ou que les conditions de son maintien soient assurées. (...)

f) Code de l'éducation

Art. L. 133-1

Tout enfant scolarisé dans une école maternelle ou élémentaire publique ou privée sous contrat est accueilli pendant le temps scolaire pour y suivre les enseignements prévus par les programmes. Il bénéficie gratuitement d'un service d'accueil lorsque ces enseignements ne peuvent lui être délivrés en raison de l'absence imprévisible de son professeur et de l'impossibilité de le remplacer. Il en est de même en cas de grève, dans les conditions prévues aux articles L. 133-3 à L. 133-12.

Art. L. 133-2

Afin de prévenir les conflits, un préavis de grève concernant les personnels enseignants du premier degré des écoles publiques ne peut être déposé par une ou plusieurs organisations syndicales représentatives qu'à l'issue d'une négociation préalable entre l'Etat et ces mêmes organisations.

Les règles d'organisation et de déroulement de cette négociation préalable sont fixées par un décret en Conseil d'Etat qui détermine notamment :

1° Les conditions dans lesquelles une organisation syndicale représentative procède à la notification à l'autorité administrative des motifs pour lesquels elle envisage de déposer un préavis de grève conformément à l'article L. 2512-2 du code du travail ;

2° Le délai dans lequel, à compter de cette notification, l'autorité administrative est tenue de réunir les organisations syndicales représentatives qui ont procédé à la notification. Ce délai ne peut dépasser trois jours ;

3° La durée dont l'autorité administrative et les organisations syndicales représentatives qui ont procédé à la notification disposent pour conduire la négociation préalable mentionnée au I. Cette durée ne peut excéder huit jours francs à compter de cette notification ;

4° Les informations qui doivent être transmises par l'autorité administrative aux organisations syndicales représentatives qui ont procédé à la notification en vue de favoriser la réussite du processus de négociation, ainsi que le délai dans lequel ces informations doivent être fournies ;

5° Les conditions dans lesquelles la négociation préalable entre les organisations syndicales représentatives qui ont procédé à la notification et l'autorité administrative se déroule ;

6° Les modalités d'élaboration du relevé de conclusions de la négociation préalable ainsi que les informations qui doivent y figurer ;

7° Les conditions dans lesquelles les enseignants du premier degré sont informés des motifs du conflit, de la position de l'autorité administrative et de la position des organisations syndicales représentatives qui ont procédé à la notification ainsi que les conditions dans lesquelles ils reçoivent communication du relevé de conclusions de la négociation préalable.

Lorsqu'un préavis de grève concernant les personnels enseignants des écoles maternelles et élémentaires publiques a été déposé dans les conditions prévues par l'article L. 2512-2 du code du travail par une ou plusieurs organisations syndicales représentatives, un nouveau préavis ne peut être déposé par la ou les mêmes organisations et pour les mêmes motifs qu'à l'issue du délai du préavis en cours et avant que la procédure prévue aux I et II du présent article n'ait été mise en œuvre.

Art. L. 133-4

Dans le cas où un préavis de grève a été déposé dans les conditions prévues par l'article L. 2512-2 du code du travail et en vue de la mise en place d'un service d'accueil, toute personne exerçant des fonctions d'enseignement dans une école maternelle ou élémentaire publique déclare à l'autorité administrative, au moins quarante-huit heures, comprenant au moins un jour ouvré, avant de participer à la grève, son intention d'y prendre part. (...).

Art. L. 133-11

Un préavis de grève concernant les personnels enseignants des écoles maternelles et élémentaires privées sous contrat ne peut être déposé par une ou plusieurs organisations syndicales représentatives qu'à l'issue d'une négociation préalable entre ces organisations et l'Etat lorsque les revendications professionnelles qui motivent le préavis relèvent du pouvoir de décision de ce dernier. La négociation est soumise aux règles d'organisation et de déroulement fixées au II de l'article L. 133-2.

Le III du même article est applicable aux préavis de grève déposés par les organisations syndicales mentionnées à l'alinéa précédent.

Art. L. 133-12

[...] Dans le cas où un préavis de grève a été déposé dans les conditions prévues par l'article L. 2512-2 du code du travail et en vue de la mise en place d'un service d'accueil, toute personne exerçant des fonctions d'enseignement dans une école maternelle ou élémentaire privée sous contrat déclare au chef d'établissement, au moins quarante-huit heures, comprenant au moins un jour ouvré, avant de participer à la grève, son intention d'y prendre part. Le chef d'établissement communique sans délai à l'organisme de gestion de l'école le nombre de personnes ayant fait cette déclaration. L'article L. 133-5 du présent code est applicable aux informations issues des déclarations individuelles. (...)

g) Code de la défense

Art. L. 2212-1

Dans les cas prévus à l'article L. 1111-2, les hommes non appelés au titre du service militaire ou du service de sécurité nationale peuvent être requis à titre individuel ou collectif, dans les conditions et sous les pénalités prévues au présent titre, et aux chapitres 4 et 6 du titre III. (...).

La réquisition est prononcée pour une durée temporaire ou permanente.

Les requis sont utilisés suivant leur profession et leurs compétences, ou, s'il y a lieu, suivant les aptitudes, en commençant par les plus jeunes et en tenant compte de la situation de famille, soit isolément, soit dans les administrations et services publics, soit dans les établissements et services fonctionnant dans l'intérêt de la nation. (...).

Art. L. 4121-4

L'exercice du droit de grève est incompatible avec l'état militaire. (...).

h) Code de la santé publique

Art. L. 6111-1-3

Les établissements de santé peuvent être appelés par le directeur général de l'agence régionale de santé à assurer, en tout ou partie, la permanence des soins, dans des conditions définies par voie réglementaire

Art. L. 6112-2

Les établissements de santé assurant le service public hospitalier et les professionnels de santé qui exercent en leur sein garantissent à toute personne qui recourt à leurs services :

1° ...

2° La permanence de l'accueil et de la prise en charge, notamment dans le cadre de la permanence des soins organisée par l'agence régionale de santé compétente dans les conditions prévues au présent code, ou, à défaut, la prise en charge par un autre établissement de santé ou par une autre structure en mesure de dispenser les soins nécessaires [...].

2. Kanada / Quebec

a) Loi constitutionnelle de 1867

Art. 91 al. 1

Il sera loisible à la Reine, de l'avis et du consentement du Sénat et de la Chambre des Communes, de faire des lois pour la paix, l'ordre et le bon gouvernement du Canada, relativement à toutes les matières ne tombant pas dans les catégories de sujets par la présente loi exclusivement assignés aux législatures des provinces; mais, pour plus de garantie, sans toutefois restreindre la généralité des termes ci-haut employés dans le présent article, il est par la présente déclaré que (nonobstant toute disposition contraire énoncée dans la présente loi) l'autorité législative exclusive du parlement du Canada s'étend à toutes les matières tombant dans les catégories de sujets ci-dessous énumérés, savoir :

1. Abrogé

1A. La dette et la propriété publiques.

2. La réglementation du trafic et du commerce.

2A. L'assurance-chômage. (46)

3. Le prélèvement de deniers par tous modes ou systèmes de taxation.

4. L'emprunt de deniers sur le crédit public.

5. Le service postal.

6. Le recensement et les statistiques.

7. La milice, le service militaire et le service naval, et la défense du pays.

8. La fixation et le paiement des salaires et honoraires des officiers civils et autres du gouvernement du Canada.

9. Les amarques, les bouées, les phares et l'île de Sable.

10. La navigation et les bâtiments ou navires (*shipping*).

11. La quarantaine et l'établissement et maintien des hôpitaux de marine.

12. Les pêcheries des côtes de la mer et de l'intérieur.

13. Les passages d'eau (*ferries*) entre une province et tout pays britannique ou étranger, ou entre deux provinces.

14. Le cours monétaire et le monnayage.

15. Les banques, l'incorporation des banques et l'émission du papier-monnaie.

16. Les caisses d'épargne.

17. Les poids et mesures.

18. Les lettres de change et les billets promissoires.

19. L'intérêt de l'argent.

20. Les offres légales.

21. La banqueroute et la faillite.

22. Les brevets d'invention et de découverte.

23. Les droits d'auteur.

24. Les Indiens et les terres réservées pour les Indiens.

25. La naturalisation et les aubains.

26. Le mariage et le divorce.

27. La loi criminelle, sauf la constitution des tribunaux de juridiction criminelle, mais y compris la procédure en matière criminelle.

28. L'établissement, le maintien, et l'administration des pénitenciers.

29. Les catégories de sujets expressément exceptés dans l'énumération des catégories de sujets exclusivement assignés par la présente loi aux législatures des provinces.

Et aucune des matières énoncées dans les catégories de sujets énumérés dans le présent article ne sera réputée tomber dans la catégorie des matières d'une nature locale ou privée comprises dans l'énumération des catégories de sujets exclusivement assignés par la présente loi aux législatures des provinces.

Art. 92

Dans chaque province la législature pourra exclusivement faire des lois relatives aux matières tombant dans les catégories de sujets ci-dessous énumérés, savoir :

1.-12. [...]

13. La propriété et les droits civils dans la province ;

14.-16. [...]

b) Loi constitutionnelle de 1982

Art. 36

(1) Sous réserve des compétences législatives du Parlement et des législatures et de leur droit de les exercer, le Parlement et les législatures, ainsi que les gouvernements fédéral et provinciaux, s'engagent à :

a) …
b) …
c) fournir à tous les Canadiens, à un niveau de qualité acceptable, les services publics essentiels.

(2) …

c) Charte canadienne des droits de l'homme

Art. 1

La Charte canadienne des droits et libertés garantit les droits et libertés qui y sont énoncés. Ils ne peuvent être restreints que par une règle de droit, dans des limites qui soient raisonnables et dont la justification puisse se démontrer dans le cadre d'une société libre et démocratique.

Art. 2

Chacun a les libertés fondamentales suivantes :

a) liberté de conscience et de religion ;
b) liberté de pensée, de croyance, d'opinion et d'expression, y compris la liberté de la presse et des autres moyens de communication ;
c) liberté de réunion pacifique ;
d) liberté d'association.

Art. 7

Chacun a droit à la vie, à la liberté et à la sécurité de sa personne ; il ne peut être porté atteinte à ce droit qu'en conformité avec les principes de justice fondamentale.

d) Code du travail CA

Partie I. Relations du travail

Section V.1. Obligations en matière de grèves et de lock-out

Art. 87.2

(1) Sauf si un lock-out non interdit par la présente partie a été déclenché, le syndicat est tenu de donner un préavis d'au moins soixante-douze heures à l'employeur pour l'informer de la date à laquelle la grève sera déclenchée ; il est également tenu de faire parvenir une copie du préavis au ministre.

(2) – (3) […]

Art. 87.3

(1) Sauf si un lock-out non interdit par la présente partie a été déclenché, le syndicat ne peut déclarer ou autoriser une grève sans avoir tenu, dans les soixante jours précédents ou au cours de la période plus longue dont conviennent par écrit le syndicat et l'employeur, un vote au scrutin secret auquel tous les employés de l'unité ont eu le droit de participer et sans que la grève ait été approuvée par la majorité des votants.

(2) – (7) [...]

Art. 87.4

(1) Au cours d'une grève ou d'un lock-out non interdits par la présente partie, l'employeur, le syndicat et les employés de l'unité de négociation sont tenus de maintenir certaines activités – prestation de services, fonctionnement d'installations ou production d'articles – dans la mesure nécessaire pour prévenir des risques imminents et graves pour la sécurité ou la santé du public.

(2) - (7) [...]

(8) Sur demande présentée par le syndicat ou l'employeur, le Conseil, s'il est convaincu que le niveau d'activité à maintenir est tel qu'il rend inefficace le recours à la grève ou au lockout, peut, pour permettre le règlement du différend, ordonner l'application d'une méthode exécutoire de règlement des questions qui font toujours l'objet d'un différend.

e) Loi sur la commercialisation des services de navigation aérienne civile

Art. 74

La société doit continuer de fournir les services de navigation aérienne civile nécessaires aux vols d'urgence ou à vocation humanitaire durant les arrêts de travail.

Art. 75

La société et chaque syndicat concluent, à l'égard de chaque unité de négociation représentée par le syndicat, un accord sur les services d'urgence, que la société fait parvenir sans délai au ministre du Travail.

Art. 76

(1) A défaut d'un accord sur les services d'urgence 90 jours avant la date d'échéance de la convention collective qui régit une unité de négociation, la société et le syndicat nomment un médiateur-arbitre dans les 15 jours qui suivent.

(2) Si la société et le syndicat ne peuvent s'entendre sur le choix d'un médiateur-arbitre dans ce délai, ils en avisent par écrit le ministre du Travail qui procède, après enquête s'il le juge nécessaire, à cette nomination et leur en fait part.

f) Charte des droits et libertés de la personne QC

Art. 1

Tout être humain a droit à la vie, ainsi qu'à la sûreté, à l'intégrité et à la liberté. [...].

Art. 2

Tout être humain dont la vie est en péril a droit au secours. [...].

Art. 3

Toute personne est titulaire des libertés fondamentales telles la liberté de conscience, la liberté de religion, la liberté d'opinion, la liberté d'expression, la liberté de réunion pacifique et la liberté d'association.

Art. 9.1

Les libertés et droits fondamentaux s'exercent dans le respect des valeurs démocratiques, de l'ordre public et du bien-être général des citoyens du Québec.

La loi peut, à cet égard, en fixer la portée et en aménager l'exercice.

Art. 48 al. 2

Toute personne âgée ou toute personne handicapée a droit d'être protégée contre toute forme d'exploitation.

Telle personne a aussi droit à la protection et à la sécurité que doivent lui apporter sa famille ou les personnes qui en tiennent lieu.

g) Code du travail QC

Titre I. Des relations du travail

Chapitre I. Définitions

Chapitre II. Des associations

Chapitre III. De la convention collective

Art. 52

L'association accréditée donne à l'employeur, ou celui-ci donne à l'association accréditée, un avis écrit d'au moins huit jours de la date, de l'heure et du lieu où ses représentants seront prêts à rencontrer l'autre partie ou ses représentants pour la conclusion d'une convention collective.

L'association accréditée ou l'employeur peut donner cet avis dans les 90 jours précédant l'expiration de la convention, à moins qu'un autre délai n'y soit prévu.

[...].

Art. 52.2

Si aucun avis n'est donné suivant l'article 52, l'avis prévu audit article est réputé avoir été reçu le jour de l'expiration de la convention collective ou de la sentence arbitrale en tenant lieu, sauf dans la situation visée au quatrième alinéa de cet article, où il est réputé avoir été reçu le trentième jour suivant l'expiration réputée de la convention.

Si l'association de salariés nouvellement accréditée n'a pas donné un semblable avis, l'avis est réputé avoir été reçu 90 jours après la date de l'obtention de l'accréditation.

[...].

Art. 58

Le droit à la grève ou au lock-out est acquis 90 jours après la réception, par son destinataire, de l'avis qui lui a été signifié ou transmis suivant l'article 52.1 ou qu'il est réputé avoir reçu suivant l'article 52.2, à moins qu'une convention collective ne soit intervenue entre les parties ou à moins que celles-ci ne décident d'un commun accord de soumettre leur différend à un arbitre.

Art. 58.1

La partie qui déclare une grève ou un lock-out doit informer, par écrit, le ministre dans les quarante-huit heures qui suivent la déclaration de la grève ou du lock-out, suivant le cas, et indiquer le nombre de salariés compris dans l'unité de négociation concernée.

Art. 58.2

Lorsqu'il estime qu'une telle mesure est de nature à favoriser la négociation ou la conclusion d'une convention collective, le Tribunal peut, à la demande de l'employeur, ordonner à une association accréditée de tenir, à la date ou dans le délai qu'elle détermine, un scrutin secret pour donner à ses membres compris dans l'unité de négociation l'occasion d'accepter ou de refuser les dernières offres que lui a faites l'employeur sur toutes les questions faisant toujours l'objet d'un différend entre les parties.

Le Tribunal ne peut ordonner la tenue d'un tel scrutin qu'une seule fois durant la phase des négociations d'une convention collective.

Le scrutin est tenu sous la surveillance du Tribunal.

Chapitre V. Des grèves et lock-out

Art. 105

Toute grève est interdite en toute circonstance aux policiers et pompiers à l'emploi d'une municipalité ou d'une régie intermunicipale. (...).

Art. 106

La grève est interdite tant qu'une association des salariés en cause n'a pas été accréditée et n'y a pas acquis droit suivant l'article 58.

Art. 107

La grève est prohibée pendant la durée d'une convention collective, à moins que celle-ci ne renferme une clause en permettant la révision par les parties et que les conditions prescrites à l'article 106 n'aient été observées.

Art. 110

Personne ne cesse d'être un salarié pour l'unique raison qu'il a cessé de travailler par suite de grève ou lock-out. (...).

Chapitre V.1. Dispositions particulières applicables aux services publics et aux secteurs public et parapublic

Section 1 (abrogée)

Section 2. Des services publics

Art. 111.0.15

Les dispositions du présent code s'appliquent aux relations du travail dans un service public, sauf dans la mesure où elles sont inconciliables avec celles de la présente section.

Art. 111.0.16

Dans la présente section, on entend par « service public » :

1° une municipalité et une régie intermunicipale;

1.1° un établissement visé par la Loi sur les services de santé et les services sociaux (chapitre S-4.2) qui n'est pas visé au paragraphe 2° de l'article 111.2;

1.2° une agence de la santé et des services sociaux;

2° un établissement et un conseil régional au sens des paragraphes a et f de l'article 1 de la Loi sur les services de santé et les services sociaux pour les autochtones cris (chapitre S-5) qui ne sont pas visés au paragraphe 2° de l'article 111.2;

3° une entreprise de téléphone;

4° une entreprise de transport terrestre à itinéraire asservi tels un chemin de fer et un métro, et une entreprise de transport par autobus ou par bateau;

5° une entreprise de production, de transport, de distribution ou de vente de gaz ou d'électricité ainsi qu'une entreprise d'emmagasinage de gaz;

5.1° une entreprise qui exploite ou entretient un système d'aqueduc, d'égout, d'assainissement ou de traitement des eaux;

5.2° un organisme de protection de la forêt contre les incendies reconnu en vertu de l'article 181 de la Loi sur l'aménagement durable du territoire forestier (chapitre A-18.1);

6° une entreprise d'incinération de déchets ou d'enlèvement, de transport, d'entreposage, de traitement, de transformation ou d'élimination d'ordures ménagères, de déchets biomédicaux, d'animaux morts impropres à la consommation humaine ou de résidus d'animaux destinés à l'équarrissage;

7° une entreprise de services ambulanciers, la Corporation d'urgence-santé et un centre de communication santé visés par la Loi sur les services pré-hospitaliers d'urgence (chapitre S-6.2) et une entreprise de cueillette, de transport ou de distribution du sang ou de ses dérivés ou d'organes humains destinés à la transplantation; ou

8° un organisme mandataire de l'État à l'exception de la Société des alcools du Québec et d'un organisme dont le personnel est nommé selon la Loi sur la fonction publique (chapitre F-3.1.1).

Art. 111.0.17

Sur recommandation du ministre, le gouvernement peut, par décret, s'il est d'avis que dans un service public une grève pourra avoir pour effet de mettre en danger la santé ou la sécurité publique, ordonner à un employeur et à une association accréditée de ce service public de maintenir des services essentiels en cas de grève. (…).

Art. 111.0.18

Dans un service public visé dans un décret pris en vertu de l'article 111.0.17, les parties doivent négocier les services essentiels à maintenir en cas de grève. Les parties transmettent leur entente au Tribunal.

Le Tribunal peut, de son propre chef ou à la demande d'une des parties, désigner une personne pour les aider à conclure une telle entente.

À défaut d'une entente, une association accréditée doit transmettre à l'employeur et au Tribunal une liste qui détermine quels sont les services essentiels à maintenir dans le service en cause, en cas de grève.

La liste ne peut être modifiée par la suite, sauf sur demande du Tribunal. Si une entente intervient entre les parties postérieurement au dépôt de cette liste, l'entente prévaut.

Art. 111.0.19

Sur réception d'une entente ou d'une liste, le Tribunal évalue la suffisance des services essentiels qui y sont prévus.

Les parties sont tenues d'assister à toute séance à laquelle le Tribunal les convoque.

Si le Tribunal juge ces services insuffisants, il peut, avant d'en faire rapport au ministre conformément à l'article 111.0.20, faire aux parties les recommandations qu'il juge appropriées afin de modifier l'entente ou la liste. Il peut également ordonner à l'association accréditée de surseoir à l'exercice de son droit à la grève jusqu'à ce qu'il lui ait fait connaître les suites qu'il entend donner à ces recommandations.

Art. 111.0.20

Le Tribunal doit faire rapport au ministre lorsque les services essentiels prévus à une entente ou à une liste sont insuffisants ou ne sont pas rendus lors d'une grève.

Ce rapport doit préciser en quoi les services essentiels prévus ou effectivement rendus sont insuffisants et dans quelle mesure cela constitue un danger pour la santé ou la sécurité publique.

Art. 111.0.23

Sous réserve de l'article 111.0.24, une association accréditée d'un service public peut déclarer une grève pourvu qu'elle en ait acquis le droit suivant l'article 58 et qu'elle ait donné par écrit au ministre et à l'employeur ainsi qu'au Tribunal s'il s'agit d'un service public visé dans un décret pris en vertu de l'article 111.0.17, un avis préalable d'au moins sept jours ouvrables francs indiquant le moment où elle entend recourir à la grève.

Cet avis de grève ne peut être renouvelé qu'après le jour indiqué dans l'avis précédent comme moment où l'association accréditée entendait recourir à la grève.

Dans le cas d'un service public visé dans un décret pris en vertu de l'article 111.0.17, la grève ne peut être déclarée par une association accréditée à moins qu'une entente n'ait été transmise au Tribunal depuis au moins sept jours ou qu'une liste ne lui ait été transmise ainsi qu'à l'employeur dans le même délai.

Le délai visé au troisième alinéa est calculé sans égard à l'application du quatrième alinéa de l'article 111.0.18.

À moins d'entente entre les parties, l'employeur ne doit pas modifier les conditions de travail des salariés qui rendent les services essentiels.

Art. 111.0.24

Dans un service public visé dans un décret pris en vertu de l'article 111.0.17, le gouvernement peut, par décret pris sur recommandation du ministre, suspendre l'exercice du droit de grève s'il juge que, lors d'une grève appréhendée ou en cours, les services essentiels prévus ou effectivement rendus sont insuffisants et que cela met en danger la santé ou la sécurité publique.

Cette suspension a effet jusqu'à ce qu'il soit démontré, à la satisfaction du gouvernement, qu'en cas d'exercice du droit de grève les services essentiels seront maintenus de façon suffisante dans ce service public. (…).

Section III. Des secteurs public et parapublic

Art. 111.1

A l'exception de la section I.1 du chapitre IV et de la possibilité de convenir d'une durée de plus de trois ans pour une convention collective, les dispositions du présent code s'appliquent aux relations du travail dans les secteurs public et parapublic, sauf dans la mesure où elles sont inconciliables avec celles de la présente section.

Art. 111.2

Dans la présente section, on entend par :

1° « secteurs public et parapublic » :

le gouvernement, ses ministères et les organismes du gouvernement dont le personnel est nommé suivant la Loi sur la fonction publique (chapitre F-3.1.1), ainsi que les collèges, les commissions scolaires et les établissements visés dans la Loi sur le régime de négociation des conventions collectives dans les secteurs public et parapublic (chapitre R-8.2);

2° «établissement» :

un établissement visé par l'article 1 de la Loi sur le régime de négociation des conventions collectives dans les secteurs public et parapublic (chapitre R-8.2).

Art. 111.10

Lors d'une grève des salariés d'un établissement, le pourcentage de salariés à maintenir par quart de travail parmi les salariés qui seraient habituellement en fonction lors de cette période est d'au moins:

1° 90% dans le cas d'un établissement qui exploite un centre d'hébergement et de soins de longue durée, un centre de réadaptation, un centre hospitalier de soins psychiatriques, un centre hospitalier spécialisé en neurologie ou en cardiologie ou un centre hospitalier doté d'un département clinique de psychiatrie ou d'un département de santé communautaire, dans le cas d'un établissement à qui une agence confie des fonctions reliées à la santé publique ou dans le cas d'un centre hospitalier de la classe des centres hospitaliers de soins de longue durée ou d'un centre d'accueil;

2° 80% dans le cas d'un établissement qui exploite un centre hospitalier autre qu'un centre hospitalier visé au paragraphe 1°;

3° 60% dans le cas d'un établissement qui exploite un centre local de services communautaires;

4° 55% dans le cas d'un établissement qui exploite un centre de protection de l'enfance et de la jeunesse ou dans le cas d'un centre de services sociaux.

Dans le cas d'un organisme que le gouvernement a déclaré être assimilé à un établissement en vertu du quatrième alinéa de l'article 1 de la Loi sur le régime de négociation des conventions collectives dans les secteurs public et parapublic (chapitre R-8.2), le nombre de salariés à maintenir est déterminé par entente entre les parties ou, à défaut d'entente, par une liste établie suivant l'article 111.10.3. Cette entente ou cette liste doit être approuvée par le Tribunal.

Art. 111.10.1

Les parties doivent négocier le nombre de salariés à maintenir par unité de soins et catégories de services parmi les salariés habituellement affectés à ces unités et catégories de services. Leur entente doit, en plus de se conformer à l'article 111.10 dans le cas d'un établissement qui y est visé, permettre d'assurer, le cas échéant, le fonctionnement normal des unités de soins intensifs et des unités d'urgence. Elle doit en outre contenir des dispositions permettant d'assurer le libre accès d'une personne aux services de l'établissement.

Cette entente est transmise au Tribunal pour approbation.

Art. 111.10.5

Même dans le cas où une liste ou une entente est conforme aux critères prévus aux articles 111.10, 111.10.1 et 111.10.3, le Tribunal peut, si la situation particulière de l'établissement lui paraît le justifier, augmenter ou modifier les services qui y sont prévus avant de l'approuver.

S'il juge les services insuffisants, il peut faire aux parties les recommandations qu'il juge appropriées en vue de la modification de la liste ou de l'entente ou il peut l'approuver avec modification.

Art. 111.10.7

Une liste ou une entente est réputée approuvée telle que déposée si dans les 90 jours de sa réception par le Tribunal, ce dernier n'a pas statué sur la suffisance des services qu'elle prévoit.

Toutefois le Tribunal peut par la suite, modifier le cas échéant une telle liste ou une telle entente afin de la rendre conforme aux dispositions des articles 111.10, 111.10.1 et 111.10.3 qui lui sont applicables.

Art. 111.11

Une partie ne peut déclarer une grève ou un lock-out à moins qu'il ne se soit écoulé au moins 20 jours depuis la date où le ministre a reçu l'avis prévu à l'article 50 de la Loi sur le régime de négociation des conventions collectives dans les secteurs public et parapublic (chapitre R-8.2) et qu'un avis préalable d'au moins sept jours ouvrables francs n'ait été donné par écrit au ministre et à l'autre partie ainsi qu'au Tribunal dans le cas d'un établissement ou d'un groupe de salariés visé par le deuxième alinéa de l'article 69 de la Loi sur la fonction publique (chapitre F-3.1.1), indiquant le moment où elle entend recourir à la grève ou au lock-out. (...).

Art. 111.12

Dans le cas d'un établissement, la grève ne peut être déclarée par une association accréditée à moins qu'une entente ou une liste n'ait été approuvée par le Tribunal ou qu'elle soit réputée approuvée en vertu de l'article 111.10.7 et que depuis au moins 90 jours cette liste ou cette entente ait été transmise à l'employeur.

Art. 111.14

La grève et le lock-out sont interdits à l'égard d'une matière définie comme faisant l'objet de stipulations négociées et agréées à l'échelle locale ou régionale ou d'arrangements locaux suivant la Loi sur le régime de négociation des conventions collectives dans les secteurs public et parapublic (chapitre R-8.2) ainsi qu'à l'égard de la détermination des salaires et échelles de salaires prévue par le deuxième alinéa de l'article 52 et par les articles 53 à 55 de cette loi.

Art. 111.15.1

A défaut d'une entente visée à l'article 69 de la Loi sur la fonction publique (chapitre F-3.1.1), une partie peut demander au Tribunal de désigner une personne pour les aider à conclure une telle entente ou de déterminer lui-même les services essentiels à maintenir en cas de grève ainsi que la façon de les maintenir. La partie demanderesse doit en aviser sans délai l'autre partie.

Après l'envoi d'une telle demande, les parties doivent transmettre sans délai au Tribunal toute information pertinente aux services essentiels à maintenir et assister, le cas échéant, à toute séance à laquelle le Tribunal les convoque.

Art. 111.15.2

Sur réception d'une demande en vertu de l'article 111.15.1, le Tribunal peut, de sa propre initiative ou à la demande d'une des parties, désigner une personne pour les aider à conclure une entente.

Le Tribunal peut aussi, en tout temps après réception d'une telle demande, déterminer les services essentiels à maintenir en cas de grève ainsi que la façon de les maintenir. Il peut aussi en tout temps, à la demande de l'une des parties, modifier la décision qu'il a ainsi prise.

Section IV. Pouvoirs de redressement

Art. 111.17

S'il estime que le conflit porte préjudice ou est vraisemblablement susceptible de porter préjudice à un service auquel le public a droit ou que les services essentiels prévus à une liste ou à une entente ne sont pas rendus lors d'une grève, le Tribunal peut, après avoir fourni aux parties l'occasion de présenter leurs observations, rendre une ordonnance pour assurer au public un service auquel il a droit, ou exiger le respect de la loi, de la convention collective, d'une entente ou d'une liste sur les services essentiels.

Le Tribunal peut:

1° enjoindre à toute personne impliquée dans le conflit ou à toute catégorie de ces personnes qu'elle détermine de faire ce qui est nécessaire pour se conformer au premier alinéa du présent article ou de s'abstenir de faire ce qui y contrevient;

2° exiger de toute personne impliquée dans le conflit de réparer un acte ou une omission fait en contravention de la loi, d'une entente ou d'une liste;

3° ordonner à une personne ou à un groupe de personnes impliquées dans un conflit, compte tenu du comportement des parties, l'application du mode de réparation qu'elle juge le plus approprié, y compris la constitution et les modalités d'administration et d'utilisation d'un fonds au bénéfice des utilisateurs du service auquel il a été porté préjudice; un tel fonds comprend, le cas échéant, les intérêts accumulés depuis sa constitution;

4° ordonner à toute personne impliquée dans le conflit de faire ou de s'abstenir de faire toute chose qu'il lui paraît raisonnable d'ordonner compte tenu des circonstances dans le but d'assurer le maintien de services au public;

5° ordonner le cas échéant que soit accélérée ou modifiée la procédure de grief et d'arbitrage à la convention collective;

6° ordonner à une partie de faire connaître publiquement son intention de se conformer à l'ordonnance du Tribunal.

Art. 111.19

Le Tribunal peut, plutôt que de rendre une ordonnance, prendre acte de l'engagement d'une personne d'assurer au public le ou les services auxquels il a droit, de respecter la loi, la convention collective, une entente ou une liste sur les services essentiels.

Le non respect de cet engagement est réputé constituer une violation d'une ordonnance du Tribunal.

Chapitre IX. Dispositions pénales

Art. 142

Quiconque déclare ou provoque une grève ou un lock-out contrairement aux dispositions du présent code, ou y participe, est passible pour chaque jour ou partie de jour pendant lequel cette grève ou ce lock-out existe, d'une amende:

1° de 25 $ à 100 $, s'il s'agit d'un salarié;

2° de 1 000 $ à 10 000 $, s'il s'agit d'un dirigeant ou employé d'une association de salariés, ou d'un administrateur, agent ou conseiller d'une association de salariés ou d'un employeur;

3° de 5 000 $ à 50 000 $, s'il s'agit d'un employeur, d'une association de salariés ou d'une union, fédération ou confédération à laquelle est affiliée ou appartient une association de salariés.

h) Loi sur la fonction publique

Art. 64

Le Syndicat de la fonction publique du Québec inc. est reconnu comme représentant de tous les fonctionnaires qui sont des salariés au sens du Code du travail (chapitre C-27), sauf :

1° - 3° [...]

4° les salariés agents de la paix faisant partie d'un des groupes suivants :

a) les agents de protection de la faune ;

b) les agents de pêcheries ;

c) les constables à la chambre de la jeunesse de la Cour du Québec ;

d) les gardiens-constables ;

e) les inspecteurs des transports ;

f) les instructeurs, surveillants et préposés aux soins infirmiers en établissement de détention ;

g) tout autre groupe de préposés à des fonctions d'agents de la paix.

Art. 69

La grève est interdite à tout groupe de salariés visé dans le paragraphe 4° de l'article 64 ainsi qu'à tout groupe de salariés de la direction générale responsable de la sécurité civile au sein du ministère de la Sécurité publique.

La grève est aussi interdite à tout autre groupe, à moins que les services essentiels et la façon de les maintenir ne soient déterminés par une entente préalable entre les parties ou, à défaut d'entente, par une décision du Tribunal administratif du travail. [...]

i) Loi sur le régime de négociation des conventions collectives dans les secteurs public et parapublic

Art. 46

A la demande d'une partie, le ministre du Travail charge un médiateur de tenter de régler un différend sur les matières qui sont objet de stipulation négociée et agréée à l'échelle nationale à l'exception des salaires et échelles de salaire.

Art. 47

A défaut d'entente après l'expiration d'une période de 60 jours de la date de sa nomination, le médiateur remet aux parties un rapport contenant ses recommandations sur le différend. [...]

Art. 48

Les parties peuvent convenir d'une procédure de médiation différente de celle prévue par les articles 46 et 47. Elles peuvent notamment avoir recours à un conseil de médiation ou à un groupe d'intérêt public.

Un tiers, désigné suivant le premier alinéa, doit faire rapport aux parties de ses recommandations sur le différend dans le délai qu'elles déterminent. [...]

Art. 49

En cas de différend sur ce qui est objet de stipulation négociée et agréée à l'échelle nationale, les parties peuvent également s'entendre pour faire conjointement un rapport sur l'objet de leur différend et le rendre public.

Art. 50

La personne ou le groupe de personnes qui rend un rapport public suivant l'article 47, 48 ou 49 doit, le même jour, en donner avis écrit au ministre du Travail.

Ce dernier informe les parties sans délai de la date où il a reçu cet avis.

3. Demokratische Republik Kongo

a) Constitution du 18 février 2006

Art. 39

Le droit de grève est reconnu et garanti. Il s'exerce dans les conditions fixées par la loi qui peut en interdire ou en limiter l'exercice dans les domaines de la défense nationale et de la sécurité ou pour toute activité ou tout service public d'intérêt vital pour la nation.

b) Loi n° 015/2002 du 16 octobre 2002 portant Code du travail

Titre XII. Des relations professionnelles

Chapitre IV. Des conventions collectives

Art. 279

Toute convention collective doit être rédigée en langue officielle.

Elle comporte obligatoirement :

(...) ;

la procédure de conciliation et d'arbitrage à observer pour le règlement des conflits collectifs entre employeurs et travailleurs liés par la convention ; (...).

Titre XIII. Des litiges individuels et des conflits collectifs du travail

Chapitre I. De la conciliation préalable des litiges individuels

Chapitre II. De la conciliation préalable et de la médiation des conflits collectifs de travail

Art. 303

Est réputé conflit collectif du travail, tout conflit survenu entre un ou plusieurs employeurs d'une part, et un certain nombre de membres de leur personnel d'autre part, portant sur les conditions de travail, lorsqu'il est de nature à compromettre la bonne marche de l'entreprise ou la paix sociale.

Art. 305

En cas de non conciliation, de conciliation partielle ou de recommandation frappées d'opposition, la demande est formée devant le Tribunal de Travail par l'une des parties dans le délai de 10 jours ouvrables à compter de l'expiration de préavis de grève ou de lock-out notifié à l'autre partie.

Art. 306

A défaut de procédure conventionnelle de règlement, la procédure légale de conciliation et de médiation des conflits est fixée conformément aux articles 307 à 315 du présent Code.

Art. 307

Le conflit collectif du travail est notifié par la partie la plus diligente à l'Inspecteur du Travail du ressort.

Toutefois, l'Inspecteur du Travail peut entamer la procédure de conciliation lorsqu'il a connaissance d'un conflit collectif qui ne lui a pas été notifié.

Dans les trois jours ouvrables de la notification, l'Inspecteur du Travail adresse, par porteur avec accusé de réception ou par pli recommandé, aux parties une invitation à comparaître en séance de conciliation dans la quinzaine, avec un préavis de 3 jours ouvrables minimum comptés à partir de la date de réception.

Dans les deux jours ouvrables de la réception de cette invitation les parties font, au préalable connaître à l'Inspecteur du Travail, par écrit, les noms des représentants qui ont qualité pour concilier. Ceux-ci peuvent s'adjoindre un délégué de leurs organisations professionnelles, dûment mandaté.

Si une des parties ne comparaît pas, ne se fait pas représenter, ou si les représentants ne comparaissent pas, l'Inspecteur du Travail dresse le procès-verbal au vu duquel la juridiction compétente prononce la peine d'amende prévue à l'article 322 du présent Code.

En outre, l'Inspecteur du Travail établit un procès-verbal de carence valant constat de non-conciliation.

Art. 308

L'Inspecteur du Travail procède avec les parties ou leurs représentants et sous sa présidence, à tout échange de vues sur l'objet du conflit.

A l'issue de la tentative de conciliation, l'Inspecteur du Travail établit un procès-verbal constatant soit l'accord, soit le désaccord total ou partiel des parties ; celles-ci contresignent le procès-verbal et en reçoivent ampliation.

L'accord de conciliation ou le désaccord doit être constaté dans le mois à dater de la première séance de conciliation.

L'accord de conciliation est exécutoire dans les conditions fixées à l'article 314 du présent Code.

Art. 309

En cas de non conciliation totale ou partielle, le conflit est obligatoirement soumis à la procédure légale de médiation, telle que définie aux articles 310 à 315 du présent Code.

Lorsque le conflit affecte un ou plusieurs établissements situés dans une seule province, l'Inspecteur du Travail du ressort transmet le dossier au Gouverneur de province dans les quarante huit heures de l'échec de la tentative de conciliation.

Lorsque le conflit affecte plusieurs établissements d'une même entreprise ou plusieurs entreprises situées dans plusieurs provinces, l'Inspecteur du Travail du ressort transmet le dossier dans le même délai, au Ministre ayant le Travail et la Prévoyance Sociale dans ses attributions.

Art. 310

Les conflits collectifs non réglés en conciliation par l'Inspecteur du Travail sont soumis à une Commission de médiation instituée spécialement à cet effet.

La Commission se compose du Président du Tribunal de Paix dans le ressort duquel est né le conflit ou d'un magistrat désigné par ses soins, d'un assesseur employeur et d'un assesseur travailleur. Elle est présidée par le Président du Tribunal de Paix ou le magistrat désigné par ses soins. (…).

Art. 311

La Commission de médiation se réunit dans les trois jours ouvrables de la saisine. Elle ne peut se prononcer sur d'autres objets que ceux déterminés par le procès-verbal de non-conciliation ou ceux qui, résultant d'événements postérieurs à ce procès-verbal, sont la conséquence directe du conflit en cours. […]

La Commission est tenue de terminer son instruction dans les 10 jours ouvrables à dater de la première séance.

Lorsque pendant le délibéré, il y a parité de voix, celle du Président est prépondérante. La décision rendue par écrit et signée par le Président et par les membres doit intervenir dans les 5 jours ouvrables à partir de la prise de la cause en délibéré.

A défaut de quoi, une Commission autrement composée sera désignée conformément aux dispositions de l'article 310 pour rendre impérativement sa décision endéans les 10 jours ouvrables à dater de son assignation.

Art. 312

En cas d'accord, un procès-verbal est dressé par le Président de la Commission. Il est signé par les membres de la Commission et par les parties ou leurs représentants.

Copie certifiée conforme du procès-verbal est délivrée gratuitement à l'Inspecteur du Travail, aux parties ou à leurs représentants.

Art. 313

En cas de non-conciliation, la Commission formule des recommandations motivées qui sont immédiatement notifiées aux parties.

Copie conforme des recommandations est délivrée gratuitement à l'Inspecteur du Travail et aux parties ou à leurs représentants.

A l'expiration d'un délai de sept jours francs à compter de la notification aux parties et si aucune des parties n'a manifesté d'opposition, les recommandations acquièrent force exécutoire dans les conditions fixées à l'article 314 ci-après.

L'opposition est formée, à peine de nullité, par lettre adressée au Président de la Commission et à l'autre partie. La partie qui forme opposition adresse, en même temps, un exemplaire de ladite lettre à l'Inspecteur du Travail du ressort.

Art. 315

La cessation collective du travail ou la participation à cette cessation collective du travail ne peut avoir lieu qu'à l'occasion d'un conflit collectif du travail et une fois que les moyens de règlement du conflit, conventionnels ou légaux ci-dessus, ont été régulièrement épuisés.

Sont interdits tous actes et toutes menaces tendant à contraindre un travailleur à participer à une cessation collective du travail ou à empêcher le travail ou la reprise du travail.

Lorsqu'une cessation collective de travail est déclenchée à l'issue d'une procédure conventionnelle ou de la procédure légale de règlement, sont interdites toutes menaces, toutes représailles et mesures vexatoires à l'égard de travailleurs qui se proposent d'y participer ou qui y ont pris part.

Un arrêté du Ministre ayant le Travail et la Prévoyance Sociale dans ses attributions, pris après avis du Conseil National du Travail, fixe les modalités d'exécution du présent article.

c) Loi n° 016/2002 du 16 octobre 2002 portant création, organisation et fonctionnement des tribunaux du travail

Art. 28

En cas de non-conciliation, de conciliation partielle ou de recommandations frappées d'opposition, le Tribunal du Travail est saisi par l'une des parties dans le délai de dix jours à dater de l'expiration de préavis de grève ou de lock-out notifié à l'autre partie.

Dépassé ce délai, l'inspecteur du ressort saisit le tribunal.

La saisine du Tribunal du Travail suspend la grève ou le lock-out.

d) Loi n° 16/013 du 15 juillet 2016 portant statut des agents de carrière des services publics de l'Etat

Art. 93

Le droit de grève est garanti à l'agent des services publics de l'Etat.

L'exercice de ce droit ne peut être limité que dans les conditions fixées par la loi, notamment pour tenir compte du fonctionnement régulier des services publics d'intérêt vital, qui ne peuvent souffrir d'aucune interruption.

Un décret du Premier ministre délibéré en Conseil des ministres, sur proposition conjointe des ministres ayant la fonction publique et les droits humains dans leurs attributions, fixe la liste des services publics d'intérêt vital ainsi que les modalités du service minimum à imposer aux agents grévistes de ces services.

e) Ordonnance n° 81-160 du 7 octobre 1981 portant statut du personnel de l'enseignement supérieur et universitaire

Art. 99

L'agent jouit du droit syndical (…).

L'exercice du droit syndical et la représentation du personnel se font conformément aux dispositions de la législation sociale en la matière.

Le droit de grève de l'agent s'exerce dans le cadre des lois qui le réglementent, notamment en ce qui concerne le fonctionnement des services publics vitaux qui ne peuvent souffrir d'interruption.

f) Arrêté ministériel n° 12/CAB/MIN/TPS/113/2005 du 26 octobre 2005

Art. 10

Pendant toute la durée de la cessation collective du travail ou de fermeture d'établissement les parties sont tenues d'assurer les prestations d'intérêt public et celles intéressant la protection des installations, du matériel et des matières premières ou produits telles que figurant sur la liste faisant l'objet de l'annexe du présent Arrêté.

Annexe de l'arrêté

Prestations d'intérêt public et conservation des moyens de l'entreprise

En cas de cessation collective du travail ou de fermeture d'établissement, doivent être effectuées toutes les prestations qui consistent à assurer :

A. Dans toutes les entreprises :

Les mesures conservatoires pour éviter la dégradation du matériel, des installations ou la perte des produits ou matières ;

B. Dans les hôpitaux, dispensaires et autres formations sanitaires publiques et privées :

la dispensation des soins médicaux, chirurgicaux et pharmaceutiques ;

le transport des malades et blessés ;

le fonctionnement des hôpitaux, cliniques, maternités sanatoriums, établissement pour des malades mentaux, crèches et pouponnières ;

le fonctionnement des services publics et privés veillant à la prophylaxie des maladies contagieuses.

C. Dans les entreprises de distribution d'eau et d'électricité :

les services techniques à l'exception des services administratifs.

Dans les cas prévus aux alinéas A et C ci-dessus, les prestations des services indispensables seront assurées par le personnel minimum nécessaire.

g) Arrêté ministériel n°. 12/CAB-MIN/ETPS/039/08 du 8 août 2008

Art. 3

Après épuisement de l'une ou l'autre des procédures visées à l'article précédent, les travailleurs qui décident de recourir à la cessation collective du travail ou l'employeur qui veut procéder à la fermeture provisoire d'établissement doivent notifier à l'autre partie un préavis de six jours ouvrables à dater de la réception de la notification. [...]

Art. 4

Dans le cas où la convention collective ou le règlement d'entreprise ne fixe pas la liste des services à assurer durant la cessation collective du travail ou la fermeture de l'établissement, ainsi que les effectifs nécessaires à leur exécution, l'employeur réunit à cet effet, la délégation élue des travailleurs, visée au chapitre II du titre XII du Code du travail, au plus tard dans les trois jours de la réception du préavis de cessation collective du travail ou de la notification du préavis de fermeture d'établissement. [...]

Literaturverzeichnis

Adell, Bernard/Grant, Michel/Ponak, Allen: Strikes in Essential Services, Kingston 2001.

Akandji-Kombé, Jean-François/Leclerc, Stéphane (Hrsg.): La Charte sociale européenne, Bruxelles 2001 (zit.: Akandji-Kombé/Leclerc/*Bearbeiter*, La Charte sociale européenne).

Ales, Edoardo: Das Streikrecht in der Daseinsvorsorge in Italien, DRdA 2015, 55-59.

Auzero, Gilles/Dockès, Emmanuel: Droit du travail, 30. Aufl., Paris 2015.

Badura, Peter: Staatsrecht – Systematische Erläuterung des Grundgesetzes für die Bundesrepublik Deutschland, 6. Aufl., München 2015 (zit.: *Badura*, Staatsrecht, Kapitel...Rn...).

Baeck, Ulrich/Winzer, Thomas/Kramer, Nadine: Neuere Entwicklungen im Arbeitsrecht – Rechtsprechung des BAG zu Arbeitskampfmaßnahmen, NZG 2015, 1063-1066.

Battis, Ulrich: Streikrecht für Beamte?, ZBR 2011, 397-400.

Bauer, Jobst-Hubertus: Referentenentwurf eines Tarifeinheitsgesetzes, DB 2014, 2715-2716.

Bayreuther, Frank u.a.: Tarifpluralität als Aufgabe des Gesetzgebers, Enger 2013.

Bayreuther, Frank: Das Verhältnis zwischen dem nationalen Streikrecht und der EU-Wirtschaftsverfassung – Urteil des Europäischen Gerichtshofs vom 11.12.2007 (Rechtssache ITF/Viking Line), EuZA 2008, 395-408.

ders.: Der Arbeitskampf des Marburger Bundes – Ein Lehrstück zur Tarifeinheit im Betrieb, NZA 2006, 642-646.

ders.: Der Dritte im Arbeitskampf – Schadensersatz Drittbetroffener und Auswirkungen von Streiks auf die Vertragsbeziehungen des Bestreikten mit Dritten, RdA 2016, 181-186.

ders.: Funktionsfähigkeit eines Tarifeinheitsgesetzes in der arbeitsrechtlichen Praxis?, NZA 2013, 1395-1400.

ders.: Gesetzliche Regelungen kollektiver Arbeitskonflikte in der Daseinsvorsorge, NZA 2013, 704-708.

ders.: Tarif- und Arbeitskampfrecht in der Neuorientierung, NZA 2008, 12-18.

Beffa, Jean-Louis: La France doit choisir, Paris 2012.

Bellace, Janice R.: The ILO and the right to strike, ILR 2014, 29-70.

Bepler, Klaus: Grundzüge und neuere Entwicklungen im Arbeitskampfrecht, AuA 1998, 228-232.

Berg/Kocher/Platow/Schoof/Schumann: Tarifvertragsgesetz und Arbeitskampfrecht - Kompaktkommentar, 4. Aufl., Frankfurt am Main 2013 (zit.: *BKPSS*, TVG und ArbKR, Rn…).

Berg, Peter: Das Arbeitskampfrecht in der rechtspolitischen Auseinandersetzung, in: Gedächtnisschrift für Ulrich Zachert, Baden-Baden 2010, S. 469-478.

ders.: Gesetzlich verordnete Tarifeinheit reloaded - Das Streikrecht in Gefahr, KJ 2014, 72-80.

ders.: Streikverbot durch Verfahren - „Tariffrieden" statt Tarifautonomie in der Daseinsvorsorge?, in: Festschrift für Otto Ernst Kempen, Baden-Baden 2013, S. 278-291.

Bernaud, Valérie: La loi relative à l'organisation du service et à l'information des passagers dans les entreprises de transport aérien de passagers est conforme à la Constitution, Droit Social 7-8/2012, 708-713.

Bernier, Jean (Hrsg.): Grèves et services essentiels, Québec 1994 (zit.: Bernier/*Bearbeiter*, Grèves et services essentiels).

Bertrand, Lisane: Services essentiels et recours collectif : y a-t-il double emploi ?, Revue du Barreau du Québec 2009, 63-90.

Beya Siku: Démocratie en droit du travail, in: Bakandeja wa Mpungu (Hrsg.), Participation et responsabilité des acteurs dans un contexte d'émergence démocratique en République Démocratique du Congo, Kinshasa 2007, S. 307-317 (zit.: *Beya Siku*, in: Bakandeja wa Mpungu (Hrsg.), Participation et responsabilité des acteurs).

Bieder, Marcus: Paradigmenwechsel im Arbeitskampfrecht: Neue Bezugspunkte für die Verhältnismäßigkeitskontrolle von Sympathiestreiks, NZA 2008, 799-803.

Bien, Florian: Anmerkungen zu LG Düsseldorf 17.12.2013 - 37 O 200/09, Concurrences 2/2014, 207-2010.

Birk/Konzen/Löwisch/Raiser/Seiter: Gesetz zur Regelung kollektiver Arbeitskonflikte - Entwurf und Begründung, Tübingen 1988 (zit.: *Birk/Konzen/Löwisch/Raiser/Seiter*, ArbKG-E).

Bispinck, Reinhard: Kämpfen gegen Lohndumping, Mitbestimmung 06/2014, abrufbar unter http://www.boeckler.de/cps/rde/xchg/hbs/hs.xsl/47487_47499.htm (zuletzt abgerufen am 03.12.2014).

BIT: La liberté syndicale - Recueil de décisions et de principes du Comité de la liberté syndicale du Conseil d'administration du BIT, 5. Aufl., Genève 2006 (zit.: *BIT*, Recueil 2006).

Bitsch, Christian: Streikrecht für Beamte?, ZTR 2012, 78-85.

Blattner, Jessica: Die Zulässigkeit von Streikarbeit durch Beamte, BB 2015, 2037-2040.

Boemke, Burkhard: Folgen der Tarifpluralität für das Streikrecht, ZfA 2009, 131-151.

ders.: Tarifeinheit und Arbeitskampf – Anmerkung zum Urteil des ArbG Chemnitz v. 05.10.2007 (7 Ga 26/07), jurisPR-ArbR 1/2008 Anm. 1

Böhm, Monika: Abschied vom Streikverbot im Beamtenrecht?, PersV 2012, 164-169.

Bonnechère, Michèle: Le droit du travail, Paris 2008.

Börner, Bodo: Irrwisch Daseinsvorsorge, BayVBl. 1971, 406-408.

Bosch, Andreas/Lorz, Sigrid: Aktuelle Entwicklungen in der Rechtsprechung zu Umfang und Grenzen der Haftung von Fluggesellschaften im Rahmen der Fluggastrechteverordnung, NZV 2013, 105-111.

Bram, Rainer: Hessen streikt – 15 Jahre Arbeitskampfrechtsprechung am Hessischen LAG, FA 2016, 2-7.

Brinktrine, Ralf: Hat das grundgesetzliche Streikverbot für Beamte eine europäische Zukunft? – Überlegungen zu den nationalen Auswirkungen konventionsrechtlicher Rechtsprechung zu Art 11 EMRK auf dem Feld des Beamtenrechts und den darauf basierenden Handlungsoptionen von Gesetzgebung, Exekutive und Rechtsprechung, ZG 2015, 227-241.

Brox, Hans/Rüthers, Bernd: Arbeitskampfrecht – Ein Handbuch für die Praxis, 2. Aufl., Stuttgart 1982 (zit.: *Brox/Rüthers*, Arbeitskampfrecht).

Brox, Hans/Rüthers, Bernd/Henssler, Martin: Arbeitsrecht, 18. Aufl., Stuttgart 2011.

Bruun, Niklas/Bücker, Andreas: Der Monti II Verordnungsvorschlag der EU Kommission – Eine kritische Würdigung, NZA 2012, 1136-1141.

Buchholtz, Gabriele: Streiken im europäischen Grundrechtsgefüge – Zum Harmonisierungspotenzial des Art. 6 Nr. 4 ESC in der Anwendung des EGMR und des EuGH, Tübingen 2014 (zit.: *Buchholtz*, Streiken im europäischen Grundrechtsgefüge).

Buchner, Herbert: Der Bahnstreik – und welche Lehren daraus zu ziehen sind. Drei Anforderungen an das Arbeitskampfrecht, BB 2007, 2520-2522.

ders.: Der 'Funktionseliten'-Streik - Zu den Grenzen der Durchsetzbarkeit von Spartentarifverträgen, BB 2003, 2121–2130.

ders.: Turbulenzen im Arbeitskampfrecht, Zugleich Besprechung des Urteils des LAG Chemnitz vom 2.11.2007 - 7 Sa Ga 19/07, BB 2008, 106-109.

Budeus, Britta: Tarifvertrag und Arbeitskampf, 4. Aufl., Hagen 2014.

Bull, Hans Peter: Daseinsvorsorge im Wandel der Staatsformen, Der Staat 2008, 1-19.

Bunte, Hermann-Josef (Hrsg.): Kartellrecht – Kommentar, Bd 1, 12. Aufl., Köln 2014 (zit.: Bunte/*Bearbeiter,* § 18 GWB).

Burkard-Pötter, Julia: Warnstreiks – aktueller denn je, NJW-Spezial 2013, 370-371.

Burkhart, Harald: Tarifeinheitsgesetz enttäuscht viele Erwartungen, BWGZ 2015, 235.

Buschmann, Rudolf: Arbeitskampf zwischen Europäischen Unionsrecht, Europäischen und Internationalen Menschenrechten und Verfassungsrecht, in: Festschrift für Otto Ernst Kempen, Baden-Baden 2013, S. 255-277.

Butedi, François: Kartographie der Gewerkschaften in der Demokratischen Republik Kongo – Zum besseren Verständnis der kongolesischen Gewerkschaftsbewegung, Jaunde 2013 (zit.: *Butedi*, Kartographie der Gewerkschaften in der D.R. Kongo).

Calliess, Christian/Ruffert, Matthias (Hrsg.): EUV/AEUV – Das Verfassungsrecht der Europäischen Union mit Europäischer Grundrechtecharta – Kommentar, 5. Aufl., München 2016 (zit.: Callies/Ruffert/*Bearbeiter*, Art. 1 EUV Rn. 1).

Calliess, Christian: Staatsrecht III – Bezüge zum Völker- und Europarecht, München 2014 (zit.: *Calliess*, Staatsrecht III).

Chevallier, Jacques: Les nouvelles frontières du service public, Regards croisés sur l'économie 2/2007, 14-24.

Choko, Maude: L'évolution du dialogue entre le Canada et l'OIT en matière de liberté d'association : vers une protection constitutionnelle du droit de grève ?, McGill Law Journal 2011, 1113-1185.

dies.: The Dialogue between Canada and the ILO on Freedom of Association: What Remains after *Fraser*?, IJCL 2012, 397-420.

Chopin, Frédérique: Le droit de grève, Paris 2003.

Conseil des services essentiels: Les services essentiels et l'exercice du droit de grève dans le réseau de la santé et des services sociaux, Québec 2009 (zit.: *Conseil des services essentiels*, Les services essentiels et l'exercice du droit de grève).

ders.: Rapport de gestion 2011, Montréal 2012.

Coutu, Michel u. a.: Droit des rapports collectifs du travail au Québec, Bd 1 – Le régime général, 2. Aufl., Cowansville 2012.

Coutu, Michel u. a.: Droit des rapports collectifs du travail au Québec, Bd 2 – Les régimes spéciaux, 2. Aufl., Cowansville 2012.

Coutu, Michel: La Charte québécoise vue sous l'angle du droit du travail, RQDI 2015, 183-197.

ders.: La liberté d'association – Quand la Cour suprême vient changer la donne, Le Devoir, 18.02.2015.

ders.: Les droits fondamentaux et la sphère du travail: Vers une citoyenneté post-industrielle?, in: Gedächtnisschrift für Ulrich Zachert, Baden-Baden 2010, S. 204-226.

Czycholl, Roland/Frieling, Tino: Auswirkungen der Europäischen Sozialcharta auf das Arbeitskampfrecht – Das Streikrecht aus Art. 6 Abs. 4 ESC als vorrangige gesetzgeberische Entscheidung, ZESAR 2011, 322-327.

Däubler, Wolfgang (Hrsg.): Arbeitskampfrecht – Handbuch für die Rechtspraxis, 3. Aufl., Baden-Baden 2011 (zit.: Däubler/*Bearbeiter*, Arbeitskampfrecht, §...Rn...).

ders. (Hrsg.): Tarifvertragsgesetz, 3. Aufl., Baden-Baden 2012 (zit.: Däubler/*Bearbeiter*, TVG, §...Rn...).

ders.: Der Streik im öffentlichen Dienst, 2. Aufl., Tübingen 1971.

de Beauregard, Paul Melot: Das neue Gesetz zur Tarifeinheit, DB 2015, 1517-1530.

Deinert, Olaf: Folgen der Tarifpluralität für das Arbeitskampfrecht, RdA 2011, S. 12-23.

Deipenbrock, Gudula: Legal Transplants? – Rechtsvergleichende Grundüberlegungen zum technischen Rechtsnormtransfer, ZVglRWiss 2008, 343-361.

Dekossago Kpalawele: De la grève comme manifestation des conflits collectifs du travail, RCDTSS 04/1998, 27-32.

Delorme, François/Nadeau, Gaston: Un aperçu des lois de retour au travail adoptées au Québec entre 1964 et 2001, Relations industrielles 2002, 743-788.

Diangitukwa, Fweley: La lointaine origine de la gouvernance en Afrique : l'arbre à palabres, Revue Gouvernance 2014, 1-20.

Dietz, Andreas: Die Kompetenzverteilung des Grundgesetzes für Amtshilfe- und Unterstützungsmaßnahmen sowie Einsätze der Bundeswehr, DÖV 2012, 952-961.

Diller, Martin/Krieger, Steffen: Streik im Kindergarten – Wer zahlt das Gehalt der Eltern?, in: Festschrift für Wolfgang Leinemann, Neuwied 2006, S. 65-71.

Dörr, Oliver/Grote, Rainer/Marauhn, Thilo (Hrsg.): EMRK/GG – Konkordanzkommentar zum europäischen und deutschen Grundrechtsschutz, 2. Aufl., Tübingen 2009 (zit.: Dörr/Grote/Marauhn/*Bearbeiter*, EMRK/GG, Kap... Rn...).

Dreier, Horst (Hrsg.): Grundgesetz - Kommentar, Bd. I, 3. Aufl., Tübingen 2013 (zit.: Dreier/*Bearbeiter*, Art. 9 GG Rn...).

Dumke, Matthias: Streikrecht i. S. des Art. 6 Nr. 4 ESC und deutsches Arbeitskampfrecht - Vorgaben, Vereinbarkeit und Umsetzung, Frankfurt am Main 2013 (zit.: *Dumke*, Streikrecht).

Duplessis, Isabelle: La déclaration de l'OIT relative aux droits fondamentaux au travail: une nouvelle forme de régulation efficace?, Relations industrielles 2004, 52-72.

Duquesne, François: Droit du travail, 4. Aufl., Paris 2010.

Edenfeld, Stefan: Betriebsverfassungsrecht - Mitbestimmung im Betrieb, Unternehmen und Behörde, 4. Aufl., Heidelberg 2014 (zit.: *Edenfeld*, Betriebsverfassungsrecht).

Engels, Andreas: Das Gemeinschaftsgrundrecht auf Durchführung kollektiver Maßnahmen - eine Skizze, ZESAR 2008, 475-482.

ders.: Verfassung und Arbeitskampfrecht - Verfassungsrechtliche Grenzen arbeitsgerichtlicher Arbeitskampfjudikatur, Berlin 2008 (zit.: *Engels*, Verfassung und Arbeitskampfrecht).

Epping, Volker/Hillgruber, Christian: Beck'scher Online-Kommentar Grundgesetz, 29. Aufl., München 2016 (zit.: Epping/Hillgruber/*Bearbeiter*, Art. 9 GG Rn. 1).

Erfurter Kommentar zum Arbeitsrecht, (hrsg. von Rudi Müller-Glöge, Ulrich Preis, Ingrid Schmidt), 17. Aufl., München 2017 (zit.: ErfK/*Bearbeiter*).

Eymond-Laritaz, Thomas/Javault, Cédric: Entreprises publiques de service public: vers la fin de la gréviculture ?, Annales des Mines 1999, 27-32.

Ferkane, Ylias: Encadrement temporel et conséquences attachées à l'exercice du droit de grève, RDT 2016, 108-112.

Feudner, Bernd W.: Zum Arbeitskampfrecht von Berufsgruppengewerkschaften, Zugleich Besprechung zum Urteil des Sächsischen LAG v. 2. 11. 2007 - 7 SaGa 19/07 zum Zugleich Besprechung zum Urteil des Sächsischen LAG v. 2. 11. 2007 – 7 SaGa 19/07 zum Tarifkonflikt bei der Deutschen Bahn, RdA 2008, 104-107.

Fiedler, Lilly: Class Actions zur Durchsetzung des europäischen Kartellrechts – Nutzen und mögliche prozessuale Ausgestaltung von kollektiven Rechtsschutzverfahren im deutschen Recht zur privaten Durchsetzung des europäischen Kartellrechts, Tübingen 2010 (zit.: *Fiedler*, Class Actions).

Fischer, Ulrich: Der blinde Fleck in der Wesentlichkeitslehre des Bundesverfassungsgerichts beim Arbeitskampfrecht – Ein arbeitsrechtlicher Zwischenruf aus der Praxis Erfahrungen aus dem Bahnstreik 2007, RdA 2009, 287-296.

ders.: Die DGB-Gewerkschaften und das Tarifeinheitsgesetz – Wer anderen eine Grube gräbt, fällt (manchmal auch) selbst hinein, NZA 2015, 662-666.

ders.: Gerichtliche Gestaltungsmacht im arbeitskampfbezogenen einstweiligen Verfügungsverfahren - Anmerkung zu ArbG Berlin 29.04.2008 - 58 Ga 6014/08, jurisPR-ArbR 2008, Anm. 2.

ders.: Streikbegrenzung in der Daseinsvorsorge – contra, FA 2012, 131.

Fischinger, Philipp S./Monch, Christine: Tarifeinheitsgesetz und Arbeitskampf, NJW 2015, 2209-2212.

Fontaine, Laurence Léa: Des services publics toujours essentiels au Québec ?, Relations industrielles 2008, 719-741.

dies.: Le service minimum et les services essentiels – Etude française confrontée au droit québécois, Toulouse/Montréal 2004 (zit.: *Fontaine*, Le service minimum et les services essentiels).

dies.: Les services essentiels: un facteur d'équilibre ou de déséquilibre dans le rapport de force opposant l'employeur à ses salariés?, in: Bilodeau (Hrsg.), L'équilibre du rapport de forces dans la relation d'emploi: Plus qu'une illusion ?, Québec 2014, S. 31-56 (zit.: *Fontaine*, in: Bilodeau (Hrsg.), L'équilibre du rapport de forces dans la relation d'emploi).

Forsthoff, Ernst: Die Verwaltung als Leistungsträger, Stuttgart/Berlin 1938.

ders.: Rechtsfragen der leistenden Verwaltung, Stuttgart 1959.

Franzen, Martin/Gallner, Inken/Oetker, Hartmut (Hrsg.): Kommentar zum europäischen Arbeitsrecht, München 2016 (zit.: EUArbR/*Bearbeiter*).

Franzen, Martin/Thüsing, Gregor/Waldhoff, Christian: Arbeitskampf in der Daseinsvorsorge – Vorschläge zur gesetzlichen Regelung von Streik und Aussperrung in Unternehmen der Daseinsvorsorge, Berlin/Bonn/München 2012.

Franzen, Martin/Thüsing, Gregor/Waldhoff, Christian: Ein Gesetzentwurf zur Regelung des Arbeitskampfes im Bereich der Daseinsvorsorge – Zugleich ein Beitrag zu den Grenzen des Richterrechts im Arbeitskampf, ZG 2012, 349-373.

Franzen, Martin: „Monti II" oder: Nichts Neues zum Arbeitskampfrecht aus Brüssel, EuZA 2013, 1-2.

ders.: Das Ende der Tarifeinheit und die Folgen, RdA 2008, 193-205.

ders.: Die neuere Rechtsprechung des Ersten Senats des BAG zum Arbeitskampfrecht, JbArbR 2010, 119-137.

ders.: Gesetzesvorschläge zur Tarifeinheit, in: Arbeitsgerichtsbarkeit und Wissenschaft – Festschrift für Klaus Bepler, München 2012, S. 171-184.

Freckmann, Anke/Müller, Katharina: BAG kippt Grundsatz der Tarifeinheit – was nun?, BB 2010, 1981-1987.

Frenz, Walter: Rekommunalisierung und Europarecht nach dem Vertrag von Lissabon – Daseinsvorsorge, Wettbewerbsregeln, Grundfreiheiten, WRP 2008, 73-86.

Fritz, Michael/Meyer, Cord: Quo Vadis Tarifeinheit?, NZA-Beil. 2010, 111-115.

Frowein, Jochen/Peukert, Wolfgang: Europäische Menschenrechtskonvention – EMRK-Kommentar, 3. Aufl., Kehl 2009 (zit.: *Frowein*/Peukert, EMRK-Kommentar, Art. 11 Rn…).

Fütterer, Patrick: Das Koalitions- und Streikrecht im EU-Recht nach dem Wandel der Rechtsprechung des EGMR zur Koalitionsfreiheit gemäß Art. 11 EMRK (Demir und Baykara und andere), EuZA 2011, 505-520.

Gahdoum, Pierre-Yves: Les aléas du droit de grève dans la Constitution, Droit Social 2014, 349-355.

Gamillscheg, Franz: Kollektives Arbeitsrecht - Ein Lehrbuch, Band I, München 1997.

Gärtner, Frederike Cathérine: Die gesetzliche Regulierung von Bahnstreiks in Frankreich – Arbeitskampf vs. Kontinuität öffentlicher Dienstleistungen, Frankfurt a. Main 2012 (zit.: *Gärtner*, Die gesetzliche Regulierung von Bahnstreiks in Frankreich).

Gaul, Björn: Die Scheu des Gesetzgebers vor dem Notwendigen – Oder: Der Gesetzentwurf zur Tarifeinheit, ArbRB 2015, 15-19.

Geiger, Rudolf/Kahn, Daniel-Erasmus/Kotzur, Markus: EUV/AEUV – Kommentar, 5. Aufl., München 2010 (zit.: Geiger/Khan/Kotzur/*Bearbeiter*, Art… Rn…).

Gerards, Regine: Die Europäische Menschenrechtskonvention im Konstitutionalisierungsprozess einer gemeineuropäischen Grundrechtsordnung, Frankfurt am Main 2007 (zit.: *Gerards*, EMRK).

Giesen, Richard/Kersten, Jens: Gesetzliche Tarifeinheit – Rechtsgutachten im Auftrag der BDA, ZfA 2015, 201-240.

Glanz, Peter: Streikrecht zwischen Tarifeinheit und Verhältnismäßigkeit, NJW-Spezial 2007, 578-579.

Godet, Michel: Le courage du bon sens, Paris 2009.

Gooren, Paul: Das Ende des Beamtenstreikverbots, ZBR 2011, 400-406.

Grabenwarter, Christoph/Pabel, Katharina: Europäische Menschenrechtskonvention – Ein Studienbuch, 6. Aufl., München 2016 (zit.: *Grabenwarter/Pabel*, EMRK, §…Rn…).

Grabenwarter, Christoph (Hrsg.): Europäischer Grundrechteschutz, Baden-Baden 2014 (zit.: *Bearbeiter*, in: Grabenwarter (Hrsg.), Eu-Grundrechteschutz, §…Rn…).

ders.: Der Europäische Gerichtshof für Menschenrechte: Opfer des eigenen Erfolges?, in: Grewe, Constance/Gusy, Christoph (Hrsg.), Menschenrechte in der Bewährung, Baden-Baden 2005, S. 81-105 (zit.: *Grabenwarter*, in: Grewe/Gusy (Hrsg.), Menschenrechte in der Bewährung).

Grard, Loïc: Rabotage du droit de grève dans les transports : le Conseil constitutionnel laisse encore passer, RJEP 702/2012, 21-27.

Green, Jan-Niklas: Zur (fehlenden) Ersatzfähigkeit arbeitskampfbedingter Schäden bei Drittbetroffenen, NZA 2016, 274-278.

Greiner, Stefan: Das Tarifeinheitsgesetz – Dogmatik und Praxis der gesetzlichen Tarifeinheit, NZA 2015, 769-778.

ders.: Das Tarifeinheitsgesetz – ein „Brandbeschleuniger" für Tarifauseinandersetzungen?, RdA 2015, 36-43.

ders.: Der Arbeitskampf der GDL – Überlegungen zur Parität im Sparten- und Spezialistenarbeitskampf, NZA 2007, 1023-1028.

ders.: Die Ausgestaltung eines „Tarifeinheitsgesetzes" und der Streik am Frankfurter Flughafen, NZA 2012, 529-535.

ders.: EMRK, Beamtenstreik und Daseinsvorsorge – oder: Was der öffentliche Dienst vom kirchlichen Arbeitsrecht lernen kann, DÖV 2013, 623-630.

Guglielmi, Gilles J./Koubi, Geneviève: Droit du service public, 3. Aufl., Paris 2011.

Guillet, Nicolas: Après les réquisitions de personnels grévistes de l'automne 2010 – Réflexions sur la portée du droit de grève dans une France en crise, Droit social 2012, 152-163.

ders.: Le trompe-l'œil juridique de la loi du 12 mars 2012 (*sic*) relative à l'organisation du service et à l'information des passagers dans les entreprises de transport aérien de passagers, Droit social 2012, 697-707.

Gunderson, Morley/Reid, Frank: Public Sector Strikes in Canada, in: Swimmer/Thompson (Hrsg.), Public Sector Collective Bargaining in Canada: Beginning of the End or End of the Beginning?, Kingston 1995, S. 135-163 (zit.: *Gunderson/Reid*, in: Swimmer/Thompson (Hrsg.), Public Sector Collective Bargaining in Canada).

Haack, Stefan: Kommunales W-LAN als Daseinsvorsorge, VerwArch 2008, 197-218.

Hanau, Hans: Wie kann man dem neuen arbeitskampfrechtlichen Verhältnismäßigkeitsmaßstab Kontur verleihen?, in: Gießen/Junker/Rieble (Hrsg.), Entgrenzter Arbeitskampf?, München 2015, S. 15-42 (zit.: *Hanau*, in: Gießen/Junker/Rieble (Hrsg.), Entgrenzter Arbeitskampf?).

Hanau, Peter: Die Europäische Grundrechtecharta – Schein und Wirklichkeit im Arbeitsrecht, NZA 2010, 1-6.

Hänsle, Walter: Streik und Daseinsvorsorge – Verfassungsrechtliche Grenzen des Streikrechts in der Daseinsvorsorge. Zugleich ein Beitrag zur Staatsaufgabenlehre sowie zur Grundrechtsdogmatik des Art. 9 Abs. 3 GG, Tübingen 2016 (zit.: *Hänsle*, Streik und Daseinsvorsorge).

Hebeler, Timo: Noch einmal: Gibt es ein Streikrecht für Beamte? – Eine neuerliche Bestandsaufnahme auf Grundlage des Urteils des OVG Nordrhein-Westfalen vom 07.03.2012, ZBR 2012, 325-330.

Heinze, Meinhard: Der Warnstreik und die "Neue Beweglichkeit" – Zum Verhältnis von Tarifvertragsrecht und Arbeitskampfrecht, NJW 1983, 2409-2418.

ders.: Gesetzliche und vertragliche Arbeitskampfordnung – Flüchtige Gedanken zu einem leider ohnehin nur theoretischen Fragenkreis, in: Festschrift für Karl Molitor, München 1988, S. 159-180.

ders.: Streikrecht der deutschen Fluglotsen als Angestellte der privatisierten Flugsicherung, in: Oetker/Preis/Rieble (Hrsg.), 50 Jahre Bundesarbeitsgericht, München 2004, S. 493-513 (zit.: *Heinze*, in: Oetker/Preis/Rieble (Hrsg.), 50 Jahre Bundesarbeitsgericht).

Heise, Dietmar: Ein bisschen Tarifeinheit – Und das war alles?, NZA-Editorial 22/2014.

Henkel, Alexandra: Streiks, Betriebsblockade, Flashmob - was ist zulässig?, AuA 2014, 16-19.

Henneberger-Sudjana, Sarah/Henneberger, Fred: Streikrecht im öffentlichen Dienst – Rechtsentwicklungen und Rechtswirklichkeit in der Schweiz und in Deutschland, KritV 2012, 174-197.

Hensche, Detlev: Hände weg von Koalitionsfreiheit, Tarifautonomie und Streikrecht –Über das Gesetz der Bundesregierung zur Tarifeinheit, Berlin 2014 (zit.: *Hensche*, Hände weg von Koalitionsfreiheit).

Henssler/Willemsen/Kalb (Hrsg.): Arbeitsrecht Kommentar, 7. Aufl., Köln 2016 (zit.: HWK/*Bearbeiter*, §...Gesetz...Rn...).

Henssler, Martin: Arbeitskampf in Deutschland – Wie geht es weiter? Brauchen wir ein Arbeitskampfgesetzbuch?, ZfA 2010, 397-425.

ders.: Ende der Tarifeinheit – Eckdaten eines neuen Arbeitskampfrechts, RdA 2011, 65-76.

Hermes, Georg: Staatliche Infrastrukturverantwortung – Rechtliche Grundstrukturen netzgebundener Transport- und Übertragungssysteme zwischen Daseinsvorsorge und Wettbewerbsregulierung am Beispiel der leitungsgebundenen Energieversorgung in Europa, Tübingen 1998 (zit.: *Hermes*, Staatliche Infrastrukturverantwortung).

Hettlage, Manfred C.: Sind Streiks ohne Urabstimmung „wilde" Streiks?, NJW 2004, 3299-3301.

ders.: Demokratisierung des Streikrechts, ZRP 2003, 366-372.

ders.: DGB in der Sackgasse, Macht und Machtmissbrauch einer Richtungsgewerkschaft, München 2003.

ders.: Keine Arbeitskämpfe gegen den Willen der Mehrheit, BB 2004, 714-720.

Hirdina, Ralph: Anpassung der Laufzeiten von Spartentarifverträgen – Ein Lösungsansatz für die Tarifpluralität?, NZA 2009, 997-999.

Hirte, Heribert: Sammelklage – Fluch oder Segen?, VersR 2000, 148-155.

Höfling, Wolfram/Engels, Andreas, Der "Bahnstreik" - oder: Offenbarungseid des Arbeitskampfrechts?, NJW 2007, 3102-3103.

Hohnerlein, Eva Maria: Die Bedeutung der Sozialcharta und die interpretative Erweiterung der Menschenrechtskonvention, ZESAR 2003, 17-27.

Hölscher, Christoph: Das Tarifeinheitsgesetz: Kritik und Alternativen, ArbR 2015, 7-10.

Hömig, Dieter (Hrsg.): Grundgesetz für die Bundesrepublik Deutschland, 10. Aufl., Baden-Baden 2013 (zit.: Hömig/*Bearbeiter*, Art. 9 GG Rn. 1).

Hösch, Ulrich: Die kommunale Wirtschaftstätigkeit – Teilnahme am wirtschaftlichen Wettbewerb oder Daseinsvorsorge, Tübingen 2000 (zit.: *Hösch*, Die kommunale Wirtschaftstätigkeit).

Hromadka, Wolfgang: Tabu Streikrecht, NZA-Editorial 15/2015, S. III.

ders.: Wiederherstellung der Tarifeinheit – Die Quadratur des Dreiecks – Koalitionsfreiheit im Spannungsfeld der Interessen von Unternehmern, Arbeitnehmern und Funktionsgruppen, NZA 2014, 1105-1111.

Hufen, Friedhelm: Gesetzliche Tarifeinheit und Streiks im Bereich der öffentlichen Infrastruktur – Der verfassungsrechtliche Rahmen, NZA 2014, 1237-1240.

Hunold, Wolf: Tarifpluralität oder Tarifeinheit – Gedanken aus der Praxis, NZA 2007, 1037-1038.

Hunout, Patrick: Droit du travail et culture sociale – L'exemple allemand, Paris 1999 (zit.: *Hunout*, Droit du travail et culture sociale).

Ickenroth, Christoph: Das deutsche Beamtenstreikverbot im Lichte der Europäischen Menschenrechtskonvention, Berlin 2016 (zit.: *Ickenroth*, Das deutsche Beamtenstreikverbot im Lichte der EMRK).

Immenga, Ulrich/Mestmäcker, Ernst-Joachim (Hrsg.): EU-Wettbewerbsrecht, Bd 1, 5. Aufl., München 2012 (zit.: Immenga/Mestmäcker/*Bearbeiter*, Art. 102 AEUV).

Jacobs, Matthias: Das neue Arbeitskampfrecht des Bundesarbeitsgerichts – Kritische Überlegungen zur Akzentuierung der Kampfmittelfreiheit und zur Entwertung des Verhältnismäßigkeitsgrundsatzes in der neuen Rechtsprechung des Ersten Senats, ZfA 2011, 71-94.

ders.: Tarifpluralität statt Tarifeinheit, Aufgeschoben ist nicht aufgehoben, NZA 2008, 325-333.

Jarass, Hans D./Pieroth, Bodo: Grundgesetz für die Bundesrepublik Deutschland - Kommentar, 14. Aufl., München 2016 (zit.: *Jarass/Pieroth*, Art. 9 GG Rn…).

Jarass, Hans D.: Charta der Grundrechte der Europäischen Union: unter Einbeziehung der vom EuGH entwickelten Grundrechte, der Grundrechtsregelungen der Verträge und der EMRK, 3. Aufl., München 2016 (zit.: *Jarass*, EU-GRCh, Art…Rn…).

Jensen, Henning: Kommunale Daseinsvorsorge im europäischen Wettbewerb der Rechtsordnungen, Tübingen 2015.

Joussen, Jacob: Schritte zum europäischen Streikrecht - die Entscheidung Laval, ZESAR 2008, 333-339.

Junker, Abbo: Europäische Grund- und Menschenrechte und das deutsche Arbeitsrecht (unter besonderer Berücksichtigung der Koalitionsfreiheit), ZfA 2013, 91-136.

ders.: Europäische Vorschriften zum Tarifvertrag, EuZA 2014, 1-16.

ders.: Grundkurs Arbeitsrecht, 16. Aufl., München 2017.

ders.: Zukunft der Tarifautonomie: Rechtliche und rechtpolitische Herausforderungen, ZfA 2016, 81-98.

Kalay Kisala, Patty: Le droit congolais du travail à l'épreuve de la déclaration de l'OIT relative aux principes et droits fondamentaux au travail, Bordeaux 2016.

Kalb, Heinz-Jürgen: Arbeitskampfrecht, Eine systematische Darstellung und Dokumentation der wichtigen arbeitskampfrechtlichen Entscheidungen in Leitsätzen, Darmstadt 1986 (zit.: *Kalb*, Arbeitskampfrecht).

Kamanabrou, Sudabeh: Der Streik durch Spartengewerkschaften - Zulässigkeit und Grenzen, ZfA 2008, 241-281.

Kämmerer, Jörn Axel: Strategien zur Daseinsvorsorge – Dienste im allgemeinen Interesse nach der „Altmark"-Entscheidung des EuGH, NVwZ 2004, 28-34.

Karbach, Jelena: Die Wasserversorgung von Mensch und Natur als Herausforderung des Völkerrechts, Berlin 2016 (zit.: *Karbach*, Die Wasserversorgung).

Karpenstein, Ulrich/Mayer, Franz C. (Hrsg.): Konvention zum Schutz der Menschenrechte und Grundfreiheiten – Kommentar, 2. Aufl., München 2015 (zit.: Karpenstein/Mayer/*Bearbeiter*, EMRK, Art....Rn...).

Kasseler Handbuch zum Arbeitsrecht, (hrsg. von Wolfgang Leinemann), Bd. 2, 2. Aufl., Neuwid/Kriftel 2000 (zit.: KassHb/*Bearbeiter*, 1.1. Rn. 1).

Kempen, Otto Ernst/Zachert, Ulrich (Hrsg.): Tarifvertragsgesetz, 5. Aufl., Frankfurt am Main 2014 (zit.: Kempen/Zachert/*Bearbeiter*, TVG, §...Rn...).

Kersten, Jens: Daseinsvorsorge und demographischer Wandel: Wie ändert sich das Raum- und Staatsverständnis?, RuR 2006, 245-257.

ders.: Der Streik in der Daseinsvorsorge, in: Waldhoff/Thüsing (Hrsg.), Verfassungsfragen des Arbeitskampfes, Baden-Baden 2014, S. 15-46 (zit.: *Kersten*, in: Waldhoff/Thüsing (Hrsg.), Verfassungsfragen des Arbeitskampfes).

ders.: Die Entwicklung des Konzepts der Daseinsvorsorge im Werk von Ernst Forsthoff, Der Staat 2005, 543-569.

Kerwer, Christof: Von Lokführern, solidarischen Druckern und Nürnberger Haushaltsgeräten – Neue Tendenzen im Arbeitskampfrecht, EuZA 2008, 335-354.

Kischel, Uwe: Rechtsvergleichung, München 2015.

Kissel, Otto Rudolf: Arbeitskampfrecht – Ein Leitfaden, München 2002 (zit.: *Kissel*, Arbeitskampfrecht).

Kolbe, Sebastian: Kindergartenstreik und Konsequenzen, BB 2009, 1414-1416.

Konzen, Horst/Schliemann, Harald: Der Regierungsentwurf des Tarifeinheitsgesetzes, RdA 2015, 1-16.

Konzen, Horst: Kampfmittelfreiheit und Flash mob-Aktionen, in: Festschrift für Dieter Reuter, Berlin/New York 2010, S. 603-625.

Korinth, Michael H.: Die einstweilige Verfügung gegen Streiks – Voraussetzungen, Parteien, Ziele und Anträge, ArbRB 2014, 221-224.

Kork, Philipp: Verbandspluralität im Arbeitskampf, Baden-Baden 2011.

Kossowski, Jacques/Bono, Maxime: Rapport d'information n° 1502 sur la mise en application de la loi n° 2007-1224 du 21 août 2007 sur le dialogue social et la continuité du service public dans les transports terrestres réguliers de voyageurs, abrufbar unter http://www.assemblee-nationale.fr/13/rap-info/i1502.asp, zuletzt abgerufen am 13.02.2016 (zit.: *Kossowski/Bono*, Rapport d'information n° 1502).

Krajewski, Markus: Grundstrukturen des Rechts öffentlicher Dienstleistungen, Heidelberg 2011.

ders.: Rechtsbegriff Daseinsvorsorge?, VerwArch 2008, 174-196.

Kramer, Ingo: Tarifeinheitsgesetz – Lichtblick für 2015, AuA 2015. 14-15.

Kranz, Ines: Landesarbeitskampfgesetze?, Frankfurt am Main 2015.

Krause, Rüdiger: Zur Bedeutung des Unionsrechts für die unternehmerische Mitbestimmung, AG 2012, 485-497.

Krejci, Heinz: Recht auf Streik – Ein Paradigmenwechsel mit Folgen im Arbeitskampfrecht Österreichs, Wien 2015 (zit.: *Krejci*, Recht auf Streik).

Kreuz, Harald: Der Grundsatz der Verhältnismäßigkeit im Arbeitskampfrecht, Berlin 1988.

Krey, Alexander/Makiol, Philip: Die Fluggastrechteverordnung im Lichte der Rechtsprechung des Bundesgerichtshofs, ZLW 2014, 224-237.

Krieger, Steffen/Günther, Jens: Streikrecht 2.0 – Erlaubt ist, was gefällt!?, NZA 2010, 20-23.

Krölls, Albert: Das Grundgesetz – ein Grund zum Feiern?: eine Streitschrift gegen den Verfassungspatriotismus, Hamburg 2009 (zit.: *Krölls*, Das Grundgesetz).

Kumbu ki Ngimbi, Jean-Michel/Kimvuidi Vela, Giresse: Le règlement juridictionnel du conflit du travail: entrave au droit fondamental de la grève, Cahiers Africains des Droits de l'Homme et de la Démocratie 40/2013, 11-33.

Kumbu ki Ngimbi, Jean-Michel: Droit social, 3. Aufl., Kinshasa 2015.

ders.: Du Code du Travail de 1967 à celui de 2002: Avancée, stagnation ou recul du Droit du Travail congolais ?, Congo-Afrique 2004, 335-353.

Kursawe, Stefan/Pirpamer, Bernd: Notdienste bei Streiks – Einseitige Anordnung durch den Arbeitgeber?, AuA 2014, 276-278.

Kutscha, Martin: Beamtenrechtsdogma und Menschenrechte – der Spagat des BVerwG, AuR 2014, 408-411.

ders.: Beamtenstreikverbot: Leipziger Verbeugung vor Straßburg, RuP 2014, 206-210.

Lambrich, Thomas/Sander, Charlotte: Von streikenden Fluglotsen, Vorfeldmitarbeitern und Schleusenwärtern – wenn Gewerkschaften Dritte instrumentalisieren, NZA 2014, 337-343.

Laskowski, Silke Ruth: Das Menschenrecht auf Wasser – Die rechtlichen Vorgaben zur Sicherung der Grundversorgung mit Wasser und Sanitärleistungen im Rahmen einer ökologisch-nachhaltigen Wasserwirtschaftsordnung, Tübingen 2010 (zit.: *Laskowski*, Das Menschenrecht auf Wasser).

Lasserre, René: La cogestion allemande à l'épreuve de la globalisation, REA 72/2005, 7-16.

ders.: La réforme du dialogue social en France: les enseignements de l'expérience allemande, REA 116-117/2015, 29-42.

Laurin, Pierre: Les impacts de l'arrêt Saskatchewan sur le droit du travail québécois, L'Expertise 13/2015, 10-11.

Le May, Denis: Une grille d'analyse pour le droit du Québec, 4. Aufl., Montréal 2009.

Lehmann, Friedrich-Wilhelm: Arbeitskampfrecht – Macht der Koalitionen – Ohnmacht der Betroffenen und Drittbetroffenen – Ein Blick zurück nach vorn, in: Festschrift für Herbert Buchner, München 2009, S. 529-553.

ders.: Koalitionsbeschluss über die Schaffung eines Gesetzes über die Tarifeinheit – ein Fall für das Bundesverfassungsgericht?, BB 2014, 634-637.

ders.: Schaffung eines Gesetzes über die Tarifeinheit, Gewerkschaftskonkurrenz im Betrieb – zwischen skylla und charybdis, BB 2010, 2237-2244.

ders.: Tarifeinheitsgesetz – Die neue Unordnung in der gewillkürten Ordnung, BB 2015, 2293-2303.

Lehne, Klaus-Heiner: Ein horizontales Instrument für kollektive Rechtsdurchsetzung in Europa, WuW 2012, 566-571.

Leinenweber, Marcus Christian: Landesschlichtungsgesetze?, Frankfurt am Main 2011.

Leisner, Walter: Daseinsvorsorge: Begriff, Bedeutung, Grenzen – Von existenziellen Leistungen zu infrastruktureller Gewährleistung, GewArch 2011, 55-77.

ders.: Der Streik im öffentlichen Dienst – Gefahr für Demokratie, Gewerkschaften und Streikrecht, NJW 2006, 1488 (1489).

Lembke, Marc: Staatliche Schlichtung in Arbeitsstreitigkeiten nach dem Kontrollratsgesetz Nr. 35, Relikt der Besatzungszeit oder Modell für Mediation im Arbeitsrecht?, RdA 2000, 223-235.

Lemieux, Madeleine: La médiation et le règlement des conflits dans les services essentiels au Québec, Relations industrielles 1996, 333-356.

Lenaerts, von Koen: Die EU-Grundrechtecharta – Anwendbarkeit und Auslegung, EuR 2012, 3-18.

Lesch, Hagen, Ökonomik des Arbeitskampfrechts, Köln 2013.

ders.: Die Konfliktintensität von Tarifverhandlungen, IW-Trends 3/2013, 1-19.

Lieb, Manfred/Jacobs, Matthias: Arbeitsrecht, 6. Aufl. Heidelberg/München 2006.

Lieb, Manfred: Vorbeugende Schlichtung unter Beteiligung Dritter, in: Arbeitsrecht und Sozialpartnerschaft – Festschrift für Peter Hanau, Köln 1999, S. 561-576.

ders.: Zum Verhältnis von Rechtsordnung und Arbeitskampf – Kritische Bemerkungen zur sog. Zweiten Warnstreikentscheidung des BAG, NZA 1985, 265-270.

Lieb, Raimund: Der Arbeitskampf im öffentlichen Dienst – Zur Zulässigkeit von Streikmaßnahmen der Arbeiter und Angestellten im öffentlichen Dienst im Vergleich zu den faktischen und rechtlichen Voraussetzungen eines Arbeitskampfes in der Privatwirtschaft, Hamburg 2003 (zit.: *Lieb*, Der Arbeitskampf im öffentlichen Dienst).

Linder, Christian: Daseinsvorsorge in der Verfassungsordnung der Europäischen Union – Primärrechtliche Grundzüge eines Rechts der Dienste von allgemeinem wirtschaftlichem Interesse, Frankfurt am Main 2004 (zit.: *Linder*, Daseinsvorsorge in der Verfassungsordnung der EU).

Lindner, Josef Franz: Dürfen Beamte doch streiken?, DÖV 2011, 305-309.

Linsenmaier, Wolfgang: Tarifpluralität, Tarifkonkurrenz, Tarifeinheit – Folgen für das Arbeitskampfrecht, RdA 2015, 369-388.

Lokiec, Pascal: Droit du travail – Les relations collectives de travail, Paris 2011 (zit.: *Lokiec*, Droit du travail).

Lombard, Martine/Dumont, Gilles: Droit administratif, 9. Aufl., Paris 2011.

Lörcher, Klaus: Das Menschenrecht auf Kollektivverhandlungen und Streik – auch für Beamte, AuR 2009, 229-242.

ders.: Deutschland und die Europäische Sozialcharta – Anmerkungen zu Conclusions XIX-3 (2010) des EASR, AuR 2011, 107-115.

Lorse, Jürgen: Das Streikverbot für Beamte im Lichte der aktuellen Rechtsprechung des Bundesverwaltungsgerichts zu Artikel 11 EMRK, ZBR 2015, 109-120.

Löwisch, Manfred/Rieble, Volker: Tarifvertragsgesetz – Kommentar, 3. Aufl., München 2012.

Löwisch, Manfred/Rumler, Marie-Theres: Schlichtung, in: Löwisch, Manfred (Hrsg.), Arbeitskampf- und Schlichtungsrecht, Heidelberg 1997, S. 455-490.

Löwisch, Manfred: Empfiehlt es sich, die Geltung des Ultima-Ratio-Grundsatzes im Arbeitskampfrecht gesetzlich zu regeln?, ZfA 1985, 53-70.

ders.: Modernes Tarifverhandlungsrecht: Forderung alternativer Konfliktlösung, in: Rieble, Volker (Hrsg.): Zukunft des Arbeitskampfes, München 2005, S. 35-54 (zit.: *Löwisch*, in: Rieble (Hrsg.), Zukunft des Arbeitskampfes).

ders.: Tarifeinheit und die Auswirkungen auf das Streikrecht – Quo vadis deutsches Arbeitskampfrecht, wenn das Tarifeinheitsgesetz kommt?, DB 2015, 1102-1103.

ders.: Warnstreik und „Neue Beweglichkeit“ – Zur rechtlichen und rechtspolitischen Problematik der sog. Warnstreikentscheidung des Bundesarbeitsgerichts vom 17.12.1976, BB 1982, 1373-1979.

Luch, Anika D./Schulz, Sönke E.: eDaseinsvorsorge – Neuorientierung des überkommenen (Rechts-)Begriffs „Daseinsvorsorge" im Zuge technischer Entwicklungen?, MMR 2009, 19-24.

Luwenyema Lule: Précis de droit du travail zaïrois, Kinshasa 1987.

Masanga Phoba Mvioki, Jacqueline: Droit congolais du travail, Paris 2015.

Maunz, Theodor/Dürig, Günter (Hrsg.): Grundgesetz – Kommentar, 76. Ergänzungslieferung, München 2016 (zit.: Maunz/Dürig/*Bearbeiter*, Art. 9 GG Rn. 1).

Maurer, Hartmut: Allgemeines Verwaltungsrecht, 18. Aufl., München 2011.

Mayer, Udo: Einschränkung von Streiks im Bereich der Daseinsvorsorge?, AuR 2012, 207-208.

Mazeaud, Antoine: Droit du travail, 9. Aufl., Paris 2014.

Meier, Henning: Arbeitskampf in Deutschland: Wie geht es weiter?, GmbHR 2015, R337-338.

Meik, Frank: Der Arbeitskampf in der Daseinsvorsorge im Spannungsfeld von Tarifpluralität und fehlenden Spielregeln, in: Lehmann (Hrsg.): Deutsche und europäische Tariflandschaft im Wandel, Frankfurt a. Main 2013, S. 112-125 (zit.: *Meik*, in: Lehmann (Hrsg.), Deutsche und europäische Tariflandschaft im Wandel).

ders.: Vielfältige Herausforderungen für zukunftsfähige, moderne Unternehmen der Daseinsvorsorge in: Carl Friedrich von Weizsäcker-Stiftung (Hrsg.): Unternehmen der Daseinsvorsorge – Quo vaditis? Die Daseinsvorsorgeunternehmen im Spannungsverhältnis von Versorgungssicherheit und Kapitalmarktorientierung, München 2013, S. 10 (zit.: *Meik*, in: CFvW-Stiftung (Hrsg.), Unternehmen der Daseinsvorsorge).

Merz, Joachim/Rathjen, Tim: Zeit- und Einkommensarmut von Selbständigen als Freiberufler und Unternehmer: ein Beitrag zu interdependenter multidimensionaler Armut und zu den „working poor", Vierteljahrshefte zur Wirtschaftsforschung 2011, 56-76.

Meyer, Cord: Arbeitskampf bei Tarifpluralität – oder: Was wäre wenn?, in: Festschrift für Klaus Adomeit, Köln 2008, S. 459-475.

ders.: Rechtliche wie praktische Unzuträglichkeiten einer Tarifpluralität, NZA 2006, 1387-1392.

ders.: Zum Konkurrenzkampf mehrerer Gewerkschaften in einem Betrieb oder Unternehmen – Das Beispiel Deutsche Bahn AG, in: Lehmann (Hrsg.): Tarifverträge der Zukunft – Zukunft der Arbeit in Deutschland und Europa, Frankfurt a. Main 2008, S. 149-155 (zit.: *Meyer*, in: Lehmann (Hrsg.), Tarifverträge der Zukunft).

Meyer, Wolfgang: Arbeitsrecht für die Praxis – Handbuch, 10. Aufl., Baden-Baden 2004 (zit.: *Meyer*, Arbeitsrecht für die Praxis, Kapitel D Rn. 1).

Moeckli, Daniel/Shah, Sangeeta/Sivakumaran, Sandesh: International Human Rights Law, 2. Aufl., Oxford 2014 (zit.: Moeckli u.a./*Bearbeiter*, International Human Rights Law).

Moll, Wilhelm (Hrsg.): Münchener Anwalts-Handbuch Arbeitsrecht, 3. Aufl., München 2012 (zit.: Moll/*Bearbeiter*, MAH ArbR, §...Rn....).

Mösch, Reinhold: Gilt der Grundsatz der Verhältnismäßigkeit im Arbeitskampfrecht?, Pfaffenweiler 1991.

Moussy, Pascal : La loi du 21 août 2007 : un texte visant à sauvegarder les intérêts des voyageurs ou à organiser la continuité de la remise en cause du droit de grève des travailleurs des transports?, Chronique ouvrière, 07.11.2007.

Mückl, Patrick/Koddenbrock, Johanna: Gesetzliche Regelung der Tarifeinheit oder: Nach dem Streik ist vor dem Streik, GWR 2015, 6-10.

Mukadi Bonyi: Droit du travail, Kinshasa 2008.

Müller, Gerhard: Arbeitskampf und Recht – Grundsätze der Tarifvertragsautonomie, Frankfurt am Main 1987 (zit.: *Müller*, Arbeitskampf und Recht).

Müller-Jentsch: Walther: Braucht das Streikrecht Grenzen? Kommentar zur Contra-Position, DIE ZEIT v. 22. November 2007, Nr. 48, S. 30.

Muluma Munanga, Albert: Législation du travail et sécurité sociale en République démocratique du Congo, Paris 2014.

Münchener Handbuch zum Arbeitsrecht, (hrsg. von Reinhard Richardi, Otfried Wlotzke, Hellut Wißmann, Harmut Oetker), Bd 2, 3. Aufl., München 2009 (zit.: Münch-HdArbR/*Bearbeiter*, §...Rn...).

Neubeck, Xenia: Die Europäische Sozialcharta und deren Protokolle – Einfluss und Bedeutung der sozialrechtlichen Bestimmungen der Europäischen Sozialcharta auf das deutsche Recht und auf das Recht der Europäischen Union, Frankfurt am Main 2002 (zit.: *Neubeck*, Die Europäische Sozialcharta und deren Protokolle).

Ngondankoy, Gaspard: Cours de droit constitutionnel des droits de l'homme, in: Bakama Bope (Hrsg.), Cours intensifs sur les droits de l'homme et le droit international pénal, Kinshasa 2013, S. 78-136 (zit.: *Ngondankoy*, in: Bakama Bope (Hrsg.), Cours intensifs sur les droits de l'homme et le droit international pénal).

Niedobitek, Matthias: Denationalisierung des Streikrechts – auch für Beamte?, ZBR 2010, 361-368.

Nokiel, Werner: Die hergebrachten Grundsätze des Berufsbeamtentums – Ein Hindernis für eine Reform des öffentlichen Dienstes?, RiA 2007, 162-67.

ders.: Weiterhin kein Streikrecht für Beamtinnen und Beamte, DÖD 2012, 152-157.

Nomos Kommentar – Gesamtes Arbeitsrecht, (hrsg. von Winfried Boecken, Franz Josf Düwell, Martin Diller, Hans Hanau), Band 2, Baden-Baden 2016 (zit.: NK-GA/*Bearbeiter*).

Novitz, Tonia: International and European Protection of the Right to Strike – A Comparative Study of Standards Set by the International Labour Organization, the Council of Europe and the European Union, New York 2003 (zit.: *Novitz*, International and European Protection of the Right to Strike).

Nowak, Manfred: Einführung in das internationale Menschenrechtssystem, Wien 2002.

Nußberger, Angelika: Auswirkungen der Rechtsprechung des Europäischen Gerichtshofs für Menschenrechte auf das deutsche Arbeitsrecht, RdA 2012, 270-277.

dies.: Der Einfluss der EMRK auf das deutsche Arbeitsrecht, AuR 2014, 130-136.

Ossenbühl, Fritz: Daseinsvorsorge und Verwaltungsprivatrecht, DÖV 1971, 513-524.

Otto, Hansjörg: Arbeitskampf- und Schlichtungsrecht, München 2006.

ders.: Das BAG: auf dem Weg zum - nahezu - schrankenlosen Arbeitskampf?, in: Rieble/Junker/Giesen (Hrsg.): Neues Arbeitskampfrecht?, München 2005, S. 15-59.

ders.: Das konturlose arbeitskampfrecht des BAG – Vom Arbeitskampf als ultima ratio zur nahezu unbeschränkten Kampffreiheit, RdA 2010, 135-148.

Papier, *Hans-Jürgen*: Kommunale Daseinsvorsorge im Spannungsfeld zwischen nationalem Recht und Gemeinschaftsrecht, DVBl. 2003, 686-697.

Pflüger, Norbert: Verhandlungsparität beim Spezialistenstreik, RdA 2008, 185-187.

Picker, Eduard: Der Arbeitskampf in der Rechts- und Wirtschaftsordnung – Zu einer Dogmatik des Arbeitskampfrechts, ZfA 2011, 557-646.

Pilczer, Jean-Sébastien: La notion de service public, Informations sociales 2/2010, 6-9.

Polakiewicz, Jörg/Kessler, Adriana: Das Streikverbot für deutsche BeamtInnen – Die Bedeutung der Rechtsprechung des EGMR für deutsche Gerichte, NVwZ 2012, 841-845.

Preis, Ulrich: Arbeitsrecht – Kollektivarbeitsrecht. Lehrbuch für Studium und Praxis, 3. Aufl., Köln 2012 (zit.: *Preis*, Arbeitsrecht).

ders.: Der Preis der Koalitionsfreiheit – Weshalb das Tarifeinheitsgesetz scheitern wird, FA 2014, 354-357.

Püttner, Günther, Daseinsvorsorge und Wettbewerb von Stadtwerken, DVBl. 2010, 1189-1193.

Radé, Christophe: Exercice du droit de grève et négociation collective, Droit social 1996, 37.

Ray, Jean-Emmanuel: A propos d'une modeste loi censée assurer „la continuité du service public dans les transports terrestres réguliers de voyageurs“, Droit social 2007, 1205-1220.

Rebhahn, Robert: Grundfreiheit vor Arbeitskampf – der Fall Viking, ZESAR 2008, 109-117.

ders.: Überlegungen zur Bedeutung der Charta der Grundrechte der EU für den Streik und für die kollektive Rechtsgestaltung, in: Festschrift für Meinhard Heinze, München 2005, S. 649-660.

Reichold, Hermann: Abschied von der Tarifeinheit im Betrieb und die Folgen, RdA 2007, 321-328.

ders.: Arbeitnehmerrechte im Zugriff der Bahn – eine Geschichte pathologischen Lernens, NZA 2007, 1262-1264.

ders.: Die Kontrolle des Tarifvertrags durch das europäisierte GWB, ZESAR 2010, 195-201.

Reuß, Wilhelm: Der Ärztestreik, RdA 1972, 321-327.

Reuter, Dieter: Für ein konsistentes Arbeitskampfrecht, in: Festschrift für Günther Wiese, Neuwied/Kriftel 1998, S. 427-440.

Richardi, Reinhard/Bayreuther, Frank: Kollektives Arbeitsrecht, 2. Aufl., München 2012.

Richardi, Reinhard/Dörner, Hans-Jürgen/Weber, Christoph (Hrsg.): Personalvertretungsrecht – Bundespersonalvertretungsgesetz und Personalvertretungsgesetze der Länder, 4. Aufl., München 2012 (zit.: Richardi/Dörner/Weber/*Bearbeiter*, §... BPersVG Rn...).

Richardi, Reinhard: Tarifeinheit als Placebo für ein Arbeitskampfverbot, NZA 2014, 1233-1236.

Rieble, Volker: Streikbegrenzung in der Daseinsvorsorge – pro, FA 2012, 130.

ders.: Arbeitsniederlegung zur Standorterhaltung, RdA 2005, 200-212.

ders.: Das neue Arbeitskampfrecht des BAG, BB 2008, 1506-1515.

ders.: Für ein Arbeitskampfgesetz, DRiZ 2007, 340.

ders.: Gesetzentwurf für weniger Streiks in der Daseinsvorsorge: Gute Idee, schlechte Umstände und ein fader Beigeschmack, Legal Tribune ONLINE v. 23.03.2012, www.lto.de/persistent/a_id/5851/ (zuletzt abgerufen am 22.09.2014).

ders.: Gewerkschaftswettbewerb und Tariffähigkeit, SAE 2006, 89-94.

ders.: Modernisierung des Arbeitskampfrechts zu einem Tarifverhandlungsrecht, ZAF 2005, 218-229.

Ringwald, Roman: Daseinsvorsorge als Rechtsbegriff – Forsthoff, Grundgesetz und Grundversorgung, Frankfurt am Main 2008 (zit.: *Ringwald*, Daseinsvorsorge als Rechtsbegriff).

Ronellenfitsch, Michael: Die Daseinsvorsorge und Wirtschaftlichkeit des Eisenbahnwesens, DVBl. 2008, 201-209.

ders.: Daseinsvorsorge als Rechtsbegriff – Aktuelle Entwicklungen im nationalen und europäischen Recht, in: Willi Blümel (Hrsg.): Ernst Forsthoff, Berlin 2003, S. 53-114 (zit.: *Ronellenfitsch*, in: Blümel (Hrsg.), Ernst Forsthoff).

ders.: Daseinsvorsorge und service d'intérêt général im Interventionsstaat, in: Daseinsvorsorge und Infrastrukturgewährleistung – Symposium zu Ehren von Willi Blümel, Berlin 2009, S. 27-63.

ders.: Der Verkehrssektor als Bereich der öffentlichen Daseinsvorsorge in Deutschland, in: Rudolf Hrbek/Martin Nettesheim (Hrsg.): Europäische Union und mitgliedstaatliche Daseinsvorsorge, S. 89-95 (zit.: *Ronellenfitsch*, in: Hrbek/Nettesheim (Hrsg.), EU und mitgliedstaatliche Daseinsvorsorge).

ders.: Mobilität: Vom Grundbedürfnis zum Grundrecht?, DAR 1992, 321-325.

ders.: Verfassungs- und verwaltungsrechtliche Vorbemerkungen zur Mobilität mit dem Auto, DAR 1994, 7-13.

Rosenstiel, Katharina von: Arbeitskampfrecht - Eine verfassungsrechtliche Pflichtverletzung des Gesetzgebers durch Unterlassen, Berlin 2003 (zit.: *Rosenstiel*, Arbeitskampfrecht).

Rudkowski, Lena: Der Streik in der Daseinsvorsorge, München 2010.

dies.: Der Streik in der Daseinsvorsorge - ausgewählte Probleme einer gesetzlichen Regelung, in: Fütterer, Johannes u. a. (Hrsg.), Arbeitsrecht - für wen und wofür?, Baden-Baden 2015, S. 93-107 (zit.: *Rudkowski*, in: Fütterer u. a. (Hrsg.), Arbeitsrecht - für wen und wofür?)

dies.: Eine „scharfe Waffe" wohl gebrauchen: Der Professorenentwurf zur Regelung des Arbeitskampfs in der Daseinsvorsorge, ZfA 2012, 467-482.

dies.: Gesetzgeberische Optionen - von der Regulierung des Streiks in der Daseinsvorsorge zur umfassenden Kodifizierung, in: Gießen/Junker/Rieble (Hrsg.), Entgrenzter Arbeitskampf?, München 2015, S. 169-182 (zit.: *Rudkowski*, in: Gießen/Junker/Rieble (Hrsg.), Entgrenzter Arbeitskampf?).

Rüfner, Wolfgang: Daseinsvorsorge und soziale Sicherheit, in: Isensee/Kirchhof (Hrsg.): Handbuch des Staatsrechts der Bundesrepublik Deutschland, Band IV, 3. Aufl., Heidelberg 2006, S. 1049-1107 (zit.: *Rüfner*, in: Isensee/Kirchhof (Hrsg.), HStR IV, § 96 Rn. 1).

ders.: Zur Gemeinwohlbindung der Tarifvertragsparteien, RdA 1985, 193-199.

Ruge, Reinhard: Das Grünbuch der EG-Kommission zu den Leistungen der Daseinsvorsorge - Neue Kontouren für einen alten Irrwisch?, ZRP 2003, 353-357.

ders.: Die Gewährleistungsverantwortung des Staates und der Regulatory State - Zur veränderten Rolle des Staates nach der Deregulierung der Stromwirtschaft in Deutschland, Großbritannien und der EU, Berlin 2004 (zit.: *Ruge*, Die Gewährleistungsverantwortung des Staates).

Rüthers, Bernd/Bakker, Rainer: Die Flucht vor dem gesetzlichen Richter – Zur Vorlagepflicht an den Großen Senat im Arbeitskampfrecht, ZfA 1992, 199-224.

Rüthers, Bernd: Arbeitskampf in einer veränderten Wirtschafts- und Arbeitswelt, NZA 2010, 6-13.

ders.: Der Abbau des „ultima ratio"-Gebotes im Arbeitskampfrecht durch das Bundesarbeitsgericht, DB 1990, 113-123.

ders.: Ein Gesetz gegen die Verfassung? – Die „Tarifeinheit" im Streit der Verbandsinteressen, ZRP 2015, 2-6.

ders.: Flächendeckende Streiks – wem wir sie zu verdanken haben, FAZ v. 12.11.2014.

ders.: Zum Arbeitskampf im öffentlichen Dienst, NJW 2006, 970-971.

Sachs, Michael (Hrsg.): Grundgesetz – Kommentar, 7. Aufl., München 2014 (zit.: Sachs/*Bearbeiter*, Art. 9 GG Rn. 1).

Säcker, Jürgen: Von der offenen Arbeitseinstellung zur verdeckten Betriebsblockade
Der Arbeitskampf im Wandel zum Partisanenkampf, NJW 2010, 1115-1118.

Sangi, Roya: Streikrecht für Beamte? – Eine Auseinandersetzung mit dem Streikverbot für Beamte unter Berücksichtigung der Rechtsprechung des EGMR, KritV 2012, 103-109.

Saramito, Francis: Un précédent dangereux : les restrictions du droit de grève dans les services publics de transport terrestre de voyageurs, Droit Ouvrier 2008, 191-198.

Schack, Haimo: Internationales Zivilverfahrensrecht – mit internationalem Insolvenzrecht und Schiedsverfahrensrecht, 6. Aufl., München 2014 (zit.: *Schack*, Internationales Zivilverfahrensrecht, Rn. 250).

Schaub, Günter (Hrsg.): Arbeitsrechts-Handbuch – Systematische Darstellung und Nachschlagewerk für die Praxis, 16. Aufl., München 2015 (zit.: Schaub/*Bearbeiter*, ArbR-HdB, §...Rn...).

Scheidemann, Dieter: Der Begriff Daseinsvorsorge – Ursprung, Funktion und Wandlungen der Konzeption Ernst Forsthoffs, Göttingen 1991 (zit.: *Scheidemann*, Der Begriff Daseinsvorsorge).

Scherer, Inge: Grenzen des Streikrechts in den Arbeitsbereichen der Daseinsvorsorge – Schutz der Bürger vor gezielter Schädigung durch Streiks, Berlin 2000 (zit.: *Scherer*, Grenzen des Streikrechts in den Arbeitsbereichen der Daseinsvorsorge).

Schink, Alexander: Kommunale Daseinsvorsorge in Europa, DVBl. 2005, 861-870.

Schlachter, Monika: Beamtenstreik im Mehrebenensystem, RdA 2011, 341-348.

dies.: Der Schutz der Vereinigungsfreiheit durch Europäische Sozialcharta, SR 2013, 77-91.

Schliemann, Harald: Fragen zum Tarifeinheitsgesetz, NZA 2014, 1250-1252.

ders.: Handlungsbedarf für die gesetzliche Tarifeinheit?, in: Arbeitsgerichtsbarkeit und Wissenschaft – Festschrift für Klaus Bepler, München 2012, S. 515-527.

ders.: Streik in der Daseinsvorsorge, RdA 2012, 14-26.

ders.: Streikkaskaden in der Daseinsvorsorge?, in: Festschrift für Jobst-Hubertus Bauer, München 2010, S. 923-943.

Schmahl, Stefanie: Das Verhältnis der deutschen Rechtsordnung zu Regeln des Völkerrechts, JuS 2013, 961-966.

Schmidt, Reiner: Die Liberalisierung der Daseinsvorsorge, Der Staat 2003, 225-247.

Schmidt-Bleibtreu/Hofmann/Henneke (Hrsg.): Kommentar zum Grundgesetz, 13. Aufl., Köln 2014 (zit.: Schmidt-Bleibtreu u.a./*Bearbeiter*, Art. 59 GG Rn. 1).

Schmitt-Rolfes, Günter: Bewegung beim Streikrecht?, AuA 2015, 454.

Schneider, David/Sittard, Ulrich: Unverhältnismäßigkeit des Ärztestreiks?, DÖD 2006, 244-248.

Schneider, Ulrich/Stilling, Gwendolyn/Woltering, Christian: Soziale Zerreißprobe – Bericht des Paritätischen zur Armutsentwicklung in Deutschland, NDV 2014, 159-166.

Scholz, Rupert/Lingemann, Stefan/Ruttloff, Marc: Tarifeinheit und Verfassung – Rechtsgutachten im Auftrag der Bundesvereinigung Deutscher Arbeitgeberverbände, NZA-Beil. 2015, 3-47.

Scholz, Rupert: Bahnstreik und Verfassung, in: Festschrift für Herbert Buchner, München 2009, S. 827-837.

ders.: Koalitionsfreiheit, in: Isensee/Kirchhof (Hrsg.): Handbuch des Staatsrechts der Bundesrepublik Deutschland, Band VIII, 3. Aufl., Heidelberg 2010, S. 409-487 (zit.: *Scholz*, in: Isensee/Kirchhof (Hrsg.), HStR VIII, § 175 Rn. 1).

ders.: Koalitionsrecht und „Neue Beweglichkeit“ im Arbeitskampf – Anmerkungen zum Warnstreikurteil des BAG vom 12.9.1984 – 1 AZR 342/83, SAE 1985, 33-42.

Schröder, Hartig: Ist ein funktional differenziertes Streikrecht für Beamte iSv. Art. 11 EMRK mit dem Grundgesetz vereinbar?, AuR 2013, 280-285.

Schubert, Claudia: Das Streikverbot für Beamte und das Streikrecht aus Art. 11 EMRK im Konflikt, AöR 2012, 92-117.

Schubert, Jens M.: Mediation – ein Thema auch im kollektiven Arbeitsrecht?, in: Festschrift für Otto Ernst Kempen, Baden-Baden 2013, S. 401-417.

ders.: Beamte, Kirchen und Daseinsvorsorge – arbeitskampffreie Zonen?, AuR 2014, 176-185.

Seeling, Rolf Otto/Probst, Ulrich: Tarifpluralität – Auswirkungen auf die Gewerkschaftslandschaft und das Arbeitskampfrecht, BB 2014, 2421-2426.

Seifert, Achim: Die Bedeutung von EMRK und GRCh für das deutsche kollektive Arbeitsrecht, EuZA 2013, 205-220.

ders.: Recht auf Kollektivverhandlungen und Streikrecht für Beamte – Anmerkungen zu neuen Rechtsprechung des EGMR zur Vereinigungsfreiheit, KritV 2009, 357-377.

Seiter, Hugo: Streikrecht und Aussperrungsrecht – Ein Arbeitskampfrechtssystem auf der Grundlage subjektiv-privater Kampfrechte, Tübingen 1975 (zit.: *Seiter*, Streikrecht und Aussperrungsrecht).

Sick, Sebastian: Der deutschen Mitbestimmung entzogen: Unternehmen mit ausländischer Rechtsform nehmen zu, Mitbestimmungsreport 8/2015.

ders.: Mitbestimmungsfeindlicheres Klima, Mitbestimmungsreport 13/2015.

Sittard, Ulrich: Die Bedeutung der Daseinsvorsorge und des Grundsatzes der Tarifeinheit für das Arbeitskampfrecht am Beispiel des Bahnstreiks - zugleich Anmerkung zum Urteil des LAG Sachsen v. 2.11.2007 - 7 SaGa 19/07, ZTR 2008, 178-184.

Sodan, Helge (Hrsg.): Grundgesetz, 3. Aufl., München 2015 (zit.: Sodan/*Bearbeiter*, Art. 59 GG Rn. 1).

Sonntag, Arnold W./Hoffmann, Christof: Streikrecht für Beamte? - OVG Münster räumt Irritation aus, RiA 2012, 137-140.

Spielmann, Dean/von Arnim, Dorothee: Menschenrechte in Europa – Beiwerk oder Basis?, KritV 2015, 8-17.

Stegmüller, Martin: Einschränkungen des Streikrechts in Betrieben der Daseinsvorsorge – Varianten einer denkbaren gesetzlichen Normierung, NZA 2015, 723-728.

Stern, Klaus/Becker, Florian (Hrsg.), Grundrechte-Kommentar, Die Grundrechte des Grundgesetzes mit ihren europäischen Bezügen, Köln 2009.

Sunnus, Michael: Arbeitskampfrecht in Bewegung? Alte Begriffe und neue Rechtsprechung, AuR 2008, 1-12.

Supiot, Alain: Le droit du travail, 5. Aufl., Paris 2013.

Talarico, Andrea: Le maintien des services essentiels à la lumière de la Saskatchewan Federation of Labour, Revue du Barreau du Québec 2015, 219-248.

Taupitz, Jochen: Das Recht auf Nichtwissen, in: Festschrift für Günther Wiese, Neuwied/Kriftel 1998, S. 583-602.

Teichmann, Christoph: Mitbestimmungserstreckung auf Auslandsgesellschaften, ZIP 2016, 899-907.

Thannisch, Rainald: Perspektiven der Mitbestimmung in Europa, WISO direkt 01/2016, 1-4.

Thüsing, Gregor/Braun, Axel (Hrsg.): Tarifrecht – Handbuch, München 2011 (zit.: Thüsing/Braun/*Bearbeiter*, Tarifrecht, 3. Kap. Rn. 1).

Thüsing, Gregor/Hanau, Peter: Neue Sensibilisierungen im Arbeitskampfrecht: Der Streik in der Luftfahrt, in: Thüsing (Hrsg.): Tarifautonomie im Wandel, Köln 2003, 35-70 (zit.: *Thüsing/Hanau*, in: Thüsing (Hrsg.), Tarifautonomie im Wandel).

Thüsing, Gregor: Rechtsvergleichende Gedanken zum Arbeitskampf in der Daseinsvorsorge, FA 2012, 65.

ders.: Rechtsvergleichende Gedanken zum Arbeitskampf in der Daseinsvorsorge, in: Lehmann (Hrsg.): Deutsche und europäische Tariflandschaft im Wandel, Frankfurt a. Main 2013, S. 126-135 (zit.: *Thüsing*, in: Lehmann (Hrsg.), Deutsche und europäische Tariflandschaft im Wandel).

ders.: Tarifautonomie und Gemeinwohl, in: Oetker/Preis/Rieble (Hrsg.): 50 Jahre Bundesarbeitsgericht, München 2004, S. 889-912 (zit.: *Thüsing*, in: Oetker/Preis/Rieble (Hrsg.), 50 Jahre Bundesarbeitsgericht).

Traulsen, Christian: Das Beamtenstreikverbot zwischen Menschenrechtskonvention und Grundgesetz, JZ 2013, 65-72.

Treber, Jürgen: Einstweilige Verfügungen im Arbeitskampf – neuere Entwicklungen, SR 2013, 140-152.

Trudeau, Gilles: La constitutionnalisation du droit de grève au Canada – Une avancée juridique remarquable aux effets sociaux limités, RDT 2015, 479-487.

Ubber, Thomas: Aktuelle Formen des Arbeitskampfes – Ankündigungsstreik, Unterstützungsstreik, Streik mit Drittwirkung, indirekter Streik und Mogelstreik, in: Lehmann (Hrsg.): Deutsche und europäische Tariflandschaft im Wandel, Frankfurt a. Main 2013, S. 137-156 (zit.: *Ubber*, in: Lehmann (Hrsg.), Deutsche und europäische Tariflandschaft im Wandel).

Uerpmann-Wittzack, Robert: Verkehr, in: Isensee/Kirchhof (Hrsg.): Handbuch des Staatsrechts der Bundesrepublik Deutschland, Band IV, 3. Aufl., Heidelberg 2006, S. 783-809 (zit.: *Uerpmann-Wittzack*, in: Isensee/Kirchhof (Hrsg.), HStR IV, § 89 Rn. 1).

Uhl, Nikolaus/Raif, Alexander, Streikrecht nur für Große? Der Professoren-Entwurf zu Streiks in der Daseinsvorsorge, ArbR 2012, 310–313.

Uhlenbruck, Wilhelm: Der Ärztestreik als Mittel kollektiver Interessenwahrung, RdA 1972, 327-336.

von Mangoldt/Klein/Starck (Hrsg.): Grundgesetz - Kommentar, Bd 1-2, 6. Aufl., München 2010 (zit.: v. Mangoldt/Klein/Starck/*Bearbeiter*, Art. 9 GG Rn. 1).

von Steinau-Steinrück, Robert/Brugger, Helen: Arbeitskampfrecht quo vadis?, NZA-Beil. 2010, 127-135.

von Steinau-Steinrück, Robert/Glanz, Peter: Dauerarbeitskämpfe durch Spartenstreiks - Die verbliebenen Kampfmittel der Arbeitgeber, NZA 2009, 113-118.

von Steinau-Steinrück, Robert/Sura, Stephan: (Noch) kein Streikrecht für Beamte - Der öffentliche Dienst im Spannungsfeld zwischen Verfassungsrecht und EMRK, NZA 2014, 580-584.

Vorländer, Hans: Pourquoi y a-t-il si peu de grèves en Allemagne ?, Cités 2011, 153-158.

Vunduawe te Pemako, Félix: Traité de droit administratif, Bruxelles 2007.

Waldhoff, Christian: Einführung, in: ders./Thüsing, Gregor (Hrsg.), Verfassungsfragen des Arbeitskampfes, Baden-Baden 2014, S. 9-14 (zit.: *Waldhoff*, in: ders./Thüsing (Hrsg.), Verfassungsfragen des Arbeitskampfes).

Walser, Manfred: Gesetzliche Regelung der Tarifeinheit - Ein Beitrag zur Stabilisierung des Tarifsystems?, SR 2016, 109-129.

Walter, Torsten: Monti II ist gescheitert - Gelbe Karte für die Kommission, ArbuR 2013, 27-34.

Walus, Andreas: Katastrophenorganisationsrecht - Prinzipien der rechtlichen Organisation des Katastrophenschutzes, Bonn 2012 (zit.: *Walus*, Katastrophenorganisationsrecht).

Wansleben, Till: Zur Europarechtswidrigkeit der unternehmerischen Mitbestimmung, NZG 2014, 213-215.

Weber, Christoph: Verhandelte Mitbestimmung - eine Zwischenbilanz, in: Festschrift für Dieter H. Scheuing, Baden-Baden 2011, S. 773-793.

Weiss, Manfred/Seifert, Achim: Der Streik im Recht der Internationalen Arbeitsorganisation, in: Gedächtnisschrift für Ulrich Zachert, Baden-Baden 2010, S. 130-146.

Weiß, Norman: Von Paukenschlägen und steten Tropfen – Anmerkungen zur Bedeutung und Wirkung von EGMR-Urteilen aus staats- und völkerrechtlicher Sicht, EuZA 2010, 457-468.

ders.: Wirkung und Mängel der Europäischen Sozialcharta, Jahrbuch Menschenrechte 2003, 305-312.

Weißleder, Ann-Christin: Erhaltungs- und Notstandsarbeiten im Streik, Frankfurt a. Main 2013.

Werres, Stefan: Der Einfluss der Menschenrechtskonvention auf das deutsche Beamtenrecht – Aktuelle Bestandsaufnahme unter besonderer Berücksichtigung der Rechtsprechung des Europäischen Gerichtshofs für Menschenrechte, DÖV 2011, 873-881.

Widmaier, Ulrich/Alber, Siegbert: Menschenrecht auf Streik auch für deutsche Beamte?, ZEuS 2012, 387-416.

Wiedemann, Herbert, Der nicht organisierte Arbeitnehmer im kollektiven Arbeitsrecht, RdA 2007, 65-70.

Willemsen, Hans Josef/Mehrens, Christian, Das Ende der Tarifeinheit - Folgen und Lösungsansätze, NZA 2010, 1313-1323.

Willemsen, Heinz Josef/Sagan, Adam: Die Auswirkungen der europäischen Grundrechtecharta auf das deutsche Arbeitsrecht, NZA 2011, 258-262.

Witter, Jan Michael: Europarechtliche Aspekte des Streikrechts, Hamburg 2008.

Wollenschläger, Michael: Arbeitsrecht, 2. Aufl., Köln 2004.

Zachert, Ulrich: Der Streik der Lokführer und die Phantasie der Juristen, in: Liber amicorum Ulrike Wendeling-Schröder, Baden-Baden 2009, S. 23-33 (zit.: *Zachert*, in: FS Wendeling-Schröder).

ders.: Richterliche Regulierung und Ausgleich der Interessen beim Arbeitskampf – Bilanz und Perspektiven, in: Oetker/Preis/Rieble (Hrsg.), 50 Jahre Bundesarbeitsgericht, München 2004, S. 577-593 (zit.: *Zachert*, in: Oetker/Preis/Rieble (Hrsg.), 50 Jahre Bundesarbeitsgericht).

Ziebarth, Wolfgang: Ein Plädoyer für rein „monetäre Arbeitskämpfe“ im Bereich der Daseinsvorsorge, ArbR 2015, 122-125.

Zimmer, Reingard: Soziale Grundrechte in der EU – Das Arbeitskampfrecht nach in-Kraft-Treten des Vertrags von Lissabon, AuR 2012, 114-119.

Kolibri 360 GmbH
Ferdinand-Jühlke-Straße 7
99095 Erfurt, Deutschland
produktsicherheit@kolibri360.de